¿Quién eres?

Enrique Rojas

¿Quién eres?

De la personalidad a la autoestima

CÍRCULO de LECTORES

Índice

A mi querida Marian,
en ella corazón y cabeza conjugan el verbo ser feliz.

Prólogo

Este libro es el resultado de tres años de trabajo centrados fundamentalmente en dos aspectos: el estudio estadístico de una amplia muestra de sujetos diagnosticados de algún trastorno de la personalidad y su estudio comparativo con un «grupo de control», es decir, con individuos escogidos al azar teóricamente sanos. En total, cerca de 900 personas. Por otro lado, aquí se pone de manifiesto la experiencia de muchos años de trabajo clínico, difíciles de resumir en pocas páginas, pero que traducen mi ejercicio como psiquiatra y mi intento de ayudar a la armonía y la salud mental de mis pacientes.

He dividido esta obra en tres partes. La primera se dedica a esclarecer *qué es la personalidad:* en qué consiste, cuáles son sus principales características, cómo puede ser explorada, cómo se va formando con el paso de los años... La segunda pretende establecer los *criterios diagnósticos de un trastorno de la personalidad,* así como sus *variedades:* el médico no sólo debe determinar un diagnóstico, sino hacer un pronóstico y una evaluación del caso clínico con el fin de determinar el porvenir de tal padecimiento y los medios que han de emplearse para su mejoría y curación. Por último, en la tercera parte se explica el *estudio estadístico* realizado durante varios años por mi equipo terapéutico, así como los resultados de dicha investigación.

El mal pronóstico que hace un par de décadas se auguraba a los desajustes de la personalidad ha cambiado mucho en los últimos años, pues las técnicas de psicoterapia han enriquecido el panorama que antaño cubría sólo la farmacoterapia, ocultando las dimensiones básicas del problema. Lo importante es seguir una *terapia ecléctica,* capaz de integrar las vertientes física, psicológica y social.

Por último, quiero agradecer su colaboración a cada una de las personas de mi equipo: Javier de las Heras, María José Reig, Rafi Santos, Ana Colás, Julio Lorenzo, Adrián Huarte, Dori Martínez Parra, Pilar Sicre, Marisol Abad, Concha Muguerza y Rosalía García Hermosilla. También quiero dar las gracias a Rosario Martínez Arias, Catedrática de Psicología Matemática de la Universidad Complutense de Madrid, cuyas observaciones y criterios han sido muy fecundos a la hora de realizar el tratamiento estadístico de los datos. Y al doctor Juan Peñas y su equipo, quienes distribuyeron el test IPDE a una muestra de pacientes de cirugía estética antes y después de la intervención, cuyos datos aparecen recogidos en el capítulo de resultados estadísticos.

Dado que el capítulo «Teorías y modelos de la personalidad» sobrepasaba en extensión y contenido los límites de esta obra, he creído conveniente reducirlo y situarlo casi al final, como texto de consulta para personas ya iniciadas en el campo de la psicología.

I

La personalidad y su geografía

UN TEMA INTERMINABLE Y ESENCIAL

Los innumerables matices, ingredientes y ángulos de la personalidad convierten este tema en un mar sin orillas. Todos y cada uno de ellos van construyéndola poco a poco, desde la infancia, y las vivencias, los aspectos congénitos y los adquiridos se amontonan lentamente. Tres son las caras de la personalidad: *herencia, ambiente* y *experiencia de la propia trayectoria.* Llegar a ser una persona libre, independiente, con una cierta madurez y equilibrio es la meta hacia la que debemos dirigir nuestros esfuerzos. Hemos de ser capaces de pilotar nuestro mundo personal. La clave para lograrlo suele estar en una síntesis de planos, entre los que destaca tener claro el propio *modelo de identidad.*

Cuando yo era un adolescente pensaba que había una serie de personas dignas de imitación. Más tarde, ya en la universidad, me sucedió lo mismo, pero entonces podía afinar más y no quedarme sólo en lo que se veía, sino bucear en su interior. Los psiquiatras, expertos en la conducta, tenemos muy presente lo importante que es crecer entre personas sólidas, fuertes, firmes, consistentes, que nos atraen a seguir en una dirección similar. En la sociedad de la comunicación en la que vivimos nos sentimos traídos y llevados, bombardeados por una ingente cantidad de información y de datos que, a la larga, aportan poco al crecimiento personal. Se suceden las imágenes negativas, las noticias sombrías, los personajes sin mensaje... Y no es que no haya gente emulable, sino que los grandes medios tienden a escoger sujetos vulgares, de escaso interés.

Es preciso *saber mirar por debajo de las apariencias* para traspasar el límite entre la superficie y la profundidad. Así es posible conocer a fondo a las personas, saber qué encubren, por qué han seguido esa travesía y no otra, cuáles han sido sus motivaciones... Los psiquiatras constatamos a diario que el comportamiento resulta equilibrado cuando hay coherencia entre lo que dice y lo que hace un sujeto. Al entrevistarnos con alguien, con el fin de saber qué le pasa, sobre todo hemos de escucharle, un arte que necesita tiempo y oficio. También debajo del discurso verbal hay un subsuelo que es menester descubrir.

En los niños la exploración de la conducta es más sencilla, pues todavía no han aparecido los mecanismos de camuflaje. En la adolescencia se produce un desbordamiento de vivencias: todo sube y baja, se vive apasionadamente, el ánimo se entristece sin saber por qué, los sentimientos carecen de una arquitectura fuerte y resultan muy influenciables... Ya en la primera juventud nos encontramos con más elementos de juicio; la vida se pone delante con todo su realismo y nos hace saber que, si uno quiere avanzar, tiene que saber en qué dirección, ya que de lo contrario se sentirá perdido. Por su parte, el adulto empieza a obtener resultados de todo lo que ha ido haciendo. Los argumentos de su existencia han ido dejando un poso que puede estudiarse con cierto rigor; estamos ante una biografía más elaborada.

En cada etapa de la vida, marcada por sus notas peculiares y sus inquietudes propias, la personalidad funciona como centro rector del patrimonio psicológico. Si se tiene una buena armonía, se irá construyendo un castillo amurallado en el que protegerse de los enemigos y las dificultades exteriores. No hay nada peor que estar desequilibrado, perdido, sin visibilidad interior. Por eso, para ser feliz lo primero que necesitamos es habernos encontrado a nosotros mismos.

La «mansión» de la personalidad está habitada por distintos elementos: físicos, psicológicos, sociales y culturales; tetralogía en la que sus huéspedes se influyen recíprocamente. La enfermedad modifica de alguna manera el temple del estado de ánimo, de igual modo que la soledad excesiva pesa y modifica el estilo de ser. La cultura sirve de trampolín para saltar, en una pirueta inteligente, sobre las circunstancias. En las crisis depresivas, por ejemplo, se produce un repliegue sobre uno mismo que invita a dirigirse al pasado y quedarse con los recuerdos más negativos; los sentimientos de culpa emergen silenciosos. En los cuadros de ansiedad, la personalidad se ve empapada de un porvenir incierto, temeroso, difuso y poblado de malos presagios; unas veces es el pasado el que toma el mando y otras el futuro. Esta oscilación tiene lugar entre dos polos: *interioridad-exterioridad* o *pasado-futuro*. Pero lo que el ser humano debe conseguir es vivir apoyado en un *presente* fugaz, transitorio, de paso permanente, que sirva de cauce para que los hechos transiten su geografía.

Hoy podríamos afirmar que las formas de vida desestructuradas se han popularizado, se han democratizado. La actualidad, como hemos comentado, nos trae modelos humanos inconsistentes, con poca densidad; vidas caracterizadas por la *permisividad* y el *relativismo*. Son éstos tiempos revueltos, pero ¿cuándo han sido serenos, pacíficos, no conflictivos? Basta echar una ojeada a la historia reciente de Europa.

Creo que la desorientación es uno de los signos de la posmodernidad. El ser humano está cada vez más preparado para vivir instalado en la incertidumbre, el desconcierto, la perplejidad. La sociedad de hoy es compleja; está tejida de ingredientes contradictorios que conducen a muchos individuos a no saber a qué atenerse: lo bueno y lo malo, lo excelente y lo perverso, el blanco y el negro... Los nuevos enemigos de la sociedad planean de forma solapada: el aburrimiento, el hastío, la depresión, el cansancio psicológico, el escepticismo, la incultura, la frivolidad ... Se tambalean los puntos de referencia y emerge una nueva perplejidad: es la *revolución del desconcierto y del pensamiento débil*. Todo en la persona se vuelve endeble, ligero, a punto de desmoronarse; y ello incide directamente sobre la célula de la sociedad, que es la familia. El escepticismo es propio de los tiempos que corren, cuyos principios son cada vez menos firmes e inamovibles, y el individualismo se ha convertido en una fortaleza en la que muchos se atrincheran, levantando la bandera del subjetivismo.

Es como si hubieran desaparecido los héroes, como si las vidas extraordinarias no interesaran, salvo que estén rotas o fragmentadas. Tener cierto equilibrio psicológico resulta para muchos algo aburrido; se lleva estar en crisis, vivir sin convicciones fuertes. La cultura *light* convierte cualquier relación en algo de usar y tirar, sólo invita a consumir y a dejarse llevar, lo permite todo.

Si éste es el paisaje que nos envuelve, parece lógico que los desajustes de la personalidad se hayan multiplicado. Una sociedad como la nuestra, cada vez más adolescente, se caracteriza por la inmadurez colectiva, y sus mensajes son tan contrapuestos que resulta muy difícil reconciliarlos.

La Psiquiatría ha pasado de ser una disciplina menor –casi un apéndice de las facultades de Medicina– a una asignatura de gran importancia. Se refuerza la idea de que lo primero que tiene que conseguir el ser humano es *encontrarse a sí mismo;* dar con las piezas del rompecabezas de su forma de ser y ordenarlas. Tener un centro de gravedad nos permite elaborar esos argumentos que dan sentido a la vida, armonizar lo de fuera y lo de dentro.

La personalidad se alimenta poco a poco de todo lo que encuentran a su alrededor. Tarda tiempo en hacerse armónica y en alcanzar una cierta seguridad, que será la base de la autoestima. Por ello, alcanzar la madurez personal constituye el *primer gran logro de cada uno.*

La persona es fachada e intimidad: lo de fuera está al alcance de cualquier análisis, pero la intimidad necesita una labor de espeleología: descubrir la vida por dentro, lo que ha pasado, los hechos que la jalonan... La persona es *transparente y opaca, mediterránea y continental, nítida y oscura, diáfana y borrosa.* Entre estos polos circula la condición psicológica. La persona tiene *ventanas,* pero también *cerrojos.* El último reducto de cada cual alberga la idea de quién se es, a lo que se aspira, los fracasos y las conquistas. Para llegar a este fondo inequívoco de la persona es preciso cruzar antes una selva espesa, desbrozando los senderos de los sentimientos, las costumbres, los hábitos, las pasiones, la inteligencia, la afectividad...

Educar es convertir a alguien en persona. Y ser persona es sacar lo mejor de uno mismo; condición indispensable para alcanzar la reciprocidad con los otros. Uno puede mejorar en cualquiera de los argumentos básicos que sustentan la personalidad y articulan una tupida red de influencias mutuas: físico, psicológico, social y cultural. Cualquier alteración o enfermedad que afecte a uno de estos planos cambia momentáneamente a la persona, lo mismo que la influencia social determina muchas conductas con su influencia.

Hacer psicología significa elaborar preguntas acerca de los *porqués* y de los *cómo,* no aceptar las cosas porque sí, sino indagando en su sentido, y abrirse al mundo personal, con su fondo jerárquico, en el que se asientan los distintos valores. ¿Y qué puede uno esperar de su psicología si la ha ido trabajando y puliendo con esmero de artesano? La aspiración no es otra que *ser uno mismo,* atreverse a escalar las mejores cimas posibles, tener un buen equilibrio psicológico y, a la larga, estar contento con la propia forma de ser. En pocas palabras, lograr la virtud de las ideas sencillas y de los objetivos claros.

¿QUÉ ENTENDEMOS POR PERSONALIDAD?

Resulta muy interesante hacer una excursión etimológica del término *personalidad* para ir descubriendo sus entresijos. Las distintas acepciones nos muestran matices y vertientes que nos ayudan a afirmar dicho concepto:

1. *Personare:* palabra latina que significa «resonar a través de algo» y, del griego *prosopon,* «cara, rostro, máscara». Ambas tienen un fondo común, ya que en el mundo grecorromano la personalidad era la máscara que se ponían los actores, a través de la cual salía resonando su voz. La vida es como un teatro en el cual cada uno desempeña un papel, muestra una conducta, juega un determinado rol. También tiene relación el

término latino *perisoma,* que alude a «lo que rodea el cuerpo, incluida la ropa», ya que el vestido suele entenderse como una prolongación del mismo que va más allá de las apariencias.

2. *Per se unum:* procedente del latín, esta construcción se refiere a la «unidad sintética». *Uno-a-um* significa lo único, lo singular, lo peculiar u original; es decir, aquello que caracteriza.

3. *Phersum:* palabra de origen latino que se refiere a *espejo.* La personalidad es aquello que primero se ve a través del cuerpo y, en especial, de la cara. También existe el término *speculum,* del mismo significado.

4. *Rostrum:* «Pico de las aves» y, en segunda acepción, «hocico» de los animales. Por extensión, «espolón o proa de un navío». La cara es lo primero que se observa del otro y su geografía está llena de riqueza expresiva.

Tras este recorrido, ya podemos realizar una primera aproximación: *la personalidad es aquel conjunto de elementos físicos, psicológicos, sociales y culturales que se alojan en un individuo.* Así pues, ingredientes diversos que forman una totalidad. Dado el gran número de definiciones del concepto *personalidad* que encontramos a lo largo de la historia de la psicología, resulta imposible su clasificación. No obstante, nos vamos a ir adentrando en su trama conceptual para ofrecer un perfil poliédrico del mismo.

La personalidad es aquel conjunto de pautas de conducta actuales y potenciales que residen en un individuo y que se mueven entre la herencia y el ambiente. De esta definición emergen dos ideas importantes que, junto a otras, van a marcar las diferencias entre unas personalidades y otras: lo hereditario frente a lo adquirido, el equipaje genético frente al ambiente. Por tanto, y aunando referencias, podemos decir que la personalidad es *una estructura organizada y sintética, en movimiento, que abarca el cuerpo, la fisiología, el patrimonio psicológico y las vertientes social, cultural y espiritual.* Se trata, pues, de una complicada matriz que deambula entre las disposiciones biológicas y el aprendizaje, y que da lugar a una serie de conductas manifiestas y encubiertas, públicas y privadas, externas e internas, ostensibles y ocultas que nutren la forma de ser.

Esta aproximación al concepto de personalidad pretende ser ecléctico[1] y su enfoque unificador y coherente. Siguiendo esta premisa, podemos afirmar que la personalidad es *un estilo de vida* que afecta a *la forma de pensar, sentir, reaccionar, interpretar y conducirse* por ella. Esta definición hace referencia a cuatro áreas: el pensamiento, la afectividad, la manera de afrontar las circunstancias que se nos van presentando a lo largo de los años y, por último, la consecuencia de todo eso, que determina un tipo concreto de actuación. Es esencial que esta manera se encuentre fuertemente arraigada en el sujeto, sea sólida y no resulte fácil cambiarla.

Nuestra personalidad es nuestro mejor relaciones públicas. Es como una orquesta, compleja y diversa, con muchos instrumentos que cumplen una función específica, pero cuyo resultado es una sinfonía: *la conducta con sello propio*. La *persona* es el director de orquesta. De otra parte está el yo o centro rector de la personalidad, en el que confluyen las vivencias; el yo es *la sombra de la personalidad,* un punto de referencia etéreo, difuso, de contornos imprecisos, pero que sirve de *meeting point* de las vivencias psíquicas. Personalidad y yo forman, pues, un *continuum* en el que uno se refleja y se proyecta en el otro.

Con mucha frecuencia decimos que alguien nos sorprende por su fuerte personalidad. Además de en el lenguaje que utiliza dicha persona, en sus gestos y en sus modales, la personalidad asoma a la cara, que es el espejo del alma. Ciertamente, al rostro vienen los paisajes interiores, que de alguna manera reflejan lo que está sucediendo en nuestra propia intimidad, en cualquiera de las partes de nuestro cuerpo. En la cara reside la

1. *Ecléctico* significa en este caso integrador, que concilia las tres grandes corrientes de la Psicología y de la Psiquiatría: biológica, psicológica y sociocultural. A pesar de su diversa naturaleza, juntas constituyen la mejor manera de comprender y estudiar cinéticamente la personalidad, su perímetro y sus trastornos.

esencia de la persona; ella nos resume. Dicho de un modo más rotundo, la personalidad está presente en la cara, vive en ella. Cuando nos encontramos con alguien, la primera relación que se establece es facial, es decir, cara a cara. Y esencialmente ocular. ¡Dicen tanto los ojos! Tienen su propio lenguaje; son como semáforos cuyas señales hablan de amor, ternura, pasión, desagrado, sorpresa, melancolía... toda la gama afectiva emerge de ellos. En conclusión, la cara y las manos, como partes descubiertas del cuerpo, son las que más expresan nuestros sentimientos.

En la cara tiene la persona su residencia, su *chez soi*. Muchas expresiones sencillas, de uso diario, reafirman esta idea del rostro como espejo del alma; por ejemplo: «dio la cara», «no me gustó su cara», «¡la cara que puso!», «no me olvido de aquella cara»... Por ello decimos que la cara es *programática*, porque anuncia la vida como un proyecto propio. En ocasiones su lenguaje es difícil de descifrar, porque puede tener un doble sentido y, por tanto, prestarse a confusión[2]. En la cara pueden observarse los siguientes elementos:

– *Morfología:* estilo, gracia, gusto, encanto, atractivo.
– *Expresión afectiva:* estado de ánimo, tono emocional.
– *Expresión oral:* el lenguaje tiene tal trascendencia que ofrece unas notas decisivas, como la de la inteligencia, que se manifiesta en él con toda su riqueza.

Resumiendo, podemos decir que la historia psicológica del concepto *personalidad* se ha movido entre la perspectiva *interiorista,* es decir, aquello que se encuentra almacenado dentro del individuo, y la perspectiva *exteriorista,* que hace referencia a lo que se encuentra fuera.

2. Si la cara es la parte más importante del cuerpo, el rostro rezuma intimidad. Delata, refleja, deja al descubierto, anuncia, manifiesta. Mi realidad personal se refleja en los espejos que son los otros, en quienes me veo y reconozco. La belleza física consiste en una armonía morfológica, cuyos distintos componentes faciales atraen y encantan, ofreciendo cierta perfección.

CARÁCTER, TEMPERAMENTO, RASGO Y ESTADO

El *carácter* es la parte de la personalidad adquirida, aquella que se ha ido fraguando a lo largo de la vida merced a las influencias psicológicas, sociales y culturales. El *temperamento* es la parte heredada, aquella que tiene una relación directa con patrones de conducta hereditarios y, por tanto, una raíz neurobiológica. Ambos integran dos importantes facetas de la forma de ser.

Por su parte, el *rasgo* es una disposición psicológica duradera, un atributo estable de la personalidad, una tendencia a comportarse de la misma manera en situaciones diferentes, lo que origina una *conducta consistente.* Cada rasgo permanece como una característica estable, sea cual sea la situación que se presente. Así, por ejemplo, una persona ordenada pondrá de manifiesto este rasgo de su forma de ser en distintos momentos y en entornos muy variados; una persona histérica convertirá su vida en un teatro una y otra vez, ya que vive todo lo que le sucede como algo dramático o extraordinario, y una persona introvertida lo será en una reunión multitudinaria y también en *petit comité.*

El rasgo es, pues, la propensión a exhibir un comportamiento consistente, similar, ante las circunstancias más variadas de la vida. Dicho de otro modo, constituye una *disposición latente para comportarse de una manera parecida.* G. W. Allport (1966) lo definía así: «Sistema neuropsíquico generalizado (común a todos los individuos) y focalizado (particular), que tiene la propiedad de volver funcionalmente equivalentes gran número de estímulos y desencadenar y guiar formas equivalentes de comportamiento adaptable y expresivo». Los métodos que se han utilizado para aislar estos rasgos han variado mucho a lo largo del tiempo y su medición resulta bastante compleja.

Es muy interesante la posibilidad de predecir la conducta de un individuo a partir del conocimiento de sus principales rasgos, ya que existen evidencias biográficas respecto a su comportamiento habitual. No se trata, como es obvio, de una fórmula matemática, lo cual constituiría una utopía, pero sí enmarca la respuesta de la persona en unos límites muy fiables. H. J. Eysenck (1987) describió cuatro rasgos básicos: *neuroticismo, extraversión, introversión* y *psicoticismo*.

En sentido estricto, los rasgos constituyen ciertas características internas que no pueden ser observadas a simple vista, como la estatura o el color del pelo. Se llaman tambien *variables intermedias*, ya que se sitúan entre los estímulos y la conducta, y se deducen de la observación del comportamiento[3]. En el casi infinito mar de las circunstancias y las variables cotidianas, el oleaje personal se mantiene a través de los rasgos, que otorgan estabilidad, consistencia y repetición a los actos.

Por último, el *estado* es una característica de la personalidad transitoria, pasajera, que se da en un momento determinado y, por tanto, resulta fugaz, temporal, efímero. En el curso de una depresión mayor, por ejemplo, la personalidad vive en un estado de ánimo melancólico, con sentimientos de tristeza, desgana o apatía; pero cuando dicha enfermedad remite, el sujeto vuelve por lo general a ser la persona que ha sido, recuperando sus características anteriores al trastorno psicológico. Mientras que *el rasgo es una dimensión que engloba un patrón de respuestas estables y reiteradas de la personalidad, el estado se refiere a una actividad mental y psicológica breve y del presente*. La gente suele distinguir muy bien lo primero de lo segundo: una cosa es el comportamiento habitual y otra distinta la respuesta atípica e infrecuente, propia de una circunstancia específica[4].

¿QUÉ ALBERGA LA PERSONALIDAD?

Tras pasar revista a los principales ingredientes de la personalidad, conviene hacer un resumen para sintetizar tal selva de datos y conceptos. Así:

3. Cualquier conducta es producto de numerosas determinantes, no sólo de los rasgos y de la situación. Entran en juego las presiones momentáneas, las influencias específicas, el estado de ánimo del sujeto en ese momento, las vivencias del pasado...

4. Un siglo antes de Cristo, Cicerón subrayaba la existencia de unos hombres más propensos que otros a padecer ciertos males de forma episódica, frente a modos regulares y frecuentes de ser. Un rasgo, pues, es ser irascible y otro, diferente, responder con enfado a un suceso concreto.

1. Un conjunto de *características y cualidades,* en el que se dan cita vertientes morfológicas, fisiológicas, psicológicas, sociales y culturales.

2. Este bloque de ingredientes tiene una nota esencial: la *originalidad.* Los rasgos principales configuran un estilo propio, un sello particular y específico que define un modo de comportamiento.

3. La *integración entre los distintos elementos* forma parte de la buena estructura y articulación de la personalidad. Las personas demasiado extravertidas, habitualmente frías en sus sentimientos o, por el contrario, muy afectivas, no tienen una buena combinación de los mismos, produciéndose cierta descompensación que, en algunos casos, puede ser la antesala de un desajuste o trastorno de la misma.

4. En la personalidad hay zonas *transparentes* y territorios *opacos,* es decir, claros y oscuros. Existe una parcela exterior, que puede ser valorada objetivamente, y otra interior que se mueve en un plano más escondido.

5. La personalidad no es una mera colección de procesos que se van sumando sin conexión entre sí. Antes al contrario, supone la asociación integrada de una serie de parcelas diversas que dan lugar a *un todo interrelacionado.* Esta perspectiva integradora busca conocer *qué es* la personalidad (verdades *universales* sobre su conocimiento) y *cómo funciona* (verdades *particulares* de cada sujeto en concreto). Cada personalidad es un producto singular; nunca puede entenderse como algo fabricado en serie[5]. La personalidad es la totalidad de elementos y estados psicológicos de un individuo. Supone integración de recursos, habilidades y estilos.

6. El conocimiento de la personalidad nos permite, de alguna manera, predecir la conducta de un individuo en general

5. La primera cuestión –qué es la personalidad– se denomina *visión nomotética,* que no es sino un constructo, un edificio en el que se asientan las cuestiones básicas generales: rasgos, motivos, mecanismos de defensa, etc. La segunda cuestión –cómo y por qué funciona una personalidad– se denomina *visión particular o ideográfica:* especifica lo individual, ya que cada desarrollo personal es un producto especial, propio, con un sello determinado, que resume una trayectoria.

y también en particular, ante una situación determinada. Algunas de las características son constantes, inmutables, sólidas, y sus dimensiones básicas inmodificables. Por eso hablamos de un conjunto de papeles que un ser humano en concreto es capaz de desempeñar, tanto el *actual* como el *potencial*. Los elementos permanentes de la personalidad conforman un sustrato que permite el reconocimiento de la misma a pesar de las modificaciones, las reformas o las transformaciones.

7. La personalidad *no es algo estático, sino dinámico*. Se encuentra siempre en movimiento, como una realidad abierta, amplia, cambiante, que va recibiendo las influencias de todas y cada una de las vivencias del individuo, las cuales terminan configurando su perfil. Desde los «microtraumas» a los «macrotraumas», pasando por las experiencias positivas, todo se va depositando en la persona y dejando su huella. La conducta es el resultado de la relación de reciprocidad entre la forma de ser y el ambiente por el que uno circula.

8. En la personalidad, como ya hemos dicho, confluyen los aspectos *físico, psicológico, social y cultural*. Éstos se complementan formando un entramado sencillo y complejo, único y diverso. Esta tetralogía de ingredientes principales no es sólo resultado de la herencia, ni tampoco un mero producto cultural ni el resultado de cierta elaboración social. Es eso y bastante más, todo conjugado: plasticidad, adaptación, reciprocidad de influjos... En pocas palabras, *singularidad en la pluralidad*.

9. La *personalidad sana* es aquella que ha logrado un buen equilibrio entre sus distintos componentes, un grado de madurez suficiente en relación con la edad, lo que supone un buen conocimiento de uno mismo, la propia aceptación, el diseño de un proyecto de vida y la capacidad de tener una conducta coherente, adaptada a la realidad, con metas y objetivos realistas y concretos. Más adelante abordaremos con detalle esta difícil cuestión, así como la línea divisoria entre lo normal y lo patológico, que no resulta una frontera clara y precisa, sino borrosa y con perfiles desdibujados. Entre ambas se establece un *continuum* en el cual no suele ser fácil establecer los criterios universales antes mencionados, pues las coordenadas

sociales o culturales marcan tales distinciones. Los trastornos de la personalidad, de hecho, son formas anormales de ser que se manifiestan mediante conductas poco frecuentes, hostiles y que dañan a la comunidad familiar y social.

10. Para finalizar, decir que hoy podemos hablar de *la ciencia de la personalidad* en un sentido estricto. Mientras que la filosofía y las ciencias humanas buscan *la verdad,* las ciencias físicas y naturales se aproximan al conocimiento de la realidad en términos de *certeza.* De esta diferencia se derivan cuatro dogmatismos:

– El *biologista,* que ha llevado a la psiquiatría a una postura radical, la quimiatría, según la cual todo depende de la bioquímica cerebral o general.
– El *psicologista,* que defiende de forma absoluta que todo lo que se arremolina en torno a la personalidad sólo se debe a los muchos procesos psicológicos: desde la sensopercepción a la memoria, pasando por la inteligencia, la afectividad, la conciencia y un largo etcétera.
– El *sociologista,* para el cual todo descansa sobre el principio primordial de que el ser humano es esencialmente social.
– El *culturalista,* que pone el acento en la enorme importancia del ámbito cultural.

Insisto en lo que antes ya he comentado: es conveniente adscribirse a una posición ecléctica, capaz de conjugar y conciliar estos cuatro apartados en uno.

sociales o culturales marcan tales distinciones. Los trastornos de la personalidad, de hecho, son formas anormales de ser que se manifiestan mediante conductas poco frecuentes, hostiles y que dañan a la comunidad familiar y social.

10. Para finalizar, decir que hoy podemos hablar de la *ciencia de la personalidad* en un sentido estricto. Mientras que la filosofía y las ciencias humanas buscan *la verdad*, las ciencias físicas y naturales se aproximan al conocimiento de la realidad en términos de *certeza*. De esta diferencia se derivan cuatro dogmatismos:

- El biologista, que ha llevado a la psiquiatría a una postura radical, la quimiatría, según la cual todo depende de la bioquímica cerebral o general.
- El psicologista, que defiende de forma absoluta que todo lo que se arremolina en torno a la personalidad sólo se debe a los muchos procesos psicológicos: desde la sensopercepción a la memoria, pasando por la inteligencia, la afectividad, la conciencia y un largo etcétera.
- El sociologista, para el cual todo descansa sobre el principio primordial de que el ser humano es esencialmente social.
- El culturalista, que pone el acento en la enorme importancia del ámbito cultural.

Insisto en lo que antes ya he comentado: es conveniente adscribirse a una posición ecléctica, capaz de conjugar y conciliar estos cuatro apartados en uno.

II

La formación de la personalidad

LAS ETAPAS DE LA VIDA

En toda existencia, los años pasan, deambulan, transitan y van dejando su huella. Cada etapa, cada segmento histórico, tiene una significación especial, un sello característico; cada fase cuenta con sus propias posibilidades y su peculiar perfil. Pero en todas vibra el *conjunto* de la personalidad.

El niño, en pleno proceso de formación, va descubriendo el mundo que se abre ante sus ojos, desvalido de información y con todo por hacer. Ante el adolescente, sin embargo, se abre un camino de posibilidades: todo puede ocurrir cuando uno está en esa edad en la que empieza a vérselas con la vida. En la realidad del adulto, por su parte, ya hay datos objetivos para explorar y valorar su trayectoria. Y más adelante, en los tramos finales de la vida –aunque hoy se ha retrasado la vejez, que eufemísticamente llamamos «tercera edad»–, puede hacerse el balance existencial, que no es otra cosa que el propio *debe* y *haber*, el análisis de la contabilidad personal, en el que se barajan partidas muy distintas, ingredientes de muy diferente peso, que salen a la palestra y se valoran fríamente.

No debemos perder de vista que *el ser humano es un animal descontento*. Cualquier autoobservación excesivamente cartesiana resulta dolorosa, sangrante. ¡Cuántas cosas no han salido adelante simplemente por falta de tiempo o por no haber previsto algunos elementos del entorno! La vida, esa gran maestra, nos va enseñando nuevas cosas al ritmo de los acontecimientos que nos suceden, abriendo en el subsuelo de nuestra intimidad un pozo de sabiduría en el que se esconden y almacenan las vivencias. Esta sabiduría recibe el nombre de *experiencia de la vida* y consiste en darnos cuenta de que hemos vivido, que hemos sacado provecho, sufrido y tomado nota de las habilidades y estrategias que necesitamos para sortear las dificultades y los errores propios del aprendizaje progresivo. Las travesías presentes de la existencia se articulan internamente con las pasadas y las futuras, dando lugar a una continuidad histórica que muestra coherencia y lucidez, sentido y claridad.

LA INFANCIA: EL MOMENTO MÁS FELIZ

El despertar psicológico del niño es apasionante. Resulta inolvidable ver cómo va descubriendo el mundo que emerge delante de sus ojos y cómo va haciendo uso de su inteligencia. Cuando el animal nace tiene ya un programa de conducta aprendido, que se pone en marcha sin más y que funciona mediante unos resortes innatos, genéticos, que se abren paso sin aprendizaje previo y con cierta autonomía desde los primeros días. El pollito recién salido del cascarón campa por sus respetos de aquí para allá, como si conociera al dedillo el escenario que le sirve para desplegar su comportamiento.

El *desarrollo psicomotor* del bebé sigue unos pasos concretos. El primero es aprender a sostener la cabeza, lo cual sucede hacia los cuatro meses; poco después ya puede quedarse sentado, manteniendo derecha la parte alta de la espalda y es capaz de evitar caerse hacia delante cuando está sentado. Con diez meses permanece sentado con algo entre las manos o, lo que es más frecuente, con la mirada fija y el dedo pulgar en la boca. *El niño pequeño explora el mundo a través de la boca.* Todo pasa por ella, es el paso obligado para conocer los objetos y su sensibilidad. Nos encontramos en la prehistoria del aprendizaje.

Cerca de su primer año empieza a ensayar cómo mantenerse de pie. Es divertido, tierno y sorprendente verlo luchar para no caerse. La edad de aprender a andar varía de un niño a otro, y suele ser hacia los 2 años cuando definitivamente controla esta adquisición. Muchos niños saben antes andar a cuatro patas.

El saber coger las cosas con sus manos es algo que se inicia hacia los cinco meses, pero es a los diez cuando puede acercarse directamente a los objetos y atraparlos con firmeza, sin que se le caigan de las manos. Un poco antes descubre que la mano derecha tiene también su izquierda y que ambas pueden colaborar.

En lo que se refiere al *desarrollo del lenguaje,* éste empieza por el *lenguaje no verbal:* muecas, gestos y sonrisas van apareciendo ante la sorpresa de los padres y de las personas cercanas, invitándoles a hablar con el niño, a decirle cosas, a relacionarse con él. La sonrisa, incipiente al principio, se va convirtiendo con el tiempo en la respuesta concreta a los estímulos: un beso, una caricia, una palabra. La mímica evoluciona desde unos gestos primitivos y elementales a otros más finos y precisos, hasta convertirse en una verdadera sinfonía de mensajes faciales.

El desarrollo del *lenguaje verbal* empieza con la repetición de algunas palabras, primero torpemente y luego de forma algo más precisa. El niño repite las que oye a su madre o a las personas que le cuidan. Nuevamente, la boca se convierte en protagonista, con el consiguiente alborozo de todos los de su entorno. La gramática es al principio borrosa, desdibujada, tenue. Cuando el niño tiene un año y medio, aproximadamente, maneja unas veinte palabras; a los tres o cuatro domina casi un millar. El salto es, pues, imponente. Cada objeto que encuentra a su alrededor va a quedar identificado por medio de una palabra y señalado con el dedo. *Nombrar las cosas es apoderarse de ellas,* y gracias al lenguaje el niño va habitando su realidad, dando significado a todo, abriendo pasillos de comunicación de unos conceptos a otros. La comunicación verbal supone el gran paso hacia delante, con su madre al lado, sirviendo de excelente vehículo de amor y conocimiento.

Por su parte, el *desarrollo intelectual* empieza hacia los cinco-siete meses, cuando sólo asoma cierta inteligencia práctica.

Todo se mezcla: las habilidades psicomotoras, el lenguaje no verbal y verbal, la capacidad para empezar a resolver pequeños problemas de coordinación, formando los esquemas visuales y manuales un díptico singular, operativo. Al año o año y medio surgen las conductas intencionales, a base de tanteos, y es entonces cuando empieza a funcionar la relación estímulo-respuesta: la madre, por ejemplo, abre la puerta de su habitación y el niño le dice algo o le da un beso.

Después va descubriendo lo que hay dentro y lo que hay fuera, los medios y los fines, las causas y los efectos. Todo esto se va depositando rudimentariamente en su cabeza. El niño hace sus «gracias» y se da cuenta de las consecuencias tan positivas que ello tiene en quienes le rodean, y de ese modo, por un simple refuerzo, vuelve a repetirlas.

El niño es un animal esencialmente menesteroso y necesitado. Su madre lo va a ser todo para él. Podríamos incluso decir que su mundo es su madre, a quien muy al principio reconoce por el olfato. La relación madre-hijo es misteriosa y entrañable. Mientras que la madre es consciente de todo lo que está pasando entre ellos dos, el bebé desconoce la riqueza de esos encuentros y su importancia. Se trata de una comunicación presidida por la afectividad.

Así empieza el troquelado del niño, su configuración y los primeros balbuceos de su personalidad: tarea lenta, gradual, progresiva; secuencia de intercambios físicos y psicológicos que va a ir sacando al niño de la postración en la que hasta entonces se encontraba.

Se suma a este espectáculo el *desarrollo afectivo,* cuyos dos primeros ingredientes son la risa y el llanto. Si le falta la comida, la pide mediante el llanto; es como un reloj biológico que llama a la madre o a la persona que le cuida para que cubra su necesidad. La sonrisa, la risa y las muecas divertidas y simpáticas son respuestas a estímulos positivos.

Cuando tiene unos seis meses, se ríe al ver el biberón o al recibir un juguete o un mordedor. En esta época descubre su imagen en el espejo y se queda sorprendido, sin saber bien lo que está pasando. Poco a poco se va familiarizando con ella y, en torno al año, descubre a los demás. Tiene un significado especialmente rico la aparición de otro niño, su igual, con quien es capaz de compartir una relación nueva, singular, notable, de exploración recíproca[1].

Es cuando hacen su aparición los primeros atisbos de amistad, enfado y celos. Y cuando tiene lugar uno de los grandes descubrimientos de este periodo: el juego. El niño necesita «meterse dentro» de un juguete y romperlo para saber qué se esconde allí. Al mismo tiempo, el dibujo y los muñecos forman para él un universo clave. La rivalidad, el miedo o el sentimiento que le produce el hecho de que le quiten algo suyo va haciendo que salten las primeras reacciones afectivas.

La educación de los padres en esos años ha de tener el sabor de la maestría[2]. Un clima de amor y paz es el mejor alimento psicológico que podemos dar al niño, sabiendo combinar, con sentido común, unas reglas de vida estables y a su vez no demasiado rígidas, que van conformando un proceso educativo solemne, espléndido y fundamental.

Una correcta y sana nutrición, que enseñe a evitar caprichos inútiles que más tarde cuesta quitar, es también muy importan-

1. En el aprendizaje del niño hay dos notas muy destacadas: por un lado, los *procesos de imitación,* a través de los cuales copia lo que hacen los demás; por otro, la *identificación.* Sobre ambas empieza a construirse su personalidad, que dependerá mucho de lo que viva en la infancia. Si ésta es feliz, saldrá fortalecido y en la mejor disposición para afrontar la vida. No obstante, es preciso hacer una enmienda a la totalidad: tan mala es la *privación afectiva* como la *hiperprotección psicológica.*

A los dos-tres años empiezan a formar parte de su vocabulario las palabras «yo», «mío», «mi». Sobre todo tras su primer contacto serio con la realidad, es decir, al comenzar el colegio o la guardería. Entonces abandona la cálida atmósfera familiar para establecerse en un espacio educativo donde él es uno más.

2. Educar es convertir a alguien en persona libre e independiente. Su base es la *mayéutica.* No es lo mismo educar a un niño pequeño que a uno que se encuentra en la pubertad o la adolescencia. De los catorce a los dieciocho años, aproximadamente, *educar es entusiasmar con los valores,* dicho en otros términos, *es seducir por encantamiento y ejemplaridad, cautivar con argumentos positivos.*

te. Debe aprender a comer solo y a manejar por sí mismo los cubiertos, algo que se suele lograr hacia el año y medio. Otra regla que ayuda a regular la vida del niño es el sueño. Si de recién nacido se pasa el día durmiendo, a medida que pasan los meses esto se va modificando. La madre no debe perder de vista que, poco a poco, va inculcando en el cerebro del niño un reloj biológico que pronto él hará suyo, y según el cual dormirá y se despertará. Se puede dormir al niño moviendo su cuna o cantándole, pero sin olvidar que, si no se anda con cuidado, él pronto manipulará a sus padres y creará un círculo vicioso. También en esta etapa tan temprana de la vida resulta conveniente educar al niño, pues si se crean unos hábitos negativos todo será después más difícil.

LOS DISTINTOS APRENDIZAJES DEL NIÑO

El niño recién nacido dispone ya de todas las células nerviosas que poseerá en el futuro, pero su sistema nervioso es inmaduro, está sin hacer y, por tanto, cuenta con muchas limitaciones: no puede andar, ni hablar, ni valerse mínimamente por sí mismo. Esto es debido a la falta de conexiones nerviosas, lo que lleva consigo, entre otras cosas, que no sea capaz de recordar nada en esa etapa de su vida. Esta *amnesia infantil* contrasta con la enorme dedicación de la madre, que se beneficia especialmente de esa relación tan tierna y delicada que consolida la maternidad como una de las experiencias más entrañables en la vida de una mujer.

En cuanto a las *habilidades motoras*, debemos destacar entre otras el momento en que el niño es capaz de pasar de estar boca abajo a medio lado, y poco después de estar boca abajo a boca arriba. Antes del año, por lo general, aprende a gatear y antes de los dos se pone de rodillas, se sienta y se levanta. Él mismo se asombra de verse de pie y sentirse seguro. Son momentos estelares para los padres, que disfrutan observando esos avances. El desarrollo de las habilidades motoras significa también *irse apropiando del mundo circundante*. Los reflejos, ese arsenal de respuestas involuntarias a determinados estímulos, van apareciendo gradualmente. Y los aprendizajes tempranos se fijan en el niño y en su cerebro para siempre. Esto se ha demostrado también en animales de experimentación[3].

Con el paso de los meses el cerebro va madurando y, al ir el niño descubriendo la vida en toda su riqueza, éste se va enriqueciendo, siendo más finas y precisas las tareas que se pueden realizar. Más tarde se desarrollarán las áreas cerebrales relacionadas con la sensopercepción, la memoria, el pensamiento y el lenguaje.

El *desarrollo intelectual* del niño es un tema de vital importancia. Si al principio se lleva todo a la boca porque éste constituye su medio de exploración inicial, más adelante tocará y manipulará las cosas para reconocerlas y captar sus diferencias. Una bola de goma, un muñeco, un tren de plástico o una botellita le sirven para ver hasta dónde puede llegar en el conocimiento de eso que tiene delante de sus ojos. Son etapas *ascendentes* en las que se aprende a elaborar imágenes y conceptos. De ciertos esquemas simples se pasa a otros más complicados y así el mundo se va comprendiendo e interpretando.

Fue Jean Piaget, uno de los más relevantes psicopedagogos, quien describió la sucesión de etapas del aprendizaje: de una etapa *sensitiva y motora* (ver, oír sonidos y palabras, oler y paladear, tocar) se transita a otra *preoperativa* (las cosas se representan con palabras e imágenes, pero aún está ausente el razonamiento lógico) para finalmente alcanzar, a los 5-6 años, la

3. Mark Rosenzweig y David Krech realizaron el siguiente trabajo de investigación: dejaron a unas ratas solas y a otras en comunidad, y estudiaron su corteza cerebral cuando había pasado cierto tiempo. Las que habían vivido en un ambiente más carencial, habían desarrollado una corteza cerebral más fina, mientras que las que lo habían hecho rodeadas de otras ratas, tenían una corteza más gruesa y con un mayor número de células tipo glía o auxiliares de las neuronas.

Más recientemente se ha investigado también que las ratas tocadas, manoseadas o acariciadas suelen tener un cerebro mejor formado. Algo similar puede comprobarse en los niños que han vivido en un ambiente afectivo y cariñoso.

etapa *operativa* (se empieza a pensar con cierta lógica acerca de cosas concretas; se introducen la aritmética y las matemáticas, y en cuanto al desarrollo psicológico asoma el egocentrismo y la palabra *yo* se vuelve mágica y reiterativa).

En esta época la vida afectiva tiene ya unas notas particulares: el niño puede enfadarse e incluso coger una rabieta importante si no se hace lo que él quiere o se le contradice. El llanto sigue siendo el lenguaje prioritario. Se inicia un periodo más «fantástico» en el que los cuentos tienen un valor fundamental. Los padres suelen acompañar a sus hijos por la noche cuando se meten en la cama –ese *bed time* inolvidable– y leen relatos e historias que cumplen una doble misión: educar y estimular su imaginación. Son vivencias que quedan grabadas a fuego en la personalidad y que, cuando pasan los años, son rememoradas con amor, como los tiempos más dulces que uno ha vivido.

El deseo del niño de agradar a su madre deja paso a preguntas más filosóficas sobre la bondad o la maldad de una conducta, Dios, la enfermedad, la muerte... La vida escolar cobra una dimensión extraordinaria, más allá de lo académico, por la relación con los compañeros, el sentido de la amistad y la diferencia entre los sexos, entre otras cosas. Los padres deben saber que es en esta época cuando comienza la *educación de la voluntad*, y buscarán hacerla atractiva y sugerente, explicando a su hijo, en un lenguaje sencillo y claro, el porqué de la misma. Aprender a leer y a escribir constituye un hito, y en esto, como en lo demás, la madre sigue siendo una figura central[4].

Sería largo y prolijo ir describiendo lo que sucede con el niño a partir de los 7 años. Baste decir que a esa edad la per-

4. Es muy interesante el experimento realizado por Harlow con monos criados con dos madres artificiales: una era un cilindro alargado cubierto de gomaespuma y envuelto en una especie de tela y, la otra, un cilindro de alambre con una cabeza de madera y un biberón. El resultado, sorprendente, mostraba que los monos preferían a la primera madre, ya que su contacto físico era más suave, a pesar de que la segunda les daba el alimento.

Hoy sabemos que algo parecido sucede con los animales domésticos, perros y gatos: el trato afectuoso y las caricias constituyen la base de una buena relación y de la amistad que pueden establecer con sus dueños.

sonalidad tiene ya un perfil bastante definido, siendo los padres capaces de diferenciar la forma de ser de ese niño y de otro hermano, o de un primo o de un amigo. Es más, ya es posible observar parecidos psicológicos, así como distinguir el carácter y el temperamento, es decir, lo adquirido y lo heredado[5].

De los ocho a los 11 años, aproximadamente, se produce un salto cualitativo extraordinario, especialmente en las niñas, cuya maduración suele tener lugar 3 o 4 años antes que en los niños. *Maduración y experiencia van de la mano.* Cuando dejamos de ver durante unos meses a un niño de esta edad, notamos más los cambios que se han producido en su conducta y, especialmente, en su modo de ser.

La maduración de la inteligencia es un proceso gradual en el que el individuo va interiorizando esquemas psicológicos, lecturas, influencias de padres y hermanos, relación con profesores y amigos... También hay que tener en cuenta el poder de la televisión, un ingrediente importante que no debemos perder de vista, sobre todo por su efecto negativo si no se ejerce sobre ella un control que evite que los niños queden a merced de lo peor de la programación.

En este proceso gradual que es el desarrollo de la inteligencia es conveniente poner orden. Insisto en que los padres no deben olvidar que son *los primeros educadores y que educan más por lo que hacen que por lo que dicen.* Es su conducta la que

5. En la actualidad existen bastantes trabajos sobre hijos adoptados. Se plantea de inmediato la cuestión de si éstos se parecen y en qué grado a los padres adoptivos, lo que pondría de relieve que el *ambiente familiar* es capaz de inclinar la balanza en esta dirección. Un trabajo de Rowe (1990) sobre varios centenares de familias adoptivas americanas puso de manifiesto que el hecho de que los hijos crezcan en el mismo seno familiar no tiene por qué significar que sus personalidades se parezcan, al igual que ocurre con los hermanos biológicos, que a veces «parecen cada uno de su padre y de su madre», como dice el refrán.

Surge así de nuevo el viejo dilema: genética frente a entorno, herencia y ambiente. La adopción influye en muchos aspectos que deben ser estudiados con rigor, si bien en la mayoría de los casos los hijos adoptivos se adaptan bien y sus padres se preocupan de ellos en todas y cada una de las vertientes de la vida: escolaridad, afectividad, cultura...

habla y su ejemplaridad la que arrastra a los hijos a seguir una dirección que estiman coherente y atractiva.

Éstos son los derroteros por los que se va fraguando la personalidad inicial, que se asoma y se esconde, se diluye y vuelve a aparecer. Se trata de los primeros tanteos, los ensayos y tentativas que sondean el entorno y a uno mismo, buscando una identidad que al principio resulta imprecisa pero que, poco a poco, se vuelve más nítida y de perfiles más precisos.

LA INESTABLE PUBERTAD

Esta etapa del desarrollo, que aproximadamente va de los 10 a los 14 años en las chicas y de los 12 a los 16 en los chicos, supone la *maduración biológica*, corporal, que culmina con la capacidad de ambos para engendrar. Esta «edad del pavo» se caracteriza por una *hipersensibilidad psicológica:* grandes cambios de ánimo y de criterio, inestabilidad emocional, rebeldía, sentimientos de incomprensión, rabietas y crisis de llanto que requieren por parte de los padres tacto, paciencia y saber hacer ante esta conducta ondulante. Quieren ser más mayores de lo que realmente son, como si tuvieran prisa por crecer.

Las chicas también maduran antes en el *plano sentimental*, y esto es una constante en el mundo occidental.

La inestabilidad de ánimo es frecuente, con oscilaciones que van de la alegría a la tristeza, del entusiasmo enfervorizado a decepciones que tienen para ellos el sabor de grandes derrotas. Las pequeñas frustraciones del día a día son vividas de forma exagerada e incluso dramática, ya que todavía no han aprendido a valorar los hechos de forma moderada y ecuánime. *La vida se experimenta con fuerza, con intensidad*, de ahí esos vaivenes tan marcados. Es frecuente encontrar a una persona de esta edad llorando «sin saber por qué», como si tomara el pulso a las grandes emociones en su rica diversidad.

En la pubertad se produce el despertar de la amistad, pero ya a niveles más profundos, en los que se intercambian vivencias y cuestiones más íntimas. Tanto la amistad como el primer amor tienen frescura y lozanía. La afectividad está todavía pura, sin pulir. La sorpresa de saber que alguien se puede fijar en uno es importante y provoca tal efusión que, si las cosas no marchan como se desea, puede caer por una rampa deslizante y convertirse en lo contrario: desencanto, tristeza y desilusión al observar que lo que parecía tan fácil y sencillo se ha vuelto complicado y laberíntico. Los padres debemos adelantarnos y *enseñarles qué es la vida sentimental, con ejemplos sencillos y aplicando una pedagogía positiva que evite tanto el escepticismo como una información excesivamente dura para ellos.* Según sea la personalidad de cada hijo, deberemos utilizar distintos argumentos y matices.

En lo que se refiere a la *sexualidad,* es en la pubertad cuando adquiere gran importancia. El descubrimiento de la maduración corporal es una sorpresa a la que se asiste paulatinamente, comprobando los cambios que se operan de forma sucesiva. En las niñas se desarrolla el pecho, aparecen el vello púbico y axilar y la primera menstruación (menarquia) que suele convertirse en un secreto cómplice entre madre e hija, que casi siempre ha sido informada al respecto. Es fundamental que la madre sepa responder con claridad a las dudas de su hija y es frecuente que la relación con su mejor amiga cobre en esos momentos una mayor intensidad. También empieza a asomar la atracción hacia los chicos, así como el enamoramiento casi siempre idealizado.

En comparación con las niñas, los chicos son a estas edades más infantiles. Desde el punto de vista genital se advierte un alargamiento del pene y un desarrollo del escroto. El interés por la sexualidad se intensifica, pero el pudor sigue siendo muy marcado. La atracción por las personas del otro sexo va surgiendo poco a poco y también los enamoramientos, aunque con menos finura y psicología que en las niñas. Los chicos prefieren buscar la información sexual fuera de casa, con los compañeros del colegio. En muchas ocasiones esos datos pueden estar distorsionados e incluso ser dados de manera poco afortunada o brusca, sin matices, lo que a la larga causa mucho daño. Por ello es conveniente que, una vez más, los padres se adelanten y expliquen las cosas como son, pero con un sentido amplio, completo, que vaya más allá de lo puramente sexual. Estas vivencias marcan la travesía biográfica, siempre irrepetible, y no se olvidan con el paso de los años. De ahí el especial cuidado que hay que poner para que éstas se experimenten de forma sana y armónica. La información sexual[6] deberá ser cada vez más amplia y precisa.

En cuanto a la vertiente *interpersonal*, chicos y chicas descubren que pueden confiar en los amigos y contarles sus cosas más íntimas. Esto tiene un enorme valor. Un ingrediente también importante del desarrollo interpersonal es el deporte, ya que les ayuda a demostrarse a sí mismos su capacidad y su tenacidad, y a la vez les enseña a ganar y a perder. Contribuye igualmente a ampliar el círculo de conocidos, para que así puedan espigar de ahí y del grupo del colegio los verdaderos amigos. Por su parte, la música cobra significación en esta etapa y resulta también un medio para relacionarse y expresar afecto. El baile les proporciona un ámbito nuevo en el que expresar alegría.

Los procesos de identidad se van fraguando en esa mezcolanza de ingredientes. Se copian las conductas de los compañeros que son más líderes y el propio perfil personal va dibujando matices, moviéndose entre luces y sombras que combinan una imaginería compleja que llevará poco a poco a consolidar la estructura de la personalidad.

En las familias con un hijo único, se pierde el concepto de *hermandad* y, con él, la posibilidad de descubrir el valor de un

6. La educación sexual debe seguir dos pautas: *información* y *formación*. Información para exponer las características anatómicas y fisiológicas de cada sexo, el significado del acto sexual, etc. Y formación para explicar las características psicológicas de la sexualidad, en tanto que vehículo de la afectividad. Con ambas pautas se logra transmitir que *la sexualidad es un lenguaje cuyo idioma es el amor*.

trato tan cercano y de aprender a compartir. También es diferente la configuración familiar en las familias en las que sólo hay niñas o sólo niños. Desde Freud, y aun antes, se sabe que las niñas sienten una mayor inclinación hacia el padre *(complejo de Electra)* y los niños hacia la madre *(complejo de Edipo)*. Esto suele ser una constante. En la preadolescencia se observa ya cierta crítica de las chicas hacia su madre, en una mezcla de rivalidad y rebeldía, y lo mismo sucede entre los niños y su padre.

Pronto, los amigos empiezan a sustituir a la familia y se convierten en protagonistas de primera línea. *La labor de los padres en esta travesía es muy delicada y se necesita mucha maestría para sortear los conflictos propios de personas que están «sin hacer» y que son rebeldes por antonomasia.* Ciertamente, hay que respetar a los amigos que nuestros hijos tienen a esas edades, pero supervisando que no caigan en un ambiente demasiado permisivo que, a la larga, sea negativo y lleve a una degradación de la conducta. Esta supervisión debe realizarse con sigilo y tacto, evitando que ellos se puedan sentir manipulados o privados de sus libertades.

El colegio es parte esencial de la vida en estos momentos. En él nacen amistades, encuentros, rechazos, tensiones, compañerismo. En algunos casos, incluso, va a ser más importante que la familia, no sólo por el número de horas al día que allí se pasan, sino porque puede influir más que padres y hermanos. Pero *la verdadera educación debe darse en familia, que es donde se aprende a vivir. Como primer modelo resulta decisivo... para bien o para mal.*

LA ADOLESCENCIA O EDAD DE LAS CARENCIAS

La adolescencia es el periodo que va desde los 16-17 años hasta que uno se convierte en adulto. El término procede etimológicamente de la palabra latina *adolecens,* que define al que «adolece de madurez». Es la *edad de las carencias,* pero con la sorpresa paradójica de que constituye la etapa en la que uno cree que lo sabe todo. La formación de la personalidad en la adolescencia responde a criterios de maduración física, psicológica y sociocultural, con una difícil mezcla de *claridad y confusión, nitidez en la captación de lo que es la vida y borrosidad en los métodos para aprehenderla.* En esta *transición tridimensional* –corporal, psicológica y sociocultural– asistimos a una serie de cambios que van a dejar una huella imborrable.

En el plano *físico* destaca el aumento de la estatura: mientras que los varones crecen hasta 13 centímetros por año, las chicas lo hacen en unos 8 centímetros. También se manifiestan las características sexuales primarias y secundarias, con todo lo que eso significa, y se asientan la menarquia y la eyaculación.

En el plano *psicológico* se produce un vendaval de cambios que se irán sumando y superponiendo, y que se rigen por dos elementos importantes: la *inteligencia* y la *afectividad.* La inteligencia como capacidad del adolescente para razonar y plantearse cuestiones filosóficas acerca de la vida. Su pensamiento se vuelve más crítico y le lleva con frecuencia a enfrentarse con los padres, de un modo casi natural; en medio de la tensión se controla mal y pasa de la rebeldía al silencio, del enfado al encierro en sí mismo, y suele buscar en alguna de sus amistades la comprensión que no encuentra en su hogar.

En la adolescencia, *la forma de pensar se hace más lógica, abstracta y sistemática.* Este hecho, sumado a su afán por cambiar el mundo, les vuelve muy idealistas. Valoran los grandes temas de la existencia humana desde un prisma utópico: la justicia, el bien, la vida política, el amor y sus formas, la amistad... Todo se expresa de una manera apasionada. Los adultos asisten a sus discusiones un poco asombrados, comprobando cada vez que al adolescente, por su poca experiencia vital, le falta el soporte de la realidad. *Sentido crítico e idealismo son dos elementos característicos de esta etapa.*

En cuanto a la *afectividad,* nos encontramos ante un periodo en el que los sentimientos, las emociones y las pasiones están en plena efervescencia. Los adolescentes descubren su geografía emocional y la exploran de mil modos, unas veces de forma pasiva, dejando que les invadan las vivencias, y otras de forma activa, participando y actuando sobre los acontecimientos. Son habituales, como ya hemos señalado, las grandes oscilaciones del estado de ánimo, saltos muy acusados que tienen lugar en un mismo día. Y también son frecuentes recursos como el silencio o el llanto en soledad, para no ser visto ni interrogado por padres y hermanos.

Son diversos los descubrimientos que hace el adolescente y aprende a saborear. En primer lugar, su propia *intimidad,* una especie de almacén de vivencias, un espacio habitado de hechos biográficos que ya empiezan a tener densidad. Intimidad es saber que necesitamos regresar a nosotros mismos para revivir lo ya experimentado. El pensador español José Ortega y Gasset[7] afirmaba que existen dos operaciones psicológicas especialmente típicas de contacto con la realidad: el *ensimismamiento* (bucear en nuestro interior más profundo) y la *alteración* (vivir en la acción de lo que está fuera, traídos y llevados por el mundo exterior).

En los albores de la intimidad del adolescente está el germen de lo que será en un futuro la denominada «experiencia de la vida»: una especie de saber acumulado, silencioso las más de las veces y elocuente en momentos estelares, que no es sino una forma superior de conocimiento. Un conocimiento abstracto pero con un rico anecdotario; un mosaico formado por las huellas de lo que hemos vivido. Es el testimonio de que hemos pasado por la vida adentrándonos en sus recovecos –alegres y tristes, luminosos y sombríos, transparentes y opacos– y paladeando sus muchos sabores. De esta manera nos sumergimos en el descubrimiento de nosotros mismos y de los demás.

Otro gran descubrimiento de la etapa adolescente es el *afán de independencia,* el deseo de sentirse libre en la vida inmediata y en el futuro. Este deseo de volar sin ayuda de nadie se mueve entre dos polos contrapuestos: por un lado se busca la soledad y, por otro, se necesita al grupo o la pandilla de amigos. El adolescente quiere irse de su casa, no ser controlado, llevar una

7. Cfr. *Obras completas,* tomo V, capítulo «Ensimismamiento y alteración» (1939), Madrid, Revista de Occidente, 1952, págs. 293 y ss.

vida independiente, sin la vigilancia de sus padres. Le aburre la rutina y necesita experiencias nuevas, sorprendentes, para ir explorándose y descubriendo las piezas que van a ser claves en su propia identidad. En estos tempestuosos momentos los padres deben dejar espacios libres para la autoafirmación[8].

Junto a la intimidad y el deseo de independencia, salta a escena un *acentuado espíritu crítico*. Es básico que el adolescente pueda contar con modelos de identidad coherentes y atractivos que le sirvan de referentes de la conducta. Los padres no pueden pretender que sus hijos practiquen cosas que ellos no practican. El comportamiento de los progenitores es el primer esquema que los adolescentes captan y someten a juicio, al principio de modo severo y, según pasan los años, suavizando su postura, lo que permitirá que las aguas vuelvan a su cauce y que la valoración de los padres resulte más ecuánime y comprensiva.

En la búsqueda de la identidad adolescente serán los padres, los amigos, los profesores y los líderes sociales –desde el futbolista de moda al cantante de rock, pasando por personajes populares y televisivos– quienes cumplan un papel destacado. La *imitación de conductas* es un punto importante en estos momentos, como lo es la transmisión de valores desde la familia, auténtica escuela en la que se aprende lo mejor: distinguir lo bueno de lo malo, tener criterios morales y no aceptar las normas de la sociedad si éstas son contrarias a la naturaleza humana.

El *desarrollo social* es un asunto de primera magnitud. El núcleo familiar suele quedar relegado a un segundo plano a favor de los amigos. Comienzan las salidas nocturnas, respecto a las cuales los padres deben compaginar *tolerancia y sentido común* para alcanzar un punto de equilibrio entre ambos ele-

8. El llamado *conflicto generacional* debe transcurrir del mejor modo posible, atenuando las situaciones y siendo hábiles para ponerse en el lugar de los hijos para que éstos no terminen alejándose. Si los padres manejan una correcta psicología familiar, tejida de tolerancia, amistad y diálogo, las cosas resultarán más fáciles.

mentos. Los adolescentes viven con cierto vértigo, degluten anticipadamente los acontecimientos, como si tuvieran prisa por llegar a no se sabe dónde, y viven con bastante dramatismo los desengaños, las frustraciones y los malos entendidos.

Un problema habitual en la etapa adolescente es el *uso excesivo del teléfono*, práctica que les parece tan necesaria como el comer. Hoy, con la proliferación de los teléfonos móviles, el asunto ha adquirido proporciones insospechadas. Un adolescente puede hablar por teléfono fácilmente un par de horas al día y, si tiene una relación afectiva fuerte, ese tiempo se puede duplicar.

Otro aspecto importante de este periodo es el que se refiere a la *voluntad*. La voluntad es la capacidad para hacer algo valioso y que cuesta sin tener un resultado inmediato. Es la *capacidad para aplazar la recompensa haciendo lo que se debe*. Educar la voluntad es aprender a renunciar a las satisfacciones inmediatas y a valorar y sopesar las cosas antes de actuar. Se trata de un largo proceso que empieza en la infancia y que tiene unos resultados concretos en la adolescencia. Ni el niño es un adulto en potencia ni el adolescente es un rebelde sin causa. Ambos han de atravesar ciertos umbrales de conocimiento para ingresar en el mundo maduro del adulto.

La voluntad tiene en la adolescencia dos campos de exploración: los *estudios* y la *constancia*. El primero da cuenta del aprovechamiento del tiempo en el colegio y en la propia casa; el segundo de la propia tenacidad. Muchos adolescentes listos y con un elevado cociente intelectual tienen malos resultados porque andan endebles en ambos aspectos; estudian poco y sin constancia. Y suelen quedarse sorprendidos del buen rendimiento escolar de algunos compañeros que ellos no toman en cuenta.

Veamos la siguiente historia clínica, ilustrativa de la carencia que antes hemos señalado:

Se trata de un joven andaluz de 20 años que tiene una hermana de 17. Vienen a la consulta los padres, sin él, porque éste se niega argumentando que «yo no estoy loco ni he perdido la cabeza.

Los que necesitáis ir al psiquiatra sois vosotros». La información de su madre es la siguiente: «Desde los 12-13 años nuestro hijo nos ha dado permanentes quebraderos de cabeza. Al principio pensamos que era la pubertad y que se trataba de la típica rebeldía de esos años. Después vimos que era algo más profundo. Hasta ese momento las notas del colegio eran pasables; solía aprobar por los pelos entre las dos convocatorias de junio y septiembre. Siempre ha sido vago para sus deberes, poco estudioso, desordenado en su habitación y, sobre todo, muy caprichoso, de tal manera que si no hacíamos lo que él quería se ponía agresivo y podía estar varios días enfadado, rompiendo cosas, dejaba de ir al colegio aunque nosotros pensábamos que estaba en la escuela...

»A partir de ahí el fracaso escolar ha sido una constante año tras año. Ha repetido curso los últimos tres. Respecto a los estudios es desordenado en extremo, pierde sus apuntes y libretas, y sólo estudia unos días antes de los exámenes porque nosotros estamos encima de él.

»Desde los 17 años el tema ha ido a peor. Sale los fines de semana y vuelve a la mañana siguiente, o incluso dos días después, sin avisar y con la preocupación lógica de que le haya pasado algo. Tuvo un accidente muy grave con el coche de un amigo, sin tener el carnet de conducir, que le produjo una fractura y magulladuras diversas. Hemos hablado con él de todas las maneras: con suavidad, con dureza, poniéndonos en su lugar, con castigos pequeños y grandes, perdonándole... pero el resultado ha sido siempre negativo. Todo en vano. Sólo alguna vez ha pedido perdón. Él dice que quiere cambiar y que lo va a conseguir, pero sus buenas intenciones duran muy poco.»

Y continúa el padre: «Yo tengo un pequeño negocio y podría trabajar conmigo, pero me da miedo porque no es responsable y no me fío de él. Últimamente todo se ha agravado con otros hechos: ha quitado dinero a su madre, cantidades pequeñas pero de forma continuada, y ha robado en un supermercado, acompañado de otro chico que lleva el mismo tipo de vida. El asunto es grave, pues fue descubierto por la seguridad cuando salía. Y por si fuera poco, ha dejado embarazada a una chica con la que llevaba saliendo unos meses. A ambas cosas le quita importancia y dice que son propias de la edad.

»Hay además un comportamiento suyo que nos alarma mucho: tiene una impulsividad terrible, de tal manera que, en alguna de las ocasiones en las que se le ha castigado sin salir, hemos tenido miedo su madre, su hermana y yo de que pudiera ocurrir algo grave, pues ha tirado cosas por la ventana, ha roto algún jarrón o ha destrozado el televisor. Él, a veces, pide perdón y se pone triste, pero en la mayoría de las ocasiones dice que son avisos que nos da para que le dejemos tranquilo.»

Y añade la madre: «No tiene ninguna voluntad, sólo hace lo que le apetece. Su habitación está tan desordenada que a veces no se puede ni abrir la puerta. No es constante con nada; empieza algo y enseguida se cansa y lo deja. Esto le ha ocurrido sobre todo con el deporte, salvo con el fútbol, que es el único que sigue practicando, y también con el inglés y el ordenador, actividades que empezó cuando dejó el colegio, hace ya casi un año. Dice que no le va eso de estudiar.

»La verdad es que no sabemos cómo tratarlo. Le llevamos a una psicóloga dos veces y dijo que él no volvía, que nadie tenía que decirle lo que debía hacer. Se levanta a las doce de la mañana o incluso más tarde, y después de desayunar se va a la calle y vuelve ya a última hora de la tarde. No se le puede preguntar dónde ha ido, porque entonces su reacción es muy agresiva. Incluso nos ha amenazado con suicidarse en varias ocasiones, algo que nos mantiene en vilo.»

Estamos ante un claro trastorno de la personalidad, pero es preciso delimitar de qué tipo para poder diseñar un tratamiento adecuado. En la *psicopatía o trastorno antisocial de la personalidad,* los síntomas más evidentes son: agresividad incontrolada, irresponsabilidad persistente, rechazo continuado a adaptarse a las normas sociales, conductas deshonestas... Otro rasgo muy marcado del psicópata es la ausencia de sentimientos de culpa o, dicho de otro modo, la falta de remordimientos, que sólo se producen de vez en cuando, incluso con llanto y una cierta autocrítica, aunque poco consistente.

Sin embargo, las amenazas de llevar a cabo actos autoagresivos son infrecuentes en este grupo de trastornos, siendo lo más común los heteroagresivos (aquellos que tienden a agredir a otras personas). Resultan más propias de un *trastorno límite de la personalidad,* con una acentuada reactividad anímica y episodios de enorme ansiedad asociados a irritabilidad y fuerte descontrol verbal.

Otra observación importante es la conducta sana de su hermana, quien estudia bien y mantiene una relación positiva con los padres. Y además no existen antecedentes familiares de desajustes de la personalidad, ni en primer ni en segundo grado. Las relaciones interpersonales del joven son inestables y a la vez intensas: cambia a menudo de amistades y éstas, cuando las tiene, son muy descompensadas. La impulsividad que señalan sus padres es un dato de primera importancia, con repercusiones para sí mismo y para el entorno familiar y social.

Estamos, pues, ante un sujeto con una inteligencia media, según el test de Raven, que tiene un marcado cuadro de ansiedad. Cuando finalmente se logró que viniera a consulta, nuestra primera tarea fue ganarnos su confianza y explicarle que nuestro objetivo era ayudarle a que tuviera una calidad de vida mejor. En la segunda sesión combatimos su *falta de conciencia* respecto a la enfermedad y le explicamos, con suavidad pero con claridad, cuál era su diagnóstico.

Se diseñó una terapia *tridimensional,* a base de farmacoterapia, psicoterapia y socioterapia, que aceptó relativamente bien. Una muestra más de que los componentes antisociales de su personalidad no eran tan acusados.

- *Farmacoterapia:* se le administró Alparzolan-1 mg en desayuno, comida, merienda y cena. Al observar un antecedente preocupante –que su abuelo paterno pasaba temporadas «muy excitado, hablando mucho, haciendo cosas raras y, en otras épocas, se metía en la cama sin ganas de hacer nada»–, le añadimos un fármaco eutímico (estabilizador biológico del ánimo): Valproato sódico-500 mg en desayuno y cena, y Lorazepan-5 para contrarrestar las crisis de agresividad.
- *Psicoterapia:* inicialmente se le motivó para que intentara progresivamente poner en práctica las sugerencias del *programa de conducta cognitivo,* siguiendo una doble metodología a base de objetivos e instrumentos. Fue la-

borioso, pero desde el principio contamos con el apoyo de los padres, que se implicaron mucho y reforzaron a su hijo desde las primeras y ligeras mejorías. A las pocas sesiones comenzamos a utilizar una *hoja de autorregistro,* al principio diariamente y después en días alternos, en la que él mismo valoraba su conducta con las notas mal (M), regular (R), bien (B) o muy bien (MB).

– *Socioterapia:* se le trazó un horario de actividades según el cual recibía clases de inglés a primera hora de la mañana –para evitar que se pasase casi toda la mañana en la cama– y después se iba a trabajar unas horas al negocio paterno, donde realizaba una tarea muy concreta y siempre supervisada por alguien que no fuera su padre *(laborterapia).* También se le logró incluir en una terapia de grupo una vez a la semana, aunque al principio se resistió.

  En cuanto a la *socioterapia propiamente dicha,* se trabajó con él el cambio de ambiente, sobre todo el alejamiento de algunos amigos con conductas patológicas y antisociales.

  Los avances terapéuticos han sido claros, aunque con altibajos y amenazas de abandono. El pronóstico es por el momento incierto y será preciso confiar, entre otras cosas, en la habilidad del equipo y la reeducación de los padres, que también recibieron unas *pautas de comportamiento* sobre cómo tratar a su hijo.

Por último, no debemos olvidar la importancia de la *sexualidad* en el desarrollo del adolescente, estrechamente conectada con la afectividad y el primer amor. La sexualidad es un mosaico en el que confluyen diversos aspectos: el proceso de identidad, la formación de los principales elementos de la personalidad, el entorno, las modas, la televisión, el colegio... Poco a poco, se va a ir produciendo la apropiación del cuerpo, así como su aprobación. *El cuerpo es nuestro vehículo de aparición en el mundo: somos nuestro cuerpo y habitamos en él. Y, a su vez, nuestro cuerpo nos tiene a nosotros.*

El cuerpo puede ser una fuente de bienestar o de malestar,

según cómo lo vivamos. Algunos desajustes de la personalidad se inician ya a esta edad, cuando la relación con el propio cuerpo es deficitaria, mala, neurótica. Pensemos, por ejemplo, en la explosión que se ha producido en las últimas décadas de los casos de anorexia-bulimia. No hay que olvidar que el cuerpo *tiene un significado bifronte: afectivo y sexual*. En una primera etapa se centra en el amor a uno mismo y, sólo más tarde, en la búsqueda de alguien con quien compenetrarnos y abrirnos en abanico para formar una unidad.

Convertirse en persona es una tarea lenta, paulatina, gradual, que lleva implícito un progreso psicológico repleto de influencias. ¡Qué fácil es torcer la trayectoria de un adolescente, inmersos como estamos en una sociedad muy permisiva y relativista! Por ello, sobre todo en el tema sexual, los padres –que son los primeros educadores– deben ofrecer unos criterios sanos, coherentes, humanistas y con un fondo ético. Si no es así, podemos encontrarnos al cabo de unos años con un sujeto que padece una desestructuración de la sexualidad.

La sexualidad es para el adolescente una fuente de curiosidad cuya importancia va creciendo con fuerza. El espejo y las revistas constituyen dos pantallas a destacar, ya que en el primero se reconoce a sí mismo y, en las segundas, descubre otros cuerpos con sus características anatómicas. El sexo comienza a reconocerse como fuente de placer y de temor, de gozo y de amenaza. Las pulsiones sexuales tienen en la adolescencia un tirón muy fuerte. La masturbación va a constituir un paso transitorio que los padres deben explicar con sencillez, tanto desde el punto de vista psicológico como moral. No hablar de ello constituye un error, entre otras cosas porque la información que los hijos pueden recibir de gente ajena a la familia resulta, en ocasiones, nefasta.

La *educación sexual* no debe restringirse a explicar qué sucede en el plano genital y cuáles son los riesgos de las enfermedades de transmisión sexual. Esta visión sería muy pobre. Los padres son los encargados de guiar la información adecuada, ya que su influencia es determinante e insustituible; y omitir dicha información es lo mismo que negarla. *La sexualidad expresa toda la riqueza de la persona y debe aglutinar en su seno ingredientes físicos, psicológicos, socioculturales y espirituales.*

La banalización de la sexualidad es un desprecio hacia el verdadero sentido de los sentimientos. Yo la enmarcaría dentro de una concepción *light* de la vida, según la cual todo vale, cualquier comportamiento es bueno si a uno le parece bien. *Sexualidad y amor deben ir de la mano:* es el mejor modo de favorecer la maduración de la personalidad.

Una cuestión interesante al respecto es el *pudor* que sienten muchos adolescentes; pudor ante el cuerpo propio y el ajeno, que le enseña a descubrir y preservar la intimidad. *Enseñarles la importancia del pudor, con naturalidad, es despertar el respeto por la persona y su misterio.*

Hoy se está perdiendo esa parcela misteriosa y mágica de la sexualidad por la masiva difusión, en el cine y en especial en la televisión, de imágenes de sexo, pornografía y sus derivados. Contra este carácter explícito, el pudor tiene una nota significativa esencial: no mostrar lo que debe permanecer escondido[9]. La cultura actual se ha convertido en una civilización de las cosas y no de las personas. El resultado es que las personas se usan como si fueran cosas, degradándose así su trato. Es, pues, en la adolescencia, en esa travesía en la que uno se convierte en una esponja, cuando todas estas cuestiones deben explicarse de forma clara, convincente, sin tapujos... Es la única posibilidad de oponerse a las modas imperantes, de ir contracorriente.

La ambivalencia y la inadecuada educación sexual conducen a muchos adolescentes a recibir mensajes ambiguos, contradictorios, que retrasarán su desarrollo sentimental, haciéndoles incapaces de entender la grandeza de la sexualidad. Muchos de los embarazos en la adolescencia se explican por esta falta de información. Por fortuna, los niños nacidos fuera del matrimonio no suponen hoy un trauma extraordinario. En

9. El positivismo sexual de hoy tiene dos componentes: uno, teórico, el *agnosticismo,* que nos hace ignorar y despreciar sus dimensiones metafísicas; y otro práctico, el *utilitarismo,* que nos lleva a un sexo de usar y tirar, a una cultura en la cual las personas se usan como si fueran cosas. Ambas posturas trivializan el sexo, lo descontextualizan de los valores éticos y acaban con la relación interpersonal y, en definitiva, con el amor.

general, quedan al cuidado de los abuelos en sus primeros años de vida, hasta que la madre y el padre logran unas condiciones más favorables que les permitan asumir sus obligaciones.

LA PERSONA ADULTA

La persona adulta es aquella que ha alcanzado un estado de madurez físico, psicológico, social y cultural. En el largo proceso de convertirse en persona libre e independiente, la madurez representa la culminación, la plenitud de todas las facultades que residen en el ser humano.

No existen criterios científicos para establecer una línea divisoria que delimite cuándo empieza la etapa adulta; por eso hemos de hablar de *edad adulta temprana, media* y *tardía*. Son fronteras huidizas, de contornos imprecisos y en ocasiones arbitrarios. La edad adulta *temprana* comprende de los 20 a los 45 años; la *media,* de los 40 a los 65; y, la *tardía,* de los 65 en adelante. No olvidemos que la expectativa de vida ha crecido mucho en los últimos años, de manera que es fácil encontrar personas de más de 80 años cuya salud es estupenda y sus facultades están intactas, exceptuando cierta disminución fisiológica de algunas de ellas (el andar, la vista, la memoria reciente…).

Sin embargo, la personalidad no es la misma a los veintitantos años que cuando cruzamos la barrera de los 40. Los adultos también cambian con el paso de los años, aunque menos que en la infancia, la pubertad o la adolescencia. Hoy, en el mundo occidental se ha producido un retraso de la madurez psicológica que obedece a distintas razones: los vertiginosos cambios habidos en las formas de vida; los condicionantes culturales, que han transformado muchos de los hábitos sociales; la influencia de los grandes medios de comunicación, especialmente la televisión; las modificaciones operadas en los valores que han estado vigentes en el último medio siglo y la sustitución por otros de recambio… La consecuencia es bien clara: mucha gente se encuentra perdida en lo fundamental, sin asideros firmes, sin saber a qué atenerse.

El tiempo es el gran arquitecto de la vida. Éxitos, fracasos, alegrías, tristezas, aciertos y errores van a ir tejiendo la tupida red de la existencia. Su cara y su cruz. Al haberse alargado tanto la vida, conviven hoy cinco e incluso seis generaciones, con todo lo que ello significa. Si entre los 25 y los 40 años uno está en su mejor momento biológico, a partir de los 70-75 el declive se hace evidente, la salud se va quebrando y la cercanía de la muerte se vuelve más real.

En la actualidad muchos individuos viven como si la muerte no existiera. Se sitúan de espaldas a ella. En varias culturas anteriores, sin embargo, sucedía lo contrario: la egipcia, la griega, la romana, la occidental desde la Edad Media al Romanticismo... El gran silencio que existe hoy sobre el tema seguramente desaparecerá con el tiempo y, como se trata de un movimiento cíclico, volverá a tener relevancia en una cultura bien trabada.

LA EDAD ADULTA TEMPRANA

Corresponde a lo que en el lenguaje común llamamos *juventud*. Es cuando se percibe que lo físico alcanza su cenit: la fuerza muscular, el desarrollo corporal, la agilidad de movimientos, el tiempo de reacción a los estímulos, la fuerza... Lo mismo sucede en el ámbito intelectual: el pensamiento, la sensopercepción, la memoria, la conciencia, el mundo de las tendencias y los instintos... Todo ello va a tener en esta etapa una especial consistencia. Los diversos aprendizajes alcanzan también su apogeo y la memoria, esa facultad para vivir el pasado en el presente, resulta especialmente fina[10] y puede medirse de forma matemática.

10. En un trabajo de investigación reciente que llevó a cabo mi equipo, a los adultos tempranos y medios se les repetían despacio quince palabras y después se les pedía que las recordasen. Pudimos observar que los más jóvenes repetían un mayor número de ellas. A continuación se les proyectaban en una pantalla quince adjetivos distintos, todos referentes a sentimientos y estados de ánimo (alegría, tristeza, paz, ansiedad, esperanza, desesperación...), y se les pedía que los anotasen en un papel una vez terminada la proyección. El resultado mostró que los adultos jóvenes (de 20 a 45 años) eran capaces de hacer una lista más completa que los adultos de edad media.

Michela Gallagher (1990) realizó el siguiente trabajo de investigación con ratas. Puso en un estanque de agua turbia unas ratas jóvenes y otras viejas, y les enseñó a nadar hacia una plataforma cercana. Comprobó que las jóvenes –y también algunas de las viejas– sabían alejarse del agua turbia. Más tarde estudió su tejido cerebral y comprobó que las que no habían nadado hacia la plataforma tenían un cerebro más deteriorado.

Los estudios longitudinales de la inteligencia ponen de relieve que, generalmente, cuando se aplica un test en las distintas edades –adulto temprano, medio y tardío–, los resultados se mantienen estables. Sin embargo, no ocurre igual en los estudios transversales. D. Wechsler (1972) comprobó que esos cortes de investigación señalan un descenso gradual de la capacidad mental fisiológica, propia del paso de los años, lo cual forma parte del envejecimiento general que afecta a todos los componentes físicos y psicológicos. En las demencias preseniles (tipo Pick y Alzheimer), el déficit de la inteligencia teórica, práctica, analítica y sintética es mayor, a la vez que se produce una disminución de la memoria reciente.

Desde un punto de vista social, en el adulto joven se produce una experiencia importante: la independencia familiar, bien porque contrae matrimonio, bien porque se emancipa de sus padres. En el caso de hijos de padres separados, el hogar paterno suele dejarse antes, al romperse la vinculación paterno-filial; si ellos mismos se divorcian, las relaciones sociales van a sufrir un cambio y su futuro dependerá de numerosos factores.

Es el momento de la formación profesional, de sus primeros resultados. Al primer empleo sigue la travesía laboral, en la que el esfuerzo, la lucha y el irse abriendo camino van de la mano. Sentirse productivo, ganarse la vida económicamente y ejercer de forma correcta la profesión producen una honda satisfacción. En la actualidad, con la incorporación de la mujer a las tareas tradicionalmente masculinas, el panorama ha cambiado de forma rotunda. Las que trabajan fuera de casa y a su vez en el hogar tienen un *plus* de actividad que debe ser tenido en cuenta por el estrés que provoca.

Es, como su nombre indica, la *edad media de la vida* o lo que en lenguaje coloquial denominamos *madurez*. Actualmente, en buena parte de la población mundial desarrollada se trata de un periodo lleno de fuerza, que corresponde por un lado a los años más florecientes y, por otro, al comienzo del declinar de la existencia. Una persona de 45-50 años hace deporte semanalmente (deportes fuertes, como el *squash,* el tenis, el fútbol, u otros más suaves, como el *footing,* el golf, etc.) y su vigor puede ser excelente. Ya se ha realizado la plena emancipación de los padres, la base de la educación está asentada, se consigue la independencia económica y social, la afirmación de uno mismo a través de una personalidad bien estructurada y la responsabilidad, que alcanza sus máximas cotas.

La profesión y la familia deben ser los dos ejes que vertebran la vida. Si éstos se truncan por cualquier motivo, la repercusión en la personalidad va a dejar una huella profunda. A estas alturas ya se ven los resultados del tipo de vida que uno ha llevado y la madurez nos ayuda a entender la realidad en su sentido más amplio: observamos todas las facetas, analizamos los resultados, remontamos las frustraciones y continuamos teniendo ilusiones por cumplir[11]. Las dimensiones de la vida salen a la palestra: al trabajo y la familia se unen los amigos, la cultura, las aficiones, el tiempo libre...

En las mujeres el principal cambio biológico va a ser la *menopausia,* que tiene lugar cuando desaparece la menstruación y, con ella, la posibilidad de tener hijos. Esto sucede entre los 40 y

11. La juventud no depende de los años, sino de las ilusiones que uno es capaz de tener. Cuando la vida ha hecho ya un largo recorrido, es clave que las ganancias compensen las pérdidas. Saber mirar las cosas nuevas y viejas con ojos siempre jóvenes: ésa es la intensidad de la vida. Entonces uno puede confesar que ha vivido a fondo, saboreando los muy diversos matices de la existencia. La madurez es una etapa de reflexión sumamente fecunda, que explora, escruta y recorre los vericuetos personales que han sido transitados. La mirada suave y la crítica moderada son básicas para evaluar nuestra trayectoria.

los 53 años aproximadamente, produciéndose una serie de cambios fisiológicos y hormonales que conducen al *climaterio.* Se reduce la producción de hormonas femeninas (estrógenos) y aparecen una serie de síntomas específicos: sofocos o cambios repentinos de calor y frío que se experimentan en todo el cuerpo, reducción del flujo vaginal, trastornos urinarios y alteraciones en el estado de ánimo (tristeza, ansiedad, hipersensibilidad psicológica...) al darse cuenta de que se acaba la juventud y todo lo que ella significa.

Por su parte, el climaterio del varón o *andropausia* consiste en la disminución de la fertilidad, el orgasmo, la libido y la potencia sexual. Aunque no debemos olvidar que el hombre puede ser padre a edades muy avanzadas de la vida, su producción de hormonas se vuelve intermitente y ello es causa de tales fluctuaciones. Un porcentaje pequeño (menos del 5% según los diversos trabajos de investigación) padece depresiones o inadaptación sexual. Pueden darse algunos cambios negativos de la personalidad, que no siempre quedan calificados como trastornos; son modificaciones que tienen lugar dentro de los márgenes de la normalidad y que no afectan a la relación ni con uno mismo ni con los demás (convivencia familiar), salvo que ya existiera previamente un desajuste de la personalidad, en cuyo caso sí pueden exacerbarse las manifestaciones patológicas preexistentes.

En el mundo actual existe, y tiene fuerte arraigo, la *pleitesía de ser joven,* lo cual lleva a una serie de modas contagiosas para someterse al mito de *la eterna juventud:* la piel debe seguir tersa y sin arrugas; las patas de gallo, que traducen demasiado a las claras los años, han de disimularse; y la gordura, en sus diversas formas, desaparecer. Estas exigencias conducen a muchas mujeres a la cirugía estética, encargada de disolver los signos que indican que se ha pasado la frontera de los 50 años.

El mito de la eterna juventud se va a manifestar, pues, especialmente en la fachada, que debe ser cuidada con esmero. En ese sentido, el culto a la propia imagen llega a resultar muchas veces antinatural y pone de relieve, en algunas circunstancias, un tipo de trastorno de la personalidad que tiene en este dato un síntoma más[12]. Otras veces existe una justificación más o menos clara: la crisis de madurez de los 50 años. En la persona con un buen equilibrio psicológico se acepta de buen grado que los años pasan y que cada época tiene sus alicientes, atractivos, retos, goces, dificultades y servidumbres. Si el físico languidece, se hace especialmente necesario el ejercicio de sacar el máximo partido al momento vital en que uno se encuentra inmerso. *Estar en la realidad es un síntoma de equilibrio, de madurez psicológica, de buena concordancia entre la edad cronológica y la mental.* Es una trabazón de conexiones armónicas entre el pasado y el futuro, pero siempre con la mirada puesta en el porvenir.

Hoy sabemos que la mejor edad intelectual no se encuentra en torno a los 20-25 años, sino más tarde, debido sobre todo la *experiencia de la vida*. Así, los tipos de inteligencia sintética, social, verbal e instrumental (orden, constancia, motivación y voluntad) mejoran con los años y señalan la importancia psicológica que tienen los esfuerzos, el aprendizaje y la expresión de los sentimientos. El juicio se afina y adquiere mayor precisión; el vagabundeo de imágenes juveniles deja paso a unos criterios más firmes y, a la vez, más sutiles y ricos; la utopía y el desencanto, tan frecuentes en la vida juvenil, muestran una cara más real y auténtica; el estado de ánimo se estabiliza y pierde esas oscilaciones tan habituales en años anteriores. En conclusión, el proyecto de vida deja de ser volátil y huidizo, y queda sujeto a la propia andadura.

Muchos de los puntos de vista de nuestros años más jóvenes se mantienen, pero con puntualizaciones y características propias de los sucesos que se han ido viviendo. Decía Kant: «Somos siempre el mismo, pero no somos siempre lo mismo». Esto no quiere decir que una personalidad desajustada no pueda modificarse positivamente mediante la acción de un fármaco o una psicoterapia precisa, como veremos cuando nos

12. Más adelante me referiré a los resultados estadísticos de una investigación en la que administramos el test IPDE a una muestra de sujetos que iban a ser operados de cirugía estética. *Véase* el capítulo XIX.

refiramos a los tratamientos. Es más: los logros terapéuticos elevan el nivel de autoestima y mejoran el autocontrol, sobre todo si el psiquiatra tiene suficiente habilidad para motivar un cambio de conducta en una parcela muy concreta y en aspectos bien definidos que requieren algún tipo de restauración.

Lo ideal es que en esta fase de la vida uno sea capaz de ser uno mismo, abandonando estereotipos y fórmulas de comportamiento que buscan más la aprobación de los demás que la propia expresión de como uno es. Esto tiene un nombre: *naturalidad*. Es decir, espontaneidad para mostrar nuestra verdadera forma de ser, sin la mediación del ambiente o el temor a no quedar bien o a ser desaprobado por el entorno. La naturalidad es como la vertiente aristocrática de la conducta: llaneza, sinceridad, franqueza tejida de sencillez.

La madurez nos permite dejar a un lado la hojarasca y los mecanismos típicos de quien no se ha encontrado a sí mismo y lograr la verdadera identidad personal. Así, las experiencias de la edad adulta temprana y media se van situando correctamente en nuestro mapa interior, es decir, valoradas de manera objetiva, imparcial y ecuánime. Los traumas psicológicos (especialmente los afectivos, familiares y profesionales) se asimilan y se recopilan en una apretada síntesis, que resume la biografía, ya con menos pasión.

Los primeros trabajos de Freud se centraron en la importancia de los traumas psicológicos. Hoy sabemos que esto debe ser estudiado de forma más rigurosa, pues con frecuencia se producen elaboraciones e interpretaciones a partir de los traumas. Puede haber *microtraumas* que se valoran de una forma excesiva y verdaderos *macrotraumas* que dejan una huella indeleble, difícil de borrar, y que rompen el equilibrio personal.

LA AFECTIVIDAD Y LA INTELIGENCIA DURANTE LA MADUREZ

Hasta hace muy pocos años no se había estudiado científicamente el desarrollo normal de los adultos. Aun así, sabemos que la personalidad va evolucionando y que dos facetas especialmente importantes de ella, como son la afectividad y la inteligencia, van cambiando su ropaje.

Es alrededor de los 50 años cuando se va alcanzando un mayor equilibrio afectivo. Las emociones *primarias* (súbitas, bruscas, de escaso control) disminuyen y aumentan las reacciones emotivas *secundarias* (más elaboradas, menos inmediatas, más reflexivas), así como su intensidad, si bien las personas son capaces de gobernarlas mejor. Algunas de estas investigaciones se han realizado, por ejemplo, sobre el tema de la agresividad al volante, y se ha concluido que en las mujeres la disminución de ésta es casi total a partir de los 40-45 años, aproximándose a cero en las que ya tienen 50, y entre los 50 y los 60 la seguridad en la carretera es máxima, con la consiguiente reducción de los accidentes de tráfico en ciudad y carretera. *El dominio de los sentimientos es básico en la capacidad para tomar distancia de los impactos y acontecimientos exteriores, suavizando y disminuyendo las respuestas hiperemotivas.* La capacidad del ser humano para verse desde el patio de butacas, siendo espectador de su propia actuación, es un síntoma de madurez psicológica en la que se entremezclan sabiduría, experiencia y gobierno de uno mismo.

En una sociedad tan permisiva y relativista como la actual, mantener un matrimonio estable empieza a resultar difícil. Las estadísticas nos ponen sobre la mesa unos datos muy concretos. En Estados Unidos, más del 50% de las parejas están separadas; incluso se vuelven a romper las segundas y terceras uniones. Pero los datos de la Unión Europea no se quedan atrás. Así, en Inglaterra las cifras son algo más altas, en torno al 60-65% , mientras que en una ciudad como Londres la cifra de rupturas se sitúa alrededor del 75%. *El aumento del número de parejas rotas en nuestros días es una manifestación de la crisis de la persona, que se encuentra perdida de sí misma, desorientada y a merced del hedonismo, el consumismo, la permisividad y el relativismo.* La influencia de la moda, la pérdida del sentido religioso de la vida y la progresiva disminución de la presión social ante una posible separación dan como resultado esta *nueva epidemia*[13], esta afectividad de usar y tirar que se maneja como si se tratara de un bricolaje divertido y juguetón.

El número de hijos extraconyugales ha aumentado en los últimos años. En los países escandinavos, la cifra de 1990 era del 50%, mientras que hoy es del 63%. En Estados Unidos, se pasó del 4,5% en 1970 al 28% en 1990 y al 36% en el 2000. Los datos dicen que el 38% de los niños blancos y el 75% de los niños negros experimentarán el divorcio de sus padres antes de tener ellos los 16 años. El 62% de las mujeres y el 80% de los hombres vuelven a casarse, pero los segundos matrimonios se divorcian más aún. Otra cifra interesante de los estudios americanos es que sólo el 17% de los padres separados ve a sus hijos más de una vez al año.

Ha sido J. M. Gottman (1999) quien ha trabajado a fondo este tema. Nos encontramos –afirma– ante una generación adulta especialmente vulnerable, frágil, inestable, que hace patente la separación entre lo profesional y lo afectivo. Familias cambiantes, cruzadas, combinadas, en las que los niños suelen sentirse perdidos, sin saber por ejemplo dónde pasarán las vacaciones ni con quién, y que necesitan más que otros ensayar mecanismos adaptativos para sobrevivir y no naufragar a causa del oleaje multiforme de unos padres cuya vida sentimental se centra en la ocasión, el azar o la aventura juvenil. En este contexto surgen grandes conflictos que favorecen una patología familiar en alza, aunque en realidad se trata de una crisis de la persona.

13. Nos referimos a los llamados *amores eólicos*. Eolo, dios del viento en la mitología griega, guardaba sus tumultuosos elementos en una caverna. Cuando Zeus se lo ordenaba, liberaba los vientos y desencadenaba tempestades, remolinos, naufragios... Así son muchos de los amores maduros que hoy podemos ver con bastante frecuencia: buscan relaciones nuevas, inesperadas, con el deseo de volver a sentir el vértigo de unos sentimientos intensos que giran, ascienden, cabalgan y obedecen a la filosofía del «me apetece» propia de los adolescentes. Ello da lugar a familias en perpetua recombinación. Estamos, pues, ante un fenómeno de *socialización de la inmadurez afectiva* que hace que muchos adultos se conviertan, en el terreno emocional, en auténticos veinteañeros. Más adelante me ocupo de esta cuestión, al abordar la *personalidad inmadura*. (*Véase* capítulo V.)

En 1999, más de ciento cincuenta profesores de Derecho de una universidad de Washington D.C. firmaron una declaración en defensa del matrimonio. La iniciativa partió del *Marriage Law Project* y el documento se tituló «Reafirmar el matrimonio». Meses más tarde se adhirieron a la causa muchas otras universidades. Las cifras actuales de crisis matrimoniales son muy alarmantes y, sus consecuencias, graves en ocasiones.

El adulto que ha alcanzado una buena madurez es responsable, sabe ejercer la autoridad, presenta una conducta guiada por la coherencia y tiene conciencia de que el ejemplo es lo que más arrastra. Enseña a niños y adolescentes lo que es la vida y ofrece respuestas a sus preguntas. Abre la mente y el corazón de sus hijos y les explica el mundo más allá del hogar, así como los caminos por donde debe moverse y cuáles son los peligros que puede encontrarse. Cuando, de forma casi natural, estos hijos se rebelen contra ellos, criticarán su conducta y los derribarán del pedestal si antes los han idealizado.

Si existe madurez afectiva, existe coherencia y un proyecto afectivo profesional sobre el que merece la pena esforzarse. Desde la atalaya de la edad, que nos permite una perspectiva más amplia de las cosas, hacemos una especie de *evaluación de la vida,* un balance biográfico en el que detallamos el debe y el haber, los logros y las frustraciones. Pasando revista a las cuestiones principales vamos afirmando y consolidando nuestra personalidad, definiendo nuestra identidad.

En cuanto a la inteligencia durante la madurez, un trabajo ya clásico de Yerkes (1921) demuestra que la inteligencia crece hasta los 14 años y que después se produce un descenso gradual. Según D. Wechsler, el punto más álgido se sitúa entre los 20 y los 30 años: frescura de pensamiento, memoria, raciocinio, percepción, capacidad para almacenar y procesar bien la información recibida... La habilidad para solucionar pruebas y ejercicios matemáticos desciende con los años, pero no la capacidad para procesar información general, ni tampoco el espíritu de síntesis. Otras habilidades sociales se mantienen hasta muy avanzada edad. En la adultez media se suele tener la estabilidad necesaria para un buen rendimiento profesional. Es cuando los trabajadores resultan más productivos, y lo mismo ocurre entre escritores y artistas, que alcanzan su máximo apogeo: pensemos en pintores de vanguardia como Miró, Dalí, Picasso, Tàpies, Braque, Willem de Kooning, Rothko, Motherwell...

R. B. Catell distingue dos tipos de inteligencia: la *fluida*, que es aquella que se manifiesta en la velocidad de las respuestas, la capacidad de reacción o la rápida captación de situaciones nuevas; y la *cristalizada*, que es aquella que resume la experiencia de la vida, el saber acumulado, la cultura y la erudición. La primera alcanza su cenit a los 23 años y después va disminuyendo; la segunda se mantiene hasta la vejez casi inalterada, salvo que exista una enfermedad vascular cerebral o una enfermedad tipo Alzheimer o Pick.

En sus estudios longitudinales de inteligencia a través del Test de Matrices Progresivas, Raven comprobó que los encuestados más dotados e instruidos se encontraban entre los 25 y los 50 años. Los jóvenes se mostraban más abiertos a inventar y arriesgarse en aventuras nuevas, proyectos de negocios y empresas diversas, mientras que en los adultos maduros, sobre todo a partir de los cincuenta, se observa una disminución de la capacidad de riesgo.

LA EDAD ADULTA TARDÍA

Como ya hemos comentado, no existe una línea divisoria clara para delimitar esta etapa de las restantes y, además, hay que tener en cuenta las enormes diferencias entre unas personas y otras según las siguientes variables: lugar donde se vive, tipo de trabajo que se tiene, nivel de exigencia personal, modelo familiar que se ha constituido, número de hijos, situación económica, nivel cultural, estado físico e intelectual y un largo etcétera.

La edad adulta tardía comienza a los 65 años y coincide con los últimos años de la vida laboral y el principio de la jubilación. En la universidad española, por ejemplo, la edad de jubilación es a los 70 años, algo que parece razonable pues es en esta edad cuando su experiencia y sus conocimientos se encuentran más asentados y firmes, incluso si no está al día de los últimos avances que se han operado en su disciplina.

Muchas de las ideas y criterios expuestos al hablar de la edad adulta media siguen vigentes en este periodo. Si la jubilación es precoz y la persona no ha sabido prepararse para ella, puede producirse una *depresión reactiva* motivada por esa nueva vida, vacía y con pocas metas. También la soledad suele pesar seriamente y dar origen a un cierto desajuste de la personalidad, ya que el aislamiento excesivo resulta negativo, sobre todo si la persona tiene poca curiosidad por la cultura y la lectura. En estos casos, los clubs de amigos son muy beneficiosos.

Lo importante a esta edad es mantener los principales argumentos de la vida, aunque con los matices propios del momento. El amor debe continuar en un primer plano y, para ello, hijos y nietos han de cumplir su papel, que resulta fundamental. Actividades diversas, que hay que saber engarzar con arte, han de cubrir el hueco dejado por el trabajo en ese periodo de la existencia. Y en ningún caso debe faltar la cultura.

LA VEJEZ O TERCERA EDAD

Aprender a envejecer es una maestría, un oficio que es menester adquirir con habilidad. En muchas ocasiones, uno tiene la vejez que se ha ido labrando a lo largo de la vida y es entonces cuando cosecha lo que ha sembrado; en otras, determinados avatares y circunstancias marcan dichos tramos finales.

A estas edades, las afecciones físicas pueden ser *crónicas* o *agudas*. En las crónicas el pronóstico es peor, pues se trata de padecimientos que no tienen solución y que van desde el reumatismo a problemas cardiacos, pasando por serias dificultades en la marcha. Es normal que se reduzcan las habilidades motoras, lo que da lugar a una mayor lentitud del sistema motor. También el insomnio suele ser una constante en sus diversas modalidades. Entre las afecciones agudas destacan las caídas, con las consiguientes rupturas de cadera, que en muchos casos constituyen un pasaporte hacia la muerte. No obstante, hoy han cambiado tanto las cosas que incluso una persona muy mayor puede recuperarse de un traumatismo de este tipo.

El 75% de la gente que se encuentra en la tercera edad suele morir de cáncer o de una enfermedad cardiaca y, en menor proporción, de un proceso vascular cerebral o respiratorio. A principios de siglo, en Europa, se consideraba vieja a una persona de 55-60 años. Hoy, sin embargo, mucha gente se muere estando relativamente bien de casi todas sus facultades físicas y mentales.

El envejecimiento no es sino el deterioro de los sistemas fisiológicos del cuerpo, desde el inmunológico al hepático, pasando por el cardiaco o el vascular cerebral. Lo que parece hoy comprobado es que una actividad mantenida a lo largo del tiempo constituye un elemento preventivo de primera mano. Esto es válido incluso a nivel intelectual: mantener viva la curiosidad cultural, estar en contacto con el mundo y no encerrarse en una vida casi monástica son elementos positivos que ayudan a estar mejor. Las dos historias clínicas que siguen ponen de manifiesto lo que ocurre cuando se descuidan estos aspectos.

Se trata de una mujer de 79 años, viuda y con tres hijos, que vive sola desde hace tres años. Con anterioridad tenía una mujer que vivía con ella, una empleada del hogar seis años más joven que mantenía excelentes relaciones con los hijos pero no tanto con ella. Su hija, de 46 años, nos cuenta: «Mi madre ha sido siempre una persona muy difícil. Mi padre sufrió horrores con ella. Caprichosa, inestable, siempre hay que hacer lo que ella quiere y, si no es así, reacciona con mucha agresividad, descalificándonos a todos los hijos. Siempre ha querido ser el centro de atención, no sólo en la familia, sino también entre sus amistades. Es una mujer exagerada, dramática, egoísta, muy crítica con los demás, pero también lista, rápida y observadora. Es frecuente oírle descalificaciones mal intencionadas.

»Desde que se quedó viuda, el tema ha ido a peor. La empleada del hogar se despidió porque no podía soportarla. Ahora se niega a tener a nadie en casa. A veces llama por teléfono para decirnos que se está muriendo, que le duele la cabeza o que ha tenido un mareo y ha perdido la vista. Han sido muchos los médicos de urgencia que han venido a casa y no le han encontrado nada clínico. Pero nosotros vamos de susto en susto.»

Y continúa: «De los tres hermanos, dos estamos casados y uno soltero. A mí ha intentado separarme de mi marido hablándome mal de él y de su familia. Yo nunca he podido desahogarme con ella y contarle mis problemas, pues siempre terminaba echándomelo en cara. En los últimos dos años su actitud me ha amargado el carácter; dice mi marido que ya no soy la que era. Mi madre nunca ha querido ir al psiquiatra, argumentando que tiene la cabeza bien puesta sobre los hombros. Finalmente hemos logrado que venga a la consulta porque le hemos hecho chantaje diciéndole que si no se pone en tratamiento no iremos a verla o la llevaremos a una residencia para la tercera edad».

El otro hermano casado, de 49 años, ingeniero y buen profesional, es más frío en la información que nos da: «Mi madre ha estado siempre mal. Es muy rara, creo que es una neurótica. La recuerdo siempre quejándose de todo, muy cambiante de ánimo, egoísta. He visto a mi pobre padre llorar muchas veces por las cosas que le decía. Le pedía dinero constantemente. Ella vive de cara a la gente, se transforma ante los demás. Pero nadie la aguanta y se ha quedado sin amigas. Creo que lo mejor para todos es que se vaya a una residencia. Se pasa el día llamando la atención y, cada vez que conoce a una persona nueva, la enemista con nosotros y semanas más tarde la deja porque dice que no le gusta su forma de ser. Habla de las cosas con tal seguridad que parece como si sus opiniones fueran la verdad mas absoluta».

Estamos ante una *personalidad histérica,* desajuste que afecta especialmente a la convivencia y que, con la edad que tiene esta mujer, resulta ya muy difícil ponerle cotas, salvo los mecanismos que han utilizado sus hijos: la amenaza y la coacción. Sus síntomas más patentes son: gran dificultad para pasar desapercibida o, lo que es lo mismo, necesidad permanente de llamar la atención; afectividad superficial, epidérmica; criterio cambiante; dureza a la hora de criticar a las personas que no piensan como ella; tendencia a dramatizar y a convertir cualquier contratiempo o problema en algo grave.

El tratamiento debe, ante todo, lograr que tenga conciencia del desorden de su personalidad y de la necesidad de recibir atención médica y psicológica. Se trata de una empresa difícil, porque además tiende a manipular ante los hijos la información que le da el médico. En consecuencia, se pide a dos de sus hijos que estén presentes en las siguientes entrevistas clínicas. A duras penas acepta que padece un trastorno importante de la persona y que viene de lejos. En su percepción del pasado se observan muchas distorsiones relacionadas con su marido y sus hijos. El diálogo resulta tenso, duro, con descalificaciones para cada uno de ellos. En principio, se niega tanto a tomar la medicación que se le indica para disminuir su nivel de agresividad y ansiedad, como a seguir una psicoterapia.

A la paciente se le explica con claridad que padece un trastorno de la personalidad que la ha conducido a mantener malas relaciones con las personas cercanas. Por fin se decide a tomar un ansiolítico (Bromazepan, 1,5 mg en desayuno y comida, y 3 mg a última hora del día) y un medicamento para mejorar el sueño (Lorazepan, 1,5 mg). Además, se le dan unas *pautas de conducta* muy básicas cuya explicación oye a regañadientes. Los hijos contratan a una persona para que viva con ella, pero la echó a los pocos días y, en consecuencia, semanas más tarde la internaron en una residencia. Su pronóstico es malo, pues aunque la estrategia parece que ha funcionado, en cualquier momento puede producirse una vuelta atrás.

La segunda historia clínica es la siguiente:

> Se trata de un hombre de 76 años, viudo con cuatro hijos (el mayor de 38 años), profesor de idiomas y con un nivel socioeconómico medio. Ha sido un traductor de libros muy reconocido. Con 47 años pasó la primera de sus fases eufóricas, que se manifestó de manera excesivamente ruidosa, con alegría desbordante, verborrea, etc.
>
> Uno de los hijos nos informa: «Ha sido una persona inteligentísima, con una capacidad mental enorme, pero poco práctico para la vida. Mi madre se encargaba de ordenarle sus papeles, sus apuntes, sus notas de traducciones y, sobre todo, de controlar la economía familiar, ya que mi padre ha sido siempre muy descuidado.

»La primera vez que estuvo eufórico fue una sorpresa para todos, pues nunca habíamos visto una cosa igual. Luego este cuadro se repitió y alternó con episodios depresivos. Entonces el doctor nos dio información sobre el tipo de enfermedad que era, así como el tratamiento a seguir para evitar que recayera.»

Cuando nosotros le vemos por primera vez, ya ha seguido diversos tratamientos y en todos ellos ha mejorado, pero la farmacoterapia no se ha acompañado de una psicoterapia que, entre otras cosas, insistiera en la importancia de tomar la medicación con continuidad y en la responsabilidad de no ingerir alcohol. Ambas cosas han sido permanentemente descuidadas por este enfermo, lo cual ha tenido una repercusión negativa en su evolución. Por este motivo, ha habido que ingresarle dos veces en el hospital, con la colaboración de la familia.

Ahora, al vivir solo, el problema se agrava, pues los rasgos psicopatológicos de su personalidad se han exacerbado. Nos informa una de las hijas –alumna suya y también profesora de inglés y francés– que «siempre ha tenido una forma de ser muy suya. Ha bebido habitualmente vino y bebidas destiladas, que le volvían especialmente divertido, ingenioso y con mucha chispa. La gente le reía las gracias. Es un soberbio, se cree que de lo suyo sabe más que nadie; es un egoísta y un ególatra. Manipula a la gente cercana y tiene gran capacidad para envolverla con sus ideas. Resulta teatral en sus relatos y superficial en sus amistades. Sólo ha admirado a mi madre porque se ha consagrado a él en cuerpo y alma. Aun así, a veces ha sido duro con ella, que entre otras cosas no pudo terminar la carrera universitaria que había empezado».

En la actualidad vive con una hija, el marido de ésta y sus tres hijos (de 12, 10 y 6 años). Nos informa esta hija: «La convivencia es imposible. Hace lo que quiere, no es capaz de someterse a los horarios de comida y cena de casa. Su habitación es el desorden personificado. Sólo habla con mi marido para hablarle de cosas suyas del pasado, pero nunca se interesa por su trabajo o el mío. Últimamente se niega a tomar la medicación. Bebe a escondidas y tiene un par de amigos con los que sale, pero no se sabe cuándo vuelve ni dónde está».

En este caso clínico se entrecruzan dos diagnósticos distintos: por un lado, una *depresión bipolar* y, por otro, un *trastor-*

no mixto de la personalidad, compensado mientras vivía su mujer y muy desestabilizado a partir de la jubilación y la viudedad. Siguiendo el esquema terapéutico tridimensional al que solemos recurrir –farmacoterapia, psicoterapia y socioterapia–, le administramos Valproato sódico (dos tabletas de 500 mg al día y control en sangre cada dos meses) por su efecto eutímico o estabilizador del estado del ánimo, Fluoxetina (20 mg en desayuno) porque se trata de un antidepresivo de nueva generación y Flunitracepan (media tableta de 1 mg antes de acostarse) como facilitador del sueño.

Como parte de la psicoterapia cognitivo-conductual, se propusieron unas normas de comportamiento cuyo seguimiento debía apuntarse en una *hoja de autorregistro*[14]. Y, en cuanto a la socioterapia, se le hizo participar en una tertulia de personas mayores una vez por semana. También se le sugirieron distintas propuestas de laborterapia, pero éstas fracasaron pues ninguna se acomodaba a sus preferencias.

Para que el envejecimiento se acepte sabiamente, así como las circunstancias adversas por las que se va pasando, la personalidad ha de estar bien estructurada, sobre un pasado positivo y un entorno sociofamiliar grato. Hay dos teorías sobre las que se ha trabajado, pero ninguna ha dado una respuesta cabal, convincente y científica. Una es la *teoría de la actividad,* según la cual el llevar una vida dinámica, en movimiento y con intereses adecuados a la edad y condición, ayuda a tener una vejez más positiva; otra es la *teoría de la desvinculación,* que viene a señalar lo contrario: que apartarse de la vida y dejar de lado las ataduras y relaciones emocionales es más favorable para la propia evolución.

La forma de hacer frente a la vejez y al último tramo de la

14. No se debe dedicar más de cinco minutos a rellenar esta hoja, siguiendo las pautas que se tienen en una libreta adjunta. Es un método sencillo y práctico que permite conocer la evolución del paciente de manera empírica. Este procedimiento debe evitarse en enfermos obsesivos o en personas indecisas, ya que el resumen puede ser para ellos muy costoso. El propio paciente se examina de los objetivos propuestos, poniéndose él mismo una nota (mal, regular, bien o muy bien). Peca de subjetivismo, pero es eficaz.

vida depende de la personalidad de cada uno y refleja toda la andadura de ese sujeto. Lo mismo podemos decir de la jubilación: para quien ha vivido su trabajo como algo monótono, escasamente creativo y alienante, la jubilación representa *una auténtica liberación;* para aquel cuya actividad profesional ha estado llena de sentido creativo y ha tenido una repercusión positiva en la sociedad, la jubilación supone *una verdadera pérdida.*

LA MUERTE: EL ÚLTIMO ENCUENTRO

Como antes hemos señalado, hoy en día se habla poco de la muerte. Yo diría que se trata de un asunto relegado a momentos estelares: la muerte de un ser querido, el fallecimiento de una persona en circunstancias trágicas o el impacto imprevisto de la muerte en una persona muy próxima en el terreno profesional. En general hablamos de la muerte de los demás, incluso asistimos a sus funerales, y casi sin darnos cuenta convertimos este momento dramático en un acto social despojado de su auténtico sentido.

Aldabonazos que siempre nos invitan a reflexionar. No olvidemos que *toda filosofía nace a orillas de la muerte.* Si ésta no existiera, probablemente no habría filosofía. Durante casi todo el transcurso de la vida, la muerte se encuentra alejada, ausente del proyecto personal; no contamos con ella, es irreal. Sólo en los tramos finales de la existencia asoma, emerge, da la cara, y su imagen es una mezcla de amenaza, anticipación y posibilidad. *La certeza de la muerte es propia de la vejez, cuando ya no se mira hacia delante, sino hacia atrás.* Es entonces cuando se toma conciencia de que todo se acaba. Para el creyente, para la persona de fe, la muerte es el principio de otra vida, que será el resultado de lo que hayamos hecho en ésta.

La muerte significa sólo el cese de la biología, pero no de la biografía, cuyo sentido va más allá de la interrupción de las funciones vitales y de su reducción a elementos puramente materiales. A diferencia del animal, que tiene *naturaleza,* el ser humano posee un *proyecto biográfico*. Y esta diferencia es abismal porque supone cuerpo frente a espíritu –entendido en un sentido amplio–, física frente a metafísica e historia. El animal tiene *futuro*, pero el hombre tiene *porvenir*.

En el repertorio de sucesos que pueden acaecernos, el de la muerte significa, ni más ni menos, el final definitivo de todos los planes trazados. Argumentos como el amor, el trabajo o la cultura dejan de ser una «tarea»; los deseos se desvanecen, las apariencias cesan. Cuando nos acercamos a la biografía de un personaje interesante, resulta esencial detenernos en el modo como ha muerto, en especial si ha dejado algunos escritos reveladores de esos momentos en los que la mente se torna especialmente lúcida y las cosas se ven de otra manera.

En la vejez, pues, la muerte adelanta su paso y nos lleva, casi sin darnos cuenta, a realizar un balance existencial, un examen personal, un arqueo de caja, con sus movimientos de entrada y salida. Y este balance, en la mejor de las vidas, resulta casi siempre deficitario. La personalidad se suaviza, pierde la dureza que ha tenido, se torna más comprensiva y tolerante. Muchos de los contenidos del pasado son reinterpretados de manera distinta.

Como no podemos escapar de la muerte, todos los mecanismos de defensa resultan inútiles. Nos acecha una vieja pregunta: ¿qué será de mí?[15] Cuando alguien muere, no lo hace metafóricamente, sino *literalmente*. Y lo hace en la soledad más absoluta, aunque esté en compañía de sus seres queridos. El momento es de una solemnidad y un dramatismo total: no hay palabras para expresar los sentimientos que se agolpan. *El carácter sobrecogedor de la muerte tiene notas de patetismo, de emotividad máxima*.

15. Es muy interesante el trabajo de Elizabeth Kübler-Ross sobre las vivencias de la muerte en enfermos terminales. En muchos de ellos, debido al sentido materialista de nuestra cultura, la muerte se convierte en algo aterrador. Son especialmente reveladores los relatos de las personas en coma que se han recuperado y «han vuelto a la vida», sus experiencias y sentimientos. *Véase también* su último libro, *La rueda de la vida* (1997), que supone una invitación a la serenidad y al análisis personal.

A lo largo de la existencia, nuestra actitud hacia la muerte va cambiando. Los niños casi no la entienden, sólo se dan cuenta de que no volverán a ver a esa persona conocida o cercana. Si se trata de uno de los padres, tal vivencia suele quedar grabada a fuego en la personalidad, con sus pormenores y detalles. En la pubertad y la adolescencia se tiene ya un concepto más claro del final de la vida: todos morimos y éste es el ciclo por el que inevitablemente hay que pasar. Su conocimiento gradual dependerá de muchas circunstancias; entre otras, de la agonía o muerte de personas queridas para el joven. Sin embargo, rara vez pensará él en la muerte. Es en la etapa de madurez cuando se empieza a percibir su presencia. Elizabeth Kübler-Ross (1969) describió cinco fases sucesivas en la aceptación de la muerte, basándose en su experiencia con enfermos a las puertas de ella: *negación* (mecanismo psicológico que borra esta idea de la percepción personal), *negociación* (monólogo interior en el que se plantean dudas y automanipulaciones), *ira* (indignación, rabia, ansiedad), *depresión* (profunda tristeza ante su carácter inevitable) y, finalmente, *aceptación* (conciencia del final de la vida).

Ciertamente, es dramático ver cómo en la vejez *el mapa personal señala la ruta de la muerte, traza una geografía del final con destreza de topógrafo*. Cuando sentimos que nuestra representación va a terminar, que el telón empieza a bajar, surge la pregunta sobre el más allá, sobre lo que existe en la otra orilla. Desde la fe, la comprensión de la muerte cobra unos matices serenos y pacíficos: el juicio personal, el balance de nuestra vida, tiene en el mundo judeocristiano una nota de misericordia y perdón, si antes se han dado las coordenadas adecuadas de coherencia y honestidad, a pesar de tantas limitaciones, errores y fallos como cometemos.

Tras la muerte de un ser muy amado, la reacción por la pérdida nos sume en una profunda tristeza. Pero, con el paso del tiempo, los recuerdos se centran en lo mejor, queda lo más positivo de esa persona, salvo que se trate de un sujeto con una forma de ser tan patológica que haya sufrido y hecho sufrir a la gente de su entorno, en cuyo caso uno se siente liberado de esa dura carga.

III

La exploración de la personalidad

¿CÓMO ADENTRARSE EN LA PERSONALIDAD?

Para los psicólogos y los psiquiatras, el estudio de la personalidad es una tarea con la que se enfrentan a diario. Dos son sus herramientas básicas: la *entrevista* y los *métodos psicológicos multidisciplinares* o *técnicas auxiliares*. La primera se parece mucho al diálogo que se establece en una consulta de medicina general y que sigue el esquema de las tres preguntas hipocráticas –qué tiene, desde cuándo y a qué lo atribuye– o las seis de todo buen cronista: quién, qué, cuándo, dónde, cómo y por qué. Las preguntas y respuestas se suceden y el psiquiatra se va percatando de lo que le sucede a la persona que tiene delante.

Inteligencia es, sobre todo, el arte de hacer preguntas, de meterse en la piel de la otra persona. Un buen psiquiatra ha de saber escuchar y seguir con atención el relato de los hechos que se van exponiendo. La historia clínica psiquiátrica debe ser una *historia biográfica* en la que se recogen los principales hechos de la infancia, la adolescencia, la primera juventud, etc., y la manera en que éstos han impactado en la vida de ese sujeto. En el curso de esta conversación, de este encuentro íntimo y secreto, uno se desnuda delante del profesional y se deja conocer de verdad, con el fin de ser ayudado en la dolencia, el padecimiento o la enfermedad que se sufra. No se trata de un simple y frío interrogatorio, sino de una comunicación sobre asuntos importantes para los que se pide asesoramiento. Alguien se implica en la existencia personal y, de alguna manera, pone orden en ella.

Hoy se han popularizado las *entrevistas clínicas estandari-*

zadas, en las cuales se sistematizan las principales claves con el fin de que no quede nada importante fuera y, también, de cara a la investigación: se almacenan datos que luego pueden ser tratados estadísticamente, en base a una cierta hipótesis de trabajo científico.

En el curso de la entrevista el terapeuta va construyendo un diagnóstico y, al mismo tiempo, los posibles diagnósticos diferenciales. Más tarde se alumbra el enfoque terapéutico y todo lo que ello comporta. Para conocer más a fondo a los pacientes se emplean distintas *técnicas auxiliares,* desde los cuestionarios auto y heteroaplicados (realizados por uno mismo o con el terapeuta), las escalas de evaluación conductual o los tests de personalidad, inteligencia o afectividad, pasando por instrumentos que evalúan el consumo de sustancias psicotrópicas (alcohol, hachís, cocaína, heroína...), miden los trastornos esquizofrénicos, las depresiones o las tendencias suicidas, o aquellos otros instrumentos que consiguen una evaluación clínica global[1]. De lo que se trata, en cualquier caso, es de obtener la mayor información posible de la persona supuestamente enferma.

En la relación médico-enfermo hay una vivencia de enorme importancia conocida como *transferencia:* es la buena sintonía que se establece entre ambos y que invita a dejarse conocer y a que se establezcan unos vínculos de confianza, afecto y respeto. La primera entrevista va a marcar ese encuentro y el paciente retendrá en su mente la imagen del terapeuta. Dos son los factores esenciales: la dedicación de un tiempo suficiente y la atención hacia todo lo que dice, expresa, silencia o sostiene.

Igualmente, existen *entrevistas no directivas* en las cuales se pretende que el terapeuta se contamine lo menos posible de su paciente, evitando intervenir en sus palabras y dejándole hablar sin apenas preguntar. En estos casos se producen silencios prolongados que resultan elocuentes y, a veces, angustiosos. Esta

1. Sólo de escalas de evaluación conductual para medir el índice de depresión o ansiedad hay más de un centenar. Cada autor diseña una fórmula, poniendo el acento en lo que le parece más significativo y relevante. Hoy esta parcela es una subespecialidad clínica.

estrategia tiene una influencia psicoanalítica, pero en psiquiatría es poco eficaz pues nos aleja de la pretensión de saber qué le está sucediendo a la persona en cuestión y cuáles son los sufrimientos que anidan en él.

Sea cual sea el tipo de entrevista, debe valorarse el lenguaje verbal y no verbal, el contenido, la forma del discurso, la aptitud, el nivel social y cultural, la reacción a las vivencias, los micro y los macrotraumas, el tipo de vida y, por supuesto, el motivo central de la consulta.

LOS TESTS DE PERSONALIDAD

Son pruebas psicológicas diseñadas para proporcionar información acerca de la forma de ser y, en su caso, de la existencia de alguna anomalía o trastorno. Son estadarizadas, es decir, se aplican siempre en condiciones uniformes para todo el mundo y suministran diferentes comparaciones con otras personas. La garantía de objetividad estriba en que pueden calificarse sin los prejuicios de quien hace la evaluación, o sea, que están razonablemente libres de esas influencias.

La administración de los tests y su calificación responden a criterios científicos que se han alcanzado mediante la *evaluación de confiabilidad*[2] y la *validez*[3]. Hoy son muchas y muy heterogéneas las pruebas para conocer la personalidad. Estudian al sujeto aquí y ahora. Las informaciones recibidas por parte de

2. La *confiabilidad,* que es la estabilidad de la medición o exploración, puede resumirse así: se produce cuando dos examinadores califican a una persona de la misma manera, habiéndose realizado los tests en distintos momentos y circunstancias, y habiendo dado unos resultados similares.

3. La *validez* de una prueba o de un test psicológico mide lo que se supone que evalúa: las escalas de depresión cuantifican el nivel de descenso del estado de ánimo; las de ansiedad registran el nivel de inquietud; los tests de personalidad nos dan un perfil concreto de la persona... Es la última prueba que se realiza y confirma la utilidad de ese instrumento psicológico. Es preciso hablar de *grados de validez,* ya que ninguna lo es al cien por cien. La *validez de criterio* predice el rendimiento; la *validez predictiva* se sitúa en el futuro.

familiares y personas cercanas dan al terapeuta una impresión más completa, ya que no se ciñen al momento concreto, sino que abarcan el pasado con sus incidencias más notables.

Hay que situar el interés de estos tests en dos planos: de una parte, conocer si existe un *trastorno de la personalidad* y de qué tipo; de otra, ahondar en la *estructura personal*, ya que cualquier enfermedad psíquica se manifiesta a través de ella. Esto significa que la forma de ser se modifica en función de lo que está ocurriendo[4].

¿Cuáles son las herramientas de las que se puede disponer?

1. *Tests proyectivos*. Se trata de una amplia gama de métodos que se centran en el mecanismo psicológico que el psicoanálisis denominó *proyección:* la persona que está siendo explorada ve proyectados en las escenas que se le presentan sus deseos, sentimientos y preocupaciones (véanse las láminas de las páginas 93 y 94).

El estudio de estas respuestas tiene dos fases consecutivas: una primera, *analítica,* en la que se estudia lo que se ha dicho frente a cada lámina (contenido) y el modo de expresarlo (forma); una segunda, *sintética,* en la que se buscan conexiones y se aspira a resumir todo el material recibido.

Podemos clasificar los tests proyectivos en los siguientes apartados:

Técnicas perceptivas: aquí lo importante es ver cómo el sujeto explorado configura la realidad.

Técnicas aperceptivas: se pretende que esa persona elabore una interpretación, que busque un sentido a aquello que tiene delante de sí.

4. Clásicamente, este proceso se calificó de *patogenético,* haciendo referencia a aquellos síntomas más o menos universales que se dan en una enfermedad o trastorno y que tienen un esquema similar. Frente a ello, lo *patoplástico* alude al modo en que cada persona reacciona al impacto de una enfermedad o trastorno; no es lo mismo ser extravertido que introvertido, impulsivo, narcisista u obsesivo. En conclusión, los síntomas se metamorfosean con los tintes propios de la forma particular de ser.

Técnicas productivas: se pide a la persona que está siendo explorada que pinte, dibuje, coloree... La conducta gráfica es siempre más libre que la verbal y, por lo tanto, transmite más información.

Técnicas semánticas: se estudian las diferencias en las palabras utilizadas con el objetivo de ver su inteligencia creativa y su nivel cultural.

Técnicas de frases sin completar: el sujeto debe terminar una frase que está a la mitad y que, de alguna manera, proyecta lo que tiene dentro: preocupaciones, inquietudes, esperanzas...

En este apartado debemos incluir el test de Rorschach, el test de apercepción temática (TAT), el test de frustración de Rosenzweig, la técnica de la asociación de palabras de Jung, las técnicas de completar frases y relatos, el test de la figura humana, el dibujo sobre un tema libre, el test casa-árbol-persona, el test del dibujo de la familia o de un animal, el test del mundo de Lowenfeld y Bühler, el test del diferencial semántico de Osgood, la rejilla de Kelly y un largo etcétera.

2. *Cuestionarios de personalidad.* Son inventarios con una serie de preguntas sobre aspectos concretos de la conducta; otras veces se trata de afirmaciones o proposiciones que el sujeto debe decir si para él son verdaderas o falsas. Se sigue aquí un camino distinto al de los tests anteriores, puesto que es un trabajo de introspección en el que a través de una serie de ítems se va configurando un mapa de respuestas que definen la personalidad.

El tratamiento estadístico de estos datos permite establecer una serie de rasgos de personalidad. El cuestionario más utilizado es el MMPI (Inventario Multifásico de Personalidad de Minnesota), que consta de 550 preguntas a las que se responde con los términos «verdadero», «falso» o «no sé». Con estas respuestas, sus autores construyeron unas escalas clínicas para medir la depresión, histeria, hipocondría, masculinidad-feminidad, psicastenia, psicopatía, paranoia, esquizofrenia o manía.

Otro cuestionario importante es el 16 PF-5, que consta de 185 preguntas con tres opciones de respuestas, las mismas que en el anterior. Se evalúan dieciséis rasgos de la personalidad: inteligencia, agudeza, culpabilidad, autosuficiencia, radicalismo, atrevimiento, dominancia, fuerza del yo, desinhibición, fuerza del superyó, ternura, suspicacia, tendencias autistas, sentimientos, tendencias básicas y ciclotimia.

En los países anglosajones ha tenido mucha aceptación el EPQ de Eysenck. También el DPI de Grygier, que consiste en palabras o frases a las cuales se debe responder diciendo si a uno le gustan o le desagradan. Por último, hay cuestionarios en los que se fuerza al sujeto explorado a escoger los ítems, como en el caso del llamado Cuestionario de Edwards.

El conocido cuestionario de T. Millon, llamado IPDE *(International Personality Disorders Examination)*, consta de 77 ítems que deben ser respondidos como «verdadero» o «falso». Con el fin de objetivar los resultados, está organizado para dar un balance entre la entrevista clínica natural y la estandarización de una serie de respuestas, encabezadas bajo seis apartados: trabajo, yo, relaciones interpersonales, afectos, prueba de realidad y control de los impulsos. A veces se solapan unas áreas con otras, de tal manera que una pregunta abarca un campo más amplio.

Nombre y apellidos .... Fecha ....

CUESTIONARIO DE EVALUACIÓN IPDE
MÓDULO DSM-IV *

DIRECTRICES:

1. El propósito de este cuestionario es conocer qué tipo de persona ha sido usted en los últimos 5 años.

* Meditor, Madrid, 1999.

2. Por favor, no omitir ningún ítem. Si no está seguro de una respuesta, señalar la respuesta (VERDADERO o FALSO) que le parezca más correcta. No hay límite de tiempo pero no pierda mucho tiempo pensando cuál es la respuesta correcta a un ítem determinado.

3. Cuando la respuesta sea VERDADERO, señalar con un círculo la letra V, cuando la respuesta sea FALSO, señalar con un círculo la letra F.

1.	Normalmente me divierto y disfruto de la vida	V	F
2.	Confío en la gente que conozco	V	F
3.	No soy minucioso con los detalles pequeños............	V	F
4.	No puedo decidir qué tipo de persona quiero ser.......	V	F
5.	Muestro mis sentimientos a todo el mundo..............	V	F
6.	Dejo que los demás tomen decisiones importantes por mí	V	F
7.	Me preocupo si oigo malas noticias sobre alguien que conozco..	V	F
8.	Ceder a algunos de mis impulsos me causa problemas.	V	F
9.	Mucha gente que conozco me envidia....................	V	F
10.	Doy mi opinión general sobre las cosas y no me preocupo por los detalles	V	F
11.	Nunca me han detenido	V	F
12.	La gente cree que soy frío y distante	V	F
13.	Me meto en relaciones muy intensas pero poco duraderas	V	F
14.	La mayoría de la gente es justa y honesta conmigo....	V	F
15.	La gente tiene una gran opinión sobre mí	V	F
16.	Me siento molesto o fuera de lugar en situaciones sociales	V	F
17.	Me siento fácilmente influido por lo que me rodea....	V	F
18.	Normalmente me siento mal cuando hago daño o molesto a alguien	V	F
19.	Me resulta muy difícil tirar las cosas..................	V	F
20.	A veces he rechazado un trabajo, incluso aunque estuviera esperándolo	V	F
21.	Cuando me alaban o critican manifiesto mi reacción a los demás	V	F
22.	Uso a la gente para lograr lo que quiero	V	F
23.	Paso demasiado tiempo tratando de hacer las cosas perfectamente	V	F

24. A menudo, la gente se ríe de mí, a mis espaldas......... V F
25. Nunca he amenazado con suicidarme, ni me he autolesionado a propósito... V F
26. Mis sentimientos son como el tiempo, siempre están cambiando .... V F
27. Para evitar críticas prefiero trabajar solo .... V F
28. Me gusta vestirme para destacar entre la gente.......... V F
29. Mentiría o haría trampas para lograr mis propósitos. V F
30. Soy más supersticioso que la mayoría de la gente ...... V F
31. Tengo poco o ningún deseo de mantener relaciones sexuales... V F
32. La gente cree que soy demasiado estricto con las reglas y normas .... V F
33. Generalmente me siento incómodo o desvalido si estoy solo .... V F
34. No me gusta relacionarme con gente hasta que no estoy seguro de que les gusto .... V F
35. No me gusta ser el centro de atención........................ V F
36. Creo que mi cónyuge (amante) me puede ser infiel .... V F
37. La gente piensa que tengo muy alto concepto de mí mismo .... V F
38. Cuido mucho lo que les digo a los demás sobre mí.... V F
39. Me preocupa mucho no gustar a la gente .... V F
40. A menudo me siento vacío por dentro .... V F
41. Trabajo tanto que no tengo tiempo para nada más.... V F
42. Me da miedo que me dejen solo y tener que cuidarme de mí mismo .... V F
43. Tengo ataques de ira o enfado .... V F
44. Tengo fama de que me gusta «flirtear» .... V F
45. Me siento muy unido a gente que acabo de conocer .. V F
46. Prefiero las actividades que pueda hacer por mí mismo. V F
47. Pierdo los estribos y me meto en peleas .... V F
48. La gente piensa que soy tacaño con mi dinero .... V F
49. Con frecuencia busco consejos o recomendaciones sobre decisiones de la vida cotidiana........................ V F
50. Para caer bien a la gente me ofrezco a realizar tareas desagradables .... V F
51. Tengo miedo de ponerme en ridículo ante gente conocida .... V F
52. A menudo confundo objetos o sombras con gente ..... V F
53. Soy muy emocional y caprichoso .... V F
54. Me resulta difícil acostumbrarme a hacer cosas nuevas. V F

55.	Sueño con ser famoso	V	F
56.	Me arriesgo y hago cosas temerarias	V	F
57.	Todo el mundo necesita uno o dos amigos para ser feliz	V	F
58.	Descubro amenazas ocultas en lo que me dicen algunas personas	V	F
59.	Normalmente trato de que la gente haga las cosas a mi manera	V	F
60.	Cuando estoy estresado las cosas que me rodean no me parecen reales	V	F
61.	Me enfado cuando la gente no quiere hacer lo que le pido	V	F
62.	Cuando finaliza una relación, tengo que empezar otra rápidamente	V	F
63.	Evito las actividades que no me resulten familiares para no sentirme molesto tratando de hacerlas	V	F
64.	A la gente le resulta difícil saber claramente qué estoy diciendo	V	F
65.	Prefiero asociarme con gente de talento	V	F
66.	He sido víctima de ataques injustos sobre mi carácter o mi reputación	V	F
67.	No suelo mostrar emoción	V	F
68.	Hago cosas para que la gente me admire	V	F
69.	Suelo ser capaz de iniciar mis propios proyectos	V	F
70.	La gente piensa que soy extraño o excéntrico	V	F
71.	Me siento cómodo en situaciones sociales	V	F
72.	Mantengo rencores contra la gente durante años	V	F
73.	Me resulta difícil no estar de acuerdo con las personas de las que dependo	V	F
74.	Me resulta difícil no meterme en líos	V	F
75.	Llego al extremo para evitar que la gente me deje	V	F
76.	Cuando conozco a alguien no hablo mucho	V	F
77.	Tengo amigos íntimos	V	F

RESUMEN DE LA PUNTUACIÓN DEL CUESTIONARIO
DE EVALUACIÓN IPDE
MÓDULO DSM-IV

Nombre y apellidos .... Fecha ....

1. Poner un círculo en los ítems que no estén seguidos de F, si la respuesta es VERDADERO.
2. Poner un círculo en el resto de los ítems (aquellos seguidos por F), si la respuesta es FALSO.
3. Si tres o más ítems de un trastorno han sido señalados con un círculo, el sujeto ha dado positiva la evaluación para ese trastorno y debe ser entrevistado. Los clínicos e investigadores pueden adoptar estándares de referencia mayores o menores, dependiendo de las características de la muestra y de la importancia relativa que tengan para ellos los errores de sensibilidad (falsos negativos) o de especificidad (falsos positivos). Este cuestionario no debe ser usado para hacer diagnósticos o calcular puntuaciones dimensionales de los trastornos de la personalidad.

301.0	Paranoide	2F	14F	36	38	58	66	72		
301.20	Esquizoide	IF	12	21F	31	46	57F	77F		
301.22	Esquizotípico	2F	24	30	52	64	67	70	71F	77F
301.50	Histriónico	5	10	17	26	28	35F	44	45	
301.7	Antisocial	llF	18F	20	29	47	56	74		
301.81	Narcisista	7F	9	15	22	37	55	61	65	68
301.83	Límite	4	8	13	25F	40	43	53	60	75
301.4	Obsesivo-compulsivo	3F	19	23	32	41	48	54	59	
301.6	Dependencia	6	33	42	49	50	62	69F	73	
301.82	Evitación	16	27	34	38	39	51	63	76	

3. *Técnicas de sociometría*. El modelo pentadimensional en el que se basa mi estudio de la personalidad tiene una vertiente social que llamamos *asertividad* y que hace referencia a la habilidad social o facilidad para establecer relaciones inter-

personales satisfactorias. Aquí también nos encontramos con diversas pruebas: desde el *psicodrama* de J. Moreno al *sociograma,* que consiste en pedir a un grupo de personas reunidas que, de forma anónima, respondan a una serie de preguntas –quién es la persona más sentimental, cuál la más sensible, quién el más impulsivo, etc.–; al final se suman las respuestas.

UN TEST PERIODÍSTICO DE LA PERSONALIDAD

Veremos a continuación un ejemplo de cuestionario periodístico que sondea la forma de ser del entrevistado. El requisito del mismo es que se responda *en una sola línea* a las preguntas o indicaciones propuestas. Aunque puede ser susceptible de un trabajo estadístico riguroso, su objetivo es observar de forma desenfadada las claves de una persona:

- ¿Cuáles son los tres rasgos que mejor definen tu personalidad?
- ¿Qué es lo que más te gusta de tu forma de ser?
- ¿Qué es lo que menos te gusta de tu forma de ser?
- Menciona dos de tus modelos de identidad.
- ¿Cuál ha sido el día o el hecho más feliz de tu vida?
- ¿Cuál ha sido el día o el hecho más desgraciado de tu vida?
- ¿Cuál es tu libro de cabecera?
- ¿A quién te gustaría parecerte?
- Escribe cinco sustantivos relacionados con la palabra «autoestima».
- Escribe cinco sustantivos relacionados con la palabra «felicidad».
- ¿Con quién te irías a una isla desierta?
- ¿Qué entiendes por madurez de la personalidad?
- Termina la frase: «La peor tragedia es...».
- ¿Quién es el héroe del mundo literario que más aprecias?
- ¿Qué porcentaje tienes en tu personalidad de corazón y cabeza?

– Termina la frase: «Veo mi futuro...».
– ¿Cuáles son las faltas que más perdonas?
– ¿Cuántas horas necesitas dormir para estar bien?
– Termina la frase: «La muerte significa...».
– ¿Cómo te gustaría morirte?

IV

Los trastornos de la personalidad

EXPLORACIÓN DE LA PERSONALIDAD

En los últimos años se han producido extraordinarios avances en este campo de la Psicología y la Psiquiatría. Se han multiplicado los estudios y la investigación, y se ha afinado mucho en el diagnóstico de las distintas formas de ser y conducirse. Explorar es analizar, estudiar, adentrarse y rastrear en los vericuetos del patrimonio de la psicología de alguien, sondear y averiguar el porqué de su comportamiento. El problema es evaluar lo que nos encontramos, es decir, medir, pesar, objetivar. No olvidemos que los aspectos psicológicos están imbuidos de subjetividad. Por tanto, se trata de reconocer y registrar con diligencia, haciendo uso de los diferentes instrumentos a nuestro alcance, cómo es y en qué consiste la forma de ser de una persona, cada rasgo, estado y situación.

Un rasgo, como ya hemos explicado, es *una predisposición a reaccionar de una manera concreta*. En tanto que elemento de la personalidad que describe una singularidad, sirve para retratar a los individuos. Así, por ejemplo, una personalidad sociable es abierta, comunicativa, cordial, hábil en el trato interpersonal.

Esta primera información debe quedar recogida en una historia clínica minuciosa, bien estructurada y en primera persona, para así poder recoger el habla del paciente. En ella se hospedan las seis preguntas básicas de todo buen cronista: quién, qué, cuándo, dónde, cómo y por qué. Además, para reunir todos los datos se realizan entrevistas psicodinámicas, que son muy útiles, y se utilizan cuestionarios particulares e inventarios psicológicos que también dan mucho juego. Con mucha frecuencia vemos enriquecida la información con datos que nos traen los familiares más cercanos, conocedores de la trayectoria de la persona con quien han convivido o conviven. En la consulta manejamos con frecuencia el denominado IPDE *(International Personality Disorders Examination)* de T. Millon, aunque en el trabajo asistencial diario utilizamos otros métodos a los que me referiré más adelante.

Los antecedentes más claros de la teoría de los rasgos son la clasificación de Empédocles (siglo V a.C.) de los cuatro elementos: *aire, agua, tierra* y *fuego* y la primera aportación relativa a la personalidad diseñada por Hipócrates (siglo V-IV a.C.): su teoría de los cuatro humores o líquidos que circulan por nuestro cuerpo, esto es, *sangre, flema, bilis amarilla* y *bilis negra*. Teofrasto (siglo IV-III a.C.) también elaboró una clasificación de treinta rasgos describiendo la riqueza de los mismos. Mucho tiempo después, G. Allport (1936) y R. B. Cattell (1943) trabajaron arduamente en buscar los elementos básicos de la personalidad, una lista de rasgos de uso común en el lenguaje cotidiano. El psicólogo inglés H. J. Eysenck (1970) destacó tres dimensiones: *introversión-extraversión, neuroticismo y psicoticismo*. Y Paul Costa y Robert McCrae (1990, 1992) sistematizaron cinco dimensiones básicas de la personalidad: *extraversión* (cordialidad, gregarismo, habilidad social, actividad, búsqueda de emociones y tendencia a saber experimentar emociones positivas), *amabilidad* (confianza, franqueza, altruismo, actitud conciliadora, modestia, saber pasar desapercibido), *responsabilidad* (competencia profesional, orden, sentido del deber, necesidad de conseguir logros concretos, autodisciplina, ponderación en las decisiones), *estabilidad emocional* (equilibrio, sosiego, no tener cambios de ánimo frecuentes) y *apertura a la experiencia* (sentimientos, valores).

Para el estudio de la personalidad hay que tener en cuenta también el *estado* y la *situación*. Como ya hemos explicado en el primer capítulo, el *estado* es la condición de una persona en un momento biográfico concreto, como si realizáramos un corte en su trayectoria y estudiáramos dicha sección. Abarca la totalidad de la forma de ser, pero en un periodo dado. La depresión, por ejemplo, es un estado en el cual se empobrece la personalidad por la reducción masiva de todos los ingredientes físicos, psicológicos y sociales.

Y, por último, la *situación* comprende el entorno de la persona, las circunstancias que la rodean, como afirmaba José Ortega y Gasset (1950): «Yo soy yo y mi circunstancia». La situación condiciona y limita al individuo, le marca una geografía. El término fue introducido originariamente por K. Jaspers (1925), quien afirmó que «la situación externa tan cambiante y tan diferente tiene una nota típica: es para todos de dos filos, incita y obstaculiza». Todos estamos más allá de nosotros mismos, rodeados de un ambiente que señala nuestra ubicación en la vida. Jaspers también se refirió a las *situaciones límite,* cuya característica es el dramatismo.

La distinción entre rasgo y situación es importante para realizar de forma correcta el diagnóstico de un trastorno de la personalidad. Un sujeto normal reacciona de forma sana y flexible a las demandas particulares de una situación; un sujeto anormal actúa de forma desadaptada. Muchos tienden a atribuir erróneamente la conducta sólo a los rasgos de la personalidad, desestimando la contribución de los factores situacionales.

LOS CRITERIOS Y MÉTODOS DIAGNÓSTICOS

Los criterios operativos diagnósticos utilizados por la American Psychiatric Association, que se recogen en el llamado DSM-IV (*Disease Stadistical Mental*, cuarta edición), son el resultado de largos y laboriosos años de trabajo de psiquiatras y psicólogos, con el fin de llegar a un acuerdo en la materia y alcanzar un lenguaje común dentro de la ciencia psiquiátrica.

El Eje I describe los *trastornos clínicos* (depresión, ansiedad, trastornos sexuales, trastornos mentales debidos a una enfermedad médica, alteraciones que se inician en la infancia, en la niñez o en la adolescencia, así como trastornos de la con-

EJE I. TRASTORNOS CLÍNICOS. OTROS PROBLEMAS QUE PUEDEN SER OBJETO DE ATENCIÓN CLÍNICA
Trastornos de inicio en la infancia, la niñez o la adolescencia *(se excluye el retraso mental, que se diagnostica en el Eje II).*
Delirium, demencia, trastornos amnésicos y otros trastornos cognoscitivos.
Trastornos mentales debidos a una enfermedad médica.
Trastornos relacionados con sustancias.
Esquizofrenia y otros trastornos psicóticos.
Trastornos del estado de ánimo.
Trastornos de ansiedad.
Trastornos somatomorfos.
Trastornos facticios.
Trastornos disociativos.
Trastornos sexuales y de la identidad sexual.
Trastornos de la conducta alimentaria.
Trastornos del sueño.
Trastornos del control de los impulsos no clasificados en otros apartados.
Trastornos adaptativos.
Otros problemas que pueden ser objeto de atención clínica.

DSM-IV (1995).

ducta alimenticia o del ritmo sueño-vigilia) y *otros problemas de atención médica*. En la práctica es muy frecuente que el enfermo padezca además un trastorno de otros ejes, lo cual debe quedar reseñado en la historia clínica.

El Eje II incluye sobre todo los *trastornos de la personalidad*.

Por su parte, el Eje III hace referencia a las *enfermedades médicas* y el Eje IV, a los *problemas psicosociales y ambientales* que pueden afectar al diagnóstico, pronóstico y tratamiento, como por ejemplo el vivir solo, tener estrés laboral o sufrir un acontecimiento negativo (la muerte de un ser querido). Los acontecimientos vitales positivos, también denominados *estresantes positivos* (un ascenso profesional, un cambio de casa a

EJE II. TRASTORNOS DE LA PERSONALIDAD. RETRASO MENTAL
Trastorno paranoide de la personalidad.
Trastorno esquizoide de la personalidad.
Trastorno esquizotípico de la personalidad.
Trastorno antisocial de la personalidad.
Trastorno límite de la personalidad.
Trastorno histriónico de la personalidad.
Trastorno narcisista de la personalidad.
Trastorno de la personalidad por evitación.
Trastorno de la personalidad por dependencia.
Trastorno obsesivo-compulsivo de la personalidad.
Trastorno de la personalidad no especificado.
Retraso mental.

DSM-IV (1995).

una mejor o la concesión de un premio), pueden desencadenar reacciones patológicas. Así pues, los problemas sociales y familiares son múltiples y hay que valorar su repercusión adecuadamente.

Finalmente, el Eje V mide la *evaluación de la actividad global* (AEG), una información útil que nos da nuevas claves para la evolución del cuadro clínico, ya que permite seguir los progresos clínicos y capta la actividad psicológica, social y laboral.

Junto al DSM-IV, hay que tomar en consideración la *Clasificación Internacional de las Enfermedades Mentales y del Comportamiento* en su décima edición (CIE-10), elaborada por la Organización Mundial de la Salud, porque presenta algunos matices muy interesantes para aclarar ciertos conceptos y matizar los diagnósticos.

Además de una historia clínica minuciosa, es preciso que el médico y su paciente lleven a cabo un encuentro dirigido con el fin de dar respuesta en primer lugar a las tres preguntas hipocráticas: qué tiene, desde cuándo y a qué lo atribuye. Saber cómo se encuentra el paciente y por qué ha venido a consulta,

EJE III. ENFERMEDADES MÉDICAS
Algunas enfermedades infecciosas y parasitarias.
Neoplasias.
Enfermedades de la sangre y de los órganos hematopoyéticos y algunas enfermedades inmunitarias.
Enfermedades endocrinas, nutricionales y metabólicas.
Enfermedades del sistema nervioso.
Enfermedades del ojo y sus anejos.
Enfermedades del oído y de las apófisis mastoides.
Enfermedades del sistema circulatorio.
Enfermedades del sistema respiratorio.
Enfermedades del aparato digestivo.
Enfermedades de la piel y del tejido celular subcutáneo.
Enfermedades del sistema musculoesquelético y del tejido conectivo.
Enfermedades del sistema genitourinario.
Embarazo, parto y puerperio.
Patología perinatal.
Malformaciones, deformaciones y anomalías cromosómicas congénitas.
Síntomas, signos y hallazgos clínicos y de laboratorio no clasificados en otros apartados.
Heridas, envenenamientos y otros procesos de causa externa.
Morbilidad y mortalidad de causa externa.
Factores que influyen sobre el estado de salud y el contacto con los centros sanitarios.

DSM-IV (1995).

entre otras cuestiones, resulta fundamental. La *entrevista clínica* ha sido el método diagnóstico más tradicional, pero contamos con otros adicionales igualmente interesantes: las entrevistas semiestructuradas, los cuestionarios autoadministrados y los tests proyectivos.

1. Las *entrevistas semiestructuradas* permiten recoger fielmente una gran cantidad de información mediante un con-

EJE IV. PROBLEMAS PSICOSOCIALES Y AMBIENTALES
Problemas relativos al grupo primario de apoyo. Problemas relativos al ambiente social. Problemas relativos a la enseñanza. Problemas laborales. Problemas de vivienda. Problemas económicos. Problemas de acceso a los servicios de asistencia sanitaria. Problemas relativos a la interacción con el sistema legal o con el crimen. Otros problemas psicosociales y ambientales.

DSM-IV (1995).

junto de preguntas específicas –unas concretas y otras más generales– y de ordenar los pormenores de la conducta.

2. Los *cuestionarios autoadministrados*, como su nombre indica, son rellenados por el propio sujeto sin ayuda de ningún personal auxiliar, siguiendo simplemente las indicaciones que se encuentran al comienzo del mismo. Tres son los más relevantes:

• MMPI *(Minnesota Multiphasic Personality Inventory)*, cuenta con una larga tradición y ha sido ampliamente utilizado en el campo de la investigación psicológica y psiquiátrica. Uno de sus diseñadores fue Hathaway, quien estableció los ítems del inventario («Nadie parece comprenderme», «Recibo toda la simpatía que merezco», etc.) con dos opciones de respuesta, verdadero y falso.

• PDQ *(Personality Diagnostic Questionnaire)*, que se diseñó para evaluar los trastornos de la personalidad según los criterios del DSM-IV.

• MCMI *(Millon Clinical Multiaxial Inventory)*, de fácil aplicación y bien estructurado.

3. En tercer lugar están los *tests proyectivos,* que son pruebas de medición psicológica a través de las cuales el sujeto

proyecta lo que lleva dentro al ver la lámina que se le presenta. Cada test contiene a su vez unidades elementales o esquemas más sencillos. Los tests han de estar *estandarizados* y tener *fiabilidad*. Entre los más usados debemos destacar dos:

• TAT *(Test de Apercepción Temática)* del psicólogo americano Murray: es un clásico en la exploración de la personalidad que se basa en su *teoría de la motivación necesidad-presión*. Consta de dos series de diez láminas en blanco y negro con distintas escenas que representan situaciones tanto *personales* (un personaje haciendo algo) e *interpersonales* (más de un personaje). El individuo debe decir qué es lo que piensa que está ocurriendo en las mismas. La historia inventada no es sino una proyección de lo que lleva dentro, de lo que siente interiormente. (Véanse como ejemplo las figuras 1, 2 y 3.)

• *Test de Rorschach:* consta de diez manchas de tinta simétricas, cinco en blanco y negro, y las otras en color. Al sujeto se le pide que comente lo que allí ve. Las respuestas se clasifican siguiendo tres criterios: *contenido* (los objetos que se observan, en especial las percepciones de animales, anatómicas y humanas), *localización* (a qué nivel de importancia destaca cada mancha. A veces, pequeñas sombras resaltan más que otras que son más llamativas) y *cualidades estructurales* (forma, figura, color, sombras y movimiento). Tiene también una larguísima tradición y resulta emblemático para muchas personas no familiarizadas con la psicología.

• *Otros métodos proyectivos:* cabe destacar los que se apoyan en la *asociación de palabras* (una palabra-estímulo da lugar a otra como respuesta), la *prueba de las frases incompletas* (sentencias breves incompletas que el paciente debe terminar: «La vida siempre ha sido para mí...»; «En ocasiones me siento...»; «La felicidad consiste en...»; «Lo más duro de la vida es...»; «Las heridas del pasado tienen para mí...») y actividades diversas como *dibujar una casa, una familia, un árbol y una figura humana*, los *juegos de manipulación de objetos,* etc.

Mi equipo de trabajo emplea con enorme frecuencia los *autoinformes:* datos y estimaciones del propio enfermo, quien en

Fig. 1

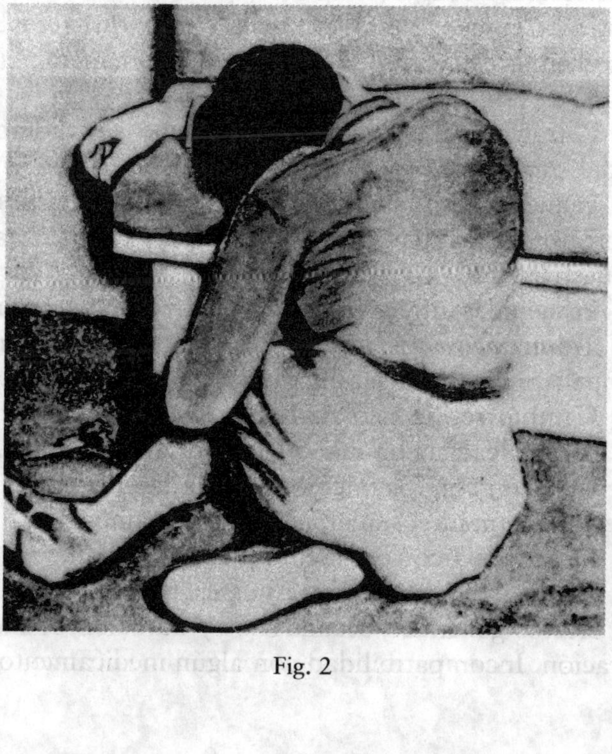

Fig. 2

Fig. 3

primera persona y utilizando un lenguaje claro, sencillo, que evite los términos vagos, responde a una serie de cuestiones bien sistematizadas. El más útil es el *rastreo psicológico*, que nosotros hemos estructurado de la siguiente manera:

1. Retrato de mi personalidad: ¿cómo soy, cómo es mi forma de ser?
2. Pequeño resumen biográfico: infancia, adolescencia, primera juventud, etapas adultas temprana y tardía... hasta llegar a nuestros días.
3. Principales influencias en mi vida y en mi personalidad.
4. Traumas vividos: impactos emocionales que han dejado un huella importante en mi biografía.
5. Cambios en la personalidad: qué le quitaría y qué le añadiría para alcanzar un mayor equilibrio psicológico.
6. Relación con los miembros de la familia con la que se convive (padre, madre, mujer, marido, hermanos...).
7. Objetivos a corto y medio plazo.
8. Medicación psicofarmacológica tomada hasta el momento, efectos generales, secundarios y duración de dicha administración. Incompatibilidad con algún medicamento.

9. Relato de las actividades en un día normal y en un fin de semana.

10. Aficiones y círculo de amistades.

Este decálogo nos da una información densa y a la vez clara de la persona que tenemos que tratar, lo que nos permite un conocimiento muy rico de la misma[1]. Más tarde, con todo ese material, elaboramos un resumen práctico de cara a un futuro *programa de conducta* que nos facilite los principales objetivos. Es una manera de que el enfermo se implique en su tratamiento y conozca la metodología[2] que se está siguiendo. No olvidemos que el médico es el encargado de estimular, animar, incitar, tirar de esa persona para que vaya a mejor según el esquema previamente trazado. Esta perspectiva de interacción resulta muy beneficiosa.

Por último, no quiero dejar de mencionar los *informes de terceros,* es decir, de familiares cercanos e incluso de algún amigo íntimo que conozca bien a dicho sujeto. Previamente, éste ha dado su consentimiento por escrito para que se incluyan estos datos. En mi experiencia, esta documentación es muchas veces decisiva,

1. Por estos caminos del conocimiento íntimo de alguien se inicia la relación médico-enfermo, que es una forma especial y enormemente rica de la amistad, ya que conjuga la donación y la confidencia –características de toda buena amistad– con las observaciones médicas y psicológicas. Así, podemos decir que la *Psiquiatría constituye una rama de la amistad.* La medicina es ciencia y arte. Y la Psiquiatría, además, conocimiento íntimo y secreto del otro, que muestra la «documentación notarial» de su vida y milagros, la radiografía del cuarto de máquinas de su conducta.

2. Esto es lo que se llama en la actualidad «psicología del *insight*», palabra inglesa que se emplea en el lenguaje clínico y que significa *actitud y toma de conciencia del diagnóstico que uno tiene, así como de sus consecuencias.* Por tanto, hay dos notas en su seno: *conocimiento de la enfermedad* por el informe del médico (con sus aspectos físicos, psicológicos y sociales) e *importancia de seguir las indicaciones terapéuticas recibidas.* Cfr. A. Lewis (1934); J. Richfield (1954); T. van Putten y E. Crumpton (1976); I. S. Marková y G. Berrios (1995); M. J. Cuesta, V. Peralta y A. Zarzuela (1998); y S. A. Davidoff y B. P. Forester (1998). *Insight* es, por tanto, la conciencia de tener algún padecimiento o enfermedad y las consecuencias que de ahí se derivan. Es una apropiación global de lo que significa el diagnóstico recibido.

sobre todo en los casos de una personalidad muy trastornada que brinda una información sobre sí mismo pobre, sin matices, resultado de su poca capacidad de introspección.

¿CÓMO SE DIAGNOSTICA UN TRASTORNO DE LA PERSONALIDAD?

Diagnosticar es determinar qué le sucede a un individuo en función de sus síntomas y sus manifestaciones de conducta. Estas agrupaciones de rasgos seleccionados nos ayudan a establecer una calificación que define y señala un desajuste específico.

Es preciso tener en cuenta que *los trastornos de la personalidad no son enfermedades en el sentido clásico del término*. Quiero con ello decir que no pueden establecerse con precisión su *etiología* (causas y motivos), *patogenia* (mecanismos por los que se ha ido produciendo), *sintomatología* (signos de la enfermedad, aunque éste es el aspecto que mejor se puede sistematizar), *pronóstico* (evolución) y *tratamiento*.

Dado que la personalidad, como hemos dicho, es *un sistema estructurado físico, psicológico y social*, los trastornos de la misma suponen una disfunción de dicho sistema y están más ligados al fondo que a la forma. La evaluación de los trastornos es descriptiva; por ello el tratamiento debe tener muy en cuenta el entorno en el que se desenvuelve el enfermo. Debe contemplarse tanto la *conducta observable* (abanico de comportamientos afectivos, intelectuales, volitivos, cognitivos...) como la *conducta interpersonal* (modo de relacionarse con la familia, los amigos, el médico, el psicólogo y el equipo terapéutico). Es importante descubrir las actitudes que subyacen y modifican su forma de actuar, registrar sus mecanismos de defensa y su forma cognitiva (cómo procesa y codifica la información, cuál es la organización de su pensamiento y qué atribuciones hace a los hechos que le suceden), así como analizar el modo en que solventan los diversos conflictos vividos. Todos los elementos de evaluación, exploración y medición deben ajustarse a un *modelo pentadimensional: físico* (biológico), *psicológico* (vivencial), *conductual* (lo que se observa desde fuera), *cognitivo* (lo que son ideas y pensamientos) y *asertivo* (plano de la relación social). En una palabra, tener un esquema funcional claro, aunque muchas veces todo esté envuelto en un clima borroso y difuso. Estos cinco ingredientes nos abren las puertas de los principales caminos psicopatológicos.

Los trastornos de la personalidad se han podido encontrar en diferentes países y culturas, por ello su tipificación es universal. ¿Cuáles son los principales criterios para establecer que estamos ante un caso de esta naturaleza? Ya he comentado que los rasgos de personalidad son patrones duraderos en la forma de percibir la realidad, pensar, sentir y relacionarse con los demás, y se ponen de manifiesto en una rica variedad de contextos. Para establecer un diagnóstico de trastorno de la personalidad hay que considerar:

• Se trata de un *patrón duradero y estable de conductas y de vivencias que se apartan de lo normal y de lo que en esa cultura se entiende como sano; este patrón origina una forma de ser inflexible, desadaptada y con un evidente deterioro para uno mismo y para la relación con los demás*. No olvidemos que en psicología y psiquiatría lo normal no es sinónimo de salud, ya que si, por ejemplo, más de la mitad de los jóvenes de un país se drogan, estadísticamente hablando esto sería lo normal; en cambio, los no drogadictos serían anormales, pero estarían sanos[3]. Lo anormal no es necesariamente patológico.

3. Lo normal remite a la norma y ésta debe ser entendida en tres sentidos: 1) Como *norma estadística:* lo normal es lo que aparece con más frecuencia. Dos son las deficiencias de este criterio: no discrimina ni matiza los casos extremos que se dan en esa curva de Gauss (los superdotados, los que están eufóricos, los que tienen una voluntad hercúlea...) ni tampoco especifica las claves de la normalidad ni los límites que se establecen entre la salud y la patología; 2) Como *norma funcional:* es normal que un organismo se exprese de manera diferente a lo largo del tiempo; así, por ejemplo, la presbicia o disminución de la agudeza visual en una persona de más de setenta años no es una enfermedad, sino la consecuencia del desgaste del aparato ocular consiguiente al paso de los años, que cumple una ley fisiológica; 3) Como *norma ideal:* se aspira a lo mejor, a lo más excelente, a un punto de máxima altura en alguna faceta de la conducta; está claro que por este camino tampoco podemos captar lo que es patológico.

• Se trata de *alteraciones persistentes o síndromes no limitados en el tiempo*. Una depresión cursa por fases, muchas de ellas estacionales (primavera, otoño) y, una vez curada, remite y desaparece la sintomatología. Pero en los trastornos de la personalidad no sucede así: son desajustes de larga duración y corresponden a pautas de conducta crónicas. Se suelen iniciar en la adolescencia o juventud y tienen un curso insidioso, lento, gradual, progresivo, pasando muchas veces sin diagnosticar, con lo cual nadie ha conseguido poner un cierto tratamiento en ese caso. No se dan en una etapa de la vida, sino que viene de atrás.

• Las *formas de pensar, sentir, actuar y gobernarse son desadaptadas*. Estas manifestaciones rígidas, inflexibles e inadecuadas afectan a esas cuatro facetas: el plano *cognitivo* (manera de elaborar las ideas y los pensamientos), el mundo *sentimental* (se diseñan acciones afectivas poco sanas que no facilitan una vida emocional correcta, bien estructurada), las propias *actuaciones* (no son ni flexibles ni adaptativas) y, por último, las dificultades en el *control* de los impulsos.

• La forma de ser da lugar a una *disposición subjetiva de malestar, que tiene también una repercusión objetiva*. La persona casi siempre sufre[4], pero lo que es seguro es que hace sufrir a los demás. Se produce un menoscabo significativo de la vida familiar, profesional y social, que con el paso del tiempo conduce a la erosión de la convivencia. En el lenguaje coloquial se tacha a estos individuos de «raros», «extraños», «difíciles», «anormales», o «maniáticos», resumiendo una forma de ser negativa y extravagante.

• El desajuste de la personalidad *se produce al margen de cualquier trastorno psicológico y no como consecuencia de una enfermedad mental*. Es decir, no se manifiesta tras una depresión, un estado de ansiedad o un cuadro fóbico, aunque es evi-

4. En las dos clasificaciones principales de los trastornos de la personalidad, la europea del CIE-10 y la americana del DSM-IV, el sujeto que menos sufre es el *psicópata (personalidad antisocial)* y, en menor medida, el *histriónico* y el *narcisista*. La no conciencia de trastorno o alteración es un rasgo importante que hace incierto el pronóstico.

dente que en cualquiera de estas enfermedades tiene lugar cierta modificación de la personalidad, pero sin entidad propia, sin la fuerza psicopatológica de un trastorno de la personalidad en sentido estricto.

• El trastorno de la personalidad no *es atribuible a una enfermedad médica o a la ingestión de determinadas sustancias.* Así, por ejemplo, un cáncer, una infección aguda o crónica o un proceso degenerativo pueden actuar como desencadenantes de un cierto desajuste de la personalidad, lo cual está dentro de los límites normales, pero que no debe considerarse como un trastorno en sentido estricto.

• Si se *ha buscado ayuda clínica* es infrecuente que se trate de un desajuste, ya que quienes padecen un trastorno de la personalidad no suelen tener conciencia del mismo y por tanto creen que no la necesitan. Lo más frecuente es que venga la familia entera del enfermo, o el marido o la mujer a comentar lo que le sucede y las terribles consecuencias que ello tiene en la convivencia. El *insight* o toma de conciencia por parte de la persona afectada supone el primer paso para recibir un tratamiento adecuado. En la actualidad contamos con algunas escalas de evaluación para medir el grado de *insight* de un trastorno o enfermedad[5].

La falta de conciencia del padecimiento o sus síntomas se observa tanto en la conducta verbal como en la no verbal (gestos, mímica, expresiones faciales y corporales...), indicando el desconocimiento que el individuo tiene de su propia patología. Se pone de manifiesto un desacuerdo entre el paciente y el médico o psicólogo, ya que el primero no acepta el diagnóstico del equipo terapéutico.

• Suelen existir *antecedentes familiares de trastornos de la personalidad.* No olvidemos que la personalidad se mueve en-

5. En ocasiones, si el paciente tiene cierto nivel cultural, puede seguirse la línea de la *biblioterapia:* se le recomienda un libro sencillo y claro que habla de su trastorno de la personalidad para que pueda verse retratado y fomentar así la interiorización de la enfermedad. En las personas de más nivel intelectual y cultural, esta sugerencia puede ser muy fecunda.

tre la herencia y el ambiente, lo genético y el contexto en el que ese sujeto se ha desarrollado y vivido. Dado que la personalidad es un sistema con muchas referencias y áreas, el psiquiatra o psicólogo avezado debe recurrir a los instrumentos adecuados para evaluar todos ellos.

- Los trastornos de la personalidad no se curan *con la administración de psicofármacos,* ya que los trastornos de la personalidad no se corrigen con los mismos. Es conveniente explicar esto a los familiares y al propio sujeto, puesto que se trata de una creencia errónea bastante común. Insistimos en que el diseño del tratamiento debe ser ecléctico, integrando los planos biológico (farmacoterapia), psicológico (psicoterapia) y social (socioterapia). No obstante, una cierta medicación suele aliviar algunas manifestaciones derivadas del trastorno, principalmente de tipo ansioso o depresivo.

El tratamiento de un trastorno de la personalidad es casi siempre a largo plazo, lo que en algunas familias supone un problema dado el coste del mismo. En esos casos se recomienda asignar al enfermo un plan de acción para mejorar determinadas conductas y controlar su evolución una vez por mes[6]. Pero ¿qué ocurre cuando se padece un trastorno de la personalidad y se va tarde a consulta? ¿Se pueden corregir entonces los errores y las anomalías en la forma de ser? La respuesta es bifronte: depende de la capacidad del terapeuta y de la motivación del sujeto para dejarse ayudar.

En conclusión, cuando intentamos estructurar unos *indicadores de predicción de la respuesta terapéutica,* tenemos que dibujar un mapa completo de la persona, incluyendo todas las vertientes del caso, lo que desde un punto de vista científico resulta difícil y altamente complejo.

6. Por ejemplo, en un *trastorno mixto de la personalidad* podemos sugerir una mejora en cinco o seis conductas concretas: hipersensibilidad psicológica, estabilidad emocional, no distorsión de la relación estímulo-respuesta, superación del complejo o sentimiento de inferioridad y aumento de la autoestima.

CLASIFICACIÓN DE LOS TRASTORNOS DE LA PERSONALIDAD

La magnitud del tema que nos ocupa es enorme. En un trabajo de Halles y colaboradores (1999) se pone de relieve que entre el 10 y el 30% de la población general padece un trastorno de la personalidad. Del 30 al 50% de los enfermos psiquiátricos ambulatorios, un 15% ingresa por un diagnóstico de este tipo. Muchas mal llamadas depresiones son en realidad trastornos de la personalidad encronizados sobre los que ningún terapeuta ha actuado. Esta asociación habitual entre depresión y trastorno de la personalidad recibe en el lenguaje del DSM-IV el nombre de *distimia*[7].

Veamos a continuación cuáles son los trastornos de la personalidad según el DSM-IV y el CIE-10, entendiendo que toda clasificación es un intento de integración del conocimiento disponible, que fabrica un modelo sumando las distintas vertientes.

En el DSM-IV encontramos los siguientes grupos de trastornos:

- *Grupo A (paranoide, esquizoide y esquizotípico):* engloba a personas excéntricas en las que se observa una conducta bastante patológica. Rara vez pasan desapercibidas a la gente que convive con ellas.
- *Grupo B (antisocial, límite, histriónico y narcisista):* colectivo marcado por la inestabilidad y la tendencia a mostrar comportamientos radicales, extremistas, nada moderados.

7. Las distimias son enfermedades en las que se asocia una depresión crónica de mediana intensidad (tristeza, cansancio anterior al esfuerzo, fatiga, dificultad para concentrarse, bajo nivel de autoestima), que nunca ha tenido una fase eufórica, con un trastorno de la personalidad. El DSM-II habló de *depresión neurótica.* Pertenecen al grupo de las enfermedades del estado de ánimo, con dos notas principales que las definen: curso crónico y menor gravedad en cuanto al descenso anímico. No son trastornos de la personalidad en sentido estricto, pero a veces se confunden porque, como ocurre en otros campos de la medicina, la delimitación entre unos cuadros clínicos y otros no tiene siempre la nitidez teórica.

• *Grupo C (por evitación, por dependencia y obsesivo-compulsivo):* amplio arco que va del miedo a la ansiedad y la evitación.

• *Grupo D (trastornos no especificados en las categorías anteriores):* se incluyen aquí los trastornos mixtos de la personalidad, como las personalidades predepresivas, depresivas o inmaduras. El CIE-10 incluye esta última en un apartado marginal (60.8: «Otros trastornos específicos de la personalidad»).

En los siguientes capítulos voy a utilizar la clasificación de los grupos A, B, C y D, intercalando algunos casos clínicos que nos ayuden a hacer más didáctico el recorrido. Pienso que pocas cosas son tan pedagógicas como estas sesiones en las que el propio paciente explica lo que le sucede.

CLASIFICACIÓN DE LOS TRASTORNOS DE LA PERSONALIDAD

Grupo A: Personalidades excéntricas

- Personalidad paranoide.
- Personalidad esquizoide.
- Personalidad esquizotípica.

Grupo B: Personalidades inestables

- Personalidad antisocial (o psicópata).
- Personalidad límite (o *borderline*).
- Personalidad histriónica (o histérica).
- Personalidad narcisista.

Grupo C: Personalidades ansiosas

- Personalidad por evitación.
- Personalidad por dependencia.
- Personalidad obsesivo-compulsiva.

Grupo D: Personalidades no especificadas en los grupos A, B y C

- Trastorno mixto de la personalidad.
- Personalidad depresiva.
- Personalidad pasiva agresiva.

(DSM-IV, 1995)

A esta clasificación he añadido tres formas, no recogidas en esta ordenación y que he descrito en el texto con cierto detalle: la personalidad inmadura, la predepresiva y la depresiva.

CLASIFICACIÓN DE LOS TRASTORNOS DE LA PERSONALIDAD Y DEL COMPORTAMIENTO DEL ADULTO

F60 Trastornos específicos de la personalidad.

F60.0 Trastorno paranoide de la personalidad.
F60.1 Trastorno esquizoide de la personalidad.
F60.2 Trastorno disocial de la personalidad.
F60.3 Trastorno de inestabilidad emocional de la personalidad.
.30 Tipo impulsivo.
.31 Tipo límite.
F60.4 Trastorno histriónico de la personalidad.
F60.5 Trastorno anancástico de la personalidad.
F60.6 Trastorno ansioso (con conducta de evitación) de la personalidad.
F60.7 Trastorno dependiente de la personalidad.
F60.8 Otros trastornos específicos de la personalidad.
F60.9 Trastorno de la personalidad sin especificación.

F61 Trastornos mixtos y otros trastornos de la personalidad.

F61.0 Trastornos mixtos de la personalidad.
F61.1 Variaciones problemáticas de la personalidad no clasificables en F60 o F62.

F62 Transformación persistente de la personalidad no atribuible a lesión o enfermedad cerebral.

F62.0 Transformación persistente de la personalidad tras experiencia catastrófica.
F62.1 Transformación persistente de la personalidad tras enfermedad psiquiátrica.
F62.8 Otras transformaciones persistentes de la personalidad.
F62.9 Transformación persistente de la personalidad sin especificación.

(CIE-10, 1992)

COMPARACIÓN DE LA CLASIFICACIÓN DE LOS TRASTORNOS DE LA PERSONALIDAD EN LA CIE-9, LA CIE-10, EL DSM-III-R Y EL DSM-IV			
CIE-9 (1997)	**CIE-10 (1992)**	**DSM-III-R (1987)**	**DSM-IV (1995)**
Trastorno de la personalidad paranoide.	Trastorno de la personalidad paranoide.	Trastorno de la personalidad paranoide.	Trastorno de la personalidad paranoide.
Trastorno de la personalidad esquizoide.	Trastorno de la personalidad esquizoide.	Trastorno de la personalidad esquizoide.	Trastorno de la personalidad esquizoide.
Trastorno de la personalidad con manifestaciones predominantemente sociopáticas o asociales.	Trastorno de la personalidad disocial.	Trastorno de la personalidad antisocial.	Trastorno de la personalidad antisocial.
	Trastorno de la personalidad de inestabilidad emocional:		
a) Trastorno de la personalidad explosivo. *b)* NA.	*a)* Tipo impulsivo. *b)* Tipo límite.	*a)* NA. *b)* Trastorno de la personalidad límite.	*a)* NA. *b)* Trastorno de la personalidad límite.
Trastorno de la personalidad histérico.	Trastorno de la personalidad histriónico.	Trastorno de la personalidad histriónico.	Trastorno de la personalidad histriónico.
Trastorno de la personalidad anancástico.	Trastorno de la personalidad anancástico.	Trastorno de la personalidad obsesivo-compulsivo.	Trastorno de la personalidad obsesivo-compulsivo.

CIE-9 (1997)	CIE-10 (1992)	DSM-III-R (1987)	DSM-IV (1995)
NA.	Trastorno de la personalidad ansioso (por evitación).	Trastorno de la personalidad por evitación.	Trastorno de la personalidad por evitación.
NA.	Trastorno de la personalidad por dependencia.	Trastorno de la personalidad por dependencia.	Trastorno de la personalidad por dependencia.
Trastorno de la personalidad afectivo.	Otros trastornos de la personalidad específicos.	Trastorno de la personalidad pasivo-agresivo.	NA.
Trastorno de la personalidad asténico.		Trastorno de la personalidad esquizoide.	Trastorno de la personalidad esquizotípico.
		Trastorno de la personalidad narcisista.	Trastorno de la personalidad narcisista.
		Trastorno de la personalidad auto-derrotista.	NA.
		Trastorno de la personalidad sádico.	NA.
			Trastorno de la personalidad no especificado.

NA = no aparece.
Fuente: Girolano y Reich, *Personality Disorders,* Ginebra, OMS, 1993.

CLASIFICACIÓN FENOMENOLÓGICA-ESTRUCTURAL DE LOS TRASTORNOS DE LA PERSONALIDAD

1. **Personalidades cercanas al mundo de la esquizofrenia**
   - Paranoide.
   - Esquizoide.
   - Esquizotípica.

2. **Personalidades centradas en los grandes cambios de ánimo, de criterio y de conducta**
   - Límite.
   - Histérica.
   - Inmadura.
   - Pasivo-agresivo.

3. **Personalidades rígidas**
   - Obsesivo-compulsiva.
   - Predepresiva.
   - Depresiva.
   - Por evitación.

4. **Personalidades con grandes dificultades para el contacto social**
   - Antisocial.
   - Narcisista.
   - Por dependencia.

5. **Trastornos mixtos de la personalidad**

(E. Rojas, 2001)

V

La llamada personalidad inmadura

UNA CUESTIÓN POLÉMICA SIN RESOLVER

En pocos manuales de Psicología y Psiquiatría recientes aparece tipificada esta modalidad de la personalidad y, sin embargo, es frecuente en la vida actual. No es tarea sencilla clasificar sus síntomas y trazar su perfil, ya que muchos piensan que detrás de la mayor parte de los trastornos de la personalidad lo que se esconde es una forma de ser inmadura. La polémica, pues, sigue abierta y, de hecho, ni el antes mencionado CIE-10 (de la OMS) ni el DSM-IV (de la APA) reflejan este diagnóstico en sus listas.

Antes que nada, conviene explicar en qué consiste la madurez, fuente de equívocos y ambigüedades. Es un concepto anfibio, indeterminado, poliédrico, impreciso, que se emplea en muchos terrenos y que consta en todas las lenguas: *maturity, maturité, maturità, Reife*... El lenguaje de la calle lo utiliza con acierto y desacierto, con consideración y sin ella, como sucede con muchas otras palabras. Cuando la gente dice que alguien es inmaduro se observa *a priori* cierta descalificación.

¿Qué es la madurez en el campo psicológico?, ¿son iguales todas las posibles experiencias de madurez o hay matices según el texto y el contexto de que se trate? A continuación voy a referirme especialmente a la madurez *afectiva, intelectual* y *profesional.* Las tres forman un conjunto que explora geografías decisivas del ser humano.

Podemos decir que *madurez es aquel estado de conocimiento y buen juicio, prudencia y saber, que se ha ido alcan-*

zando y que lleva a gestionar de manera positiva la propia psicología. En una palabra, es lo que nos permite *dirigir y gobernar* la vida personal, de tal manera que produzca los frutos adecuados. Madurez es plenitud para reflexionar sobre los sentimientos, las ideas y la vida profesional, traduciendo dicha reflexión en un proyecto de vida coherente, atractivo, realista, positivo y duradero.

La madurez constituye, pues, una mezcla de conocimiento acertado, juicio ecuánime, sensatez, prudencia y criterios bien formados que nos permiten aspirar a la meta de entender qué es la vida, en qué consiste, cuáles son las principales rutas que se deben seguir. Igualmente, nos ayuda a responder a tres premisas claves: cómo comprender la afectividad, de qué modo abrirnos paso en la selva espesa de la inteligencia y cómo tener una vida profesional sugerente y llena de sentido.

Los psiquiatras nos movemos con soltura en los pasillos de la vida ajena; entramos y salimos de ella como Pedro por su casa. Nuestro trabajo diario consiste en rastrear los grandes argumentos, así como el libro de cuentas: los resultados del trayecto personal. La vida supone navegar contra viento y marea unas veces, y otras con el viento a favor; remontar el oleaje, saltar por encima de posibles naufragios que amenazan con llevarse todo por delante y escapar de escollos y traiciones marinas. *Vidas rectilíneas no existen,* salvo en los libros. El sueño mítico de una felicidad completa es una utopía; sin embargo, sí cabe la felicidad cuando se entiende como madurez, sosiego y paz. Tanto la felicidad completa como la madurez idílica quedan desmentidas por el paso de los años[1].

Por eso la madurez no puede ser entendida nunca como un destino definitivo al que uno llega y en el que se establece con

1. Adscribirse al mito del progreso indefinido resulta hoy en día ridículo, ya que los grandes avances técnicos no están humanizando al ser humano. Pero tampoco podemos instalarnos en la idealización nostálgica del pasado. La mirada certera se encuentra en el presente abierto, que aprende del pasado y perfora con realismo las posibilidades del futuro.

carácter perenne. Hay que verla de un modo distinto, como un camino siempre mejorable, un proceso de conocimiento e independencia gradual, progresivo, secuencial, que va mejorando y puliéndose con el paso de los años. De ahí que sea más correcto hablar de *grados de madurez:* en algunos adolescentes, en la primera juventud, etc. Son momentos de discernimiento y lucidez en los que vamos entendiendo qué es vivir. *La madurez es crecimiento, desarrollo, proceso escalonado de organización de los grandes argumentos: los sentimientos, la profesión, el saber vencer las dificultades según las distintas edades y circunstancias*[2].

No debemos olvidar que tener madurez no es algo que se pone de relieve en un momento concreto, puntual, sino que se traduce en una conducta prolongada que ofrece unos criterios sólidos de coherencia y equilibrio en las más diversas ocasiones. No está vinculada a uno o varios episodios importantes, sino que refleja un estilo, una manera de funcionar, a la que puede aplicársele la etiqueta de *persona madura.*

EL FRONDOSO BOSQUE DE LOS SENTIMIENTOS

Voy ahora a ir desgranando las manifestaciones que nos permiten inferir que estamos ante una persona inmadura. Antes realizaré un breve bosquejo de lo que es la *afectividad*.

La definición no es fácil. Todos sabemos de ella, la percibimos, conocemos sus movimientos y vaivenes, pero resulta muy complicado resumir la selva de vivencias que se hospedan en el interior de este concepto difuso y huidizo. Buscar sus señas de identidad, su esencia, es adentrarse en angostos y serpenteantes vericuetos. *La afectividad está constituida por un conjunto de fenómenos de naturaleza subjetiva, diferentes del puro conoci-*

2. La madurez afectiva es una parte de la madurez personal. Es frecuente que ésta se disocie de la profesional. Un sujeto puede haber alcanzado un nivel en su trabajo alto y competente y, a la vez, haber fracasado seriamente en el terreno amoroso.

miento, que suelen ser difíciles de verbalizar y que provocan un cambio interior que se mueve entre dos polos extremos: placer-displacer, excitación-tranquilidad, tensión-relajación, aproximación-rechazo, activación-bloqueo. Se trata de *vivencias*[3] que van acotando este campo amazónico, lleno de recovecos. Las manifestaciones afectivas básicas son cuatro: *sentimientos, emociones, pasiones* y *motivaciones;* pero la vía regia es la de los sentimientos.

Los sentimientos son estados subjetivos, privados, a veces con una tonalidad clara y otras difusa, positivos o negativos, que producen aproximación o rechazo. ¿Qué significa que son subjetivos? Que están en el interior de cada uno de nosotros y que tienen un hilo conductor propio e íntimo. Su impresión puede ser clara, nítida, precisa, o por el contrario difusa, etérea, desdibujada, de contenido confuso y sutil. *No existen sentimientos neutros.* Siempre nos acercan o nos alejan del objeto que aparece ante nosotros; nos vinculan y sirven para aclarar nuestras preferencias, nuestras elecciones, lo que nos obliga, como ya hemos dicho, a anunciar o renunciar[4].

Los sentimientos actúan de intermediarios entre los instintos y la inteligencia. Son el subsuelo psicológico de la conducta, la atmósfera que marca la tonalidad del estado de ánimo. Los sentimientos están habitados de vivencias bipolares (alegría-tristeza, amor-odio, esperanza-desesperación, felicidad-desencanto) que tejen una compleja red. Se caracterizan

3. Este término decisivo deriva del alemán *Erlebnis,* «experiencia vivida». Fue Ortega su introductor en el idioma español. Sus principales características son las siguientes: 1) *Estado subjetivo,* privado, íntimo, que produce una mudanza psicológica; 2) Se percibe a *nivel personal:* no es algo que a uno le cuentan, sino que uno mismo es protagonista de la escena; 3) El contenido de la vivencia es un *estado de ánimo;* 4) Toda vivencia deja una *huella,* que no es otra cosa que el impacto del acontecimiento y que, dependiendo de su intensidad y del área, se incrustará más o menos en la biografía.

4. Decía G. Leibniz que *«tout sentiment est la perception confuse d'une vérité».*

por su riqueza y diversidad[5]. Pero este abigarrado tropel necesita cierto orden para evitar extraviarnos, desorientarnos, andar por la vida sin gobierno. Veremos a continuación que en la inmadurez afectiva no somos capaces de distinguir el amor del enamoramiento o del deseo, y esa confusión, a largo plazo, puede producir estragos. Por ello es fundamental ser precavidos, conocer el terreno que pisamos, aclararnos con nosotros mismos.

En los sentimientos se encuentra buena parte de la raíces de la vida de una persona. Debemos aprender a dominar el viaje a nuestro mundo personal. La educación sentimental está cobrando hoy un enorme relieve; son muchos los que se buscan y estudian, los que escrutan qué sucede en su territorio. Pero también son muchas las palabras que circulan por estos corredores y es menester conocer lo que significa cada una para no llamarse a engaño: desear, sentirse atraído, interesarse por alguien, sentir amor... Estas islas dispersas se desparraman por el mar del lenguaje emocional y el léxico se torna equívoco. Resulta patético ver cómo algunas personas con un buen nivel profesional, paradójicamente no saben nada de la afectividad y, a consecuencia de ello, llevan una vida errante, rota, sin brújula, que les acarrea sinsabores.

AMOR Y ENAMORAMIENTO

El amor es tendencia hacia algo o alguien que descubro como valioso. Amar es sentirse inclinado, escorado, verse empujado

5. Los sentimientos básicos son como los colores en la paleta del pintor: blanco, negro, rojo, azul, verde y amarillo; de su mezcla sale una gama casi infinita de posibilidades. Lo mismo sucede con el mundo sentimental. Hay un listado afectivo esencial, que va desde la amistad superficial a la profunda, de la simpatía al enamoramiento, o aquella otra que transita desde la indiferencia a la admiración; son redes entrecruzadas, complejas, como hilos sedosos que se enmarañan y trazan un mapa en el que es preciso situarse si no se quiere salir de la pista y andar perdido y sin rumbo. *La policromía sentimental no debe impedirnos saber lo que queremos y hacia dónde hemos de dirigirnos.*

y tener predilección. *El amor es atracción y afecto.* Existen muchos tipos de amores: en las relaciones interpersonales, a ideales (la justicia, el bien, la belleza...), a formas de vida (estar en contacto con la naturaleza o las tradiciones), a los amigos, a una pareja o el amor a Dios.

El enamoramiento es un proceso misterioso y complejo que lleva a alguien a pensar que merece la pena dejar de ser independiente para compartir la vida con otra persona. Empieza por la atracción y, a continuación, sigue un periplo muy interesante: tenemos hipotecada la cabeza, no dejamos de pensar en ella, la admiramos[6] y percibimos entusiasmo por lo que enseña y esconde, muestra y sugiere. Por ello, *donde más se retrata el ser humano es en la elección amorosa;* ahí deja clara su identidad y sus pretensiones.

Amar a otra persona supone la necesidad de salir de uno mismo y compartir la existencia con quien nos comprende. Refleja la condición menesterosa del ser humano. La primera atracción suele ser física, destacando especialmente la cara[7], ya que todo el cuerpo depende de ella. La *belleza exterior* es algo ligero e impreciso que nos encanta, pero que tiene mucho de fugacidad. Las personas inteligentes no se quedan aquí, sino que después buscan la *belleza interior,* por lo general agazapada, que requiere casi de la labor de un espeleólogo para llegar a sus últimos reductos y encontrar allí esa mezcla de equilibrio y plenitud.

Entonces tiene lugar un ejercicio de exploración recíproca marcado por la atracción, que del plano físico pasa al psicológico y el espiritual. Los ardides y maniobras forman parte de la estrategia de la conquista, con sus reglas fijas y traviesas, que

6. La condición *sine qua non* para enamorarse es la admiración: descubrimos en la otra persona unos valores que nos seducen y despiertan en nosotros interés; una amalgama de gancho, señuelo y reclamo. La admiración puede tener muchas variantes, pero siempre ha de estar presente el carisma que nos cautiva y sorprende.

7. En Occidente, el hombre se enamora sobre todo por la vista (belleza externa) y la mujer por el oído (lo que oye decir del hombre).

van tejiendo caminos nuevos e inesperados que obligan a un ejercicio de adiestramiento. Si la seducción es el mecanismo psicológico para arrastrar a alguien, sus leyes están presididas por el coqueteo: se juega con las palabras, los gestos, el silencio, las insinuaciones y los dobles significados. *Toda conquista amorosa significa el triunfo de una determinada técnica psicológica.* En tales circunstancias, hay un momento en el que se produce una *apoteosis de la apariencia,* que forma parte del propio devenir[8].

Los primeros síntomas del enamoramiento son los siguientes: trastorno de la atención, sentirse encantado, pensar con entusiasmo en la otra persona, deseo de estar con ella, vivencia de que el tiempo a su lado corre muy deprisa... Entre ambos miembros de la pareja se crea un campo magnético con tres puntos de apoyo: físico, psicológico y espiritual. Por ello es decisivo acertar en la elección amorosa.

¿Pero qué es enamorarse? *Es encontrarse a uno mismo fuera de uno mismo.* Es decirle a alguien: «No entiendo la vida sin ti; tú eres parte fundamental de mi proyecto». Enamorarse es encontrar a una persona a quien uno le entrega los planos del tesoro escondido. Es la llama del amor que vibra y nos ilumina. Dice el *Diccionario de autoridades:* «La llama es la parte más sutil del fuego, que se eleva y levanta a lo alto en figura pi-

8. Esto se observa especialmente en la novela romántica del siglo XIX, que fue *la gran educadora sentimental.* Destacan H. Balzac, A. Dumas, G. Flaubert, A. Daudet, F. Dostoievski, L. Tolstoi y, en España, J. Valera, B. Pérez-Galdós y L. A. Clarín, profundos analistas de los sentimientos.

También el cine ha sido un importante educador sentimental, hasta el punto de cambiar los hábitos y las costumbres amorosas. Algunas películas han influido más que muchos libros. El desfile inagotable de estilos y formas de ser, de conflictos en su más variada diversidad, ha ido mostrando los rincones de la psicología.

Tampoco perdamos de vista que la figura del psiquiatra empezó a ponerse de moda hacia 1950 en las películas norteamericanas, cuya imagen era una mezcla de mago de la psicología y buceador de intimidades.

Hoy, el influjo negativo de la televisión puede acabar con todo, dada su vulgaridad ramplona de cotas insospechadas. Ha convertido el amor en consumo impersonal de sexo.

ramidal». Ese fuego original sostiene el enamoramiento y su zigzagueo se nutre del conocimiento.

Qué fácil es enamorarse y qué difícil mantenerse enamorado. Si el amor constituye el primer argumento de la vida, el segundo es el trabajo gustoso para que éste no se apague ni se lo lleve por delante la rutina o los mil avatares de la existencia. Los enamoramientos apasionados se dan, por lo general, en edades tempranas, mientras que los amores tardíos son más intelectuales y su curso más lento y gradual, hasta llegar a sedimentarse.

El itinerario amoroso parte del enamoramiento, baja a la realidad con la institucionalización del amor y se prolonga en la cotidianeidad. Hay que tener siempre preparadas las *estrategias* para superar las dificultades y las crisis conyugales que, antes o después, harán su aparición como otro de los ingredientes de la vida afectiva. Quienes tienen una correcta educación sentimental saben en qué consiste la alquimia del amor y se esfuerzan por ponerla en juego para que éste se vaya haciendo sólido, fuerte y bien compensado.

LA INMADUREZ AFECTIVA

Una de las parcelas en las que se observa especialmente la inmadurez es en el campo sentimental. En nuestro mundo, tan tecnificado y lleno de avances científicos, se ha ido descuidando lo humano progresivamente. En el decálogo que trazo a continuación doy a los lectores las pautas para comprender cómo es la persona afectivamente inmadura.

1. *No saber qué es el mundo sentimental.* Saber de algo implica conocimiento, percepción de lo que allí se aloja, información para separar lo accesorio de lo fundamental, tino para discernir en la selva de hechos e intenciones y abrirse paso hacia lo mejor. La mujer occidental es más hábil en este campo que el hombre, cuyo «analfabetismo sentimental» está teniendo unas consecuencias devastadoras: no ve, no entiende lo que

está pasando ni cuáles son las principales leyes y resortes de la afectividad.

2. *Edificar la vida sentimental sobre una base poco sólida e incoherente.* Cuando el amor está hecho con materiales de derribo y su construcción, por tanto, resulta endeble, antes o después se desvanecerá. No puede hablarse en tal caso de auténtico enamoramiento y, si lo hay, se desconocen las reglas de juego. A veces lo que existe son otros sentimientos de menor profundidad, pero a la larga no funcionarán. La base, pues, es sentirse profundamente enamorado y saber cómo mantener dicha relación.

3. *Divinizar el amor.* La persona inmadura idealiza la vida afectiva y exalta el amor conyugal como algo extraordinario y maravilloso, lo cual constituye un error porque no profundiza en su análisis. El amor es una tarea; una tarea esforzada de mejora personal mediante la cual se pulen y liman los defectos de la propia conducta que afectan al otro. El amor nos hace libres y esclavos. Ya la mitología griega hablaba de Eros, dios del amor, como hijo de Penia y de Poros, de la pobreza y de la riqueza.

4. *Convertir a la otra persona en un absoluto.* Este signo de inmadurez se suele pagar muy caro. Es natural que en el curso del enamoramiento la otra persona brille con luz propia, fenómeno que Ortega y Gasset llamó «enfermedad de la atención», Stendhal «cristalización» y F. Alberoni «estado naciente». Sin embargo, la difícil convivencia diaria va poniendo a cada cual en su sitio; aflora la verdad, sin trampa ni cartón, porque una cosa es la imagen inicial que ofrecemos y otra, muy distinta, la versión real de la vida ordinaria.

5. *Desconocer que los sentimientos no son estáticos, sino dinámicos.* El amor, como cualquier órgano vivo, es perfectible y defectible. Y el amor recíproco es la forma suprema de compañía, por ello hay que esmerarse en él. *El amor inteligente supone cuidar los detalles pequeños,* lo que requiere un alto porcentaje de artesanía psicológica.

En la *alexitimia* o incapacidad para expresar los sentimientos, se vive al lado de una persona incapaz de manifestar cariño, lo cual es durísimo. El amor se construye día a día. Hemos de poner lo mejor de nosotros mismos, luchar para corregir los defectos, saber pasar por alto las dificultades y tener recursos psicológicos para superar roces y desavenencias. El análisis ponderado y sereno de esos enfrentamientos debe conducir a la mejora de tales aspectos concretos.

6. *No saber dar ni recibir amor.* Los sentimientos son un camino de ida y vuelta: del placer al displacer, de la excitación a la tranquilidad, de la tensión a la relajación, de la aproximación al rechazo, de la activación al bloqueo... La persona poco madura cree que no es merecedora de recibir afecto y se extraña cuando lo recibe; además, no ha aprendido a darlo. Kierkegaard decía que la puerta de la felicidad se abre hacia fuera; los inmaduros, por el contrario, abren su afectividad hacia dentro, la cierran luego y a continuación pierden la llave.

7. *Ser incapaz de elaborar un proyecto común con otra persona.* El inmaduro no contempla meter a alguien en su proyecto de vida y compartirlo todo; no se proyecta en la misma dirección, no siente las cosas del otro como propias ni sabe afrontar y valorar los conflictos que van surgiendo. De ahí a la ruptura, no hay más que un paso.

Es necesario *mantener un crecimiento equilibrado* de la pareja, lo que implica no abandonarse nunca. Este proyecto, antes comentado, no debe olvidar los tres ingredientes básicos: amor, trabajo y cultura. Es preciso compartir, tener complicidad, mirar juntos en la misma dirección.

8. *Desconocer la «metodología» del amor.* Las claves principales para mantenerse junto a alguien son la inteligencia, la voluntad y el compromiso:

- La *inteligencia* para saber llevar a nuestra pareja en la laboriosa convivencia, así como para manejar hábilmente la comunicación.
- La *voluntad* porque es la capacidad de ponerse metas pequeñas que apuntan a un fin más lejano. Cuando se quiere alcanzar una adecuada estabilidad conyugal, la volun-

tad tiene un papel de primer orden. De hecho, una de las manifestaciones más rotundas de la madurez es una buena educación de la voluntad.

- El *compromiso* para poder asumir el esfuerzo de construir una relación a largo plazo. Si existe deslealtad respecto al proyecto amoroso, ésta asoma enseguida. Conviene, en estos casos, no engañarse y tener en cuenta los ejemplos de los que a diario nos dan cumplida información la prensa, la radio y la televisión[9].

Una sociedad tan hedonista como la nuestra tolera mal las frustraciones provenientes de no encontrar acuerdos rápidos en la vida afectiva. Pronto aflora el relativismo, con lo que se le resta importancia a cualquier decisión por dura que sea. La inmadurez sólo permite una vinculación frágil, utilitaria: si la pareja o el matrimonio no funciona, se cambia por otro y asunto solucionado.

El amor conyugal es una de las aventuras más excelsas que existen. Una relación debe estar basada en la comprensión, el diálogo, el cuidado recíproco, la ternura, los pequeños deta-

9. El ejemplo de las llamadas «revistas del corazón» es demoledor, ya que incitan una y otra vez a fabricar personas sentimentalmente inmaduras. El tirón de las mismas es extraordinario, pero negativo; tienen fama, pero no prestigio. A los lectores les interesan sus vidas afectivas rotas porque sacian el fondo morboso que late en ellos. Se comercia con estos «personajillos» y se fabrica un mercado que se alimenta a sí mismo. Son la antítesis de una afectividad sana, equilibrada, bien sedimentada.

En estas lecturas hay evasión, distracción; pero su mensaje se va colando por los entresijos de la personalidad, creando un clima demasiado tolerante. Esta pasión por las noticias de parejas que se rompen recibe el nombre de *neolatría sentimental*.

R. Berthoud y J. Gershundy (eds.) acaban de publicar un trabajo de investigación, en el que demuestran que las parejas de hecho son más inestables que los matrimonios. La muestra de estudio es de 10.000 adultos británicos (seguidos durante 7 años), realizado por el Institute for Social and Economic Research, de la Universidad de Essex. (*Véase* Berthoud y Gershundy, *Seven years in the Lives of British Families*, Londres, The Poly Press, 2000.)

lles... Se ha ido perdiendo la capacidad para reflexionar y valorar la vida en su totalidad, y ello ha conducido a la *decadencia amorosa,* porque falta la articulación del amor con los otros grandes componentes de la existencia. El amor se mira con escepticismo; muchos ya no creen en él. La lexicografía al respecto se ha vuelto equívoca y las palabras fundamentales flotan a la deriva en el vocabulario del inmaduro, formando una telaraña compleja de significados y contrasentidos. El mito del amor se ha pervertido con la instrumentalización del diccionario, que a la larga conduce al desencanto, a un paraíso perdido y hueco atrapado en las redes del consumismo y la permisividad.

9. *Enamorarse pero no saber mantener ese amor.* Todos hemos conocido algún donjuán, maestro en el arte de la conquista y un fracasado a la hora de sostener y proteger lo que ha conseguido. La mejor manera de mantenerse enamorado es sentir admiración hacia la otra persona. Ver su trayectoria biográfica, observar su coherencia, su calidad y sus valores, disculpar los aspectos negativos en su justa medida... Entran en juego muchos elementos: la complicidad, el compañerismo, el sentido del humor, la espiritualidad, la cultura, el misterio... Tanto Pascal como Scheler hablaron de la *logique du coeur* (lógica del corazón).

10. *Pensar que no se pueden gobernar los sentimientos.* Aunque no suele formular esta afirmación de un modo explícito, los actos de la persona poco madura van en esta línea. Cree que los sentimientos son como un viento impetuoso que es difícil controlar, y por ello vive condenada a la *tiranía del capricho.* No sabe decir que no a los nuevos e inesperados afectos, con los que puede romper el equilibrio de la pareja, porque le resultan divertidos y le alejan de la monotonía. Esta filosofía del *me apetece* convierte a la persona inmadura en veleta giratoria y sin rumbo, en alguien zarandeado por el estímulo inmediato.

En conclusión, podemos decir que una correcta administración del mundo afectivo ha de descansar sobre cuatro pilares: inteligencia, voluntad, sentido del compromiso y ética. En otras

CARACTERÍSTICAS DE LA INMADUREZ AFECTIVA
– No saber qué es el mundo sentimental. – Edificar la vida sentimental sobre una base poco sólida e incoherente. – Divinizar el amor. – Convertir a la otra persona en un absoluto. – Desconocer que los sentimientos no son estáticos, sino dinámicos. – No saber dar ni recibir amor. – Ser incapaz de elaborar un proyecto común con otra persona. – Desconocer la «metodología» del amor. – Enamorarse pero no saber mantener ese amor. – Pensar que no se pueden gobernar los sentimientos.

(E. Rojas, 2001)

palabras: razón, determinación, promesa y uso correcto de la libertad.

UNA HISTORIA CLÍNICA MUY SIGNIFICATIVA[10]

Se trata de un hombre de negocios de 50 años que ha cosechado el éxito en su carrera profesional y ha ganado mucho dinero. Viene a la consulta a raíz de una crisis de pareja bastante grave con la que es ahora su tercera mujer. Nos cuenta lo siguiente:

10. Esta historia da pie a muchas reflexiones. En ella hay tanto sexo que no cabe el amor de verdad. La sexualidad como producto de consumo siempre entraña tristeza e incapacidad para ver en la persona algo diferente. La trivialización de la misma lleva al espectáculo de las relaciones sexuales mecánicas, en las que se produce un cuerpo a cuerpo sin más, que busca el triunfo físico por encima de todo. Bajo la maleza de una conducta divertida y refrescante se adivina una profunda inmadurez sentimental.

«Me casé por primera vez a los 44 años. En el colegio era una persona que llamaba la atención: abierto, amigo de bromas, organizador de fiestas y partidos de fútbol... Estudié Económicas y tardé dos años más de lo normal en acabar la carrera, pues me dediqué a divertirme y a pasarlo bien. A los 27 años me metí en el mundo de los negocios, primero con un tío mío y su socio. Los comienzos fueron difíciles, pero poco a poco nos fuimos asentando y unos años después nuestra empresa era bastante solvente.

»Yo salía entonces con muchas mujeres y sólo me interesaba el sexo. No sé si ustedes, los psiquiatras, llaman a eso "obsesión", pero el sexo era mi objetivo prioritario después de mi trabajo. La conquista amorosa era mi *hobby* y a eso dedicaba todo el tiempo libre. Tuve relaciones sexuales con todo tipo de mujeres y, en muchas ocasiones, sólo se trataba de un reto, de una meta: conseguir a esa chica difícil y acostarme con ella.

»Con 41 años tuve una novia seria que quiso casarse conmigo; yo le prometí que lo haría, pero a la hora de la verdad me asusté, tuve miedo de perder la libertad y después de una situación muy dura en la que ella y su familia me ofendieron gravemente, rompimos. Aquello me dejó marcado, quizá por esas descalificaciones personales que nunca antes había oído. Pasé más de un año encerrado en mi trabajo y desinteresado de las mujeres. Ello coincidió con la ampliación de mi empresa y la necesidad de hacer muchos viajes, tanto dentro de España como al extranjero.

»En uno de estos viajes al sur de Francia, unos amigos me invitaron a pasar unos días en Niza. Allí conocí a mi primera mujer: tenía 24 años y acababa de terminar Filología inglesa. Era parisina y había vivido durante un año en Estados Unidos. Me impresionó su belleza, parecía una actriz de cine; aunque algo tímida, era muy lista y muy diferente a las mujeres que hasta ese momento había conocido. Me sorprendió el poco caso que me hizo y eso fue para mí un acicate. Tras una persecución en toda regla, empecé a salir con ella. Y cuando volvió a su trabajo en París, viajé frecuentemente para verla y poco a poco nuestra relación se fue consolidando. A los nueve meses de noviazgo me planteó que nos casáramos; yo no me lo esperaba, quería seguir manteniendo mi vida libre de siempre y nada más. Pero mis padres la conocieron, les causó buena impresión y, después de unas tensas semanas porque yo no me decidía a dar el paso, nos casamos.

»Muy pronto me di cuenta de que me había equivocado, pues ella trabajaba sólo por la mañana y yo todo el día. Nos vinimos a vivir a Barcelona y no encajó bien con alguna de mis amistades. Empezaron las discusiones, los días sin hablarnos, el aburrimiento... Antes del año nos habíamos separado.

»Pasé unos meses muy malos, bebiendo mucho y con una vida un tanto caótica. Pasé un bache importante en el trabajo. A los siete meses entró a trabajar en mi oficina una nueva secretaria, que unos conocidos me habían recomendado. Tenía 30 años. Me gustó desde el primer momento en que la vi. Era guapa y eficaz. Cuando me enteré de que tenía novio, me molestó mucho, pero no sabría decir por qué. Creo que en ningún momento ella se planteó nada conmigo, aunque yo me sentía atraído y empecé a invitarla a tomar café a la salida del trabajo. Coincidiendo con mi cumpleaños, aceptó a regañadientes compartir una cena; fuimos a un sitio elegante que yo tenía elegido. Aquella noche intenté besarla e incluso mantener relaciones sexuales, pero me dijo que no, que iba a casarse en unos meses. Eso me enrabietó más y me hizo concentrar todas mis fuerzas en conquistarla: regalos, cartas, piropos... Y un día, no sé muy bien cómo, me dijo que había roto con su novio. Entonces vi el cielo abierto y, en unos meses, se vino a vivir a mi casa. Al principio todo fue como una película romántica; recuerdo aquellos tiempos con una enorme nostalgia.

»Con el tiempo, entramos en una vida plácida y tranquila. Yo me había quedado casi sin amigos por el tipo de vida que había llevado. Pasábamos algunos fines de semana en una pequeña casa de campo. A ella le gustaba la lectura y yo, en cambio, hacía mucho tiempo que no leía; no había sido educado así y, por lo tanto, no estaba habituado. Ella fue perdiendo el interés por las relaciones sexuales y eso me ponía de mal humor. Surgieron entonces los enfrentamientos, los silencios y los reproches, pero sin pasar a mayores. Se quejaba de que no me ocupaba de ella. Cuando vi que las cosas iban a peor, quise salvar la situación teniendo un hijo, y así fue. El embarazo fue complicado y ella se sentía desilusionada respecto a mí; tal vez no estuve pendiente lo suficiente, aunque siempre que volvía de viaje le traía un regalo.

»Al final del embarazo, me habló de separarnos, lo cual me dejó mal. Consulté con mi socio, quien me dijo que la veía demasiado seria para mí, que me separase, que eso hoy era normal y no pasaba nada. Yo creo que pasó las últimas semanas antes de dar a luz muy deprimida, sin ganas de nada, llorando frecuentemente. El parto fue bien, pero la situación era muy triste. A los cuatro meses nos separamos. Yo no entendía nada y fui a consultar a un psiquiatra que me diagnosticó una depresión y me mandó una medicación. Como me puse bastante peor, dejé los fármacos y no volví a la consulta.

»Meses después, en un viaje de negocios a Sicilia, pasé unos días en casa de unos amigos de mis amigos, a los que casi no conocía. En Taormina, uno de los sitios más bellos que he visitado, conocí a una psicóloga de 25 años recién salida de la universidad. Dado mis dos fracasos anteriores, no quería saber nada de nuevos compromisos. Por esa época empecé a leer libros de autoayuda psicológica, como *Los hombres son de Marte, las mujeres de Venus* (J. Gray), en el que vi reflejados muchos de mis errores anteriores, y *Cómo hacer funcionar tu matrimonio* (P. Hauck), que me resultó más divertido y simpático. Tener a una psicóloga al lado me hacía gracia y yo quería que ella me explicara algunas de mis reacciones, que me hiciera algún test. Era escéptico respecto al amor; no creía en nada después de mis fallidas experiencias. Y pensé: “Bueno, que esto dure lo que tenga que durar”.

»Pero ocurrió que tuve un accidente de coche viniendo del sur de Francia. Era de noche, estaba muy cansado e iba dando cabezadas. Me salí de la carretera y me di cuenta en el último momento, por eso no me maté. Resultado: fracturas en el esternón y las costillas, y muchos hematomas. Estuve casi un mes en el hospital y ella vino varias veces a verme; me regalaba libros, discos, y a pesar de mis resistencias me fue conquistando, me fui enamorando. Pero llegó un momento en que dejó de llamarme y eso me sorprendió. Estuve algunas semanas perdido, sin tener noticias y sin dar yo señales de vida. Pensaba en ella, pero me entraban grandes dudas ante una tercera relación. Un buen día, se presentó en mi casa dispuesta a pasar su semana de vacaciones. No supe decirle que no, así que me dejé llevar y poco después estábamos viviendo juntos. Yo no estaba muy convencido, pero me vi forzado.

»Mi negocio estaba en plena expansión y yo trabajaba cada vez más. Ella también trabajaba por las tardes con un equipo de psicólogos, pero no ganaba dinero y eso me molestaba. Por las mañanas salía de museos, de compras, con sus amigas... Tenía mucho tiempo libre y yo, por el contrario, vivía desbordado; sólo nos veíamos el sábado por la tarde y el domingo. La relación se volvió cada vez más insulsa, pero lo que me dolía era que ella casi no necesitaba tener relaciones sexuales. Siempre decía que yo era muy brusco.»

Cuando me entrevisto con su tercera mujer, me cuenta que «es un hombre muy listo para los negocios, ha ganado mucho dinero, pero trata a los empleados con mucha dureza. Además, en la relación conmigo resulta frío y muy crítico; su imagen inicial se me ha ido cayendo y ahora me doy cuenta de que es un hombre difícil, pero sobre todo que no sabe amar, que no está preparado para ello. Se lo he dicho primero con suavidad y más tarde con enfado, lo cual le ha irritado mucho. Después de algunos meses de convivencia creo que lo mejor es que nos separemos. Lo cierto es que me he desenamorado».

Estamos ante un caso muy representativo de contraste entre un buen nivel profesional y una marcada incapacidad para amar. En entrevistas separadas, les pido a ambos que me hagan un *inventario de conductas a modificar*, es decir, qué quitarían y qué añadirían a la personalidad y el comportamiento del otro para intentar arreglar la situación. Él llega a las siguientes conclusiones:

1. Al parecer yo no sé amar: una cosa es *conquistar*, siguiendo una dinámica concreta que asegura el éxito, y otra, bastante diferente, es *consolidar el amor auténtico*. En mis conquistas me he buscado más a mí mismo que a la otra persona.

2. Una cosa es ir de *triunfador* con las mujeres y otra, también muy distinta, *mantener lo conseguido*. La audacia no tiene nada que ver con la pretensión de construir una relación conyugal fuerte. Mi falta de *educación sentimental auténtica* ha dado como resultado mis tres fracasos.

3. A pesar de que mi mujer se resiste a llevar a cabo una terapia de pareja y de que el pronóstico de la relación es malo, voy a ensayar *ciertas pautas de conducta* para mejorar y cambiar de actitud. También comenzaré una psicoterapia individual.

4. El diagnóstico que me han dado es de *inmadurez afectiva*. Me duele oír esto y discrepo bastante del mismo, porque yo creo que el problema está en mi mala suerte y, en el caso de mi tercera mujer, que me he visto forzado y no he sabido decir que no. También me ha hablado el equipo terapéutico de una *moral light*, inconsistente, sin principios sólidos, y de un *fondo machista* que ha sido nefasto a la hora de establecer una comunicación de igual a igual con mis parejas.

A pesar del mal pronóstico inicial del caso, motivamos a este hombre para que modificara sus actitudes (machismo, prepotencia, autoritarismo, carácter duro...) y su conducta, haciéndole ver que el mismo empeño que tantas veces había puesto en conquistar a una chica, podía ponerlo ahora en la reconquista de su mujer, partiendo casi de cero y dejando al lado su orgullo. El cambio ha sido enorme y ella parece decidida a continuar, aunque teme que se trate tan sólo de un espejismo.

UN EJEMPLO DE PERSONALIDAD INMADURA GLOBAL

Como antes he explicado, la inmadurez total es muy difícil de sistematizar, ya que afecta a casi todas las parcelas importantes de la conducta. En muchos de los trastornos de la personalidad se esconde un fondo de inmadurez; de ahí la dificultad científica para tipificar los síntomas que han de definir el diagnóstico. Veamos la siguiente historia clínica:

Se trata de un hombre de 33 años perteneciente a una familia de nivel económico medio-alto. No viene él a la consulta, sino sus padres, que además tienen otros dos hijos. Nos dice su madre:

«Venimos a hablarle de nuestro hijo, que no está bien pero no sabemos lo que le sucede. Nos preocupa el tipo de vida que él lleva. Sus hermanos tienen carrera universitaria y él, que es el más pequeño, no. Empezó Farmacia y estuvo dos años en primer curso; después lo dejó. No estudiaba nada, pero le gustaba eso de ser universitario como sus hermanos. Su vida hoy es la siguiente: trabaja en la farmacia de mi marido haciendo guardias cada cinco o seis días; el resto del tiempo se lo pasa en casa oyendo música, con la puerta de su habitación cerrada porque dice desde hace dos meses que la está arreglando, aunque yo veo que tiene todo súper desordenado. No sale con amigos, porque casi no tiene, y hace poco ha vivido dos episodios preocupantes.

»El primero consistió en que fueron unos jóvenes a la farmacia a pedir sedantes y estaban muy risueños; él pensó que se reían de él y que hablaban como si le conocieran y le despreciaran... Lo pasó tan mal que llamó a la policía, pero ésta llegó cuando los otros ya se habían ido; presentó una denuncia que más tarde retiró. El segundo acontecimiento fue así: una hermana suya invitó a dos amigas a pasar el fin de semana. Es un año mayor que él, está soltera y trabaja en otra ciudad. Como mi hijo es muy tímido y retraído y nunca ha salido con chicas, salvo en donde pasábamos antes el verano y siempre en pandilla, desde que llegaron las amigas de su hermana empezó a pensar que le miraban mal, que se reían de él porque creían que era homosexual y amanerado. Nosotros sabemos que no hicieron ninguna alusión en ese sentido.»

El padre puntualiza: «Nuestro hijo está decaído, como tristón y apagado; habla poco y se encierra en su habitación horas y horas. Cuando va a la farmacia trabaja bien, pero dice que se cansa enseguida. La relación con los clientes es más bien seca; pocas veces se entretiene charlando con ellos. Hace un par de semanas le hemos dicho que necesita ir al médico, aunque no nos atrevemos a utilizar la palabra "psiquiatra" porque él es muy sensible y celoso de su intimidad. Se niega a venir, argumentando que no está mal de los nervios, que no le pasa nada, que sólo hace su vida».

A la petición de los padres sobre un posible diagnóstico, les comento lo siguiente:

1. Estamos ante un *trastorno de la personalidad sin especificar,* que *a priori* puede ser: *por evitación,* dada la dificultad de su hijo para establecer relaciones sanas con amigos y conocidos; *paranoide,* ya que hay algunos indicadores de suspicacia en el relato de los hechos (los chicos que van a la farmacia o las supuestas risas de las amigas de su hermana); *inmaduro,* por el tipo de vida que lleva y la falta de conciencia respecto a sus problemas psicopatológicos.

2. También puede sumarse un segundo diagnóstico más preciso: *depresión paranoide,* con manifestaciones de tristeza, apatía y desconfianza enfermiza.

3. Es importante lograr que el hijo venga a la consulta. Para ello lo mejor es diseñar una *estrategia* con la que no se sienta presionado, pues de lo contrario no lo hará.

Por fin logramos que se presente y dedicamos casi toda la entrevista a su madre. Es un joven alto, longilíneo, de cara alargada y ojos distantes, con la mirada perdida y sin alma. Tanto su introversión como sus mecanismos defensivos resultan diáfanos. Sus respuestas monosilábicas no invitan al más mínimo diálogo, con lo cual le pedí información sobre su madre y el resto de la familia por escrito.

La segunda entrevista, en la que oficialmente acompaña a su madre, es ya más relajada. Le pregunto por su estado de ánimo, por el tipo de vida que lleva y por su futuro. Entablamos una larga entrevista que nos da pie para pedirle más detalles acerca de su personalidad. Nos dice: «Yo he venido principalmente para ayudar a mi madre, que está nerviosa y no come bien. Soy tranquilo, me gusta hacer mi vida, tengo pocos amigos porque he sufrido una serie de desengaños... Hay gente mala que quiere hacerme daño y para eso prefiero quedarme en casa».

Hay una sorpresa importante que nos pone de manifiesto un rasgo clave de su personalidad. Al preguntarle por su futuro, nos dice: «Yo quiero volver a empezar la carrera de Farmacia, pues me gusta ese trabajo y creo que sirvo para ello». Una de las características de la personalidad inmadura consiste en *no estar en la realidad:* no valora que ha perdido el hábito de estudio, que lleva unos tres años en los que no lee casi nada. En esas condiciones es muy difícil que sepa aprovechar el tiempo y tenga la disciplina necesaria para sentarse delante de los libros y rendir. Además, no es consciente de que, incluso aprobando cada año, terminaría la carrera con 39.

Aquí se inicia un debate con él, quien opina: «No acepto lo que usted dice porque yo sé que si quiero me pongo a estudiar y lo sacaría todo, aunque al principio me costara mucho. Y con respecto a lo de la edad, eso no me preocupa». Tanto en las entrevistas clínicas como en los diferentes tests, su personalidad va quedando bien configurada. Destacan tres rasgos muy marcados: *inseguridad* (baja autoestima, falta de confianza en uno mismo), *complejo de inferioridad* (se compara mucho con los demás y esto le ha llevado a dar rienda suelta a su imaginación, escapándose por este camino y elaborando situaciones idílicas alejadas de su vida real), *incapacidad para estar en la realidad* (lo que le lleva a querer empezar otra vez la carrera universitaria). Le planteamos una solución alternativa: que estudie una carrera de sólo dos años –Diplomado en Farmacia–, con la que puede trabajar en el negocio familiar. Se niega a ello, porque le parece poco para él. Le sugerimos, además, que tome una medicación para estabilizar, un antidepresivo con una acción selectiva sobre la desinhibición[11] que le ayudará a soltarse con la gente y a comunicarse mejor. También añadimos un hipnótico para mejorar la calidad del sueño.

Vuelve a consulta a las dos semanas y dice su madre que el cambio ha sido enorme: «Está mejor de ánimo, más hablador, se ríe, tiene ganas de hacer cosas...». Él reconoce que está mejor, pero no demasiado. Iniciamos entonces una terapia cogni-

11. Se ha discutido mucho acerca de la acción de algunos antidepresivos sobre los denominados *síntomas diana* de la depresión. No ha sido muy demostrado, salvo alguna excepción, como es el caso de la Paroxetina. Este psicofármaco tiene un efecto desinhibidor y una actuación relevante en casos de timidez y retracción social. Algo parecido sucede con la Fluoxetina.

tivo-conductual cuyos principales *objetivos psicológicos* son los siguientes:

1. *Tengo que ser más realista:* he de tener en cuenta mis años, mi tipo de vida, mis posibilidades reales de volver a retomar los estudios, etc. Eso significa que tengo que ir cambiando poco a poco de mentalidad.
2. *No puedo pasarme los días encerrado en mi cuarto:* eso no es vivir y, además, llevo meses arreglando mi habitación con una lentitud terrible dado mi fondo obsesivo.
3. *Necesito aceptar que debo tomar una medicación contra la depresión.* Sería un error dejarla, sobre todo ahora que he notado cierta mejoría.
4. También es básico que reciba una *psicoterapia:* así podré mejorar mi personalidad. La continuidad en el tratamiento resulta fundamental.
5. Debo luchar para alcanzar los siguientes objetivos: no compararme con los demás, aprender a aprovechar el tiempo, volver a leer algún libro, ir venciendo el miedo al qué dirán, ampliar mi círculo de relaciones, intensificar mi voluntad.

A medida que avanza la psicoterapia, va reconociendo lo que le pasa y sabe lo que tiene que ir haciendo, pero le cuesta mucho llevarlo a cabo[12]. Al haber sido hasta la fecha una persona muy poco práctica para la vida, le cuesta mucho pasar de las ideas a la acción. Éste es otro de los rasgos de su inmadurez. Dado que su voluntad está poco entrenada, le recomendamos pequeños objetivos, metas muy concretas y realistas, pegadas al día a día, como única manera de no fracasar. Su falta de realismo le ha llevado con mucha frecuencia a pensar en planes demasiado ambiciosos que luego quedan en nada.

12. Dice Ovidio en *El arte de amar:* «Veo lo mejor y lo apruebo, pero sigo lo peor». Esta sentencia se cumple en la gran mayoría de las personalidades inmaduras, que captan lo que les pasa, aceptan su problema pero les cuesta ponerse manos a la obra.

Voy a presentar a continuación la historia clínica de Luisa.

> Se trata de una chica de 27 años, soltera, de nivel socioeconómico medio-bajo. Es la pequeña de tres hermanas. Su madre, viuda, vive de su pensión y de algunas pocas rentas. Luisa estudia Biológicas, pero su trayectoria académica ha sido mala: hizo el primer curso en dos años, el segundo en tres y cuando viene a la consulta lleva otros dos en tercero. La acompaña su madre, que es quien nos cuenta el porqué de su visita: «Vengo a hablarle de mi hija porque me tiene muy preocupada. Va muy mal en los estudios y su conducta es muy rebelde. Ha consumido drogas en bastantes ocasiones; empezó por los porros y después ha estado un tiempo tomando cocaína, pues yo he visto las papelinas. Tiene unos amigos muy negativos, que no hacen nada, ni estudian ni trabajan. Lo peor ha sido que, últimamente, ha robado dinero en casa y también a familiares a los que ha ido a visitar. La hemos llevado a una psicóloga, pero no ha podido hacer nada con ella».
>
> Luisa, por su parte, nos dice: «He venido porque me apetece que ustedes me digan cómo soy, pero yo no necesito a un psiquiatra. Fui tres veces a una psicóloga y no me convenció, y aunque mi madre me insistía en que volviera, me negué por completo».
>
> Así transcurrió parte de la entrevista:
>
> –¿Por qué crees que no necesitas ayuda psicológica?
>
> –Porque estoy perfectamente. El problema es que no me gusta estudiar, me canso y eso le enfada mucho a mi madre.
>
> –¿Te consideras una persona psicológicamente sana?
>
> –Creo que sí. Tengo mi carácter y mis amigos, y eso a mi familia no le gusta, porque son muy clásicos y no entienden que de vez en cuando me fume un porro o tome algo de cocaína, pero sin más. Se pasan el día dándome consejos y diciéndome lo que tengo que hacer. Estoy harta de ellos y prefiero irme de casa, pero no tengo ni trabajo ni dinero.
>
> –¿Por qué vas tan atrasada en los estudios? Llevas muchos años y aún sigues en la mitad de la carrera.
>
> –Porque no me apetece estudiar, me cuesta mucho.

–¿Vas a clase habitualmente?

–A veces sí y otras no. Los profesores son malos y me aburren las clases.

–¿Cuando vas a clase tomas apuntes, estás atenta, te integras en las clases?

–No suelo tomar apuntes, y además, como he repetido cada curso, los compañeros son nuevos y sólo conozco a algunas personas.

–Es una pena que te hayas abandonado tanto…

–No sé, yo quiero seguir así, ya veremos qué pasa.

Tras largas entrevistas, diversos tests y citas con la madre de Luisa y sus dos hermanas, vamos perfilando el diagnóstico de *personalidad inmadura*. En el diálogo con ella se observa que no encuentra respuestas solventes que justifiquen su situación:

–Después de todos estos días de conversación, quiero darte un diagnóstico, si te parece bien.

–De acuerdo.

–Tienes una personalidad inmadura.

–¿Y eso qué quiere decir exactamente?

–Que no sabes bien lo que quieres, que te exiges muy poco, que tu voluntad está casi virgen, que no tienes educados los hábitos de estudio, que eres desordenada y te mueves por la ley del «me apetece», que no sabes escoger tus amistades, que no distingues entre las personas que te convienen y las que te perjudican… Según tú misma me has comentado, te sucede igual con los chicos con los que has salido: uno te metió en el mundo de los porros; otro casi te deja embarazada; con el último tuviste un accidente de coche grave del que milagrosamente saliste ilesa… En pocas palabras, parece que tienes 14 o 15 años en lugar de 27.

–Sí, me doy cuenta de eso ahora, no sé qué decir. Quizás éste sea mi destino…

–Ésa no es una respuesta coherente. Las cosas no ocurren por pura casualidad, sino porque te dejas llevar y eres muy influenciable. No tienes criterios de conducta firmes y te mueves por impulsos momentáneos.

En el programa de conducta diseñado por el equipo terapéutico se fueron enmarcando los *objetivos psicológicos* más importantes, que a continuación comento:

- *Ejercitar a diario la voluntad:* tengo que empezar por pequeños propósitos muy bien delimitados y huir de plantearme grandes cosas. El reto ahora es luchar por cosas concretas.
- *Ir a clase todos los días y aprovechar el tiempo:* tomar apuntes, estar atenta, intervenir, evitar distracciones, ser más disciplinada.
- *Estudiar con método:* aunque no estoy acostumbrada y al principio me cueste mucho, debo aplicarme en esta tarea y no darme por vencida.
- *Corregir la tendencia al alcohol:* sé que me hace mucho daño, pero lo consumo porque me dejo llevar por mi grupo de amigos. Para cambiar tengo que aprender a decir que no. Estoy dispuesta a esforzarme.
- *No consumir porros y cocaína:* no lleva a ningún sitio positivo. En su momento quise experimentar cosas nuevas, para conocerme más a mí misma, pero ahora debo escoger otro camino.
- *Actuar, pero sabiendo aplazar la recompensa:* ésta es la pauta que debe regir mi conducta. Hasta ahora he buscado beneficios inmediatos, gratificaciones muy rápidas.
- *Ordenar mi vida:* debo dar un giro total a mis costumbres; fijar la hora de acostarme y levantarme, cumplir los horarios, limpiar mi habitación...
- *No ser tan influenciable:* tengo que ir adquiriendo criterios más sólidos y coherentes de los que hasta ahora he tenido. He vivido tiranizada por los demás, pero ahora debo modificar mis ideas e ir elaborando unas nuevas normas que me den otro estilo de comportamiento.
- *Estabilizar el ánimo:* he de lograr un estado de ánimo menos desigual, con menos altibajos, recordando que estas oscilaciones obedecen a factores externos (como la influencia de la gente que me rodea) e internos.
- *Estabilizar mi criterio:* no puedo cambiar de opinión de un día para otro, porque ello no me permite asentarme. He de seguir las indicaciones recibidas al respecto.
- *Tener mejores modelos de identidad:* en la psicoterapia he ido trabajando el fijarme en cosas y conductas positivas para copiar las que me parezcan interesantes.

A este plan de acción se añadió la administración de *ansiolíticos* para combatir la inquietud interior. Aunque Luisa ha tenido varias recaídas en el tema de la cocaína y problemas a la hora de estudiar, su evolución ha sido bastante positiva. Dos años después de comenzar el tratamiento pudo terminar sus estudios y buscar su primer empleo.

PRINCIPALES INDICADORES DE LA PERSONALIDAD INMADURA

Las señales psicológicas que nos ponen sobre la pista de que estamos ante una personalidad inmadura son las siguientes:

1. *Desfase entre la edad cronológica y la edad mental.* Ésta es una de las manifestaciones que más llama la atención en una primera aproximación. El paso de los años debe, precisamente, irnos posicionando en la realidad temporal.

2. *Desconocimiento de uno mismo.* Una de las normas del héroe griego era conocerse a sí mismo *(nosci se autum).* Este fallo psicológico implica no saber cuáles son nuestras ap-

CARACTERÍSTICAS DE LA PERSONALIDAD INMADURA
– Desfase entre la edad cronológica y la edad mental.
– Desconocimiento de uno mismo.
– Inestabilidad emocional.
– Poca o nula responsabilidad.
– Mala o nula percepción de la realidad.
– Ausencia de proyecto de vida (amor, trabajo y cultura).
– Falta de madurez afectiva.
– Falta de madurez de la inteligencia.
– Escasa o nula educación de la voluntad.
– Criterios morales y éticos inestables.

(E. Rojas, 2001)

titudes y limitaciones, lo que nos lleva a embarcarnos en empresas imposibles[13], sin futuro, y a no arriesgarnos cuando las circunstancias muestran cierta posibilidad.

3. *Inestabilidad emocional.* Se expresa mediante cambios en el estado de ánimo, pasando de la euforia a la melancolía de un día para otro e incluso en el mismo día. Esto debe diferenciarse claramente de las oscilaciones anímicas propias de las llamadas *depresiones bipolares* o *psicosis maniaco-depresivas*[14], a las que ya nos hemos referido: mientras que las primeras son esencialmente psicológicas, las segundas obedecen a patrones biológicos. La persona inmadura es variable, irregular; sus sentimientos se mueven y bambolean de forma pendular, lo que hace que uno nunca pueda saber cómo va a reaccionar. Esa *fragilidad mudable*[15] es una nota muy característica cuyo origen hay que buscar en dos aspectos: una susceptibilidad casi enfermiza y una hipertrofia de los lenguajes mentales privados que llevan al sujeto de acá para allá, fabricando escenarios que sólo existen en su cabeza.

4. *Poca o nula responsabilidad.* Como antes he indicado, la inmadurez tiene niveles, lo mismo que cualquier otro aspec-

13. El conocimiento profundo de uno mismo es una empresa difícil, pero a ella debe aspirar toda persona madura. Saber lo fundamental de la propia forma de ser, aquello para lo que está dotado y aquello otro que representa un déficit y que, en consecuencia, debe profundizarse.

14. Para bucear más en la cuestión de las depresiones bipolares y evitar confusiones diagnósticas, sugiero al lector varias monografías recientes: H. S. Akiskal y G. B. Cassano, *Distimia and the spectrum of chronic depression,* Nueva York, Guilford Press, 1997; A. González Pinto, M. Gutiérrez y J. Ezcurra, *Trastorno bipolar,* Madrid, Biblioteca Aula Médica, 1999; y F. K. Goodwin y K. R. Jamison, *Manic-depressive illness,* Oxford, Oxford University Press, 2001.

15. A veces se asocian en una misma persona la *inestabilidad de ánimo,* por un lado, y la *inestabilidad de criterio,* por otra, dando lugar a fluctuaciones muy acusadas en las reglas de conducta (amistades, normas morales, concepción de la vida o del proyecto profesional...). Se trata de un problema serio, de un sujeto mal estructurado. Remito al lector al capítulo dedicado al trastorno límite de la personalidad, en donde se expone este tema de modo más preciso.

to psicológico. El término *responsabilidad* procede del latín *respondere*, que significa «contestar, prometer, satisfacer». Una persona es responsable cuando se esfuerza por cumplir las obligaciones contraídas que, previamente, ha dibujado de forma realista. Platón afirmaba que «cada uno es la causa de su propia elección»; y Cervantes, a través de Don Quijote, recuerda que «cada uno es hijo de sus obras». *Libertad y responsabilidad constituyen un binomio inseparable.* Esto quiere decir que no hay criterios firmes de conducta sin fidelidad a los compromisos contraídos.

5. *Mala o nula percepción de la realidad.* La captación incorrecta de uno mismo y del entorno nos lleva a desarrollar una conducta desadaptada tanto *intrapersonal* (falta de armonía con uno mismo) como *interpersonal* (inadecuado contacto con los demás y errónea valoración de las distancias, lo que deriva en aspectos negativos como la dependencia excesiva o patológica, la decepción al confiar en personas con las que sólo tenemos un trato escaso y superficial...). En una palabra, estar en la realidad quiere decir tener la capacidad para ver las cosas como realmente son, tanto en el terreno personal, como familiar, profesional, social o cultural.

6. *Ausencia de un proyecto de vida (amor, trabajo y cultura).* La vida no se improvisa, necesita cierta organización, un esquema que diseñe el porvenir y que esté basado en los tres grandes argumentos que ya he señalado: amor, trabajo y cultura. La persona inmadura no ha calado en profundidad en ninguno de ellos: su vida sentimental no está bien estructurada y, en consecuencia, flota sin asidero; profesionalmente no se ha puesto retos ni metas realistas y exigentes y, por tanto, tan sólo cubre el expediente; en cuanto a la cultura, ésta se alimenta a base de televisión, tópicos y lugares comunes. En conclusión, a su vida le falta contenido.

7. *Falta de madurez afectiva.* Entender qué es, en qué consiste y cómo vertebra nuestra vida el mundo de la afectividad resulta esencial. Por el amor tiene sentido la vida, pero no hay amor sin renuncias. Al mismo tiempo, conviene saber que nadie puede ser un absoluto para otro. El amor eterno no exis-

te; lo que sí existe es el amor trabajado día a día. Amar no significa tener dulces sentimientos, sino volcarse con el otro en las pequeñas cosas de cada día, volviendo a empezar siempre que sea necesario para poner lo mejor de uno mismo al servicio de nuestra pareja.

La madurez afectiva implica fundamentalmente tres cosas:

- Saber que todo compromiso afectivo tiene un *haber* y un *debe:* es decir, cosas positivas y negativas. En consecuencia, hay que adquirir habilidades para que la vida conyugal tenga capacidad de reacción en los momentos difíciles. La versatilidad afectiva apela antes al deseo que al querer, al capricho que a la voluntad, y eso conduce a dejarse arrastrar por la supremacía gratificante del momento.
- Lograr un *mejor autocontrol:* el gobierno de uno mismo es una buena aspiración. A diferencia del animal, que se ve arrastrado, el hombre *prefiere,* elige, sabe decir que no a aquello que frena su autorrealización. El dominio de uno mismo y la optimización de las posibilidades nos hacen más libres.
- Alcanzar un *buen nivel de autoestima:* una de las características más claras de la inmadurez es la inseguridad, que consiste tanto en una valoración negativa e inadecuada de uno mismo como en la falta de confianza. En consecuencia, el inmaduro no cree en sí mismo, unas veces de forma justificada y otras a causa de su deformada percepción de las cosas; no se ve capaz de dirigir sus propios sentimientos de forma correcta, motivarse o conseguir amistades estables aceptando en cada una de ellas sus rasgos positivos y negativos[16].

16. Conviene conocer los límites de la tolerancia en una sociedad tan plural como la nuestra. La conducta ha de alcanzar un equilibrio entre la libertad personal y la salvaguarda del bien común, una zona de transición. Tolerancia es respeto y consideración hacia los demás en ideas y actitudes, aunque sean contrarias a las que uno defiende; y, a la vez, es permitir y aceptar conductas de los demás siempre que no produzcan un daño evidente y medible. El fundamento último de la tolerancia descansa en facilitar que se obre el bien y se evite el mal.

8. *Falta de madurez de la inteligencia.* La inteligencia es, junto con la afectividad, el bloque de herramientas psicológicas más importantes de nuestro patrimonio psicológico. Hay una inteligencia *natural,* que es la dotación que cada uno tiene y que en buena medida es hereditaria, y una inteligencia *cultivada,* que procede de años de estudio y de enriquecimiento interior, que se alcanza mediante esfuerzos repetidos[17] gracias a una nutrición continuada. Una y otra deben armonizarse bien y gestionar una *conducta inteligente:* aquella que sabe centrar un tema, razonar y emitir juicios adecuados, dar solución a los problemas que se presentan, encaminarse hacia una realización personal digna y coherente. En términos informáticos, recibir información, codificarla adecuadamente y ofrecer respuestas válidas y eficaces.

Otros tipos de inteligencia, que tan sólo dejo apuntados, son los siguientes: teórica, práctica, social, analítica, sintética, discursiva, matemática, instrumental (orden, constancia, voluntad, motivación), fenicia (para los negocios), musical, emocional (ayuda a pilotar los sentimientos con destreza), espontánea, provocada, creativa, analógica, metódica y la que yo denominaría *inteligencia para la vida.*

9. *Escasa o nula educación de la voluntad.* La voluntad es capacidad para llevar algo a cabo sabiendo aplazar la recompensa. Es una joya que adorna la personalidad. Su carencia tiene efectos devastadores, pues convierte al sujeto en alguien débil, blando, voluble, caprichoso, incapaz de ponerse objetivos concretos y cumplirlos. Es la imagen del niño mimado que tanta pena produce.

En la personalidad inmadura hay una *exaltación del instante* y un *vértigo por lo inmediato;* la necesidad de una pronta recompensa le impide renunciar a las demandas del entorno. Y un individuo que no ha aprendido a vencerse, sino a seguir

17. La lectura es la primera fuente para alimentar la inteligencia. Es una elección personal que nos da acceso a una vida superior: el conocimiento. A través suyo se introducen la belleza, la cultura, el autodominio, la aristocracia del espíritu.

sus impulsos inmediatos, abandona las cosas cuando éstas se vuelven mínimamente difíciles. ¿Qué implica esto? Dos notas muy nítidas: baja tolerancia a las frustraciones, es decir, ser un mal perdedor, y tendencia a refugiarse en un mundo fantástico que le aleja de la realidad.

10. *Criterios morales y éticos inestables*. La *moral* es una región de la realidad que debe aspirar a ser objetiva. Por su parte, *ética* es una palabra que deriva del griego *ethos* y que significa «modo habitual de obrar, costumbre, índole». Ambos términos se utilizan como sinónimos. La moral es el arte de vivir con dignidad como seres humanos, educando la libertad para conocer y poner en práctica todo lo que es bueno; es *el arte de usar de forma correcta la libertad*. La concepción de la persona inmadura en relación a lo que es bueno o malo está cogida con alfileres, pues son otros los criterios que van ganando puntos: la moda, la permisividad, el relativismo, etc.

Este decálogo muestra el *modelo inverso* de la personalidad madura. Las últimas investigaciones científicas sobre la madurez son muy interesantes, destacando con énfasis las siguientes características: *capacidad para amar, capacidad para trabajar* y *adquisición de cultura*. Algunos autores confunden la madurez psicológica con una cierta sabiduría existencial (Achenbaum y Orwoll, 1991; Perlmutter, 1994; Stenberg, 2000), cuando realmente son cosas distintas, aunque existen zonas de confluencia[18] y se establece cierta ósmosis.

18. Hoy han proliferado los llamados *modelos de estadios evolutivos*, que se refieren al desarrollo positivo afectivo, ético, interpersonal, etc. Están inspirados en las publicaciones de Jean Piaget y se refieren a personas que han ido alcanzando mejoras estructurales cualitativas y cuantitativas de grado superior, integrando de forma armónica las áreas más diversas del patrimonio psicológico.

La madurez, por tanto, es siempre una pieza incompleta, pero a cierta altura de la vida traduce una *síntesis positiva que aglutina sentimientos, razones, vida profesional, cultura y capacidad para mantener relaciones interper-*

En conclusión, podemos decir que la madurez personal es una aspiración, una meta, un objetivo a medio-largo plazo, pero al que rara vez se llega de forma total. Hemos de ser realistas. Las utopías son malas compañeras de viaje. La madurez supone un cierto estado de plenitud que se va alcanzando mediante un proceso de crecimiento gradual y paulatino.

CONCRECIÓN Y AMBIGÜEDAD DE LA PERSONALIDAD INMADURA

Como ya hemos comentado al comienzo del presente capítulo, las clasificaciones más recientes no incluyen el diagnóstico de personalidad inmadura debido, entre otras cosas, a sus tonos difusos e imprecisos y a compartir algunos de sus rasgos con otros desajustes. Dada la amplitud del término *madurez,* conviene hablar de *niveles de madurez* de la personalidad, es decir, de grados ascendentes o descendentes en el desarrollo de uno mismo. La madurez es algo relativo, no absoluto, y depende de variables como la edad, el tipo de vida, los estudios, el nivel sociocultural o económico, las relaciones interpersonales... Para que una personalidad se desarrolle de manera armónica es necesario alcanzar una buena conjunción de las *disposiciones biológicas* y de los diversos *aprendizajes* que tienen lugar desde la infancia hasta la edad adulta, formando un *abanico de vivencias* en las que destacan las siguientes características:

– La *integración* de los diversos elementos que se han ido depositando a lo largo de la vida de una persona, neutralizándose unos con otros para formar un mosaico bien estructurado.
– La *subordinación* de unos planos sobre todos, sabiendo jerarquizar ordenadamente una escala que busca la unidad.

---

sonales sanas y coherentes. G. Labouvie-Vief (1992, 1999) emplea la expresión «fuertes índices de complejidad evolutiva» para referirse a esta amalgama equilibrada.

En conclusión, podemos decir que la maduración de la personalidad consiste en lograr *un equilibrio entre los factores disposicionales y vivenciales,* con el fin de alcanzar grados sucesivos de libertad, independencia, conocimiento de uno mismo y de la realidad, así como en elaborar un proyecto de vida bajo los auspicios de la razón y la voluntad.

VI

La personalidad depresiva

LA PERSONALIDAD PREDEPRESIVA

En la clasificación antes expuesta de los trastornos de la personalidad no aparece esta modalidad *predepresiva,* pero quiero hacer referencia a ella por su indudable importancia. Se trata de un verdadero caldo de cultivo, en el que es más fácil que prosperen los síntomas de una depresión. Podríamos definirla como aquella forma que se caracteriza por *adelantar, facilitar y predisponer* hacia tal enfermedad psíquica. Es su «antesala»; una antesala vulnerable, proclive a esa modalidad de trastorno del estado de ánimo.

Existe una larga historia sobre este tema. Ya Hipócrates (siglo IV a.C.) se refirió al equilibrio de los cuatro humores como un prototipo dialéctico de la personalidad. El *corpus hippocraticum* sostenía que la melancolía procedía de las alteraciones de la sangre y que ésta albergaba el espíritu, el cual se enturbiaba, se estropeaba, dando origen a la enfermedad[1].

Esta concepción básica será expresada de modo más claro por Platón en el *Timeo,* su testamento: «Allí donde los humores de las flemas ácidas y saladas, y todos los humores amargos y biliosos mezclan sus vapores al movimiento del alma, se originan todo género de enfermedades de la psique, entre ellas manifestaciones de ofuscación y distimia». Es notable observar

1. Esto se debía a una *discrasia* sanguínea, es decir, a la mezcla de sangre, bilis y flema. El tipo *bilioso* muestra cierta disposición a padecer esta enfermedad por su temperamento melancólico, triste, pesimista. Su carácter cíclico le hace empeorar en primavera y otoño.

cómo la palabra *distimia,* de larga tradición en la psiquiatría alemana primero y anglosajona después, se menciona ya en esta época. Lo interesante es la mención conjunta de la tristeza y la ofuscación, dando lugar a la alteración del alma a partir de un estado del cuerpo. Dicho de otro modo: la psique se modifica negativamente de forma somática. Es ésta una concepción muy moderna si la comparamos con la vigente durante la Edad Media y parte de los siglos XVI, XVII y XVIII.

La idea platónica es que uno de los peores modos de enfermar estriba en la alegría exagerada y el dolor desbordante, ya que en ambos casos el individuo está frenético, fuera de sí, y no es capaz de reflexionar tranquilamente. Esta antinomia circular entre placer y dolor significa un desorden de la naturaleza, y es preciso que la antinomia esté bien compensada[2].

La idea de *mesura* o *equilibrio platónico* resulta entonces decisiva: se persigue con el fin de alcanzar una buena ecuación entre el alma y el cuerpo. Si el cuerpo tiene más relevancia y prevalece sobre el alma, se produce un déficit de conocimiento y una cierta incapacidad para aprender que lleva a la ignorancia. El ser humano que alcanza la *simetría* cuerpo-alma es superior, genial, extraordinario: son los sabios, los poetas, los pensadores, aquellos capaces de soportar un destino trágico y mantenerse imperturbables. Lo contrario es la *ametría,* un deslizamiento hacia la desproporción de los elementos que integran al ser humano.

Desde esta concepción, la enfermedad ha de entenderse siempre como asimetría, desequilibrio, falta de armonía.

Por su parte Empédocles, basándose en la teoría de los cuatro humores de Hipócrates (surgidos de los cuatro elementos básicos de la vida: agua, aire, tierra y fuego), se refiere al calor (sangre), la sequedad (flema), la humedad (bilis amarilla) y el

2. Platón se inspira en el célebre texto de Aristófanes, *Las nubes,* en el que se compara la tiranía con un modo de vida que surge a raíz de un desorden de la naturaleza, convirtiendo a la persona en lasciva y loca. En *Fedro,* Platón dice claramente que la manía está causada por los dioses y se desdice de su visión somatogénica de la melancolía.

frío (bilis negra), que se sitúan respectivamente en el corazón, el cerebro, el hígado y el bazo. Cuando éstos alcanzan el equilibrio, el individuo está sano; cuando se descompensan, aparece la enfermedad.

Quizás el primer estudio sistematizado respecto de la personalidad predepresiva es el realizado por K. Abraham (1912), quien llama la atención sobre el parecido entre estos enfermos y los neurótico-obsesivos. Dicha semejanza se refiere especialmente a la ambivalencia amor-odio hacia una persona: en algunos casos, la enfermedad parte de una actitud de odio que lleva a la persona a un estado de paralización; en otras palabras, le impide amar. Aparte de este rasgo de ambigüedad, hay que reseñar también un desmedido afán de rendimiento muy ligado a una hipertrofia de la conciencia moral (el *superyó* de la doctrina psicoanalítica) y una fijación de la ocupación del objeto amoroso incluso en el periodo no depresivo[3], lo que coincide con una marcada resistencia a la ocupación de ese objeto propuesto. En términos aún más estrictamente psicoanalíticos, se observan cualidades que en sí mismas son valiosas –constancia, exactitud, escrupulosidad–, pero que llegan a puntos verdaderamente extremos y, por tanto, patológicos[4]: la problematización de las cosas más sencillas y habituales de la vida ordinaria, la tendencia a salir frustrado de las relaciones con otras personas, etc.

Asimismo, en Sigmund Freud encontramos otra descripción de la personalidad predepresiva, la cual presenta también elementos cercanos a la esfera obsesiva, como ciertos prejuicios

3. Hoy sabemos que en los intervalos de las fases depresivas, cuando ya han desaparecido los síntomas, es muy frecuente que aparezcan algunos síntomas, en muchas ocasiones rasgos que son específicos de la personalidad predepresiva. Entonces el cuadro clínico recuerda al de las neurosis obsesivas, aunque aquí se tiña por una neblina depresiva.

4. Estos pacientes no toleran ningún tipo de interrupción en su trabajo. Su ocupación profesional les absorbe tanto tiempo que no hay ninguna posibilidad de que asuman actividades de otro tipo. La *ocupación* y la *preocupación* profesional son centro y guía de su personalidad, pero hipertrofiadas hasta grados insospechados.

que se vuelven fijos. Pero a diferencia de los neuróticos obsesivos, aquí la «proyección» se suma a la represión del odio. Desde esta perspectiva, desarrollada por Freud principalmente en su libro *Duelo y melancolía* (1917), se formula que en estos sujetos la libido regresa a estadios primitivos, ya que la operación fundamental reside en la introyección del objeto de la libido. En una publicación anterior, *Carácter y erotismo anal* (1908), Freud señaló el afán de estos sujetos por el orden y su extraordinaria tendencia al ahorro.

La tipología constitucional de E. Kretschmer (1950) engloba no sólo la que atañe a la personalidad, sino también la que corresponde a lo morfológico. Su vinculación con la concepción nosológica de las enfermedades psiquiátricas es evidente: el tipo *pícnico* se relaciona con las psicosis maniacodepresivas, el *leptosómico* con las esquizofrenias y el *atlético* con las psicosis epilépticas o, en un sentido más general, con el círculo epiléptico. Por su parte, el tipo *depresivo* se construiría sobre una personalidad callada, preocupada, tranquila.

La designación de estos tipos se ordena según el estado de ánimo: distimias temperamentales depresivas. En este punto hay una marcada diferencia con las ideas propuestas por H. Tellenbach, quien no toma como decisivo el estado de ánimo, pues aunque sea algo destacado en estos enfermos, no resulta algo decisivo. Aparte de esto, Kretschmer también apunta otras características: exagerada laboriosidad, esmero, formalidad, escrupulosidad... En su obra *El delirio sensitivo de autorreferencia* ofrece ya un modelo tipológico predepresivo caracterizado por una tendencia al agotamiento a la que se suma una estructura pulsional específica de índole sensitiva, la cual es condición *sine qua non* para que se produzcan esos acontecimientos autorreferenciales, es decir, esa persona lo refiere todo hacia ella misma, de forma suspicaz, recelosa, desconfiada, hostil.

El carácter sensitivo de Kretschmer se acerca al hiperemotivo de Dupré. Se trata de sujetos tímidos, sensibles, con un cansancio anterior al esfuerzo, ansiosos, psicasténicos en muchas ocasiones (con escrúpulos, vacilaciones, dudas perennes...), que tienen luchas de conciencia moral y se ven afectados extraordinariamente por las reacciones de los demás, saliendo con mucha frecuencia traumatizados o heridos en el contacto social y con inhibición de sus reacciones agresivas de modo casi permanente. Esta paranoia sensitiva se desarrolla siempre con angustia y grandes tensiones emocionales internas, por lo cual sus reacciones a largo plazo son más depresivas e hipósténicas (conducen al bloqueo psicológico) que agresivas.

La tipología premorbosa de la depresión de Mauz (1930) tiene también mucho interés. Este autor hace un diagnóstico diferencial entre las depresiones *monofásicas,* las *bifásicas* y las *crónicas circulares.* A cada una corresponden tipos premórbidos específicos, así como diferencias que delimitan cada entidad. Su tipificación psicológica más acabada se refiere a personas que están cercanas a los cuarenta años, en las que puede observarse que el ritmo propio y habitual se lentifica, se vuelven más pesadas, y la energía psíquica aparece disminuida. Prevalece, por tanto, una vivencia de *detención,* con pérdida de la capacidad de proyección hacia el futuro.

Todo esto hace referencia a las formas singulares o monofásicas, ya que en las depresiones multifásicas los determinantes patogenéticos no son exclusivamente endógenos, observándose componentes reactivos que se sienten como una sobrecarga específica en estrecha relación con la vida profesional: decisiones, responsabilidades... Mauz señala como momento desencadenante de la depresión aquél en el cual se percibe el sentimiento de una excesiva sobrecarga, que roza ya los límites de la capacidad para sobrellevarla. Este sentimiento comienza de un modo anímico-reactivo, para tomar más adelante estratos vitales profundos.

También observa Mauz que, en algunos casos, los factores situativos y reactivo-psíquicos persisten en depresiones de larga duración o en las auténticamente crónicas. No quiero pasar por alto dos cuestiones que me parecen interesantes respecto a cuanto se viene diciendo. El mismo Kretschmer habló del temperamento *gliscroide* para referirse a las manifestaciones permanentes de la epilepsia, relacionadas directamente con el carácter y la personalidad. Más tarde, Mauz perfiló sus características y llegó a afirmar que este carácter se manifiesta en todos los aspectos de su conducta de una manera patente, reflejándose sobre todo en una mirada particular, que queda prendida de la persona que le mira, como adherida al interlocutor, siguiendo con escrupulosa atención al diálogo; le dio el nombre de *constitución enequética,* derivado de la palabra griega *eneké,* que significa «pegajosidad»: muestran un nivel intelectual generalmente superior, una sobresaliente perseveración (pérdida de la rapidez en la adaptación, con tendencia al estancamiento) y un enlentecimiento evidente del lenguaje (lentitud, tartamudeo) que se acompaña de una pobreza en las expresiones verbales.

E. Bleuler acuñó el término de *epileptoidia.* Los trabajos de E. Minkowska (1923) y de Pierre Clark (1930) abundan en este mismo sentido. Por su parte, H. J. Weitbretch (1966) señala que la situación predepresiva no es sino una forma de vida angustiosa, muchas veces excesivamente cargada de actividad, que no deja tiempo para el descanso o para la distracción en otras vertientes que no sean las estrictamente profesionales. Ya F. J. J. Buytendijk (1954) había hecho notar que el desencadenante primordial de una depresión no es nunca una emoción, sino una situación puntual o una *constelación situativa,* que tanto puede ser de fracaso como de éxito.

Los trabajos del psiquiatra japonés M. Shimoda (1932, 1960) recogen los rasgos predepresivos más típicos de su país, entre los que destaca la hipersensibilidad del aparato emocional, que da lugar a un pensamiento insistente y tenaz *(shuchaku)* que se considera manifestación de un determinado gen. Poseer este carácter es la condición previa para padecer una depresión, a la que se suma la escrupulosidad, la ejemplaridad social y la obsesión de estos sujetos por hacer todo con una exagerada perfección.

Esta concepción se acerca mucho a la idea de *depresión por agotamiento* de P. Kielholz, quien se refiere también al modo de instalación de las depresiones preseniles en este tipo de constitución, que se caracteriza por «una tendencia a permanecer fijado o adherido a pensamientos o sentimientos [...]. Por ello, un sujeto con este carácter no puede sentirse aliviado sino tras haber realizado a fondo aquello que emprendió. Se trata de un rasgo positivo del carácter que tan sólo permite que uno se sienta satisfecho cuando se ha cumplido tanto la tarea como el propio deber o la propia responsabilidad. Estas personas son siempre muy apreciadas como ejemplares, dignas de confianza y serias. Cuando en cualquier ocasión, ya sea de índole psíquica o corporal, se esfuerzan en exceso, surge la melancolía presenil».

Resumiendo, la personalidad previa a la depresión se caracteriza por: aplicación excesiva al trabajo, entrega a fondo en una actividad, honradez patológica, escrupulosidad terrible, orden enfermizo, elevado sentido de la justicia rayando en los límites excesivos, ausencia de pereza... Todo ello de forma super excesiva, patológica.

En la actualidad, los estudios tratan de medir y evaluar con instrumentos más rigurosos y mejor diseñados los distintos tipos de personalidad, entendiendo por tal la totalidad de los rasgos mentales que se muestran a través de la conducta.

LA INCLUDENCIA Y LA REMANENCIA

Por último vamos a analizar el *typus melancholicus* de H. Tellenbach (1969, 1974), que constituye una de las descripciones más precisas y bien formuladas sobre la personalidad y el desarrollo de la situación predepresiva. Este resultado se basa en la *catamnesis* (evolución de la enfermedad con el paso del tiempo), ya que desde el punto de vista metodológico era muy difícil obtener datos concretos sobre cada individuo antes de padecer la fase depresiva.

La experiencia psiquiátrica muestra la dificultad de observar durante la enfermedad la personalidad previa, ya que por lo general está sepultada bajo la sintomatología y las características propias de la forma en curso. La gran mayoría de los pacientes estudiados por Tellenbach, cuando se les preguntó por los posibles motivos de su enfermedad, respondieron que no sabían a qué podía deberse su estado. El rasgo esencial de este tipo predepresivo es, según Tellenbach, la fijación a un afán desmedido de orden: «En el afán de orden que hemos señalado como rasgo esencial del tipo melancólico tan sólo se trata de una versión de orden más acentuada, tal como la encontramos en muchas personas, incluso las que jamás han sido melancólicas [...].

»Cuando reconocemos en el afán de orden un rasgo fundamental de la estructura del tipo melancólico, ello no significa que toda persona ordenada corra el riesgo de tornarse melancólica. Lo decisivo es que la personalidad melancólica está firmemente fijada a una actitud caracterizada por el orden, que no siempre se manifiesta en todos los sectores de la existencia, pero sí al menos en alguno que es esencial. Los que rodean al sujeto, tanto en su hogar como en el ambiente profesional, aprecian dicho afán. El personal auxiliar de la clínica se da cuenta cuando se ha iniciado la remisión del paciente; entre todos los enfermos, los melancólicos son los que mejor voluntad muestran para ayudar y los que más confianza merecen en este sentido [...]. La vida laboral está completamente determinada por la aplicación, el hacer las cosas a conciencia, el sentimiento del deber y la formalidad. El orden predomina también en cuanto a las relaciones con los demás, sobre todo en la escrupulosidad, en ocasiones incluso angustiosa, con que se procura mantener el ambiente libre de perturbaciones, roces, conflictos, y sobre todo de lo culpable en todas sus modalidades. En las relaciones con respecto a los superiores y los colegas prevalece la fidelidad, la voluntad de servicio y la disposición a ayudar. Se respetan la autoridad y la jerarquía.»

Como vemos por esta descripción, el orden es el tejido sustantivo que modela la personalidad y le da su carácter más genuino. Ello conduce a que estos sujetos se planteen exigencias muy superiores al término medio de la población, midiendo casi matemáticamente su rendimiento en los diversos planos en que éste puede ser explorado[5]. Esquematizando más los rasgos

5. A propósito del tema del rendimiento que exigen estos sujetos, pueden consultarse los trabajos de M. B. Cohen y cols. (1954), S. Arieti (1957), J. Becker (1960), J. Becker y cols. (1963), F. J. Ayd (1961), P. Matussek y cols. (1966), W. Blankenburg (1970), etc.

podrían quedar resumidos en los siguientes: orden en el mundo laboral, con exactitud en el rendimiento[6]; orden en las relaciones interhumanas (se vive exclusivamente para el trabajo y para la familia, de ahí que la separación absoluta de familiares pueda ser amenazadora para el equilibrio anímico; el temor a estar solo es esencia de esta clase de relación humana); orden en las relaciones con los demás; escrupulosidad (son personas que siempre piden perdón, que intentan arreglar las cosas; esto les lleva a pasarse días enteros dando vueltas en su cabeza a una frase o a cualquier hecho que haya sucedido, con una gran intranquilidad interior, que les lleva necesariamente a humillarse y pedir disculpas); conflictos de conciencia que les sobrecargan y, por último, vivencia de posibles amenazas que rompan su equilibrio psíquico o corporal.

A la conjunción de estos datos se denomina *ordenalidad*. Constituye la estructura específica de la personalidad premelancólica. En ella se registra sobre todo la incapacidad para controlar unas exigencias excesivas en el plano material y formal, en cuyo fondo laten rasgos ansiosos y anacásticos (obsesivos) que se coordinan con la propia enfermedad. Muchos pacientes, al ver roto el ordenamiento general que impera en toda su existencia, intentan racionalizar lo que ha sucedido, buscando razones que justifiquen su estado actual, y a fuerza de tanto buscarlas encuentran unas que son falsas, pero que en la elaboración reflexiva se le muestran al paciente como válidas.

Unas veces se trata de hechos somáticos de escasa entidad, como estados gripales o dificultades somáticas localizadas en un lugar específico del organismo, pero de poca permanencia; en las mujeres es muy frecuente achacarlo todo al ciclo menstrual, que tiene para muchas de ellas un significado especial.

6. En el Congreso Mundial de Psiquiatría celebrado en Hamburgo en 1999, algunos psiquiatras japoneses destacaban la importancia de este hecho como factor precipitante de muchos intentos de suicidio en su país, en donde el concepto de *rendimiento* tiene un valor capital. Recuerdo que en conversaciones privadas y en debates públicos se ponía de manifiesto su sentido del trabajo, casi como el de la religión: no trabajar con meticulosidad y provecho es muy negativo para uno mismo.

Otras veces, los razonamientos se insertan al amparo de situaciones conflictivas o problemáticas que son alzaprimadas en la propia reflexión. Tanto el embarazo como el puerperio pueden jugar el mismo papel.

Finalmente, Tellenbach traza las dos constelaciones básicas que se despliegan en la transformación endógeno-melancólica: la *includencia* y la *remanencia*. Ambas se encuentran en la categoría de lo situativo.

El sujeto se encuentra en correspondencia con la situación, que es similar a la que se produce en fisiología entre el estímulo y la respuesta, y que da lugar a una serie de configuraciones cambiantes en la relación persona-mundo. El hombre se va situando en diversas posiciones que suele sentir como amenaza de su orden, de su «ley»; entonces todo puede transformarse en desorden.

El concepto *orden* fue introducido en psiquiatría por Zutt, quien trata de sistematizar los diversos tipos de orden que experimenta el sujeto. Su forma primaria es la relación yo-mundo *(Deseinsordnung)*. En la *includencia* el sujeto se «adosa» a una vida demasiado estrecha si la ordenación geométrica de su existencia se ve alterada por un ascenso profesional, un cambio de trabajo, una mudanza de domicilio y, en general, por cualquier cosa que quebrante el propio espacio. Puede aparecer una fuerte tensión emocional, que se aproxima a lo depresivo. Veamos lo que dice Tellenbach a propósito de una mudanza:

> Una mujer se muda a otra vivienda que es mucho más bonita que la anterior. Tiene desde luego apego por su antigua vivienda, pero siente más alegría por la nueva, que es más hermosa. La alegría previa a la mudanza anima su actividad. Tras el cambio y ya instalada en su nuevo domicilio, su alegría va cediendo por un creciente pesar. Ella misma no puede entender por qué ha cambiado así. Podría comprender que los muchos trabajos ocasionados por la mudanza la hayan deprimido. Pero estas dificultades no han sido experimentadas como tales (antes al contrario) y, por otra parte, han transcurrido ya y se ha repuesto de las mismas. No obstante, el pesar prosigue [...]. En su clase de orden a la que se ha-

> bía acostumbrado en su antigua vivienda y en la situación específica de su habitar está la clave [...]. El tener que fundar un nuevo orden equivale a una exigencia existencial de descubrir nuevas conexiones de referencia... Para ello se precisa de la elasticidad de la libertad, ninguna alegría previa puede hacer superar esta dificultad.

La constelación de la *remanencia* consiste en permanecer *detrás-de-uno-mismo*, sin poder desprenderse de hechos vividos en su biografía. Existe una *incapacidad para controlar el pasado y aflora paulatinamente la culpa*.

Ambas constelaciones nos ponen delante de un hecho común: que las situaciones que tienden a la depresión son vividas tanto como un cambio existencial negativo como de una mutación cargada de nuevas exigencias. A veces se combinan ambos factores, aunque suele prevalecer uno de ellos. Las dos, al ponerse en marcha, conducen hacia la depresión. La *includencia* supone vivir el orden y el espacio de forma excesiva, desproporcionada, enfermiza; la *remanencia* supone sentirse atrapado por el pasado, siendo incapaz de superarlo.

LA PERSONALIDAD DEPRESIVA PROPIAMENTE DICHA

La palabra *depresión* alberga en su seno demasiados significados. Es un término poliédrico que, además, se ha puesto de moda en el lenguaje de la calle, lo que hace que se utilice de forma tan frecuente como imprecisa. Vamos a precisar mejor su concepto:

1. Como *expresión del lenguaje coloquial:* se refiere a un sentimiento de tristeza, de decaimiento, aunque las más de las veces por algo momentáneo, pasajero, de escasa importancia y relieve.
2. Como *estado de ánimo:* alude a un paisaje interior que describe una manera de encontrarse, un modo anímico. Es más permanente y su fundamento resulta algo más sólido.

3. Como *síntoma:* en cualquier enfermedad existe una constelación de síntomas, unos esenciales y otros secundarios. Los primeros definen la enfermedad ya que son piezas claves de la misma; los segundos son más inespecíficos. Muchas son las patologías en las que se pueden observar manifestaciones depresivas: desde un cáncer terminal a una enfermedad infecciosa, pasando por una diabetes, una artrosis, un cuadro inflamatorio, una anorexia, una esquizofrenia o las crisis repetidas de ansiedad.

4. Como *enfermedad:* éste es el uso más preciso que tiene en psiquiatría y, como tal, hace mención de las causas y los motivos que la han producido, además de la sintomatología en su totalidad, para continuar con el diagnóstico diferencial, el pronóstico, el tratamiento y su prevención.

5. Como *tipo de personalidad:* existe un matiz importante en tal caso, ya que no se puede decir que alguien *tiene* una depresión, sino que *es* depresivo. Su manera habitual de manifestarse está presidida, centrada, vertebrada sobre un humor triste y pesimista. Los rasgos que se dibujan son marcadamente melancólicos.

6. Como *tipo de vida:* es frecuente ver gente que está triste y decaída, con un tono vital bajo. Aparentemente se encuentran bajo una depresión, pero el análisis posterior nos pone sobre el tapete que se trata de alguien cuya vida es simplemente monótona, con un gran aislamiento por parte del sujeto, que no existen planes, ni metas ni retos; en pocas palabras, se trata de una existencia pobre, chata, sin visión de futuro. Esto no se cura con una medicación, sino dándole un giro a esa estructura vital. La consecuencia es la *desmotivación,* una vida vacía, sin contenidos.

UN POCO DE HISTORIA

Como antes he comentado, la dimensión poliédrica de la palabra *depresión* ha hecho que ésta se utilice para referirse a distintos padecimientos psicológicos, como si se tratara de una especie de cajón de sastre de los fenómenos psicopatológicos. Por su parte, el concepto *personalidad depresiva* ha tenido una historia zigzagueante, variopinta, extraña, hasta el punto de que en el DSM-IV no forma parte de la clasificación principal[7], sino que aparece al final, en el apéndice B, cuyo título genérico es «Criterios y ejes propuestos para estudios posteriores». Tampoco figura en el CIE-10.

Sin embargo, encontramos antecedentes en el temperamento melancólico de Hipócrates, descrito hace más de 2.000 años, sobre la base de los cuatro elementos de la naturaleza (sangre, flema, bilis amarilla y bilis negra). El predominio de la bilis negra aparecía como característico de esta personalidad. En el siglo XVII, R. Burton describió esta forma en su libro *Anatomía de la melancolía.* Más tarde, este diagnóstico se perdió hasta que volvió a resurgir en el término *ciclotimia* de Kahlbaum (1882), quien asoció la depresión y la manía en una misma enfermedad, aunque con dos caras contrapuestas y, a la vez, separando una forma de ser depresiva.

Más tarde, E. Kraepelin (1921) describió unos estados afectivos de personalidad, que tenían un tono emocional por debajo de lo normal y que eran persistentes; una disposición temperamental a la tristeza: si alguien se encuentra bien en un momento determinado, enseguida vienen recuerdos negativos, sentimientos de culpa o autorreproches que impiden saborear los aspectos positivos. E. Kretschmer (1925) describió un grupo de tipos de personalidad hereditarios, entre los que incluyó el *temperamento depresivo,* caracterizado por el pesimismo y la melancolía. Kurt Schneider (1950) describió la *psicopatía depresiva,* instalada en la falta de confort y en la queja, con serias dificultades para encarar el futuro. Y Tellenbach, como ya he

7. El concepto de personalidad depresiva aparece en el DSM-II, pero fue omitido en el DSM-III y el DSM-III-R. Algunos clínicos de gran experiencia, como Kernberg (1988), H. S. Akiskal (1989), A. T. Beck (1990), W. Benjamin (1993) y T. Millon (1994), procedieron al renacimiento de este trastorno, el cual estudiaron con rigor científico.

comentado, sistematizó el *typus melancholicus* a partir de un estudio de 119 pacientes[8].

Los psicoanalistas, por su parte, hablaron del *carácter depresivo,* que se expresa como una predisposición a estar abatido, decaído, con baja autoestima, sentimientos de culpa crónicos y tendencia a la autocrítica.

En 1969, Klein y Davis describieron el *carácter disfórico,* cuyas principales características eran la tendencia crónica a quejarse y la sensación de infelicidad permanente. Se trata de personas siempre insatisfechas, apáticas, con pocos ánimos para hacer cualquier tipo de trabajo o actividad. En 1971, L. Rojas Ballesteros diseñó, en esta misma línea, la *personalidad triste,* F. Llavero (1972) habló de *personalidad con tendencia a la depresión,* y en 1975 J. J. Schildkraut y W. L. Klein propusieron la denominación *síndrome depresivo caracterológico encronizado* como equivalente de la personalidad depresiva. Más tarde, Spitzer y colaboradores (1977) establecieron tres categorías: *trastornos depresivos unipolares, trastornos depresivos menores* y *trastornos depresivos crónicos;* en este último grupo se incluye la personalidad depresiva.

La personalidad depresiva está constituida por un patrón de conductas y pensamientos que se inician en la edad adulta y que emergen a través de un estado de ánimo permanentemente triste, decaído, con bajo nivel de autoestima, tendencia a criticarse por todo y visión pesimista de uno mismo y del mundo que le rodea. Es importante señalar que, mientras el depresivo está triste, la personalidad depresiva es triste. La diferencia estriba en lo pasajero y permanente frente a lo transitorio y estable: lo primero aparece y desaparece; lo segundo, tiene residencia fija[9].

8. Hubertus Tellenbach ha mantenido con algunos psiquiatras españoles una estrecha relación. Gracias a su colaboración docente e investigadora con Francisco Alonso-Fernández (1979-1984), quienes entonces formábamos parte de ese equipo pudimos conocer más de cerca sus formulaciones sobre la personalidad depresiva.

9. Muchos trastornos de la personalidad no son diagnosticados y las personas que viven cerca de dicho sujeto sufren su estilo enfermizo de ser.

Los estudios científicos realizados hasta ahora tienen muchas limitaciones, porque han partido de criterios poco rigurosos y sistemáticos, y porque no se han evaluado seriamente los estudios de historias familiares con este tipo de personalidad. Además, en este caso resulta fundamental la *comorbilidad* (asociación de una personalidad depresiva con una depresión) para determinar qué es antes y qué después[10]. Esta mezcla de una depresión y un trastorno de la personalidad recibe el nombre de *distimia,* que podemos definir así: *estado de ánimo depresivo crónico, asociado a cansancio, bajo nivel de autoestima, inseguridad, complejo de interioridad más o menos acusado y una desesperanza que lo envuelve todo.*

Como ya he señalado, hay que prestar especial atención a la habitual confusión entre personalidad depresiva y depresión propiamente dicha. La habilidad del clínico es muy importante en estos casos para diferenciar esos matices y no pensar que se ha fracasado en el tratamiento de la enfermedad. En el año 2000 dirigí un curso sobre la personalidad y sus trastornos en la Universidad Internacional Menéndez Pelayo (Santander, España), en el que llamé la atención sobre ese tema.

10. Un trabajo relativamente reciente de Katharina Phillips y cols. (1998) es bastante prometedor al respecto. Este equipo estudió a 54 sujetos con rasgos depresivos leves de inicio precoz y de larga duración asociados a un trastorno psiquiátrico (Eje I). Al analizar su historia familiar encontraron que ningún paciente con una personalidad depresiva tenía depresión; y por otro lado resultó sorprendente que los familiares de los sujetos con una personalidad depresiva no padecían depresiones más frecuentemente que los del grupo de control. La conclusión de este trabajo de investigación fue en dos direcciones: la personalidad depresiva es un padecimiento *estable* que puede o no coincidir con una enfermedad depresiva. Al lector interesado en bucear más en esta línea argumental, le recomiendo consultar fundamentalmente las investigaciones siguientes: T. Sato *et al.,* «The relationship of DSM-III-R personality disorder to clinical variables in patients with major depression», *Psychiatry Clinical Neurosciences,* 50 (3), pp. 95-100, 1996; y R. M. Hirschfield, *Depressive personality disorders,* Nueva York, Viking, 2001. Los datos de los restantes trabajos, que indicamos a continuación, puede encontrarlos en la bibliografía final: S. K. Hiprich *et al.* (1996); P. Boyce y C. Mason (1996); M. T. Shea y R. M. Hirschfeld (1996); V. Camus *et al.* (1997); G. Stanghellini y C. Mundi (1997); P. Brieger y A. Marneros (1997); J. E. Kurtz y L. C. Morey (1998); K. Lyoo, J. G. Gunderson y K. A. Phillips (1998); S. Hartlage, K. Ardino y L. B. Alloy (1998); A. G. Ryder y R. M. Bagby (1999); T. A. Widiger (1999).

En 1990, A. T. Beck habló de los *esquemas de la personalidad depresiva,* que son estilos de conducta y de pensamiento centrados en una tríada: visión negativa de uno mismo, tendencia a interpretar las vivencias personales de forma negativa y visión negativa del pasado. Los tres aspectos inducen al paciente a interpretar todo de forma pesimista. Se trata de tres errores en el procesamiento de la información, que originan un desorden en la forma de pensar que predispone hacia la melancolía.

En la última década del siglo XX, la investigación sobre este prototipo ha crecido y profundizado en el intento de sistematizar su perfil. Destacan dos autores: H. S. Akiskal (1992) y Cloninger (1997). El primero ha descrito la depresión subclínica: pesimismo, dificultad para disfrutar de las cosas positivas de la vida ordinaria, tendencia a la preocupación; el segundo habla de un trastorno afectivo autónomo, independiente, centrado en los puntos de Akiskal, pero con un sustrato neurobiológico[11].

UNA FORMA DE SER PESIMISTA

¿Cómo podemos definir a la personalidad depresiva? Es aquella forma de ser centrada en una visión pesimista de sí misma y del entorno, con una tendencia a sentir displacer ante cualquier acontecimiento de la vida y cuyo ánimo está habitado generalmente por una mezcla de pesimismo, tristeza, aburrimiento y apatía.

Su conducta se solapa a veces con otras manifestaciones, pero en la mayoría de las ocasiones su estilo es patente, claro, diáfano; es lo que la gente de la calle llama una *persona negativa.* Suele reducir su vida exterior y sus intereses, y en ella van creciendo la preocupación y las rumiaciones internas. Se centran en sí mismos, lo que les lleva a tener pocas amistades.

11. En donde los tres transmisores cerebrales más importantes –serotonina, dopamina y noradrenalina– adquieren un nuevo protagonismo.

En tanto que patrón de conducta fuertemente arraigado, la personalidad depresiva, como casi todas las restantes, suele caracterizarse por una forma de percibir, sentir, pensar y comportarse. Vamos a adentrarnos en cada una de ellas.

La *percepción* es la captación de la realidad en su complejidad. Aunque todos los sentidos tienen también mucha importancia, la vista adquiere protagonismo, puesto que el mundo entra por los ojos. Son muy diversas las leyes que regulan este proceso. Mientras que para el conductismo todo depende de la relación estímulo-respuesta, para la psicología cognitiva la cuestión es diferente: nuestra mente recibe del exterior una serie de datos, información que a continuación se procesa y ordena; más tarde se elaboran conceptos e interpretaciones de la realidad. Según este esquema, la personalidad depresiva es *negativista,* con tendencia a oponerse a los criterios de los demás *(oposicionismo indirecto);* atiende más a lo malo que a lo bueno, como si su mirada psicológica estuviera selectivamente inclinada a lo negativo, algo que va fijando en estos sujetos un fondo cáustico, despectivo, distante, frío, como sin alma.

Desde un punto de vista *sentimental,* la personalidad depresiva se muestra melancólica, falta de ilusiones. La ilusión es el envoltorio de la felicidad, el tirón que empuja la vida hacia delante; y aparece quebrado en este tipo de personalidad. El descontento y la desilusión son, pues, una constante; incluso «contagian» a los demás su desmoralización, se trate del tema que se trate. Por eso la gente huye de estos sujetos, a los que tachan de «aguafiestas».

Respecto a su *forma de pensar,* las personalidades depresivas son incapaces de embarcarse en ninguna empresa, ya que *a priori* piensan que todo saldrá mal; prefieren la pasividad, el no hacer nada. Su afectividad lánguida y derrotista les lleva a adelantarse en negativo, por lo que suelen abstenerse y participar poco. Ejercen un fuerte autocontrol y han aprendido a quedarse al margen: no dicen nada, expresan lo justo y muestran un escaso interés por lo que sucede a su alrededor. Todo esto se amalgama en su interior dando lugar a una serie de vivencias subjetivas: bajo nivel de autoestima, cierto complejo de inferioridad, inseguridad... Son frecuentes los monólogos interiores, generalmente autocríticos.

Es posible confundir este cuadro de la personalidad depresiva con una auténtica depresión. La diferencia debe establecerse en la temporalidad de los hechos: en el primer caso los acontecimientos son como son desde que el sujeto tiene un comportamiento elaborado, o sea, desde casi siempre; en la depresión, sin embargo, todo sucede a partir de un momento concreto y, si el tratamiento es correcto, irá desapareciendo en unas semanas para remitir totalmente.

Por último, si nos referimos a la vertiente del comportamiento, uno de los síntomas externos más frecuentes de la *conducta* de la personalidad depresiva es la *anhedonia:* dificultad grave o incapacidad para sentir y buscar placer; es la conse-

CRITERIOS PARA EL TRASTORNO DEPRESIVO DE LA PERSONALIDAD

A. Patrón permanente de comportamientos y funciones cognoscitivo-depresivos que se inicia al principio de la edad adulta y se refleja en una amplia variedad de contextos. Se caracteriza por cinco (o más) de los siguientes síntomas:

1. El estado de ánimo habitual está presidido por sentimientos de abatimiento, tristeza, desánimo, desilusión e infelicidad.
2. La concepción que el sujeto tiene de sí mismo se centra principalmente en sentimientos de impotencia, inutilidad y baja autoestima.
3. Se critica, se acusa o se autodescalifica.
4. Cavila y tiende a preocuparse por todo.
5. Critica, juzga y lleva la contraria a los otros.
6. Se muestra pesimista.
7. Tiende a sentirse culpable o arrepentido.

B. Los síntomas no aparecen exclusivamente en el transcurso de episodios depresivos mayores y no se explican mejor por la presencia de un trastorno distímico.

(DSM-IV, 1995)

cuencia de la visión escéptica de la vida, el derrotismo y la actitud seria ante la existencia. A ella se suma un cansancio exagerado, incluso anterior al esfuerzo.

Hace años, se incluía en este grupo psicológico a los llamados *neurasténicos,* quienes evitan abrirse a otras personas, no buscan recompensas, ya que existe un déficit intrínseco por falta de esperanza, y valoran muy poco las propias posibilidades. A ello se suma la hipersensibilidad psicológica: sufren por todo en demasía y es fácil que se sientan heridos por los demás; cualquier pequeño fallo se vive de forma terrible, dramática, sobre todo hacia el interior, ya que su capacidad de expresión hacia fuera es muy escasa. Tienen problemas para relacionarse ya desde pequeños.

Hasta aquí la sintomatología. En cuanto al tratamiento, el error frecuente es pensar que se trata de una depresión. El primer paso debe ser hacerle ver al sujeto lo que le pasa, para que tome conciencia de que su forma de ser y funcionar es enfermiza, inadecuada y perjudicial. Si no se logra esto, el resto tendrá poco valor.

La psicoterapia permite diseñar pautas de conducta sanas para que estos sujetos vayan modificando y corrigiendo su patrón «extraviado». Se actúa sobre los sentimientos, la forma de pensar y las manifestaciones de la conducta. El establecimiento de un *rapport* positivo entre el médico y el paciente es esencial; una alianza en la que la figura del terapeuta tenga la suficiente fuerza como para diseñar nuevos esquemas mentales (pensar en positivo, no distorsionar la realidad, ser más lógicos en la elaboración de ideas y conceptos tanto personales como del entorno).

No obstante, en muchos casos es preciso administrar fármacos antidepresivos, ya que se combinan el trastorno de la personalidad y una depresión añadida.

VII

La personalidad paranoide

UN INDIVIDUO DESCONFIADO

Son muchas las descripciones de esta personalidad en la bibliografía psiquiátrica, desde W. Mayer-Gross a F. Kraepelin o K. Schneider, pasando por L. Rojas Ballesteros, Francisco Alonso-Fernández o V. Conde entre los españoles. Pero ya K. Kleist se refirió a la constitución paranoide y sus dos rasgos más destacados: la desconfianza y la elevada conciencia de uno mismo. Binder centró su descripción en la tendencia autorreferencial, la enorme y negativa influencia del ambiente, y el exceso a la hora de retener y guardar experiencias dolorosas.

El cuadro de síntomas DSM-IV señala como aspectos más marcados la *desconfianza* y la *sospecha generalizada e injustificada hacia los demás.* Desde un punto de vista fenomenológico, la percepción del sujeto está impregnada de suspicacia, recelo, miedo a ser dañado. Esta cautela le lleva a estar siempre en guardia, al acecho, apostado a la espera de algún tipo de agresión u hostilidad. El pensamiento paranoide atribuye a los demás dobles intenciones en sus palabras, gestos e incluso silencios, tanto en lo que los otros dicen como en lo que callan. Cualquier relación tiene un significado extraño, siniestro y malévolo hacia uno mismo; cualquier ligereza verbal y no verbal es sometida a escrutinio, y las conclusiones que se sacan resultan negativas para el propio individuo.

La «mirada paranoide» es aguda, fina, precisa, atenta a cualquier detalle que aflora en el discurso, como si la clave de todo estuviera semiescondida y hubiera que estar muy pendiente de cualquier expresión para descubrirla. El paranoide se cree el centro de atención y cualquier cosa que sucede en su entorno le invita a dudar, a desconfiar, a examinar minuciosamente el hecho para explicar lo inexplicable y encontrar una base donde sustentar sus argumentos. Son varias las características psicológicas a destacar:

1. *Actitud indagatoria:* la desconfianza ocupa un primerísimo plano y lleva a cuestionar todas las relaciones interpersonales, tanto en lo que se ve y se oye como en lo que permanece oculto.
2. *Ansiedad permanente:* obedece a un miedo expectante, a un sentimiento de inquietud y desasosiego. Los temores anticipatorios hacen que el sujeto viva con la impresión de que siempre le están sucediendo cosas raras, sorprendentes, que abren en él nuevas brechas para imaginar lo peor.
3. *Aislamiento:* modo de defenderse de las agresiones veladas y poco claras que emergen aquí y allá. La soledad y la falta de relaciones van incrementando la paranoia hasta que la persona se convierte en un Robinson Crusoe en su propia casa, llegando incluso a encerrarse en su habitación.
4. *Miedo irracional a tomar cualquier tipo de alimentos y/o medicamentos:* se teme ser envenenado o perjudicado y, como en la gran mayoría de los trastornos de la personalidad, no hay conciencia de enfermedad, por lo que el acceso médico a esa persona resulta casi imposible.
5. *Reacciones agresivas:* son fruto de los sentimientos permanentes de persecución y perjuicio. Estas reacciones, muchas veces, se reducen a un entorno muy pequeño –los familiares más cercanos– y, en la mayoría de las ocasiones, conducen al encierro en casa para no ver a nadie, a un ostracismo rotundo.
6. *Sentido justiciero:* se manifiesta con un tono radical, como consecuencia de una hipersensibilidad psicológica por la cual el individuo da un significado especial a todo lo que le sucede, sobre todo a los pequeños detalles. Esta actitud conduce a una falta de sintonía afectiva con el entorno, que se reduce a la mínima expresión.

CRITERIOS PARA EL DIAGNÓSTICO DE LA PERSONALIDAD. TRASTORNO PARANOIDE
A. Desconfianza y suspicacia general desde el inicio de la edad adulta, de forma que las intenciones de los demás son interpretadas como maliciosas. Éstas aparecen en diversos contextos, como lo indican cuatro (o más) de los siguientes puntos: 1. Sospecha, sin base suficiente, de que los demás se van a aprovechar de ellos, les van a hacer daño o les van a engañar. 2. Preocupación por dudas no justificadas acerca de la lealtad o la fidelidad de los amigos y socios. 3. Reticencia a confiar en los demás por temor injustificado a que la información que compartan vaya a ser utilizada en su contra. 4. Vislumbra significados ocultos que son degradantes o amenazadores en las observaciones o los hechos más inocentes. 5. Alberga rencores durante mucho tiempo; por ejemplo, no olvida los insultos, injurias o desprecios. 6. Percibe ataques a su persona o a su reputación que no son aparentes para los demás y está predispuesto a reaccionar con ira o a contraatacar. 7. Sospecha repetida e injustificadamente que su cónyuge o su pareja le es infiel. B. Estas características no aparecen exclusivamente en el transcurso de una esquizofrenia, un trastorno del estado de ánimo con síntomas psicóticos u otro trastorno psicótico, y no son debidas a los efectos fisiológicos directos de una enfermedad médica. *Nota:* Si se cumplen los criterios antes del inicio de una esquizofrenia, añadir «premórbido»; por ejemplo, «trastorno paranoide de la personalidad (premórbido)».

(DSM-IV, 1995.)

La personalidad paranoide es un trastorno grave, especialmente porque la persona afectada se niega a recibir un tratamiento médico. Suele ser su familia la que acude al psiquiatra para comentar lo que sucede y saber cómo actuar. El hecho de no tener conciencia de la enfermedad es más acusado que en otros casos, porque el sujeto se va encerrando cada vez más en sí mismo. En el caso de que la familia logre que acuda a una consulta, será decisiva la buena relación entre el médico y el enfermo.

Veamos la siguiente historia clínica:

Se trata de un hombre de 37 años que trabaja como conserje. Estudió hasta 4.º de Filosofía y dejó la carrera para hacer Psicología, de la que cursó sólo dos años. Vienen los padres a la consulta sin su hijo y su madre nos cuenta: «Ha sido siempre una persona retraída, introvertida, muy callada. Suele encerrarse en su habitación y dedicarse a sus dos grandes aficiones: el ajedrez y la lectura, sobre todo de temas filosóficos. Nunca quiere salir con su hermana, que tiene cuatro años menos, y únicamente va una vez por semana a un centro de ajedrecistas en donde juega con un señor de 62 años, que creemos que es casi un profesional. Le recomendó a nuestro hijo que se comprara un ajedrez electrónico para jugar solo, con lo cual ahora apenas abandona su dormitorio».

La madre piensa que aceptaría venir a la consulta. Le preocupa el estado de ánimo tan bajo de su hijo y sus comentarios recientes acerca de su deseo de morirse. El padre, a quien al parecer el hijo se parece mucho, casi no habla, salvo cuando yo le pido su punto de vista; es la madre la que lleva la voz cantante.

Ella le ha insistido mucho en que venga a consultarnos, y aprovechamos esta primera consulta para llamarle por teléfono. El resultado de esa breve charla es bastante bueno, sobre todo teniendo en cuenta que los especialistas tenemos un muy difícil acceso a los sujetos que padecen este trastorno de la personalidad. Así, a los pocos días viene a vernos y le recibo sólo yo, sin ninguna persona de mi equipo, ya que según los padres es un ser extraordinariamente sensible.

Se trata de un hombre de 1,80 de estatura, 84 kilos, aspecto recio, de complexión atlética, frío, distante, seco, que mide mucho sus palabras y no resulta nada sintónico. Nos dice: «He venido porque mi madre me ha insistido mucho y también mi hermana y mi abuela. Me encuentran bajo de ánimo y piensan que tal vez unas vitaminas o algo parecido me puedan sacar de este bache [...]. Me gusta la soledad, no me fío de la gente, lo paso mal porque tengo que interpretar lo que me dicen y, como soy muy analítico, a veces sufro. Prefiero leer un libro de Sartre, aunque mis preferidos son Schopenhauer y Nietzsche. Me interesa mucho el tema de la angustia existencial y la muerte. No terminé la carrera de Psicología porque no podía concentrarme y, además, porque me decepcionó: yo creía que me ayudaría a comprenderme mejor a mí mismo y resolvería mis problemas, pero no fue así, porque las asignaturas son pesadas y no aclaran nada».

A mi pregunta sobre si está a gusto con su forma de ser, me responde: «Yo soy así». «¿Hay algo de tu personalidad que cambiarías en algún sentido?» «Me veo normal, cada uno tiene una forma de ser.» Muchas de sus respuestas son lacónicas, breves, sucintas y en pocas ocasiones dan pie para seguir avanzando en el interrogatorio. Tras analizar los resultados de sus tests de depresión, ansiedad y afectividad, observamos una amplia patología, con una fuerte depresión aunque subyacente al cuadro de ansiedad, que resulta muy acusado, especialmente en los planos cognitivo y asertivo. Decido dejar la exploración de la personalidad para una siguiente entrevista por miedo a que muestre su rechazo. Le administramos un ansiolítico en dosis altas (Alprazolan, 1 mg, seis tomas al día), un neuroléptico (tranquilizante mayor; Clorpromazina-25 en desayuno, comida y cena) y un hipnofacilitador (fármaco para combatir el insomnio).

Vuelve a las dos semanas y la madre nos comenta que está más tranquilo, pero que el sueño sigue siendo malo (le cuesta más de dos horas cogerlo desde que se toma la medicación y, además, éste es intermitente, por lo que se levanta muy cansado por la mañana). Le cambiamos el medicamento por un hipnótico más fuerte (Flunitracepan, 1 mg, cuarenta y cinco minutos antes de acostarse).

Dejó de venir a la consulta durante unos seis meses ya que estaba preparando unas oposiciones de administrativo a la Seguridad Social. Las sacó y se incorporó a su trabajo poco después. Casi un año más tarde volvió a consulta, previa llamada telefónica de su madre, muy preocupada porque continuaba el encierro de su hijo en casa y porque, pocos días antes, éste se había largado de la boda de un primo –a la que en principio se resistía a ir– tras el aperitivo, pues había interpretado las preguntas de algunos familiares como malintencionadas.

Cuando vuelvo a verle, le encuentro más hermético, muy poco dialogante, volcado en la lectura de Cioran y Kierkegaard. La evolución se ha ido complicando con dos síntomas nuevos: alucinaciones auditivas (oye ruidos que no existen) e interpretación suspicaz de que estos ruidos son para molestarle a él, que manifiesta así en su relato: 1) «Vengo observando desde hace ya unos meses que mi madre hace unos ruidos raros con la boca; unos sonidos con los que ella quiere perjudicarme. Se lo he dicho y dice que son invenciones mías». Cuando converso con su madre, me explica que ha llegado a amenazarla con que, si no cambia, él tomará sus medidas. Incluso –nos cuenta– se ha dado de baja en el trabajo, porque dice que algunos compañeros hacen comentarios o se ríen cuando él pasa. Y 2) «Los vecinos del piso de arriba, a los que casi ni saludo cuando nos encontramos por las escaleras, hacen unos ruidos muy raros: corren sillas, arrastran muebles, oigo el goteo de los lavabos... Yo sé que van contra mí y la otra tarde, al vernos en el ascensor, nos miramos fijamente, porque ellos se dan cuenta de que yo lo sé».

Los padres insisten en que son gente normal, conocedores de que su hijo está en tratamiento psiquiátrico, por lo que preguntan y se interesan por su evolución.

El cuadro clínico que acabamos de comentar se va complicando por diversos motivos: el atroz aislamiento del paciente, la baja laboral, síntomas depresivos claros que se suman a una sintomatología paranoide... Finalmente acepta tomar una medicación antidepresiva, aunque insiste en no volver a la consulta. Hay tres elementos que comentar respecto al tratamiento:

1. La *alianza médico-enfermo*, que resulta siempre clave, fue en este caso especialmente importante porque permitió compartir lecturas e intereses, así como saciar su curiosidad respecto de la Psicología. Dada esta sintonía aceptó, aunque con muchas reticencias, que era portador de un trastorno de la personalidad y que necesitaba ayuda terapéutica.

2. En el tratamiento se siguió la trilogía farmacoterapia-psicoterapia-socioterapia. La medicación, a base de Butirofenona, se recetó en dosis más bien altas, con ansiolíticos (Loracepan-5, tres veces al día) y correctores de los antipsicóticos (de sus efectos secundarios). Con la psicoterapia fuimos fabricando un *programa de conducta* que, al principio, recibió como un espectador obligado a ello y, más tarde, intentó implicarse poniendo en práctica algunas de las pautas. Por último, logramos

que viniera a terapia de grupo un día a la semana, aunque al comienzo lo hizo con grandes resistencias y casi sin participar.

3. El paciente ha mejorado a lo largo de estos años. En la terapia de grupo está aprendiendo *habilidades en la comunicación,* aunque le cuesta mucho: «Yo no hablo de tonterías ni de frivolidades. A mí me gusta tocar asuntos serios, como la angustia existencial, las películas psicológicas o el tema de la muerte en la filosofía, y sé que a la gente eso no le interesa nada». Se le ha propuesto, como tarea psicológica, aprender a hablar de temas intrascendentes, comunes, cotidianos. Incluso se le ha planteado que llame a alguna chica del grupo y la invite a salir con él: «Eso tengo que pensarlo, no nos conocemos lo suficiente».

No obstante, este caso clínico es poco habitual en su evolución por dos razones:

a) Porque el paciente fue capaz de venir a la consulta, en contra de lo que es habitual en los individuos con personalidad paranoide. Se estableció una relación interpersonal buena con la mediación de su madre, que intervino en varias sesiones conjuntas. La *deformación de la percepción de la realidad,* uno de los rasgos característicos de este paciente, se pudo ir desmontando mediante una técnica cognitiva selectiva[1].

b) Porque el paciente aceptó finalmente tomar medicación, lo cual suelen rechazar de plano quienes padecen este trastorno. La concomitancia con un estado de ansiedad, primero, y depresivo, después, facilitó las cosas en este sentido. La frágil alianza con el médico puede romperse fácilmente ante pequeñas sospechas, dudas o intervenciones médicas iatrogéni-

1. Para explicarle su deformación de la percepción de la realidad se le argumentó lo siguiente: «Si tu madre, que es la persona que más te quiere y que te lo ha demostrado con hechos concretos, hace esos ruidos que tú dices para molestarte, tendría una conducta impropia de una madre y estaría jugando contigo. Pero tú sabes que está sufriendo mucho y la has visto llorar muchas veces. ¿Cómo va a querer hacerte daño a ti, por qué, con qué objeto? Es la soledad de monje en la que vives la que te lleva a pensar esto».

cas (producidas por una errónea actividad médica). La *desconfianza expectante,* así como una especie de *hostilidad difusa y desdibujada* marcan el comportamiento paranoide.

Para que con un tratamiento haya resultados, es decisiva la conciencia de enfermedad. De lo contrario, no se puede llegar al enfermo. Hay que prestar mucha atención a sus sentimientos de humillación pero no tomar partido, ya que si le damos la razón hacemos que el cuadro clínico se vuelva cada vez más crónico. Si el médico es cuidadoso y consigue establecer una buena relación, el pronóstico puede ser favorable.

LA INCAPACIDAD PARA PERDONAR Y OTROS SÍNTOMAS

En la personalidad paranoide, además de la desconfianza generalizada e injustificada a la que ya nos hemos referido, es característica una memoria fotográfica para los agravios supuestos o reales recibidos, con incapacidad para perdonar u olvidar pequeños incidentes que a menudo se sobredimensionan. Distintas investigaciones sugieren que este trastorno puede tener relación biogenética con la *esquizofrenia* (J. A. Gutiérrez Ariza, 1976; S. Kendler y A. M. Gruenberg, 1982; L. J. Siever y otros, 1991, y L. A. Clark, 1999), aunque parece que son los mecanismos de defensa proyectivos los que van fraguando este desorden, actuando desde los primeros años de la juventud (G. Vaillant, 1992). Hoy sigue en discusión la etiología del mismo.

Las tesis psicológicas apuntan los siguientes rasgos como gestores de la sintomatología: personas que han heredado genéticamente una forma de ser muy introvertida y «rumiadora», que desde temprana edad elaboran sentimientos poco adecuados respecto de la gente más cercana, que suelen vivir humillaciones y fabrican una marcada vulnerabilidad, seguida de hostilidad y autorreferencia, así como una tendencia a responsabilizarse en exceso de sus defectos y errores. El temor a la crítica y a la desaprobación de los demás se encuentran también en esta conducta; por ello I. Turkat y S. Maisto (1997) recomendaron la terapia de grupo para desarrollar habilidades sociales, aunque suele ser difícil la continuidad en la asistencia por los fuertes mecanismos de resistencia de los pacientes. En nuestra experiencia clínica (Enrique Rojas y cols., 2000), el gran problema de la terapia cognitivo-conductual es que estos individuos guardan en la memoria pequeños incidentes, muchas veces triviales, que impiden la mejoría por su incapacidad para superar y olvidar esos hechos. De hecho, Sigmund Freud definió esta patología con el nombre de *neuropsicosis de defensa*. Por su parte, A. T. Beck y Freeman (1990) han subrayado las deformaciones cognitivas que se producen en esta personalidad estableciendo una ordenación de las vivencias inadecuadas tras valorar correctamente algunos detalles de la relación con los demás.

Es muy acertada la descripción que hizo en su día E. Kretschmer (1950) del *carácter sensitivo* típico de estos sujetos: son tímidos, sensibles, dubitativos, ansiosos, analíticos, escrupulosos y con una sensibilidad exagerada en los contactos sociales; tienden a inhibir sus reacciones iniciales, lo que los vuelve insatisfechos y con tensiones acumuladas. Como hemos dicho, los conflictos mal resueltos, las circunstancias difíciles y con evidentes marcas de sufrimiento y la suma de fracasos de distinto signo forman un contexto en el que puede desarrollarse una reacción paranoide aguda. Una gota de agua puede desencadenar una desconfianza extraordinaria que lleva al individuo a vivir siempre como si estuviera amenazado.

VIII

La personalidad esquizoide

UNA VIDA EN SOLITARIO

Durante mucho tiempo se consideró que la personalidad esquizoide era la base de la esquizofrenia o una forma de ser asociada a dicha enfermedad. Históricamente hay descripciones muy interesantes, como la de A. Hoch (1910), que habló de *personalidad cerrada,* o la de E. Kraepelin (1919), quien se refirió a la *personalidad autista.* A partir de E. Kretschmer se normalizó la expresión *personalidad esquizoide.* H. J. Guntrip (1971), psicoanalista, puso el énfasis en la tendencia al aislamiento, con dificultades para establecer relaciones sociales abiertas, lo que lleva a estos sujetos a comportarse extrañamente.

Siempre que analizamos un trastorno conviene tener presente que entre la personalidad sana y la patológica hay un *continuum* con distintos grados. En un momento determinado se atraviesa la frontera entre lo normal y lo anormal, tanto cuantitativa como cualitativamente.

¿Cuál es la principal nota clínica de la personalidad esquizoide? *Una marcada dificultad para relacionarse con los demás, con un déficit enorme para las habilidades sociales.* No sólo no se relacionan sino, lo que es más acusado, *no lo desean.* Estos solitarios que juegan durante horas al ordenador o se meten en su habitación y se refugian en un mundo fantástico, no se comunican con sus compañeros de trabajo y, de hecho, suelen buscar una actividad profesional en la cual sea muy escasa la interacción social. Raramente se casan, ya que *su falta de afectividad es un signo de primera magnitud:* son fríos, distantes, reservados e incapaces de expresar sentimientos positivos. En pocas palabras, ni disfrutan de la vida[1] ni se apasionan por nada. Resultan impenetrables, rígidos, y son incapaces de hablar de las cosas normales del día a día, como si permanentemente hubiera en ellos un trasfondo filosófico o metafísico.

Cuando se convive con sujetos esquizoides puede observarse su *tono vital indiferente*, teñido de ausencia y ensimismamiento, como si estuviesen perdidos en un vagabundeo interior; sin embargo, este mundo interior no es nada interesante, pues se encuentra casi vacío de vivencias, incluso insensible. Hacia fuera, la expresividad emocional es plana, nula, inexistente.

Con el paso del tiempo esta forma de ser se puebla de miedos, fobias y mecanismos de evitación que conducen al individuo, por una rampa deslizante, a la vida aislada: se alejan de los demás por su falta de sintonía e imposibilidad para hacer amistades. *Su vida se construye al margen de la gente, incluyendo la familia.*

LA AUSENCIA DE ESTÍMULOS

En los esquizoides los estímulos externos apenas tienen influencia. Viven una vida monacal tanto en casa como en el tra-

1. La palabra exacta que corresponde a esta característica es *anhedonia*, término de origen griego compuesto de *an* («sin») y *hedoné* («placer»). Fue acuñado por el psicólogo francés T. Ribot (1896) para denotar la ausencia completa de placer o una insensibilidad para gozar y disfrutar de las cosas agradables o que producen diversión.

En un principio, el concepto se utilizó sólo dentro del marco del psicoanálisis (K. Menninger, 1938; A. Myerson, 1946; I. P. Glauber, 1949; S. Rado, 1956, y S. S. Asch, 1971), pero en la actualidad se aplica sobre todo a la depresión, aunque también a la esquizofrenia y a algunos trastornos de la personalidad («personalidades con dificultades para el placer»). En los últimos años se ha trabajado sobre este concepto intentando dar una definición operativa, capaz de precisar el perímetro que abarca mediante la medición de escalas de conducta. Entre otras muchas investigaciones cabe destacar: L. J. Chapman (1976), H. D'Haenen (1976), N. C. Andreasen (1981 y 1982), P. Bech y cols. (1984), S. A. Berenbaum y cols. (1987), Moorey, Greer y Watson (1991), G. Loas y E. Salinas (1992), y G. Loas y P. Boyer (1995).

bajo y, si son laboriosos, pasan la existencia sin hacer ruido. En el lenguaje vulgar suelen calificarse de «sosos», «insípidos», «anodinos», «desabridos», y su estilo resulta desangelado e insulso. Son un monumento al aburrimiento y a la pasividad gélida y desapasionada. Es como si hubieran dejado de lado el equipaje afectivo ya en su primera juventud, lo que a la larga les lleva a un estado depresivo.

Veamos la siguiente historia clínica, bastante representativa:

Se trata de un hombre de 68 años, soltero, funcionario jubilado, que viene a la consulta con un hermano médico cinco años menor. Se le diagnosticó una depresión a los 50 años y desde entonces se le ha venido controlando, aunque su mejoría ha sido escasa. Es su hermano el que nos cuenta que «siempre habla muy poco. Estudió contabilidad y no se atrevió a ir a la universidad por miedo a relacionarse con la gente. Ha sido coleccionista de sellos y eso ha llenado su vida. Nunca ha salido con una chica; cuando era más joven iba con un grupo de primas y amigas, pero la mayoría de las veces prefería quedarse en casa. Los hermanos nos fuimos casando –somos cuatro con él– y, cuando en las bodas se comentaba que el próximo sería él, le sentaba muy mal».

Y el propio paciente dice: «Con 50 años me di cuenta de que me había pasado la vida trabajando, pero nada más. Me entristeció mucho ver lo que había sido de mí. Mi hermano médico me dijo que lo que estaba era deprimido. He visto ya a bastantes psiquiatras, me mandan pastillas pero yo estoy más o menos igual. Últimamente, desde hace un par de años, me siento en una silla, veo la televisión desde por la mañana y casi no salgo. Duermo mal. He perdido algo el apetito, aunque yo nunca he sido de mucho comer».

A continuación, reproducimos parte de la entrevista:

–¿Cómo ha sido su vida?
–Normal, sin grandes cosas.
–¿Está usted contento con el tipo de vida que ha llevado?
–No sé... yo creo que sí, soy así...
–¿Por qué no se ha casado?
–Siempre he sido tímido con el asunto de las mujeres y se me fue pasando la edad.

–¿Le hubiera gustado tener hijos?

–Yo creo que no, pues no estoy preparado para ello. Es difícil educarlos. Prefiero estar como estoy.

–¿Cómo se ha encontrado de ánimo en las últimas dos semanas aproximadamente?

–Cansado y con pocas ganas de hacer cosas.

–Explíqueme mejor cómo se siente por dentro, en su interior.

–Es difícil, estoy vacío, mi hermano dice que estoy triste, no sabría qué comentarle...

–¿Cómo pasa el día?

–Estoy jubilado y me aburro mucho, no sé qué hacer. Además, los sellos ya me cansan.

–¿Qué es lo que más le gusta hacer o con qué disfruta más?

–Estando en casa o con mi hermano el médico, que me habla y me lleva con él de paseo o a ver a sus hijos, aunque no me gusta estar con mucha gente.

El interrogatorio deja ver a las claras dos cosas: un tipo de personalidad muy poco expresiva, en cuyo discurso están prácticamente ausentes los adjetivos referentes a su propio estado anímico, y una depresión asociada a su forma de ser que medimos siguiendo las escalas de Beck y Hamilton. En algún momento de la entrevista con el hermano, éste nos comentó que recientemente había comentado que prefería morirse, ya que su vida no tenía sentido, pero que de momento no había habido ninguna tendencia suicida.

El tratamiento tridimensional que le recomendamos fue el siguiente: en la *farmacoterapia,* se empleó Fluoxetina-20 en desayuno y cena. Al ser una persona de morfología leptosómica (alta, delgada, esbelta, con poca grasa abdominal), a las pocas semanas se le cambió por Paroxetina en una dosis equivalente, pues ese primer fármaco frena el apetito de modo significativo. Como no existía un cuadro de ansiedad, no se le prescribió ningún sedante; sólo Zolpiden para dormir. En cuanto a la *psicoterapia,* se le dieron unas pautas de conducta muy operativas, sencillas, que debía poner en práctica bajo la presencia y tutela de su hermano. Y como parte de la *socioterapia,* se le aconsejó asistir una vez por semana a psicoterapia de grupo

CRITERIOS PARA EL DIAGNÓSTICO DE LA PERSONALIDAD. TRASTORNO ESQUIZOIDE
A. Un patrón general de distanciamiento de las relaciones sociales y de restricción de la presión emocional en el plano interpersonal, que comienza al principio de la edad adulta y se da en diversos contextos, como lo indican cuatro (o más) de los siguientes puntos: 1. No desea ni disfruta de las relaciones personales, incluido el formar parte de una familia. 2. Escoge casi siempre actividades solitarias. 3. Tiene escaso o ningún interés en las experiencias sexuales con otra persona. 4. Disfruta con pocas o ninguna actividad. 5. No tiene amigos íntimos o personas de confianza, aparte de los familiares de primer grado. 6. Se muestra indiferente a los halagos o las críticas de los demás. 7. Muestra frialdad emocional, distanciamiento o aplanamiento de la afectividad. B. Estas características no aparecen exclusivamente en el transcurso de una esquizofrenia, un trastorno del estado de ánimo con síntomas psicóticos u otro trastorno psicótico, y no son debidas a los efectos fisiológicos directos de una enfermedad médica. *Nota:* Si se cumplen los criterios antes del inicio de una esquizofrenia, añadir «premórbido»; por ejemplo, «trastorno esquizoide de la personalidad (premórbido)».

(DSM-IV, 1995.)

con gente más o menos de su edad, venciendo sus fuertes resistencias, así como salir a menudo con su hermano, visitar a los sobrinos, no estar todo el día solo sin hacer casi nada y viendo la televisión...

De la depresión fue mejorando lentamente. Logró venir a la terapia de grupo acompañado de su hermano, como si fuera un niño pequeño que va al colegio por primera vez, aunque en las tres primeras sesiones casi no habló. Poco a poco empezó a participar algo y se mostró más dispuesto a colaborar con el equipo médico, aunque muy a remolque.

Con justeza, E. Kretschmer afirmaba que las personas de este grupo padecen una *cojera afectiva*. El psicoanálisis suele atribuir el origen de estos desórdenes a algún trauma o impacto infantil que haya dejado una huella imborrable, marcando toda la conducta[2]. Por su parte, W. R. D. Fairbairn (1952) puso de manifiesto dos síntomas muy particulares: la *despersonalización* y la *desrealización*, lo que significa que estos individuos son observadores, pero no participantes en la vida de alrededor. Por ello, cuando no se aplica ningún tratamiento, el paso de los años hace crónico el trastorno, fortificándose sus raíces y dificultándose su erradicación.

2. La psicoanalista Helen Deutsch estudió en estos pacientes alguna alteración en el desarrollo psicosexual, pero no pudo demostrar nada específico. Karl Menninger describió cinco estirpes de personalidad esquizoide: el retraído, el duro, el artístico, el estúpido y el irritable o malhumorado.

Varios trabajos a nivel familiar han proporcionado datos a favor de una relación entre personalidad esquizoide y esquizofrenia. Dicho de otro modo: la forma de ser esquizoide es terreno abonado para que se dé algún tipo de trastorno esquizofreniforme. No obstante, hoy está demostrado científicamente que el pronóstico de este tipo de personalidad no es necesariamente malo, siempre que se aplique un tratamiento correcto temprano, como demostraron D. P. Morris y colaboradores (1954), tras investigar los casos de cincuenta y cuatro niños presuntamente esquizoides que, tras someterse a una terapia especial durante once años, se fueron recuperando con normalidad en un 96% de la muestra.

IX

La personalidad esquizotípica

UNA PSICOLOGÍA EXTRAVAGANTE

Todavía dentro del Grupo A de la clasificación del DSM-IV, nos encontramos con la modalidad de los *excéntricos*. Llaman la atención por su aspecto externo raro y desaliñado, hablan de cosas raras, poco inteligibles o mágicas, siendo muy frecuentes las creencias en la telepatía, los poderes ocultos, la quiromancia, etc. Suelen distorsionar de forma casi sistemática la percepción de la realidad, captando los hechos de una forma rara, muy particular, al margen del criterio de las personas que les rodean.

Éstos son algunos de los matices diferenciales:

1. El trastorno esquizotípico de la personalidad pertenece al *espectro de la esquizofrenia,* lo que significa que es un buen caldo de cultivo para que prospere dicha enfermedad.

2. Tres son los trastornos de la personalidad en los que *la vida afectiva se reduce a la mínima expresión,* siendo muy pobres las relaciones sociales y casi autista el pensamiento: la personalidad esquizoide, la esquizotípica y la personalidad por evitación.

3. El comportamiento del individuo esquizotípico está impregnado de una *atmósfera psicológica rara,* extraña, estrafalaria, exótica, poco adecuada a la realidad de lo que es la vida y el entorno cultural. Esto lleva a una forma de vivir aislada, hueca, vacía, inútil, al margen de la gente y de la sociedad, que nunca permite establecer relaciones de amistad sólidas y estables. Todo resulta errático e impreciso.

4. En las pocas relaciones sociales que mantiene el sujeto esquizotípico, las características más acusadas son la *frialdad* y la *sensación de lejanía*. Es como estar con un autómata sin rumbo, una especie de *presencia ausente*.

5. Manifiesta un *desinterés profundo por el mundo afectivo*. Los sentimientos son impropios de esta personalidad, como si no le pertenecieran. En este terreno todo es distancia, una neblina de difícil calificación que invade y recorre su vida[1].

6. La marcada *distorsión en la percepción de la realidad* lleva al sujeto esquizotípico a un curioso grado de excentricidad. La relación estímulo-respuesta es en él inadecuada, ya que no presta atención a los estímulos selectivos. Igualmente, es errónea la codificación y el almacenamiento de casi todo lo que entra por los sentidos. Por eso, antes o después la gente lo deja solo.

7. Por último, destacar la *constante despersonalización*, como si no tuvieran personalidad o la tuvieran vacía, lo que les lleva a vivir sin rumbo ni dirección.

MANIFESTACIÓN TEMPRANA DE LA ENFERMEDAD

La personalidad esquizotípica se manifiesta ya en la adolescencia o primera juventud. K. S. Kendler y cols. (1993) demostraron el riesgo de padecer este trastorno en familiares

1. La elaboración final de esta tipificación diagnóstica en el DSM-IV fue llevada a cabo especialmente a través de los trabajos de investigación de R. L. Spitzer, J. Endicott y M. Gibbon (1979), así como los de T. Millon y cols. (1981). Tanto en este tipo de trastorno como en el esquizoide, es primordial el aislamiento social y sus graves consecuencias.

Los primeros antecedentes del concepto de personalidad esquizotípica los encontramos a finales del siglo XIX: K. L. Kahlbaum (1863) y E. Kraepelin (1896). Más tarde, ahondaron en el tema A. Hoch (1910), E. Bleuler (1911), Adolf Meyer (1912) y G. Langfeldt (1937). En la actualidad es muy importante la investigación que se realiza en este campo.

CRITERIOS PARA EL DIAGNÓSTICO DE LA PERSONALIDAD. TRASTORNO ESQUIZOTÍPICO

A. Un patrón general de déficit social e interpersonal asociado a malestar agudo y una capacidad reducida para las relaciones personales, así como distorsiones cognoscitivas o perceptivas y excentricidades del comportamiento, que comienzan al principio de la edad adulta y se dan en diversos contextos, como lo indican cinco (o más) de los siguientes puntos:

1. Ideas de referencia (excluidas las ideas delirantes de referencia).
2. Creencias raras o pensamiento mágico que influye en el comportamiento y no es consistente con las normas subculturales (por ejemplo, superstición, creer en la clarividencia, telepatía o «sexto sentido»; en niños y adolescentes, fantasías o preocupaciones extrañas).
3. Experiencias perceptivas inhabituales, incluidas las ilusiones corporales.
4. Pensamiento y lenguaje raros (por ejemplo, vago, circunstancial, metafórico, sobreelaborado o estereotipado).
5. Suspicacia o ideación paranoide.
6. Afectividad inapropiada o restringida.
7. Comportamiento o apariencia rara, excéntrica o peculiar.
8. Falta de amigos íntimos o desconfianza aparte de los familiares de primer grado.
9. Ansiedad social excesiva que no disminuye con la familiarización y que tiende a asociarse con los temores paranoides más que con juicios negativos sobre uno mismo.

B. Estas características no aparecen exclusivamente en el transcurso de una esquizofrenia, un trastorno del estado de ánimo con síntomas psicóticos u otro trastorno psicótico o de un trastorno generalizado del desarrollo.

Nota: Si se cumplen los criterios antes del inicio de una esquizofrenia, añadir «premórbido»; por ejemplo, «trastorno esquizotípico de la personalidad (premórbido)».

(DSM-IV, 1995.)

de primer grado de los enfermos. También se ha podido saber que comparte con la enfermedad esquizofrénica algunas características *biológicas,* como el incremento del tamaño de los ventrículos cerebrales y una mayor concentración de ácido homovanílico en el líquido cefalorraquídeo (L. J. Siever y cols., 1999). A ello se asocia una menor capacidad para el seguimiento de los objetos en el campo visual y cierto deterioro en la atención auditiva, de la misma manera que son menos finas las tareas de ejecución continuada (R. L. Trestman y cols., 1995).

Como ya hemos comentado, estamos ante una personalidad que llama poderosamente la atención por su pobreza en la expresión de afectos, lo que conduce a una relación social casi nula ya desde la escuela, aunque acentuada en los comienzos de la historia laboral. Una conducta en exceso reservada y fragmentada, casi insensible.

El diagnóstico suele ser fácil, pues la sintomatología se manifiesta de forma clara, aunque muchas veces el problema radica en saber si el sujeto ha ido un paso más allá y nos encontramos ante una auténtica esquizofrenia. Son elementos determinantes: la aparición de *alucinaciones auditivas* (el enfermo oye voces que le hablan de su actividad, bien de forma dialogante bien de forma imperativa), las *vivencias delirantes* (autorreferenciales), la interceptación del pensamiento (tener la impresión de que sus pensamientos están siendo controlados de alguna manera)... Es preciso determinar si el esquizotípico es *activo* o *pasivo,* pues cambia bastante la orientación terapéutica en uno y otro caso, así como la medicación específica (psicorrelajantes, antidepresivos, neurolépticos derivados de la Olanzapina en bajas dosis, etc.). La psicoterapia cognitivo-conductual es uno de los modos para fortalecer la conciencia de trastorno, lo que constituye un objetivo psicológico fundamental. Otro es enseñarle a disfrutar un poco de las cosas sencillas de la vida, intentando que aprenda la importancia que tiene el placer. Por último, hay que trabajar también las distorsiones cognitivas (desfiguraciones y falseamientos en la percepción de la realidad), tarea en la que se pone a prueba la habilidad del médico o del psicólogo. No es raro que se observen manifestaciones paranoides que complican el caso, así como conductas de evitación[2].

2. Una observación complementaria. En los trastornos de la personalidad de mejor pronóstico, el paciente utiliza *mecanismos de defensa autoplásticos:* sentimientos de culpa y una cierta conciencia de enfermedad que le lleva a implicarse más para intentar salir adelante. En los trastornos de la personalidad de peor pronóstico, se manejan *mecanismos de defensa aloplásticos:* se culpa a los demás o a las circunstancias de lo que a uno le ocurre, o incluso no se plantea ni siquiera esto y simplemente se va tirando de una existencia hueca, vacía, sin contenido ni sustancia.

X

La personalidad antisocial o psicopatía

En el Grupo B del DSM-IV se explican los síntomas que constituyen la geografía del *psicópata.* Se han utilizado distintas denominaciones para señalar este trastorno que muestra una conducta *contra las normas generales* establecidas por la sociedad, lo que suele llevar al sujeto a la marginación, la delincuencia o la ilegalidad. Cuando se trata de un individuo peligroso, suele ser menester su hospitalización.

El psicópata rara vez acude al psiquiatra, salvo por la presión o el chantaje de algún familiar de primer grado. Ello obedece a dos razones: no tiene conciencia de que le suceda nada anormal y, por tanto, no necesita ningún tipo de asistencia, y entiende que la sociedad es la que le ha situado en un contexto de crimen y violencia del que debe protegerse.

P. Pinel (1806) puede ser considerado uno de los pioneros tanto en liberar a los enfermos mentales de las cadenas como en utilizar la psicoterapia para curar ciertos padecimientos, siendo el introductor del método experimental. El concepto de *anomalía constitutiva de la personalidad* procede de la descripción de la *manía sin delirio.* E. Esquirol (1823) se refirió a la *monomanía impulsiva,* mientras que B. A. Morel (1828) la llamó *locura de los degenerados* y finalmente J. C. Pritchard (1835) hizo célebre la expresión *moral insanity* (*moralische krankheiten* en alemán) para aludir a los locos morales o personas sin sentimientos que no pueden controlarse y cuya ética es mínima.

Sin embargo, las reacciones contra esta forma de entender la psiquiatría condujeron a dos grandes médicos franceses, J. Falret y W. Griesinger, a negar la existencia de esa «locura ética», a pesar de las teorías constitucionalistas de V. Magnan (1893). Muchos otros continuaron esta investigación: Dupré (autor de *Las constituciones psicopáticas,* 1912), Kurt Schneider (*Las personalidades psicopáticas,* 1923 y 1950), Ch. Borel (*El desequilibrio psíquico,* 1947) o P. Bernard y Ch. Brisset, que en su *Tratado de Psiquiatría* (1965) expusieron las características esenciales de estos enfermos bajo la denominación «Problemas clínicos planteados por los perversos constitucionales, los que tienen perversiones sexuales y los toxicómanos». Ya en el siglo XIX, Mairet había calificado a este grupo de *inválidos morales:* «No tienen sentido moral y su conducta subversiva está constantemente dominada por las tendencias perversas y la malignidad».

En Estados Unidos, Benjamin Rush utilizó la expresión *depravación moral innata* para señalar la incapacidad de controlar y gobernar las pulsiones sin perder el juicio y el raciocinio. En Inglaterra fue H. Maudsley (1870) el primero en referirse a la existencia de un centro cerebral en el que residen los sentimientos naturales y que sería el responsable de este tipo de desorden[1]. Pero se debe a E. Kraepelin el término *personalidad psicopática* que hoy es de uso común en la psiquiatría mundial, aunque la tradición francesa habla también de *personalidad desequilibrada.* E. Kraepelin (1905)[2] describe a los psicópatas como personas *sin afectividad y sin voluntad,* dos carencias

1. En esta dirección se encontraban las ideas de C. Lombroso (1877), que defendían ciertos *estigmas* en las personas depravadas: mandíbula ancha y prominente, orejas alargadas, frente grande, complexión fuerte y robusta, agilidad física muy acusada, desarrollo sexual temprano e intenso y escasa sensibilidad a los estímulos táctiles.

2. En su clasificación distinguió cuatro subtipos: timadores y mentirosos patológicos; criminales impulsivos; criminales profesionales y vagabundos. Más adelante (hacia 1912) los dividió en dos grandes grupos: los que tenían una disposición enfermiza (obsesivos, impulsivos y gente con desviaciones sexuales) y los que carecían de dicha disposición (inestables, excéntricos, mentirosos, pendencieros y antisociales). En 1914, K. Birnbaum modificó la última edición del *Tratado de Psiquiatría* kraepeliniano, lanzando el término *sociopático* y matizando que no todos los psicópatas tienen un comportamiento contrario a las normas sociales.

graves que impiden gobernar la propia psicología. Para D. K. Henderson (1939), lo más destacado de esta conducta es su carácter marcadamente antisocial e incorregible. Por su parte, H. Cleckley (1959) propuso la siguiente definición: «Persona altamente asocial, agresiva e impulsiva, que carece –a veces no enteramente– de sentimientos de culpa y que es incapaz de crear lazos de afecto duraderos con otras personas».

La investigación en los países anglosajones se ha centrado en gran medida en saber si se trata de un trastorno *hereditario* o *reactivo* (Maughs, 1941; Curran, 1944; Cleckley, 1944; Penrose, 1947; Ben Karpman, 1948; Darling y Landall, 1954; Slater, 1955 y 1974; etc.). Todos estos autores insisten en la existencia de un patrón de comportamiento irresponsable, desprovisto de sentimientos de culpa, que se ha hecho crónico.

EL TRATAMIENTO POSIBLE

Frente a la afirmación de muchos psiquiatras y psicólogos de que el psicópata no tiene curación, hoy sabemos que con un tratamiento biopsico-social temprano pueden conseguirse algunos resultados positivos, es decir, cabe acercar a estos sujetos a la banda de la *normalidad* según criterios de salud mental. Veamos el siguiente caso clínico:

> Viene a la consulta una mujer de 54 años, viuda, madre de tres hijos de 18, 23 y 25. De nivel socioeconómico medio-bajo, vive de su pensión, aunque la mayor de las hijas trabaja y aporta su sueldo a la casa. «Vengo a consulta por mi hijo –nos dice–. Él no quiere venir. Mis hijas y yo hemos pasado por un centro público de Salud Mental, pero el médico y el psicólogo que nos atendieron nos dijeron que el tratamiento era muy difícil y que ellos daban el caso por perdido.» «¿Por qué cree usted que él no está bien psicológicamene y necesita ayuda?», le pregunto. «Tiene una forma de ser muy violenta. Maltrata a sus hermanas, su lenguaje es duro, terrible, y cuando ellas le llaman la atención las amenaza; con un cuchillo o diciéndoles que una noche las va a violar. Sus amigos son muy raros, muchos se drogan y van vestidos con ca-

zadoras negras de cuero y el pelo pintado. Tuvo que dejar el colegio con 13 años porque no iba a clase, aunque ya desde los 9 o 10 años traía unas notas muy malas. Fue expulsado de dos centros escolares: en uno por robar dinero y en otro por su comportamiento muy agresivo.»

«Cuénteme alguna anécdota concreta.» «No sé por dónde empezar, son muchas. Yo creo que desde siempre ha sido un niño difícil, complicado, envidioso, con reacciones que todos en casa temíamos. Recuerdo que con 14 años su padre –que aún vivía– le dijo que estaba muy disgustado por su comportamiento y que sólo nos daba problemas, y él le amenazó: "Ten mucho cuidado conmigo porque un día te mato. No lo olvides. Y me quedaré tan tranquilo, que lo sepas". Un año antes, aproximadamente, había comprado dos gatos pequeños. Vi cómo ahogó a uno; y cuando le pregunté que por qué hacía eso, me contestó: "Es que me apetecía", sin más explicaciones. Han sido muchas las veces que no ha venido a casa a dormir; pasa días sin dar señales de vida. Y no tiene sentimientos. Cuando murió su padre dijo: "Yo ya sabía que se iba a morir, es lo mejor para todos". No derramó ni una lágrima y al día siguiente se fue con sus amigos y estuvo fuera de casa dos días. Mis hijas están traumatizadas. Vivimos asustados pensando por dónde le saldrá la agresividad.

»Yo, como madre, no sé qué hacer con él. Muchas veces me he preguntado si la culpa será mía por no haberle dado más cariño, pero mis hijas dicen que es con él con quien más me he volcado. ¿Será algún trauma de la infancia? Su padre no hizo otra cosa que trabajar, era un hombre bueno. Al final de su vida ellos no se hablaban. El panorama es muy duro y yo estoy cada vez más nerviosa. Tengo enfrentamientos frecuentes con mis hijas, pues ellas creen que debo ser mucho más dura con él. Todos pensamos que algo grave puede ocurrir.»

Le explico lo importante que sería tener al menos una entrevista con su hijo. Finalmente logra que venga a la consulta y ya desde el primer momento podemos observar que está muy contrariado, a disgusto y con prisa por irse. «Yo he venido aquí porque mi madre se ha empeñado y me lo ha pedido tantas veces que no he tenido más remedio. Pero no estoy loco y, además, no me gustan los psiquiatras.» Así transcurrió una parte de la conversación:

–¿Tú crees que tu conducta es normal?

–Sí, yo soy así, cada uno es de una manera.

–¿Qué observa tu madre en ti para insistirte en que vengas a la consulta, qué cosa negativa hay en ti según tu madre?

–Mi madre es una tía vieja que no sabe de la vida. A mí me gusta ser como soy y punto.

–¿Te ves como una persona normal?

–Sí, yo soy normal.

–Dice tu madre que tienes reacciones muy violentas y que tanto ella como tus hermanas están asustadas, que las has amenazado muchas veces.

–Ellas exageran. Si me ponen nervioso, entonces no respondo. Conmigo no se juega, no quiero tonterías...

–¿A qué te refieres?

–Ellas saben muy bien a lo que me refiero. A mí que me dejen tranquilo y que ellas hagan su vida.

–Desde un punto de vista psiquiátrico tú eres una persona que no está sana, que necesita ayuda, porque podrías llegar a cometer un acto de tal violencia que te vieras en la cárcel. Desde pequeño eres un chico conflictivo y haces sufrir a tu familia. Tu madre y tus hermanas están asustadas.

–Que me tengan miedo es bueno. Y que me respeten también.

La entrevista, como puede observarse, transcurre con dificultad. Procuramos entonces arrinconarlo para que tome conciencia de la enfermedad y de la necesidad de tratamiento:

–¿No estarías dispuesto a dejarte ayudar, tomando una medicación que te va a dejar más tranquilo y que te hará sentirte mejor?

–Yo no quiero tomar nada, déselo usted a mi madre y a mis hermanas.

–El medicamento que yo te quiero dar te ayudará, además, para comer mejor y regulará tus energías...

Tras un largo forcejeo, acepta tomar una medicación en gotas tres veces al día. Pacta conmigo, aunque no de buen grado, que la dosis ha de ser pequeña. Le recomendamos Butirofenona a dosis mínimas, pero en las pautas del tratamiento la vamos subiendo.

A los quince días vuelve a mi consulta la madre sola, pues él no ha querido venir, y nos dice: «Ha pasado unos días que era otro, se podía hablar con él, aunque siempre estamos en guardia por sus amenazas tan frecuentes. El problema es que lo único que hace en casa es desayunar, y después se va porque dice que está trabajando en un almacén de chatarra. No sé dónde come, aunque yo siempre tengo su comida preparada, y la cena suele hacerla muy tarde, cuando la hace. Yo le meto las gotas en su bolsa de trabajo y sé perfectamente cuándo se las ha tomado y cuándo se le ha olvidado o no lo ha querido hacer».

A la farmacología se sumaron varias entrevistas psicoterapéuticas –siempre recordándole previamente la cita por teléfono– bastante *sui generis,* encaminadas a establecer un contacto interpersonal más o menos bueno, algo que resulta difícil porque despacha los interrogatorios con respuestas evasivas, incluso con desplantes. Se le pide a su madre que establezca un sistema para premiarle el día que toma la medicación, recurso que se evalúa clínicamente cada semana.

Más tarde se puso a la familia en contacto con un centro especial, de probada experiencia, para personas con problemas similares. Por el momento la evolución es bastante buena, pero queda mucho por hacer.

RESUMEN DE LAS PRINCIPALES CARACTERÍSTICAS DE LA PERSONALIDAD ANTISOCIAL

Podemos sistematizar así las principales características de la personalidad antisocial:

1. *Tendencia a una conducta violenta de forma duradera y persistente.* La gama de manifestaciones va de la agresividad formal (arrogancia, desdén, ataque, desconsideración, mordacidad, actitud cáustica y procaz) a la verbal e incluso a la física. Este modo provocador invita a responder en la misma dirección. El tono que el psicópata utiliza es fanfarrón, bravucón,

CRITERIOS PARA EL DIAGNÓSTICO DE LA PERSONALIDAD. TRASTORNO ANTISOCIAL
A. Un patrón general de desprecio y violación de los derechos de los demás que se presenta desde los 15 años, como lo indican tres (o más) de los siguientes puntos: 1. Fracaso para adaptarse a las normas sociales en lo que respecta al comportamiento legal, como lo indica el perpetrar repetidamente actos que son motivo de detención. 2. Deshonestidad, indicada por mentir repetidamente, utilizar un alias, estafar a otros para obtener un beneficio personal o por placer. 3. Impulsividad o incapacidad para planificar el futuro. 4. Irritabilidad y agresividad, indicados por peleas físicas repetidas o agresiones. 5. Despreocupación imprudente por su seguridad o la de los demás. 6. Irresponsabilidad persistente, indicada por la incapacidad de mantener un trabajo con constancia o de hacerse cargo de obligaciones económicas. 7. Falta de remordimientos, como lo indica la indiferencia o la justificación del haber dañado, maltratado o robado a otros. B. El sujeto tiene al menos 18 años. C. Existen pruebas de un trastorno disocial que comienza antes de la edad de 15 años. D. El comportamiento antisocial no aparece exclusivamente en el transcurso de una esquizofrenia o un episodio maníaco.

(DSM-IV, 1995.)

jactancioso. No existe ningún sentimiento de culpa por la violencia que se ejerce.

2. *Impulsividad sin control.* Fenomenológicamente se asiste a unos modales vehementes, precipitados, de un apasionamiento excesivo ante cualquier tema o cuestión que se trata. La persona resulta temeraria; en cualquier momento puede desplazarse hacia hechos alarmantes.

3. *Frialdad de ánimo.* Llama poderosamente la atención esta actitud «glacial» de la personalidad antisocial, como si las cosas no fueran con él. Da la impresión de que ni sufren ni padecen. La psiquiatría clásica se refería a ellos como *sujetos atímicos* (sin vida afectiva), resaltando su gran dificultad, a veces imposibilidad, para elaborar vivencias cordiales, de amistad y afecto.

4. *Desconsideración alarmante hacia los derechos de los demás.* El psicópata no tiene en cuenta la opinión de los familiares ni de la gente que le rodea, por lo que, a diferencia de otros trastornos de la personalidad en los que el sujeto puede buscar la ayuda del psiquiatra, en este caso se prefiere el trato con un juez. A pesar de la frecuente vida ilegal de estos individuos, sólo un pequeño porcentaje entra en conflicto con la justicia.

5. *Problemas para adquirir aprendizajes normativos.* Este hecho dificulta las relaciones con las personas del entorno, ya que los psicópatas no respetan las reglas de los demás y, en la mayoría de los casos, no aprenden de la experiencia. La falta de miedo y el tedio que les invade les conduce a una búsqueda constante de riesgos y aventuras incitantes.

6. *Deseo de satisfacciones inmediatas.* Incapaces de aplazar la recompensa, estos enfermos buscan una gratificación rápida. No saben esperar; la impaciencia galopante aflora a un primer plano. El apremio imperioso marca –y explica– muchas de sus actuaciones: no existe reflexión, ni pensamiento más o menos elaborado, sino un estilo caprichoso y divertido que invita a conseguir los objetivos sobre la marcha.

7. *Marcado narcisismo.* El egocentrismo propio de los psicópatas se entrecruza con una actitud de exhibicionismo. Los psicólogos conductistas A. T. Beck y A. Freeman (1990) hablan de *creencias disfuncionales* que justifican el convertir a los demás en víctimas sin ningún sentimiento de culpa. Es sugerente adentrarse en la forma de pensar de estos sujetos: pensamientos automáticos, reacciones en cortocircuito (que se disparan sin previo aviso), necesidad imperiosa de hacer algo transgresor sin valorar las consecuencias, falta de visión de fu-

turo y de perspectiva, mala tolerancia a las frustraciones... La respuesta de los demás, inicialmente de sorpresa, se torna en irritación y desprecio; buscan alejarse de estos enfermos por temor a recibir sus agresiones.

8. *Perfil manipulador y vengativo*. El psicópata, por lo general un ser rudo y elemental, utiliza la manipulación y la venganza de modo permanente. Dependiendo del grado de violencia del sujeto, puede acercarse a la estructura de un criminal: roba, miente, se mete en riñas repetidamente... Los matices de la clínica serán los que nos aclaren la magnitud del problema.

9. *Falta de empatía*. Es otro de los denominadores comunes, que se entronca con esa afectividad pobrísima y hostil propia de los psicópatas.

10. *Comorbilidad* (se asocian simultáneamente dos trastornos o enfermedades). Suele darse con el abuso de sustancias tóxicas, cuadros de ansiedad y, en menos ocasiones, ciertas formas depresivas. Todo esto debe contemplarse de cara a las medidas terapéuticas.

CODICIOSOS, NÓMADAS Y OTROS SUBTIPOS

T. Millon (1990, 1994) ha clasificado a los psicópatas en distintos subtipos, entre los que destaca: el representante del *estilo normal,* es decir, aquel cuyo trastorno no tiene una implicación peyorativa, sino relativamente positiva: amor a la aventura y al riesgo, sentido de la competitividad, capacidad para conocer las consecuencias de su conducta... Es la persona que vive al límite sus andanzas, desafiando en numerosas ocasiones la posibilidad de morir o de tener un grave accidente. Se mueve por el deseo de novedad y el afán por el más difícil todavía, sabiendo que en el riesgo reside su goce. Otras modalidades psicopáticas son: el *codicioso,* cuyo permanente vacío interior se llena de avaricia y ambición por conseguir más; el *defensor de su reputación,* que entiende los actos antisociales como una potenciación de su autoestima; el *arriesgado,* para quien la motivación consiste en la excitación; el *nómada,* quien se aísla y margina porque se siente mal en la sociedad (en este grupo se encuentra un buen número de los vagabundos y *homeless* que nos encontramos en las calles de muchas ciudades); y, por último, el *malevolente,* que actúa con sangre fría para hacer daño.

Las distintas clasificaciones de la Asociación Americana de Psiquiatría, a través del DSM-III primero y luego del DSM-III-R, han ido matizando los criterios diagnósticos. Los trabajos de H. Cleckley (1964), C. R. Robins (1966) y Millon (1969) resultan fundamentales para sentar las bases de los criterios diagnósticos diferenciales entre las distintas personalidades antisociales. En la clasificación de la OMS, la denominada CIE-10 a la que ya nos hemos referido, se habla de *personalidad disocial,* centrando el tema en la falta de sentimientos, irresponsabilidad, incapacidad para mantener relaciones duraderas, violencia a grandes dosis, ausencia de sentimientos de culpa y una marcada disposición para culpar a los demás.

CUANDO EL TRATAMIENTO ES UN VERDADERO RETO

Por último, me gustaría referirme al tratamiento de las personalidades antisociales. Se trata casi siempre de un reto, debido sobre todo a las resistencias del enfermo para entrar en contacto con los miembros del equipo terapéutico. Muchas veces, el facultativo tendrá acceso al psicópata por medio de la justicia.

La *farmacoterapia* es en estos casos prioritaria. Si la agresividad y la ansiedad se juntan, es menester recurrir a un refuerzo de antipsicóticos y ansiolíticos. El problema está en convencer al paciente de que debe tomar esa medicación, como hemos podido observar en el caso clínico arriba descrito, y en que entienda que ello será provechoso a medio plazo, ya que le ayudará a no ser rechazado por la gente. Aquí es muy importante la habilidad del psiquiatra y su equipo para hacer del paciente un aliado. El acceso a la personalidad antisocial es un verdadero problema que ha de vencerse con maestría y tenacidad. He visto cómo muchos médicos arrojaban la toalla ante el cúmulo de circunstancias negativas que hay que sortear para llegar a ellos, sabiendo además que los resultados de la terapia siempre son inciertos.

El asunto se complica aún más cuando se asocian situaciones de drogodependencia[3] o alcoholismo. En el caso del alcoholismo, que ha sido bastante estudiado, se estima que la influencia genética es en los varones del 60% (R. W. Pickens y cols., 1991), aunque en diversos estudios familiares se han encontrado más antecedentes familiares de alcoholismo en mujeres que en hombres (Limosin, Gorwood y Adés, 1996). Se trata de una enfermedad compleja que tiene distintos rasgos clínicos según se dé en hombres o mujeres.

Ocurre algo parecido con las drogas: el trabajo de K. R. Merikangas y cols. (1998) sobre familias de drogadictos demuestra un riesgo ocho veces mayor de padecer cualquier tipo de adicción a las drogas, entre los familiares de probandos con trastornos de drogas.

¿Cómo se explica la asociación tan frecuente entre alcohol y trastorno psicótico? ¿Qué tipo de relación se establece entre ambos? Podemos distinguir tres hipótesis de trabajo:

1. *Asociación al azar.* Se trataría de una casualidad, como tantas otras que se producen en el campo de la psiquiatría, como por ejemplo la asociación de dos enfermedades o trastornos independientes. Los psicópatas suelen ingerir alcohol con frecuencia, a veces sin dependencia; y personas teóricamente sanas toman alcohol en grandes cantidades, lo que da lugar a conductas antisociales y actos que les llevan a infracciones, robos, delitos... El alcohol dispara un comportamiento que está más o menos escondido.

3. Existe una relación estadísticamente significativa entre personalidad antisocial y adicción a la cocaína según los trabajos de investigación llevados a cabo por Rutherford y cols. (1999), de la Universidad de Washington, sobre una muestra de 137 mujeres.

2. *Asociación secundaria.* A veces el alcoholismo es secundario a la personalidad antisocial. Las manifestaciones que de ésta se derivan, como la impulsividad, la búsqueda de sensaciones nuevas o la pasión por transgredir las normas establecidas, conducen a la bebida.

3. *Contacto frecuente.* En sujetos a los que no se les ha diagnosticado una personalidad antisocial, el contacto frecuente con el alcohol puede llevarles a unos comportamientos antisociales que recuerden al modo de comportarse los psicópatas. Por eso es clave distinguir qué es antes y qué después.

En cuanto a la *psicoterapia,* las indicaciones son bien concretas. A primera vista la tarea es ingente –y su pronóstico pesimista, si consultamos los manuales clásicos y modernos sobre el tema–, por lo que resulta fundamental *delimitar la psicopatología,* resumir los rasgos más evidentes y los matices imprescindibles que deben tenerse en cuenta[4]. Por ejemplo, seleccionar las conductas más patológicas, espigarlas y mostrárselas

4. Debemos hacer una distinción clínica entre los psicópatas *totales* y los *fronterizos.* La precisión diagnóstica debe ser el resultado de una correcta valoración de la vida pasada y del estado actual, ya que muchas de las etiquetas son en la realidad más permeables que en los libros de técnicas terapéuticas.

En los primeros el acercamiento psicológico es muy dificultoso, no sólo por su falta de conciencia respecto a la necesidad de ayuda, sino por su actitud desafiante frente al psiquiatra y su equipo. En los centros penitenciarios, estos sujetos vagabundean de aquí para allá y se niegan a ser tratados. Advertirles acerca de su conducta sólo reportará resultados negativos, aunque a pesar de todo es la única manera de establecer el contacto, al que seguirá el trabajo de ganarse su confianza y mostrarle que las cosas pueden cambiar. Muchos piensan que ya mejorarán solos con el paso de los años, pero no existen datos estadísticos fiables al respecto.

En los psicópatas fronterizos el pronóstico es mejor, pues la dureza de sus síntomas es menos grave. A veces, incluso, se encuentran más cerca de un trastorno mixto de la personalidad. En este caso sí cabe establecer cierta transferencia, suministrarle unas pautas de conducta, rebatir sus ideas irracionales y ayudarle a vencer la resistencia a mejorar. E. Bleuler (1950) señalaba el gran desorden que estos seres tienen en la forma de pensar, algo que, bien utilizado, puede constituir una manera de dar comienzo a la psicoterapia: hacerles ver su deformación a la hora de enfocar los problemas.

para que tome conciencia de ellas y pueda darse cuenta de sus nefastas consecuencias, o enseñarle a tolerar mejor las frustraciones. *La psicoterapia con un psicópata fronterizo es una tarea de orfebrería contracorriente, sembrada de dificultades, aunque con algunos resultados positivos a corto plazo.*

La terapia también ha de servir para educarle a combatir su impulsividad teñida de hostilidad, demostrándole que sus reacciones automáticas producen que los demás se aparten de él. Ese modo fanático de responder a pequeños estímulos es patológico y se va haciendo cada vez más fuerte, llevando al sujeto a un descontrol permanente. *El modelo cognitivo-conductual es el más solvente, teniendo en cuenta las dificultades expuestas, porque enseña al enfermo a procesar de forma sana la información que le llega y a no distorsionar las relaciones con los demás, que suelen expresar en términos de poder y dominio.* Su esquema es muy simple: prefieren hacer daño a que se lo hagan, agredir a ser agredidos.

La terapia de conducta debe encaminarse a evitar recompensas y gratificaciones inmediatas, fruto de la propia impulsividad, y a aprender a medir las consecuencias. Es preciso motivarles para que logren un esfuerzo sostenido, ya que por su personalidad, inconstante y voluble, se dejan seducir por la novedad. También resulta fundamental que no interpreten la conducta verbal y no verbal del entorno como una amenaza, y que poco a poco vayan aceptando las manifestaciones de afecto y cordialidad de los demás, a las que no suelen estar acostumbrados.

Las complicaciones biográficas de los individuos con una personalidad antisocial son variopintas: huidas del ámbito familiar, no asistencia al colegio, robos, conducción imprudente, consumo y venta de drogas, y un largo etcétera[5]. La posible me-

5. La infancia de estas personas ya suele ser terrible, siendo más importante la intervención de los factores genéticos que los ambientales. El *desequilibrio holotímico* (total, global) oscila entre la rebeldía, la coléra, el desafío... La frialdad afectiva y el cinismo son patentes ya en los primeros años, y se entrecruzan con la inestabilidad emocional y la anarquía de demandas.

joría debe basarse en demostrarles que su forma de ser les es perjudicial y que, si se esfuerzan en cambiar, sin duda se encontrarán mejor. *Desmontar las creencias erróneas es clave.*

A. T. Beck y A. Ellis (1990) subrayaron los buenos resultados obtenidos en algunos casos con la *terapia racional-emotiva,* que se basa en enseñar a los enfermos cómo vencer la resistencia a aprender, a recibir nuevas pautas, a participar e implicarse en el proceso terapéutico. Es notable el miedo a cambiar de estos sujetos o, más habitual aún, su creencia de que no se puede dejar de ser como se es[6].

Finalmente, la *socioterapia* de los pacientes psicóticos constituye otra obra colosal que, en muchas ocasiones, resulta casi imposible por la irresponsabilidad de tales conductas, arropadas y en buena medida motivadas por el entorno de marginación en el que viven. *El cambio de ambiente y la posibilidad de entrar en relación con un grupo de personas sanas es parte importante de este trabajo.* Pero, ¿cómo lograr que una personalidad antisocial se abra a otros horizontes? El libertinaje al que está acostumbrada le hace disfrutar con aquellas cosas que la mayoría de la gente entiende como una restricción, saltándose las normas sociales vigentes. Las actitudes a batir más frecuentes suelen ser la tendencia a oponerse a las sugerencias del terapeuta y a desafiarle para que no le gane la partida.

L. S. Benjamin (1997) afirma que la relación médico-enfermo en estos casos está siempre a punto de romperse, ya que se trata de sujetos que nunca han tenido una educación afectiva y, por ello, no cabe esperar de entrada su colaboración, sino todo lo contrario. Un sistema de premios y castigos puede dar buen resultado, siempre y cuando la persona se deje ayudar aunque sea mínimamente.

6. La baja tolerancia a la frustración y el no saber escuchar forman un binomio difícil de desarticular por parte del terapeuta. En mi experiencia clínica, los primeros pasos consisten en hacerle ver esto con suavidad y claridad y en proponerle pequeñas metas constructivas.

UN EJEMPLO DE TRASTORNO MIXTO DE LA PERSONALIDAD

Conviene no olvidar que en la mayoría de las muestras estadísticas son los *trastornos mixtos de la personalidad* los más frecuentes. En nuestra investigación, esto resulta también estadísticamente significativo (el 44% de los 875 sujetos estudiados); es decir, disfunciones en las que se observa una amalgama de formas anormales de personalidad. Ello da lugar a una amplísima variedad de casos clínicos y a una superposición de sintomatologías. Veamos, como ejemplo, la siguiente historia en la que se manifiesta una psicopatología muy compleja:

Se trata de un economista madrileño de 34 años, con un nivel socioeconómico medio-alto. Lleva casado algo más de un año con una mujer con la que salió seis meses. Vienen ambos a la consulta, pero él entra primero y nos cuenta: «Yo no quería venir, pero mi mujer me ha dicho que, si no me pongo en tratamiento, se separa. Ella dice que soy muy agresivo y es verdad, siempre lo he sido, pero tanto mi mujer como mi madre son muy exageradas. He tenido algunos problemas con ese tema, pues por las malas no hay quien me gane». Una parte de la entrevista se desarrolló así:

–¿Eres consciente de tu forma de ser violenta?

–Ya le he dicho que siempre se ha exagerado conmigo. Me gusta dejar las cosas en su sitio.

–¿Es verdad que puedes ser muy duro de palabra?

–Es que creo que a la gente hay que decirle las verdades. Yo soy así y, al que no le guste, que se aguante.

–¿Has tenido también problemas de agresividad física?

–Algunas veces. No consiento que se metan conmigo o que invadan mi territorio. El que me la hace, me la paga; ése ha sido uno de mis lemas.

–Tu mujer se queja de tus modos y dice que la haces sufrir mucho, porque delante de la gente has perdido muchas veces los estribos. ¿Qué piensas de esa afirmación?

–Creo que es demasiado blanda. Yo pienso que es mejor dar primero a que te den. Ella se queja porque es más asustadiza, una cobarde, y así no se puede ir por la vida.

–Pero piensa en los enfrentamientos que hasta ahora has tenido. Tu personalidad antisocial te impide hacer amigos; la agresividad y la violencia que desarrollas son las responsables.

–No han sido tantos enfrentamientos como dice mi mujer. Yo soy valiente, digo lo que pienso y hago lo que me parece. No creo en la amistad... y eso de que soy antisocial no me importa ni me interesa. Lo he dicho ya antes, hago las cosas a mi modo.

–¿Eres consciente de que tu tono es siempre irritable? Reaccionas agrediendo a los demás, estás a la defensiva y a la ofensiva a la vez. ¿Te das cuenta de ello?

–Lo que soy es bastante superior a la media de la gente. Yo lo noto. A mí nadie me apabulla. Y sé defenderme y atacar.

–Aún no tienes hijos, ¿verdad? ¿Crees que es posible la continuidad de tu matrimonio? Tu mujer se está planteando la separación porque vive asustada, temerosa de que organices una escena muy fuerte en cualquier sitio sin motivo. ¿Te parece que ella puede aguantar si tú no cambias? Es evidente que necesitas tratamiento: una medicación para disminuir tu agresividad y unas pautas para modificar ciertos aspectos de tu comportamiento.

–No creo que la cosa sea tan grave. Yo he venido por mi mujer. No quiero tomar pastillas ni estar drogado...

Como puede verse en este resumen de la entrevista clínica, la no conciencia de enfermedad o anormalidad muestra un claro alejamiento de la realidad, lo que dificulta la terapia. Tras dos sesiones el paciente aceptó tomar una medicación para mejorar la calidad del sueño y, poco después, un ansiolítico a dosis medias, que luego fueron aumentándose. Cuando la mejoría externa fue evidente se empezó a elaborar el *insight,* es decir, el conocimiento interno de lo que a uno le sucede y las consecuencias que de ello se derivan, así como los estímulos externos que desencadenan reacciones descontroladas y violentas. Se le motivó, entonces, para que fuera aceptando un programa de conducta. La evolución fue positiva, aunque con restricciones.

XI

La personalidad *borderline* o trastorno límite

UN PATRÓN DE CONDUCTA INESTABLE

Hay que empezar diciendo que el término límite no es muy afortunado y que existen otros mejores, como *personalidad inestable, ambivalente o lábil.* Lo que late es *una conducta movediza, voluble, siempre versátil, sometida a cambios muy rápidos e intensos.* Se alternan los momentos relativamente buenos con otros terriblemente negativos. Las frecuentes autoagresiones de estos individuos hacen que las personas de su entorno se sientan culpables y teman la repetición de estos episodios impulsivos.

La estructura de esta personalidad es tan ligera e inconsistente que, ante pequeñas circunstancias adversas, todo se derrumba, pudiendo dar lugar a hechos de enorme gravedad. En sus relaciones interpersonales buscan permanentemente la obtención de apoyo y comprensión.

El estado de ánimo es, pues, desigual en calidad y cantidad, en forma y contenido. La inestabilidad resulta tan marcada que suele recordar a los *trastornos depresivos bipolares* e incluso a la modalidad denominada *bipolares rápidos* o *cicladores rápidos* (aquellas personas en las que el paso de la depresión a la euforia se produce de modo vertiginoso, en horas o de un día para otro). Una nota diferencial importante para establecer el diagnóstico correcto del trastorno límite y no confundirlo con otras personalidades anormales es su *aparición repentina, inesperada, fortuita, desencadenada siempre por estímulos externos mínimos, de escasa importancia objetiva, pero que la persona en cuestión hipertrofia, agranda y desproporciona.* El patrón de conducta inestable afecta tanto al propio individuo como a su entorno; por eso la agresividad puede dirigirse hacia uno mismo o hacia los demás.

Recuerdo de mis primeros años como psiquiatra que en la historia clínica de algunos de estos enfermos no se especificaba el diagnóstico, debido a los continuos cambios del mismo, que se percibían en cada revisión o en cada ingreso hospitalario. Han sido frecuentes los estudiosos que han considerado estos trastornos como formas más o menos atípicas de depresión (Akiskal, 1977; D. F. Klein, 1977; J. M. González Infante, 1991; V. Conde, 1999). En el siglo XIX, dos grandes psiquiatras franceses describieron dos enfermedades en las que el cambio de ánimo era la nota más distintiva; me refiero a la *folie circulaire* de J. Falret (1854) y a la *folie double forme* de M. Baillarger (1854). Por su parte, K. L. Kahlbaum (1882) puso de manifiesto una relación clínica entre esos pacientes que pasaban de estar «demasiado bien» *(euforia)* a encontrarse «demasiado mal» *(tristeza profunda)*. E. Kraepelin (1921) describió la *personalidad excitable*, caracterizada por una irritabilidad a flor de piel, con explosiones de ira, agresividad, descontrol e impulsividad. E. Kretschmer (1925) habla de la *personalidad cicloide-esquizoide* y Kurt Schneider de la *personalidad lábil*.

Pero fue hacia 1938 cuando A. Stern introdujo en la literatura psiquiátrica la palabra *borderline*, aludiendo a la «línea fronteriza» que se encuentra entre la neurosis y la psicosis, en la nomenclatura clásica centroeuropea. Al tratarse de un cuadro clínico de difícil clasificación, suponía un doble reto: diagnóstico y terapéutico. Stern sistematizó diez síntomas que se solapan: hipersensibilidad psicológica, narcisismo, rigidez, complejo de inferioridad (aunque alternante con momentos normales de autoestima), reacciones negativas al tratamiento (alternándose la buena respuesta a la fármaco-psicoterapia y el hundimiento), ansiedad, utilización de frecuentes mecanismos de proyección, masoquismo (dañarse a uno mismo psicológicamente y, en consecuencia, también corporalmente) y, por último, dificultades para evaluar la realidad[1].

1. *Estar en la realidad* es una de las manifestaciones más sobresalientes de una personalidad madura. Se trata de la capacidad para analizar los prin-

Más tarde, otros estudiosos añadieron sus interpretaciones de esta enfermedad. Entre otros, E. Bleuler, L. Binswanger o Carl G. Jung, que hablaron de una *patología intermedia,* una tierra de nadie, un espacio etéreo y de difícil ubicación. En los últimos años, las cosas han cambiado merced a muchos otros trabajos de investigación[2].

«NO ME FÍO DE MÍ MISMA.» LA HISTORIA CLÍNICA DE MARÍA

La demanda de cuidados y atenciones que requiere una personalidad inestable es enorme y pone a prueba al mejor equipo terapéutico. Las sorpresas en la evolución de la enfermedad son constantes, ya que un sujeto que ha pasado unos días relativamente tranquilos, ejerciendo cierto autocontrol, súbitamente tiende a regresar a posiciones desestructuradas. Cuando se indaga en el cómo y el porqué de este retroceso sorprende la falta de objetividad en los motivos desencadenantes. Entonces, se desvanece el optimismo inicial del médico.

Veamos la siguiente historia clínica, que nos aclarará muchos conceptos.

> Se trata de María, una chica de 24 años que viene a la consulta después de haber visitado a varios psiquiatras. La acompaña su madre, una mujer de 60 anos, viuda, que es muy abierta y comunicativa. María tiene un hermano con el que se lleva relativamente bien y una hermana con la que mantiene una relación mala, pasando a menudo del amor al odio. Nos cuenta: «Vengo

cipales segmentos de uno mismo de forma correcta y equilibrada, resumiendo una tetralogía básica que hace referencia a la *personalidad,* la *vida afectiva,* el *trabajo* y el inmenso *panorama sociocultural.*

2. P. Polatin (1949), Knight (1953), R. R. Ginker (1968), Masterson (1972), O. F. Kernberg (1975), Mahler (1975), J. G. Gunderson (1976), M.-H. Stone (1985), T. A. Aaroson (1989), Beck y M. J. Friepman (1992), L. S. Benjamin (1993), T. Millon (1996), M. M. Linehan (1999), D. B. Rindley (2001), etc.

a verle como la última posibilidad de ponerme bien. Mi vida ha sido un sufrimiento continuo. He intentado suicidarme veinte veces, y los médicos que he visto hasta ahora no dan con lo que tengo. He tomado todo tipo de pastillas; le podría hacer una lista larguísima y, encima, ninguna me ha ido bien.

»Lo mío viene desde muy pequeña. Ya con 10 años quise tirarme por la ventana a raíz de una discusión entre mis padres; pensé que lo mejor era desaparecer. Mi padre ha sido una persona horrible en nuestras vidas: obsesivo, intolerante, agresivo... nos hizo mucho daño a todos. El día que se murió me quedé muy tranquila, aunque yo ya estaba mal. Me habían diagnosticado una psicosis maniaco-depresiva, pero poco después me dijeron que lo que tenía era una esquizofrenia; otros médicos hablaban de ansiedad. Lo que yo sé es que con mucha frecuencia me planteo que no quiero vivir, que prefiero estar muerta. Me han ingresado muchas veces y los psiquiatras me han hecho mucho daño. En cambio, he recibido más ayuda de los psicólogos.»

A continuación transcribo parte de la entrevista:

–¿Cómo te encuentras en la actualidad?

–Mal, porque no me fío de mí misma. Paso de un extremo a otro, soy muy cambiante. Ahora estoy triste y a la vez nerviosa, inquieta, como irritada; si mi madre me dice algo negativo, puedo tener un serio enfrentamiento con ella y llegar a las manos.

–¿Qué tipo de vida haces?

–No hago nada, llevo casi un año sin salir prácticamente de casa. Me he quedado sin amigas; tenía dos muy buenas, pero por los intentos de suicidio sus padres no quieren que nos veamos. En este año he engordado unos quince kilos y ésa es una de las cosas por las que no quiero salir. Duermo muy mal por la noche, pero no quiero tomar medicación porque al día siguiente estoy como drogada.

–¿Qué te gustaría hacer en la vida si te pones bien?

–No lo sé, porque creo que esto mío no tiene arreglo. Estoy aburrida, sin ganas de nada, me paso el día durmiendo o viendo la televisión. He llegado a estar unas diez horas al día viendo cosas en la tele, una detrás de otra, sin control, como atontada con tantas imágenes.

–¿Qué le quitarías y qué le añadirías a tu forma de ser para tener más equilibrio psicológico? Enumera lo que tú consideras más relevante en este sentido.

–Le añadiría disciplina, tener más paz conmigo misma y con los demás, no alterarme tanto, ser capaz de luchar por alcanzar metas, no tener tantos cambios de ánimo, poder relacionarme con la gente –no sé qué es lo que me ocurre, pero no encajo con nadie–, sacar mi verdadera personalidad, pasármelo mejor, disfrutar de la vida... También me encantaría tener mucha cultura, siento necesidad de conocer cosas nuevas y tener en el futuro una profesión... Y no he dicho lo más importante: controlarme mejor, eso sería un sueño, comportarme de otra forma. Quizá debería tener sentimientos más positivos y capacidad para ignorar a las personas que me han dañado, criticado o hablado a mis espaldas. En pocas palabras, vivir sin temor a mí misma, a mis reacciones, a esa especie de fuerza que me lleva a querer suicidarme.

–¿Y qué le quitarías a tu personalidad para mejorarla?

–Todos los sentimientos negativos tan arraigados que tengo: la ira, el odio que tengo a mucha gente que me ha perjudicado, los deseos de venganza... Me gustaría borrar todos los momentos tan duros que he pasado, los ingresos en hospitales horrorosos, el verme tratada como si fuera una loca... Quiero que estos recuerdos desaparezcan de mi mente, pues están ahí haciéndome sufrir, lo mismo que el asco que siento hacia los hombres, el desprecio... Las pocas veces que he salido con chicos, en grupo, me he sentido utilizada. La única persona que se ha portado bien conmigo ha sido mi madre, pero a veces ella no me comprende, no se da cuenta de cómo yo me siento y me dice cosas desagradables. Quitaría también de mi personalidad la preocupación por cosas sin importancia que yo me tomo muy a pecho. El exceso de memoria negativa es como una losa; mi cabeza no para de darle vueltas a todo y eso me resulta imposible de superar. No sé qué hacer para combatirlo.

–¿Hay algo importante que no me hayas contado?

–Mis obsesiones y manías, que me tienen cogida desde hace tiempo. Y mi mal genio, mi forma brusca de decir las cosas. Cuando estoy nerviosa necesito romper algo contra el suelo o tirarlo por la ventana; luego me arrepiento, pero es como si al hacerlo me encontrara mejor.

–¿Cómo son esas manías, en qué consisten?

–Las tengo desde hace bastante tiempo y han ido cambiando. A otros psiquiatras que he visto se lo he comentado, pero hicieron poco caso de ellas. Yo me he acostumbrado a tenerlas. Mi madre me regaña y me dice que tengo que corregirlas, pero a mí me cuesta mucho.

Le pedimos que elabore una lista de estas manías según el número de veces al día –o a la noche– que se repiten. Y éste es el resultado:

- Revisar el gas: 5-6 veces.
- Comprobar la lavadora: 4-5 veces.
- Ver si funcionan los enchufes: 1-2 veces.
- Controlar las puerta de la casa: 3-4 veces.
- Ordenar las sillas del comedor por miedo a que mi madre se levante de noche y pueda tropezar, y porque no me gusta que sobresalgan; si no guardan un orden, me pongo muy nerviosa: 1 o 2 veces/día.

De estas obsesiones, algunas van disminuyendo solas y otras aparecen sólo de vez en cuando.

Analizando la información que nos ha dado la paciente, podemos pensar en un *diagnóstico triple* en el que se entrecruzan:

– *Trastorno obsesivo-compulsivo:* de carácter crónico, queda patente en el tiempo que a diario dedica a sus «manías».

– *Personalidad límite:* sintomatología presidida por la inestabilidad de la conducta, a la que además se asocian comportamientos paradójicos, impulsividad, labilidad afectiva, arrebatos de ira y agresividad y predisposición a actuar de forma sorprendente e inesperada, sin pensar en las consecuencias.

– *Síndrome de tensión premenstrual*[3]: los síntomas son de tres tipos: a) *Físicos:* dolor de cabeza, náuseas, vómitos, sofo-

3. Descrito hacia 1930, en la actualidad existen numerosos trabajos de investigación sobre la naturaleza de este síndrome. Se produce 3-4 días antes de la menstruación y su origen es hormonal. En el ciclo menstrual existen dos momentos culminantes de secreción de estrógenos, uno durante la ovulación y otro en la llamada *fase lútea,* que tiene lugar en torno a los días 21-28 del ciclo. La progesterona se segrega hacia la mitad del mismo y alcanza sus máximas concentraciones entre los días 21 al 24, para disminuir después rápi-

cos, sensación de desmayo, hipersudoración, malestar general, hinchazón de las mamas, tensión en los pezones, molestias abdominales en general y también referidas a las zonas de proyección ovárica; b) *Síntomas emocionales:* irritabilidad, hipersensibilidad psicológica, tristeza, apatía, llanto fácil e inmotivado, ansiedad, inquietud, desasosiego, cambios y oscilaciones bruscas del estado de ánimo, temores difusos, incertidumbres negativas; c) *Síntomas de conducta:* perplejidad, dificultades de concentración y para la acción, agresividad intermitente, tensión muscular, descontrol de la conducta verbal y no verbal, extraña necesidad de tomar cosas dulces, inquietud motora.

La farmacoterapia consistió en administración de perfusión endovenosa: se le dieron ansiolíticos durante unas tres semanas, con lo que se obtuvo una sedación importante; psicorrelajantes por vía oral (Alprazolan, 4-6 mg por día); un hipnofacilitador para mejorar la calidad del sueño (Flunitracepan, 2 mg media hora antes de acostarse) y una tableta de Lorazepan 5 mg como medicación especial para los momentos de agresividad o descontrol.

Para contrarrestar las dificultades específicas del periodo premenstrual en la paciente se añadió la siguiente medicación:

---

damente. Tanto los estrógenos como la progesterona tienen efectos sobre el cerebro y la conducta, y son los responsables de este conjunto de síntomas.

Últimamente, el tratamiento de este síndrome ha cambiado y se utiliza sobre todo la asociación de óxido de magnesio (200 mg/día durante varios meses, hasta observar los resultados), carbonato cálcico (1 g/día en comprimidos masticables) y, como diurético para eliminar la acumulación de líquidos en los tejidos, espironolactona (25-100 mg/día en la segunda fase del ciclo menstrual). Cfr. los trabajos de Wang, Hammarback, Lindhe y Backstrom, «Treatment of premenstrual syndrome by spironolactone: a blind, placebo-controlled study», *Acta Obstet. Gynecol. Scand,* 74 (10), pp. 803-808, 1995; Walker y cols., «Magnesium supplementation alleviates premenstrual sympt fluid retention», *J. Womens Health,* 7 (9), pp. 1.157-1.165, 1998, y Thys-Jacobs, Starkey, Berstein y Tian, «Calcium carbonate and premenstrual syndrome: effects premenstrual and menstrual symptoms», *Am J. Obstet. Gynecol.,* 179 (2), pp. 444-452, 1998.

10 mg de progesterona, tres veces al día, durante los 4-5 días anteriores a la regla; Lorazepan, 1 mg, tres veces al día; y, como diurético, 50 mg al día de clortalidona.

En principio María respondió bien a la medicación, pero a la tercera semana tuvimos que disminuir la posología de los sueros ansiolíticos.

En cuanto a la psicoterapia, diseñamos un programa de conducta siguiendo una metodología bifronte, es decir, de objetivos-instrumentos; un *binomio cognitivo-conductual* (qué-cómo) que resulta muy eficaz en estos casos. No obstante, en las dos primeras sesiones no se pudo trabajar de esta manera, porque fueron absolutamente catárticas[4] para la paciente. A la falta de comunicación que arrastraba desde hacía mucho tiempo, se sumaba el haber recibido hasta la fecha sólo tratamientos farmacológicos.

Resumo a continuación las pautas de conducta que, en primera persona, se le fueron indicando sucesivamente. Tras la formulación de cada objetivo se le explicaba con detalle a la paciente, quien los iba anotando en una libreta con el fin de repasarlos en las distintas sesiones e ir observando avances, retrocesos y dificultades:

– *Objetivo informativo* (insight). Es conveniente que yo sepa que tengo tres problemas para aprender las medidas que debo seguir: un *trastorno obsesivo-compulsivo* que me lleva a mantener una serie de hábitos absurdos que debo desterrar; una *personalidad límite* con las características que me ha explicado el equipo terapéutico y que van más allá de una depre-

4. *Catarsis* es una palabra de origen griego cuya transcripción es *kathartikós* («limpio»). Se empezó a utilizar a mediados del siglo XVI, pero fue con Freud cuando el término adquirió una enorme importancia. Significa la liberación de los sentimientos, emociones y traumas psicológicos que, almacenados en nuestro interior, necesitan salir fuera; es preciso que el relato sea escuchado por un interlocutor válido, capaz de analizarlos lúcidamente. *Saber escuchar es un arte.* El enfermo psíquico lo agradece sobremanera, porque en el hablar encuentra un beneficio sedativo y, a la vez, se siente comprendido.

sión[5], por lo cual no me curo sólo con fármacos, sino que es esencial la psicoterapia; y, por último, un *síndrome de tensión premenstrual* que me hace pasarlo muy mal y descompensarme de forma terrible los días anteriores a la regla.

– Tengo que luchar por ir teniendo un *mayor autocontrol.*

– Necesito *digerir y superar las cosas negativas del pasado,* haciendo una lectura más positiva de mi historia que me permita cierta reconciliación.

– No debo ser tan *hipersensible:* el resentimiento es un mal compañero de viaje.

– He de esforzarme en que exista en mis reacciones una *mejor proporción estímulo-respuesta.*

– Debo utilizar el *lenguaje cognitivo n.º 1* para que me ayude a no perder el control verbal y no verbal, para conseguir dominarme. Y la *técnica del* stop *de obsesiones* y el *lenguaje cognitivo n.º 2* porque así podré ir venciendo esas manías tontas que no me aportan nada positivo.

– He de procurar adquirir *habilidades en la comunicación interpersonal;* entre otras, ser más diplomática con los demás (no hay que confundir mano izquierda con cinismo) y no tan crítica o mordaz.

– Debo aprender a *tolerar mejor las frustraciones* y a *no dramatizar* (tiendo a convertir cualquier problema en un drama).

– Tengo que ser *menos extremista.*

– Procuraré coger el *hábito de la lectura* para que me sirva como puente para estudiar más.

– He de seguir las directrices recomendadas para elevar mi nivel de *autoestima* y para conseguir una *mayor estabilidad emocional.*

5. La palabra depresión se ha puesto tan de moda, que a casi todo le llamamos depresión. Esta misma paciente la ha manejado con exceso. Parte del *insight* consiste en que sepa que ella no es portadora de este diagnóstico, lo cual no quiere decir que no tenga sentimientos de tristeza frecuentes, pero que no pueden ser etiquetados como un trastorno depresivo.

Cada uno de estos objetivos psicológicos es ampliamente expuesto en las distintas sesiones, con el fin de irle abriendo a esta persona un panorama nuevo sobre su modo de conducirse. Se trata de un aprendizaje *por ensayo y error,* trazado desde el esfuerzo continuado, la lucha personal, el afán de superación. Para que el lector pueda entenderlo mejor, pondré dos ejemplos concretos de este *programa de objetivos psicológicos* de la historia clínica que estamos analizando.

1. Objetivo: *aprender que exista en mis reacciones una mejor proporción estímulo-respuesta.* En estos casos explico a la paciente, de forma sencilla y apoyándome en algún ejemplo de su propia vida, que una de las características de la madurez es, precisamente, valorar los hechos que nos suceden de forma ecuánime, dándole a los acontecimientos personales el valor que realmente tienen. Tomamos como ejemplo un hecho reciente de su vida, que ella misma relata: «Había quedado con mi hermana en ir al cine el fin de semana y ya lo teníamos programado. El día anterior me dice que está muy agobiada con los estudios, que le han adelantado un examen y que ha pensado que es mejor no salir, pues no le va a dar tiempo. Yo me enfadé tanto que quise pegarle; y le dije: "O te mato, o me mato, esto no me lo puedes hacer a mí". Mi madre me intentó tranquilizar, pero yo me quería morir. Me fui a mi habitación a llorar y me tomé un bote de pastillas que tenía a mano, serían unas veinte... Me encontraba fatal».

En la psicoterapia hablamos del incidente: «Vamos al esquema de estímulo-respuesta al que nos hemos referido. El estímulo es que tu hermana no puede ir al cine contigo. Parece razonable, pues se está jugando mucho en ese examen. Tú no puedes comportarte como lo has hecho, pues te descalificas a ti misma y quienes se encuentran a tu alrededor te ven sin control, en una situación lamentable. Tienes que aprender a valorar los acontecimientos de modo más frío y templado. ¿Cuál hubiera sido la *respuesta sana*? Decirle aproximadamente algo así: «Cómo siento que no vayamos al cine; me da pena, pues me hacía mucha ilusión. Prométeme que iremos el siguiente fin de semana, cuando hayas pasado tu examen».

2. Objetivo: *no ser tan extremista.* La madre de María nos cuenta la siguiente historia, estando ella presente: «En cierta ocasión que no pudo presentarse a una de las asignaturas que tenía pendientes, pues había pasado unos días muy malos, con muchos altibajos de ánimo y con alguna ida de casa dando un portazo y amenazando con "hacer algo contra ella misma", comentó enfadada que quería abandonar los estudios y cortar por lo sano, porque todo le salía mal».

En la psicoterapia le explicamos: «Una de las cosas que debes ir cambiando de tu conducta es la frecuencia con la que aplicas la *ley del todo o nada.* La vida no puede formularse en términos extremos: blanco-negro, amor-odio, cero-trescientos sesenta grados... Este error psicológico se llama *maximalizar* y suele llevar a situaciones muy duras y terribles, porque de cada hecho pequeño y poco relevante se extrae una máxima negativa que invade la personalidad y conduce a una especie de laberinto sin salida. Anota esto en tu cuaderno de progresos[6] y propónte no ser tan extremista en otras circunstancias más o menos parecidas. Aprende a fijarte, toma nota y ensaya la acción más adecuada».

En cuanto a la socioterapia, y dada su importancia en los enfermos con patología *borderline* –porque es en la relación con los demás donde van a reflejarse la inestabilidad y la descompensación habituales–, se propuso a la paciente lo siguiente:

– Asistir una vez por semana a una *terapia de grupo:* no debo faltar, tengo que participar, he de adaptarme a la gente aunque manteniendo mis criterios, dialogar y evitar conductas extremas nada buenas para mí, como quedarme en silencio, no tomar partido en lo que allí se esté tratando o, por el contrario, no dejar hablar a nadie.

6. En el caso de esta enferma, como en algunos otros, recomendamos que lleven dos tipos de libretas psicológicas: una, de *observaciones y vivencias,* en la que recogen hechos y sucesos personales de cierto relieve, tanto positivos como negativos; otra, de *progresos,* en la que apuntan las respuestas adecuadas, las mejorías y los avances.

– Procurar *hacer planes para el fin de semana:* he de adelantarme y planificar las cosas; no puedo quedarme sin hacer nada porque resulta fatídico para mí.

– *No idealizar a la gente:* esto me lleva a estar feliz con una persona que acabo de conocer y me vengo abajo si compruebo que no está a la altura de lo que yo esperaba.

– Ser *más independiente:* he de aprender que no están reñidas la amistad y la independencia.

– Ir *ampliando el círculo de relaciones:* para ello es preciso que sea más tolerante.

– *Evitar los prejuicios con la gente que acabo de conocer:* no debo fiarme de mis intuiciones, sino darle tiempo a la gente, esperar, no hacer juicios precipitados sin haber profundizado en el conocimiento de las otras personas.

– Saber *cultivar y mantener las amistades que ya tengo:* tengo que llamar yo también a mis amigos, cuidar los detalles, pasar por alto los inevitables roces y malentendidos...

CAUSAS DEL TRASTORNO LÍMITE

Se barajan distintas hipótesis para explicar el porqué de este trastorno:

Hipótesis etiopatogénicas

Unas son *ambientalistas,* otras de *carácter hereditario* y las últimas hacen referencia a *aspectos biológicos cerebrales.* Las *ambientales* ponen el énfasis en el contagio psicológico entre los miembros de una familia con hábitos de mal autocontrol. Esta característica se va colando en la conducta sin que los sujetos se den casi cuenta. El mecanismo que se sigue es la imitación. Algunos trabajos de investigación hablan de los abusos en la infancia como claro precedente (Perry, 1993, y J. L. Hermann, 1999); también de la tendencia a la culpa/disculpa, a la autoagresión/heteroagresión, que conducen a la

CRITERIOS PARA EL DIAGNÓSTICO DE LA PERSONALIDAD. TRASTORNO LÍMITE
Un patrón general de inestabilidad en las relaciones interpersonales, la autoimagen y la afectividad, y una notable impulsividad. Comienzan al principio de la edad adulta y se dan en diversos contextos, como lo indican cinco (o más) de los siguientes puntos: 1. Esfuerzos frenéticos para evitar un abandono real o imaginado*. 2. Patrón de relaciones interpersonales inestables e intensas caracterizado por la alternancia entre los extremos de idealización y devaluación. 3. Alteración de la identidad: autoimagen o sentido de uno mismo acusado y persistentemente inestable. 4. Impulsividad potencialmente dañina para sí mismo en al menos dos áreas (por ejemplo, gastos, sexo, abuso de sustancias, conducción temeraria, atracones de comida)*. 5. Comportamientos, intentos o amenazas suicidas recurrentes, o comportamiento de automutilación. 6. Inestabilidad afectiva debida a una notable reactividad del estado de ánimo (por ejemplo, episodios de intensa disforia, irritabilidad o ansiedad, que suelen durar unas horas y rara vez unos días). 7. Sentimientos crónicos de vacío. 8. Ira inapropiada e intensa o dificultades para controlar la ira (por ejemplo, muestras frecuentes de mal genio, enfado constante, peleas físicas recurrentes). 9. Ideación paranoide transitoria relacionada con el estrés o síntomas disociativos graves. * No incluir los comportamientos suicidas o de automutilación que se recogen en el criterio 5.

(DSM-IV, 1995.)

perpetuación de unos hechos y, en consecuencia, a una baja autoestima.

En cuanto a los factores *hereditarios,* éstos deben ser valorados al realizarse la historia clínica.

Por su parte, las *hipótesis neurobiológicas* son las que más se han asentado en los últimos años. Dentro de ellas, hay que destacar la *hipótesis epiléptica.* En un trabajo de 1982 del equipo de P. A. Andrulonis, realizado sobre una muestra de 106 pacientes con este diagnóstico, se logró una clasificación de los mismos en tres grupos: 1) Personas con una *disfunción orgánico cerebral residual,* es decir, con una patología que puede ser tanto un traumatismo craneoencefálico, como una encefalitis o una epilepsia; 2) Personas con una *disfunción cerebral sin antecedentes personales de daño cerebral,* pero portadoras de algunas alteraciones neurológicas: déficit de memoria, dificultades de escolarización, problemas de aprendizaje en la edad adulta, etc.; 3) Personas *sin indicios de patología cerebral,* compuesto en su mayor parte por mujeres. Estos investigadores explican los hechos como un *continuum* que va de los trastornos del estado de ánimo a los trastornos esquizoafectivos. Los dos primeros son interpretados como «fenómenos ictales»: al igual que los ictus cerebrales, tienen un comienzo inmediato y un final igualmente brusco; serían resultado de ciertas descargas recurrentes, excesivas y desordenadas que parten del lóbulo temporal y se dirigen hacia el sistema límbico. ¿Qué produce esto? Excitabilidad neuronal por descontrol cerebral o por falta de desarrollo correcto[7] del mismo, que sería la causa de un sufrimiento cerebral, que se manifiesta en muchas ocasiones como signos neurológicos menores. Con frecuencia se han relacionado los trastornos límites de la personalidad y el círculo epiléptico.

En el contexto de esta hipótesis epiléptica, en los últimos años se ha trabajado mucho en el concepto de *kindling,* término inglés que podemos traducir por «sensibilización». Descrito inicialmente por Goddard (1969), pone de relieve la propiedad eléctrica de algunas zonas del tejido cerebral que se alteran ante estímulos con capacidad de excitación, los cuales son de dos tipos: *eléctricos* y *químicos.* Son relativamente débiles para producir

7. Esta alteración implicaría una disminución del umbral convulsivo, que hace que el llamado sistema témporo-límbico córtico-subcortical es enormemente excitable y da lugar a estas explosiones. No sigo por esta línea, porque nos vamos a otra dimensión del tema.

ataques epilépticos, pero sí pueden desencadenar una descarga de grupos de neuronas e inducir unos disparos espontáneos a medio-largo plazo y dar lugar a un trastorno de la conducta.

Otros investigadores han seguido después esta línea de trabajo buscando traumas infantiles asociados y han encontrado una alta frecuencia de los mismos (J. Paris y H. Frank, 1989; J. L. Hermann, 1989; C. P. Byrne, 1990). Es más, en muchos de estos pacientes se encuentran alteraciones electroencefalográficas que se parecen mucho a las que se observan en los epilépticos. Existe cierto parecido entre el ataque epiléptico y la crisis de inestabilidad propia de la personalidad límite: todo se produce brusca e inesperadamente, de forma súbita; la conducta cambia y da un giro copernicano repentino y violento. En María, la paciente de la historia clínica que antes hemos comentado, existían alteraciones en el EEG de la zona temporal, aunque ella nunca había tenido ataques ni tampoco constaban antecedentes familiares de epilepsia. Desde esta perspectiva, es preciso valorar que la medicación antiepiléptica tiene una indicación precisa[8]. J. M. de la Fuente (1992) ha subrayado que algunos impactos emocionales actúan como estímulos suficientemente capaces para inducir una situación de ***kindling***.

8. No olvidemos que los más recientes estabilizadores del ánimo, también llamados *eutímicos* o *normotímicos,* actúan frenando la recaída en las depresiones monopolares y, especialmente, en las bipolares. Son medicamentos indicados principalmente para la epilepsia, como sucede con el Valproato sódico, la Valpromida, el Clonacepán, la Carbamacepina y la Gabapentina. No ocurre así con el litio, cuya indicación para controlar las recidivas es específica, nuclear.

En muchos casos no se encuentra ninguna huella en el EEG, ya que las descargas se producen en regiones que es difícil estudiar con los electrodos clásicos de superficie: zonas témporo-límbicas profundas, hipocampo, amígdalas... Hay que ir esperando los resultados con otros estudios electrofisiológicos más finos, como la tomografía por emisión de positrones (PET) y la tomografía monofotónica.

Una investigación bastante curiosa de S. Snyder y Pitts (1984) ponía de relieve que los EEG de un grupo de sujetos con personalidad límite eran estadísticamente significativos en patología, comparados con un grupo de enfermos portadores de una distimia (asociación de un trastorno de la personalidad y una depresión). Sin embargo, nadie ha demostrado después hechos de este tipo.

Hipótesis de los neurotransmisores

Estas investigaciones se refieren sobre todo a la *serotonina,* la *dopamina* y la *noradrenalina,* responsables de las depresiones endógenas. Su conocimiento nos lleva a perfilar mejor el tratamiento de estas enfermedades.

La unidad básica del cerebro es la *neurona,* que tiene una enorme complejidad. Las neuronas están permanentemente reparándose y conectándose con otras. Tenemos aproximadamente cien mil millones de neuronas y, a su vez, cada una está conectada con otras tantas, según un diseño complejísimo. Hay dos tipos de conexiones entre neuronas en el llamado *espacio sináptico:* las que se establecen por comunicación eléctrica y las químicas.

Los descubrimientos de C. Golgi (1844-1926) y, sobre todo, de Santiago Ramón y Cajal (1852-1934) permitieron colorear las células nerviosas con todas sus fibras para comprender mejor cómo se lleva a cabo la comunicación. Se trata de conexiones largas y complejas que forman una red discontinua, con pequeños espacios –las *sinapsis*– entre ellas. Es como si tuviéramos en el cerebro dos «máquinas», una eléctrica y otra bioquímica. Pues bien, *los neurotransmisores son sustancias que se segregan en las zonas terminales de las fibras nerviosas, en una mínima cantidad, pero de gran potencia, originando patrones de señales muy complicadas que estimulan, frenan o promueven la actividad cerebral.* De este modo, los impulsos nerviosos pasan de célula a célula, dándose una alternancia de señales eléctricas y bioquímicas, un auténtico tráfico de impulsos. Los grupos de neuronas filtran, dirigen, integran, bloquean y modifican todo ese inmenso mapa cerebral, y los neurotransmisores controlan ese flujo de información en el sistema nervioso.

¿Cuántos neurotransmisores existen? La búsqueda de estos agentes bioquímicos comenzó a principios del siglo XX, cuando se descubrieron los dos primeros: la *acetilcolina* y la *adrenalina.* Hoy sabemos que los más importantes son, como ya hemos mencionado, la serotonina, la dopamina, la noradrenalina, así como la *sustancia P* y el *GABA*. Hacia 1970 se descubrieron los *neuropéptidos,* cuyas acciones no se quedan en la simple excitación o inhibición sináptica, entre los que se encuentran las *endorfinas* y las *encefalinas,* que no sólo producen efectos muy sofisticados sobre el estado de ánimo y la conducta, sino que dan lugar a una sedación analgésica enorme, similar a lo que ocurre con la morfina.

La disminución de la cantidad de serotonina[9] que existe en los pacientes límites podría explicar en alguna medida su impulsividad tan acusada. Por otra parte, hoy ya tenemos muchos datos demostrativos que nos indican que esta sustancia es la responsable de una serie de trastornos psiquiátricos de primera importancia, especialmente la depresión y la enfermedad obsesivo-compulsiva. Pero no debemos caer en la simpleza de pensar que este neurotransmisor es el *único* responsable de un trastorno de la personalidad de esta naturaleza.

También la dopamina tiene cierta relación con este tipo de personalidad. Aunque las investigaciones son todavía poco convincentes e incluso contradictorias entre sí, hay un hecho notable: la administración de una sustancia activadora del cerebro, como el *metilfenidato*[10], produce una repetición muy similar de los síntomas propios de la personalidad límite, con todo su cortejo de inestabilidad, impulsividad y un cierto descontrol de la conducta.

La noradrenalina es otro neurotransmisor importante que algunos investigadores relacionan igualmente con la gestación

9. El *test de la fenfluramina* mide la respuesta endocrina que se produce, consistente en un aumento de la prolactina. Es un test indirecto que demuestra la disminución de la serotonina en el sistema nervioso central de las personalidades límite.

10. Personalmente la suelo emplear en las depresiones sin ansiedad o también cuando existe una disminución muy ostensible de la actividad y suele tener una efectividad enorme. He conseguido gracias a ella que enfermos que estaban postrados durante muchas semanas, casi sin poder levantarse, cambiaran esta pasividad crónica por un evidente dinamismo. Aumenta la actividad motora, la alerta mental, disminuye la sensación de fatiga y eleva el poder de concentración. Así, utilizar 10 mg al despertar y otros 10 mg en el curso de la mañana puede ser una pauta muy eficaz.

Este fármaco libera la dopamina en el espacio intersináptico.

de la personalidad límite. Se trata de un aminoácido *(fenilalanina)* con una ubicación muy concreta: se almacena en las vesículas presinápticas dentro del entramado interneuronal.

Por último, mencionar las endorfinas, también llamadas *opiáceos endógenos,* como responsables parciales de este desajuste. Un trabajo ya clásico de J. O. Cole y cols. (1984) efectuado con corredores de maratón demostraba que después de un enorme esfuerzo físico el nivel en sangre de estas sustancias se elevaba en un 80% de ellos. En el caso de la personalidad *borderline,* tras una serie de traumatismos físicos y psicológicos previos se ha podido verificar un aumento de estas sustancias. Con el paso del tiempo y la reabsorción de estos impactos desciende objetivamente el nivel en el torrente circulatorio[11].

En conclusión, no podemos reducir el origen de este trastorno de la personalidad a la bioquímica, sino que el modelo etiológico ha de ser, una vez más, *pentadimensional:* físico, psicológico, de conducta, cognitivo y asertivo.

11. Un hecho innegable es que el síndrome de abstinencia de un sujeto adicto a la heroína es un cortejo polisintomático similar al de una personalidad límite: hiperexcitabilidad, impulsividad, descontrol de la conducta, inestabilidad de ánimo y de criterio, despersonalización, desrealización, irritabilidad a flor de piel, etc. Por otro lado, estas manifestaciones clínicas están desencadenadas por un aumento de la función del sistema noradrenérgico.

Esto debe hacernos pensar en la estrecha relación que existe entre la personalidad límite y esta amina neurotransmisora que es la noradrenalina. La complejidad etiológica de estos desajustes es enorme, como ricas son las posibilidades terapéuticas.

XII

La personalidad histriónica o histérica

EL CONCEPTO

En la actualidad es frecuente el empleo del término *histeria* en el lenguaje coloquial para expresar en tono peyorativo cierto descontrol de la conducta. En la tabla de criterios del DSM-IV quedan reflejados sus principales síntomas, que se recogen en la siguiente definición: *la personalidad histérica es aquella caracterizada por la teatralidad y la expresión desproporcionada de los sentimientos, con una necesidad enfermiza de reclamar la atención de los demás*. Esta tipología abunda en las novelas, aunque sus rasgos se exponen con un estilo disperso. Voy a intentar esclarecerlos.

Una característica esencial de este comportamiento es *la tendencia a dramatizar*, a convertir los acontecimientos de la propia vida en algo desproporcionado, terrible, excesivo, trágico, aparatoso. Todo se vive de manera espectacular y sobrecogedora, con un fondo patético e hiperemotivo que tamiza las experiencias personales. En el siglo XV, la célebre obra de los dominicos Kramer y Spranger, *Malleus maleficarum*, ya ponía de relieve el cortejo de manifestaciones de las histéricas y cómo se las debía tratar. En el siglo XVII se pensaba que esta enfermedad se explicaba por un desplazamiento uterino: el útero «subía a la cabeza» y era capaz de producir ataques. En esa época, el médico Willis se hizo famoso por sus trabajos sobre el sistema arterial de la base del cerebro, poniendo de manifiesto que no eran los movimientos uterinos los responsables de dicha patología, sino un trastorno cerebral. En el siglo XVIII, los psiquiatras franceses Pinel y Esquirol subrayaron la tendencia hiperemotiva de estas personas, que «hacen teatro», y más tarde, uno de los maestros de Freud, Jean-Martin Charcot, del Hospital de la Salpêtrière de París, empezó a estudiar la histeria mediante la observación clínica, llegando a la conclusión de que estas conductas histéricas –a las que llamó *fenómenos pitiáticos*– se producían por autosugestión. Otro investigador de la histeria fue Pierre Janet (1900), quien buscó las relaciones de ésta con el hipnotismo y los automatismos psicológicos. Por último, Sigmund Freud abrió una nueva etapa de investigación al intuir que lo histérico se originaba en el subconsciente.

El histrionismo[1] es, pues, el centro de operaciones de esta personalidad que, como su nombre indica, se vertebra en la tendencia a escenificar una conducta ostentosa y fingida para fascinar y sorprender a los demás. El histriónico busca llamar la atención, gustar, seducir, y para ello recurre a fórmulas imaginarias y extrañas. Esta versatilidad emocional se ve envuelta en la demanda de ser tenido en cuenta. Ya el mismo Kretschmer (1926) habló del egocentrismo de esta figura, línea en la que también trabajaron Bleuler y Slater. Uno de los padres de la psicopatología, Karl Jaspers (1925) resumió certeramente el rasgo principal de estos sujetos: «Tratar de aparentar más de lo que uno es», y un discípulo de Freud, Alfred Adler, destacó su deseo de resultar siempre encantadores, buscando un reconocimiento especial de las personas de su entorno.

MITOMANÍA Y LABILIDAD EMOCIONAL

También es característica de las personalidades histéricas la tendencia a inventar cosas, a mentir, a creerse sus propios mitos. *Mitomanía es el hábito de fabular, la inclinación a ima-*

1. Los nombres de los trastornos de la personalidad tienen también su propia historia. La personalidad *histérica* pasó a llamarse *histriónica* en el trayecto del DSM-II al DSM-III, por considerarse este término más apropiado al contenido de la misma: oficio de representar escenas exageradas, como un acróbata y prestidigitador de la conducta, que hace cosas grotescas con afectación y de modo exagerado.

CRITERIOS PARA EL DIAGNÓSTICO DEL TRASTORNO HISTRIÓNICO DE LA PERSONALIDAD
Un patrón general de excesiva emotividad y una búsqueda de atención, que empiezan al principio de la edad adulta. Se dan en diversos contextos, como lo indican cinco (o más) de los siguientes puntos: 1. No se siente cómodo en las situaciones en las que no es el centro de la atención. 2. Su interacción con los demás suele estar caracterizada por un comportamiento sexualmente seductor o provocador. 3. Muestra una expresión emocional superficial y rápidamente cambiante. 4. Utiliza permanentemente el aspecto físico para llamar la atención sobre sí mismo. 5. Tiene una forma de hablar excesivamente subjetiva y carente de matices. 6. Muestra autodramatización, teatralidad y exagerada expresión emocional. 7. Es sugestionable, por ejemplo, fácilmente influenciable por los demás o por las circunstancias. 8. Considera sus relaciones más íntimas de lo que son en realidad.

(DSM-IV, 1995.)

ginarse cosas y hechos, tramando escenas y falsificando las relaciones con los demás. Una maquinación que fabrica acontecimientos o los adorna de tal manera que la persona en cuestión se convierte en estrella de los mismos, en protagonista indiscutible. La vida es para ellos un espectáculo y la gente, o sea, el auditorio, suele quedar seducida y magnetizada por su hechizo.

Se ha hablado mucho de la *capacidad para sugestionar* de estos sujetos como otro de los rasgos predominantes. Esto es plasticidad de la conducta: no sólo siente las situaciones, sino que las vive. El actor no *hace* teatro, sino que *es* teatro; no experimenta emociones, sino que todo él es emoción. A veces hay escasa elaboración en los contenidos, pero otras la trama está mejor diseñada y tiene más visos de veracidad. Los que ya conocen al histriónico se sorprenden menos, pero se divierten al volver a comprobar su especial capacidad para contar historias.

Entre estos dos síntomas que acabo de describir se abre paso la *labilidad afectiva*, es decir, superficial, epidérmica, voluble, inconstante, que oscila entre la idealización y el rechazo. Hay una necesidad excesiva de elogio, de que los demás reconozcan públicamente su valía o su trayectoria, a veces justificadamente, pero en la mayoría de las ocasiones magnificando los logros obtenidos[2]. La conducta histérica, no sólo la afectiva, busca experiencias excitantes, nuevas, sorprendentes, con el fin de poderlas contar después añadiendo ingredientes de la propia cosecha. Aventuras fugaces, o planes inmediatos que luego se desmoronan, forman parte de ese clima de frivolidad tan habitual. La superficialidad tiene en estos casos un matiz especial: mientras que lo que dicen estos individuos suele ser insustancial, liviano e irrelevante, su novelería de bagatelas versátiles termina cautivando. El pensamiento es emotivo, poco lógico, y muy elevada la necesidad de recompensas.

También hay en esta personalidad un importante nivel de *dependencia*, lo que a veces dificulta el diagnóstico diferencial respecto de la personalidad dependiente, que analizaremos más adelante. Son varios los puntos de contacto, que demuestran una organización bastante primitiva de ambas formas de ser. Al histriónico le parece normal que le cuiden y reclama continuamente mimos y atención; prefiere que le quiten problemas y dificultades, como si fuera un niño pequeño. Y dado que vive buscando la seducción, resulta narcisista y teatral. A unos les agrada de entrada esta forma divertida y juguetona de funcionar, pero otros, cuando ya conocen sus mecanismos, reaccionan con rechazo. Por ello muchas veces caen en el ridículo y sus llamadas de atención no encuentran eco en el medio social en el que se desenvuelven.

2. En esta personalidad se producen ciertas distorsiones cognitivas, como el poco aprendizaje que se hace de las experiencias, al no analizarse los hechos vividos con objetividad; en consecuencia, el conocimiento de uno mismo es errático, cambiante.

LA EVOLUCIÓN DE LA PERSONALIDAD HISTRIÓNICA CON EL PASO DE LOS AÑOS

Con el paso del tiempo, todo el conjunto de síntomas resulta menos consistente, como si se fuera disolviendo. Muchas veces se logra cierto equilibrio por la repulsa de la gente cercana, ya que, al quedarse solos, los histriónicos se vuelven depresivos crónicos o hipocondriacos, como sucede en el caso clínico que expongo a continuación:

> Vienen a la consulta dos hermanos: una mujer de 47 años y un hombre de 43 para hablarme de su madre que tiene 69 años, es viuda y en la actualidad vive sola. Nos cuenta la hija: «Mi madre ha sido siempre una persona muy difícil. Está viuda desde hace seis años. Mi padre sufrió mucho por su carácter: es caprichosa, hace siempre lo que quiere, le gusta llamar la atención, las amigas no la aguantan porque va a lo suyo, siempre está exagerando. En varias ocasiones la hemos oído contar algo que nosotros habíamos presenciado y nos hemos quedado atónitos, pues se inventa cosas, las cambia a su gusto, se pone siempre de protagonista... Su egoísmo es atroz. Mi padre le insinuó alguna vez que no podía más y que prefería separarse de forma amistosa, pero mi madre montó unos números terribles diciendo que le iba a denunciar a Hacienda por no pagar lo que debía. Él estaba acobardado. Yo creo que se murió de pena, no del infarto.
>
> »Y ahora el problema es muy grave. Mi hermano y yo tenemos nuestra vida hecha, nuestra casa y nuestros hijos. A mi madre las empleadas del hogar no le duran nada porque es muy dura con ellas y, ante cualquier fallo o defecto, les dice a la cara lo que piensa y se van. Así que desde hace prácticamente un año vive sola. Tiene algo elevada la tensión arterial y se pasa el día tomándosela con un aparato. Nos ha llamado bastantes veces de madrugada diciéndonos que se moría, que le dolía la cabeza o que estaba con taquicardia. Nosotros hemos salido corriendo a su casa y nos la hemos encontrado tan normal. Exagera cualquier molestia o síntoma que nota. Como no tiene nada que hacer dice que está deprimida, triste, y el médico de cabecera le ha mandado una medicación que ella afirma que la deja peor. No sabemos qué

hacer y no quiere acompañarnos a su consulta porque cree que nosotros cambiamos la información para perjudicarla.»

Finalmente logramos que venga sola, como ella exige, y nos da su versión: «Yo de joven he sido una mujer muy guapa; llamaba la atención, la gente se volvía en la calle para mirarme. Me casé con un hombre bueno, pero débil; era marino y me enamoré de su facha, vestido de uniforme era para impresionar. Yo había tenido antes varios novios, pero al final terminé con este hombre al que le gustaba poco salir. Yo me iba con mis amigas, tenía un círculo bastante amplio. Tampoco he tenido mucha suerte con mis hijos, que me tienen abandonada; sólo vienen a verme una vez a la semana o el fin de semana. Ahora vivo sola porque el servicio doméstico está imposible, es gente a la que no le gusta trabajar. Me desespero. Desde hace poco más de un año me he ido quedando sin amigas, he tenido mala suerte y prefiero vivir sola a estar mal acompañada. Me han encontrado que tengo la tensión arterial alta y me han dado una medicación y una dieta sin sal. Me dijo el médico de cabecera que deben tratarme con mucho afecto, hacerme caso y no darme malos ratos. Mis dos hijos se dedican de vez en cuando a meterse conmigo y me dicen que yo no estoy enferma, que lo que me pasa no tiene casi importancia, pero no saben que he tenido momentos en los que me ha dolido mucho la cabeza y he visto doble, como si hubiera sombras en mi casa, algo que no sé bien cómo explicar».

Éste es el caso de una histeria con muchos años de evolución. La paciente se ha ido aislando porque el entorno la rechaza y ya no busca su compañía[3]. Hasta los familiares más cercanos se sienten desbordados, porque dicha personalidad impide establecer vínculos afectivos sanos y, en consecuencia, la convi-

3. Existe un trabajo clásico de Luc Ciompi (1965) sobre el tema de la histeria y la vejez que demuestra que el 42% de los enfermos se mantienen igual a lo largo de los años, mientras que el 26% mejora algo (se atenúan los síntomas), el 16% empeora y el 16% restante logra curarse.

Las mujeres con una personalidad histérica muy marcada, si no han recibido ningún tipo de tratamiento y el medio ambiente no las ha modificado, se mantienen expansivas, teatrales, logorreicas, erotizadas. Y si, además, han sido guapas, siguen ávidas de cumplidos, no aceptan de buen grado el paso de los años y suelen vestirse de modo inapropiado.

vencia resulta muy difícil. Algunas formas clínicas tienen una evolución más positiva y se compensan entregándose a labores artísticas o religiosas, canalizando sus necesidad emocionales hacia actividades valiosas; es como si la vida misma les enseñara una lecciones precisas que son capaces de aprender.

Hay dos grandes figuras conocidas en la historia de la psiquiatría como modelos de histeria. Una es Dora, que primero fue vista por Freud y más tarde por H. Deutsch. Dora era coja, tenía frecuentes crisis de tos y migrañas, así como vértigos, que se manifestaron más tarde. Su carácter teatral, muy necesitado de la estimación ajena, casi no cambió a pesar de las sesiones psicoanalíticas. Otro caso es el de Blanche, paciente del mismísimo doctor Charcot, que fue atendida en la Salpêtrière y que era conocida como «la reina de las histéricas». Con ella, muchos jóvenes médicos aprendieron en vivo en qué consistía la histeria.

Muchas de estas historias clínicas acaban en ruptura con la familia y con las amistades. Se originan rencores, enfrentamientos, disputas, discusiones, reproches, incluso chantajes suicidas al no verse comprendidos por quienes rodean al sujeto histriónico. A veces esto se complica porque se asocia otro trastorno, como la personalidad límite, que es el más frecuente. Ello produce una mezcla de impulsividad, inestabilidad, teatralidad y necesidad patológica de llamar la atención[4]. La pericia del terapeuta es clave para acertar en el tratamiento y corregir el trastorno[5].

En cuanto a la *personalidad histriónica en los hombres,* re-

4. La asociación de dos o más enfermedades a la vez se llama *comorbilidad,* mientras que, cuando en la personalidad se asocian muchos ingredientes diversos, juntándose varias estirpes de trastornos, hablamos de *trastorno mixto de la personalidad.* En nuestro estudio estadístico, la comorbilidad más frecuente es con la depresión en primer lugar y con la ansiedad en segundo.

5. En algunos casos de trastornos de la personalidad específicos o mixtos, puede ser conveniente hacer una *terapia informativa,* es decir, explicarle al propio sujeto su diagnóstico, consignando el inventario de síntomas y aclarándole por dónde debe ir el tratamiento y de qué medios nos valemos para ello. Esto depende de la inteligencia, las capacidades psicológicas y el nivel cultural del paciente. *Véase* el trabajo de P. C. Recamier (1995).

sulta menos significativa estadísticamente. Nos encontramos con el típico fanfarrón, el contador de historias, el mentiroso crónico o el que se dedica a relatar hazañas fabulosas e increíbles. El rechazo social hacia ellos es mayor que en el caso de las mujeres. En los hombres es frecuente la asociación con la *personalidad narcisista,* que enmascara los aspectos histriónicos. En mi experiencia profesional he visto hombres histéricos en los que, además, se manifestaba una personalidad límite. En tales casos, el subterfugio de la enfermedad suele ser una vía de escape, generalmente asociada a hábitos alcohólicos o síntomas psicosomáticos; un mecanismo de defensa bastante habitual en el cual la insatisfacción y la inmadurez son una constante. A veces el origen se encuentra en una sobreprotección materna, pero en otras ocurre justamente lo contrario, es decir, la privación afectiva. Ambas pueden resultar muy negativas.

Los hombres histriónicos pueden llegar a desarrollar una verdadera tiranía respecto a las personas más cercanas, lo que suele culminar en graves crisis conyugales o en serios conflictos familiares. T. Millon (1996) subraya en ellos un *patrón gregario:* se ven a sí mismos como sociables, encantadores e interesantes conversadores. Y distingue seis subtipos: teatral, infantil, vivaz, apaciguador, tempestuoso y falso.

EL PROBLEMA DEL DIAGNÓSTICO DIFERENCIAL

Como he comentado con anterioridad, en mi experiencia terapéutica es el trastorno mixto de la personalidad el que se da con mayor frecuencia. Esto significa que es menester un trabajo fino y minucioso para aclarar todos y cada uno de los ingredientes del diagnóstico, única forma de no errar luego en el tratamiento. Debemos, pues, ser sistemáticos en la ordenación de los cinco ejes del DSM-IV, ya que éstos se solapan y entrecruzan, pudiendo tanto el médico como su equipo no captar la globalidad del sujeto que se está tratando.

Con relación al *Eje I,* en el que se engloban los *trastornos clínicos* –desde la esquizofrenia a la ansiedad, pasando por los desórdenes del estado de ánimo, de la conducta sexual o de la conducta alimenticia–, puede plantearse el problema respecto a la depresión, sobre todo ciertas formas bipolares de la misma: la euforia, que nos recuerda la fase ascendente de la bipolaridad, puede confundirnos, sobre todo si tenemos en cuenta que la personalidad histriónica ha aprendido a actuar de manera hábil, maniobrando el medio ambiente que le rodea.

En cuanto al *Eje II*, que es el de todos los *trastornos de la personalidad*, lo más frecuente es confundir en una primera aproximación la histeria con la personalidad narcisista, debido al deseo de ser el centro de la reunión y de que todo gire en torno a ellos. Sin embargo, los histriónicos son más dramáticos, mientras que los narcisistas, como tienen poca empatía, no tienden a convertir lo que cuentan en algo dramático y sugestionable.

En algunos de los casos que hemos visto en nuestra consulta, hemos tenido ciertas dificultades para hacer un diagnóstico diferencial respecto de la personalidad límite, aunque en éstos la teatralidad es enorme y refleja una forma personal más desestructurada, inestable y cambiante, con repetidos chantajes autoagresivos y reacciones coléricas muy fuertes. Cuando ambas personalidades se combinan, nos encontramos con una mezcla explosiva que puede traer de cabeza al terapeuta.

En el *Eje III* se encuentran las *enfermedades médicas*, que pueden dispararse en su magnitud a partir de una base patológica real. Los histriónicos sufren más que nadie, no encuentran palabras para expresar la dureza de sus sentimientos, cualquier exploración somática es vivida como una experiencia terrible... Veamos la historia clínica de Almudena, una de mis pacientes:

Es una mujer de 52 años, separada desde hace dos, que tiene una hija y un hijo. Padece una úlcera gastroduodenal hace ya tiempo. Se ve que ha sido muy guapa y atractiva, con un buen tipo. Nos dice el ex marido: «Mi mujer es muy exagerada en todo. Para mí la convivencia ha sido muy difícil desde el principio. En los primeros años de matrimonio, ella trabajó en una oficina de turismo y esto le vino muy bien porque estaba ocupada. Fue dejar el trabajo y todo ha ido a peor. Cada vez más nerviosa y con mucha necesidad de salir con sus amigas, le dio por comprar. No había sitio en los armarios de casa para guardar tantos bolsos, zapatos, pañuelos de seda natural, cremas para la cara y cosas por el estilo. Pero lo malo fue que el médico del aparato digestivo que la atendía le dijo que su problema era la falta de afecto; ella se acogió a ese dato reclamando cada vez mayor atención. Yo creo que me he portado relativamente bien como marido, pero no puedo más. Ha convertido su problema de estómago en un medio de comunicación conmigo y con los demás, siempre quejándose».

Y nos cuenta ella: «Mi problema es afectivo. Mi marido está siempre trabajando y casi no se ocupa de mí; es más, creo que la úlcera de estómago me la ha producido él, con su forma de tratarme. Yo debía trabajar, lo sé, pero a raíz de eso todo ha ido empeorando entre nosotros... A mí me gusta comprar porque me libero, es como si mi vida cambiara en esos momentos. Mi marido no puede entenderlo. El problema del estómago no me abandona, pues cuando estoy mejor, me vienen unos dolores muy fuertes, es como si me fuera a volver loca».

EL TRATAMIENTO

El psicoanálisis ha sido durante mucho tiempo el método más seguido en el tratamiento de los histéricos, aunque al ser tan a largo plazo su eficacia es relativa. Como en otros muchos trastornos de la personalidad, estos sujetos rara vez acuden al psiquiatra o al psicólogo, salvo por una depresión, un cuadro de ansiedad o algún otro tipo de padecimiento, momento en el que se puede intervenir para intentar modificar los rasgos patológicos de su forma de ser, aunque no resulta fácil. Una vez más, la no conciencia de alteración es un serio impedimento.

Si de alguna manera se logra que estos individuos se sometan a una psicoterapia, es fundamental cuidar la relación médico-enfermo para que ésta sea positiva y no contraria a los mutuos intereses. La *cooperación* es, pues, básica. La estrategia respecto a estos pacientes consiste en ofrecerles una pautas de comportamiento que les ayuden a ir superando sus vivencias y sentimientos negativos, como la poca valoración y comprensión por parte de los demás, la tendencia al aburrimiento y al vacío interior, el descontento con la vida, la desgana sexual... La psicoterapia les abre una posibilidad: comprenderse mejor y aceptar el entorno y sus dificultades.

Ahora bien, es importante que *el programa de conducta sea equilibrado, perfile bien los objetivos y haga atractivo el esfuerzo por mejorar.* Los mensajes de cambio personal no deben ser drásticos, ya que se trata de un *proceso* en el que necesariamente habrá catarsis y meros desahogos. Se trata de aprender a ser independiente respecto del medio ambiente, a pasar desapercibido y a no llamar permanentemente la atención.

La terapia cognitivo-conductual debe asociarse a una farmacoterapia que se dirija a *disminuir la ansiedad y el fondo depresivo,* pero ello en segundo lugar. En definitiva, que ayude a cambiar el estilo dramático y subjetivo por otro más sano, más ecuánime y objetivo. El psiquiatra ha de enseñar al paciente a pensar de forma más racional e independiente, y no debe desanimarse cuando no vea progresos claros o se produzcan retrocesos. Es un «pulso» entre dos personas: el terapeuta, que con argumentos psicológicos y retóricos[6] va a incidir en el núcleo del padecimiento, y el enfermo, que mostrará su resistencia a dejarse llevar hacia un terreno distinto.

En conclusión, hay que definir las metas de forma operativa y centrar los objetivos. Tres ejemplos sencillos al respecto pueden ser los siguientes:

1. *Identificar pensamientos y sentimientos distorsionados con el fin de modificar la manera de actuar.* En el último caso analizado, se trataría de decirle a la paciente: «No puedes culpar de la úlcera de estómago a tu marido; es una forma inco-

6. La psicoterapia es en buena medida un *arte de la palabra:* saber convencer, buscar artificios expresivos y manejar el lenguaje adecuado para penetrar en la zona conflictiva del paciente e ir desmontando los problemas, persuadir sobre la necesidad de cambiar, dando argumentos psicológicos. Muchos psiquiatras hacen sólo farmacoterapia y dejan en manos de los psicólogos la psicoterapia, bastante más compleja que la primera.

rrecta de pensar que obedece a tu tensión emocional crónica y también a tu hipersensibilidad y necesidad imperiosa de ser atendida. Te sientes mal psicológicamente y te invade la tristeza. Pero lo que tienes es que aprender a conocer el porqué de los hechos que te suceden, y así podrás atribuir las causas de las cosas de una manera menos partidista».

2. *Repasar las reacciones histriónicas y verlas al microscopio psicológico.* Para saber valorar los hechos de forma más templada y ecuánime, es preciso evitar las representaciones dramáticas que no conducen a nada positivo y que alejan a la gente del entorno. La frialdad en el análisis retrospectivo es siempre muy fructífera. Puede ser incluso positivo llevar una agenda en la que se registran los avances. Así se empieza a gobernar la impulsividad automática, destinada a la vez a manipular y llamar la atención.

3. *Hacer una lista de los pros y contras de su conducta.* Con este inventario, que ha de ser sobre todo coherente, se intenta hacer ver al paciente los rasgos patológicos, anormales, poco sanos de su conducta. No resulta fácil, ya que al verse acorralado es normal que despliegue alguno de los mecanismos típicos: seducción, queja por la falta de comprensión, amenaza de abandono de la terapia, etc.

XIII

La personalidad narcisista

ENTRE LA EGOLATRÍA Y LA PRESUNCIÓN

El narciso es una planta exótica, con hojas largas, estrechas y puntiagudas, agrupadas en el extremo por un bohordo grueso blanco o amarillo oloroso; crece en la cercanía de los lagos y se inclina hacia él, como si se mirara en el espejo que le ofrece el agua. Este estar continuamente contemplándose es la idea que late bajo su concepto. Según Plotino, el mito de narciso se refiere al hombre que busca la belleza más en lo externo y, en consecuencia, se queda en la fachada personal, cuidando la portada, el frontispicio, la apariencia.

Fue Havellock Ellis el primero que utilizó este término a finales del siglo XIX para referirse a aquellos sujetos que desarrollaban una tendencia sexual hacia sí mismos. Freud adaptó más tarde el concepto a sus criterios psicológicos para referirse a las personas con un amor desordenado y excesivo hacia sí mismos. Tiempo después, la corriente psicoanalista estableció los rasgos de esta personalidad haciendo hincapié en dos vertientes: *el amor extraordinario hacia uno mismo* y *una autoestima grandiosa*, fruto de una evaluación personal desmedida.

Los narcisistas giran sobre sí mismos pidiendo de los demás aplausos y gratificaciones verbales, siempre preocupados por causar un fuerte impacto positivo en la gente que les rodea y, a la vez, reclamando elogios, admiración y reconocimiento de su valía. No obstante, resulta más importante lo que ellos piensan sobre su propia excelencia que lo que opinan los demás. *El patrón de conducta se vertebra sobre la impresión de grandeza suprema de su persona y la necesidad de reconocimiento por parte de la gente del entorno*. Hay en él presunción, engreimiento, soberbia descomunal y fatua, jactancia y petulancia.

Por todo ello, los narcisistas provocan en los demás rechazo y carecen de empatía. La autovaloración y la hipersensibilidad respecto a la opinión de los otros dan lugar a una psicología desagradable que invita a alejarse de ellos, pues la gente que les rodea ve en ellos una inclinación a ser explotados. Buscan un trato privilegiado y muestran fantasías de éxito, logros, y prestigio. Dentro de ese marco, es frecuente la descalificación de las personas cercanas y de personajes de la vida pública. No reconocen ni aceptan sus propios defectos o fallos, y cuando alguien se los hace ver, aunque sea con suavidad y educación, pasan al ataque.

Su forma de ser se nota incluso en su modo de vestir: quieren dejar bien claro su estatus social y cuidan su aspecto de modo excesivo, con el objeto de llamar la atención y de ser reconocidos y estimados[1]. Con el paso del tiempo, sólo quedan a su lado quienes se someten a ellos y se vuelven aduladores[2]. En ocasiones, saben rodearse de personas que actúan como si formaran un coro encargado de alabarlos sistemáticamente. Esto es frecuente en la vida artística o política, pero también en otros ámbitos, ya que se trata de individuos que tienen de sí mismos una excesiva complacencia.

1. Hay matices respecto de la personalidad histriónica. El narcisista tiene una enorme autoestima, se cree extraordinario y necesita ser admirado; responde de forma agresiva a los pequeños desaires, ofensas o críticas. Sin embargo, el histriónico es teatral, dramático, ofrece una puesta en escena de sus sentimientos y quiere ser el centro de atención. Ambos son ególatras e indulgentes con sus errores, y tienen una visión demasiado subjetiva de sus logros y cualidades.

A veces, en la práctica clínica, se asocian ambos desajustes de la personalidad.

2. La relación entre el narcisista y el adulador es muy habitual. El adulador dice o hace cosas estudiadas, poco sinceras y exageradas, con el fin de agradar al narcisista, pretendiendo sacar un beneficio de ello. Hay en su conducta falsedad y servilismo, sobre todo conociendo la sensibilidad de esa otra persona al halago, a que le regalen el oído incluso con mentiras. Por otra parte, el narcisista se ha acostumbrado a devaluar a los demás; su yo hipertrofiado, así como su falta de generosidad, hacen que quienes están cerca reaccionen a medio plazo con desprecio.

El complejo de superioridad es un sentimiento o vivencia afectiva interior que hace que el sujeto en cuestión se vea muy por encima de quienes le rodean. La seguridad en sí mismo es superlativa y la arrogancia le conduce a cierto liderazgo, pues se trata de gente que nunca puede estar en un segundo plano o en posiciones de subordinación. El narcisista es un ser vanidoso; tanto, que cuando se le minusvalora su respuesta es siempre de irritabilidad o fuerte agresividad. Sus afirmaciones de superioridad pueden llegar a ser de escándalo y producen una mezcla de sorpresa y rechazo en los que observan sus actitudes.

La distancia en el trato interpersonal es una táctica bien estudiada que busca la admiración a través de una apariencia que produzca pasmo, asombro. El narcisista está muy pagado de sí mismo y los elogios que recibe le parecen escasos para lo que él se merece. Dado que es pretencioso, creído y petulante, resulta fácil que explote a los demás, prometiéndoles algo más o menos claro o impreciso. Cuando alguien le pregunta su opinión sobre otra persona, la descalificación es inmediata, rotunda, y puede aludir a todas las vertientes de dicha vida. Su poco respeto por los otros es lo que motiva su desconsideración y su crítica.

La idealización propia del narcisista pone de relieve su falta de autoconocimiento, razón por la cual niega sistemáticamente cualquier defecto o fallo personal. Se ha discutido mucho sobre cómo se fragua este estilo de ser. Unos piensan que por *haber tenido cerca algún narcisista durante la infancia y la adolescencia*. Hoy sabemos la enorme importancia que tiene el aprendizaje por imitación; todo se contagia, tanto lo positivo como lo negativo. El modelo de identidad se va construyendo con las diversas influencias que recibe un individuo. También es interesante poner de relieve que entre los *niños hipermimados y superprotegidos* es fácil que prospere este tipo de personas, dada la enorme indulgencia de los padres; son chicos muy acostumbrados a recibirlo todo de palabra y de hecho, a no ser corregidos o criticados por sus progenitores.

Otra hipótesis, la psicoanalítica, sitúa el origen del narcisis-

CRITERIOS PARA EL DIAGNÓSTICO DEL TRASTORNO NARCISISTA DE LA PERSONALIDAD

Un patrón general de grandiosidad (en la imaginación o en el comportamiento), una necesidad de admiración y una falta de empatía, que empiezan al principio de la edad adulta. Se dan en diversos contextos, como lo indican cinco (o más) de los siguientes puntos:

1. Tiene un grandioso sentido de «autoimportancia» (por ejemplo, exagera sus capacidades, espera ser reconocido como superior sin unos logros proporcionados).
2. Está preocupado por fantasías de éxito ilimitado, poder, brillantez, belleza o amor imaginarios.
3. Cree que es «especial» y único, y que sólo puede ser comprendido o sólo puede relacionarse con otras personas (o instituciones) de alto estatus.
4. Exige una admiración excesiva.
5. Es muy pretencioso (por ejemplo, expectativas poco razonables de recibir un trato de favor especial o de que se cumplan automáticamente sus expectativas).
6. Saca provecho de los demás para alcanzar sus propias metas.
7. Carece de empatía: es reacio a reconocer o identificarse con los sentimientos y necesidades de los demás.
8. Envidia frecuentemente a los demás o cree que los demás le envidian a él.
9. Presenta comportamientos o actitudes arrogantes o soberbios.

(DSM-IV, 1995.)

mo en las *críticas excesivas, el desprecio o el abandono sufridos durante la infancia y la pubertad.* A lo largo de los años, estas personas van utilizando ciertos mecanismos psicológicos de superación que consolidan su vanidad y complejo de superioridad. El trabajo terapéutico consistirá, entonces, en localizar la mutación enfermiza de dicha forma de funcionar[3], búsqueda que obliga a rastrear el pasado con detalle.

3. La *psicobiografía* es el estudio detallado de la vida personal atendiendo tanto a sus principales segmentos (infancia, adolescencia, primera juventud, madurez, tercera edad, ancianidad) como a la *intrahistoria* (éxitos,

Muchos han sido los investigadores que han profundizado en el análisis del narcisista y su grandiosidad arrogante. Así, G. Adler (1981) establece un puente de unión entre la personalidad narcisista y la límite, ya que ambas tienen grandes dificultades para establecer una buena transferencia psicológica (es decir, una buena relación médico-enfermo), aquéllos por la inestabilidad y éstos por su egocentrismo exultante. Existe una relativa proximidad entre la personalidad narcisista, la histriónica y la límite, centradas en las dificultades para el contacto social sano y equilibrado. En todos estos casos hay graves distorsiones cognitivas que conducen a una interpretación propia expansiva, que recuerda a los episodios eufóricos en sus momentos más álgidos. La conciencia social es deficiente, ya que se creen estar por encima de todo y de todos, despreciando reglas y normas de comportamiento social[4].

¿SE PUEDE SEGUIR ALGÚN TRATAMIENTO CON EL NARCISISTA?

Una vez más, la no conciencia de trastorno o desajuste psicológico constituye una nota esencial de este trastorno de la personalidad. Al narcisista le resulta muy difícil aprender una conducta distinta, pues sus reacciones emocionales tienen raíces muy fuertes. Su estilo defectuoso al procesar la información, prestando una atención desmesurada a los elogios y alabanzas –según ellos siempre justificadas–, dificulta el trabajo terapéutico.

Un estudio ya clásico sobre el tema, llevado a cabo por A. T. Beck, J. Rush, B. Shaw y G. Emery (1979), señalaba que estas personas tienen una combinación de esquemas mentales deformados sobre ellos mismos, el mundo y el futuro; creen firmemente que son singulares, especiales, y que los demás así de-

---

fracasos, ilusiones, impactos, traumas psicológicos, etc.). Ambas travesías son reveladoras.

4. Incluso cuando hay hechos llamativamente negativos en el pasado del narcisista, él redefine su contenido dándole la vuelta a los argumentos y falsificándolos a su favor, para mantener intacta su imagen artificial.

ben reconocerlo. Si además logran el éxito en la vida profesional y personal, el tema se hipertrofia y alcanza entonces proporciones desorbitadas.

Sólo acuden al médico cuando padecen una depresión reactiva, originada por el fracaso de la relación entre sus expectativas-fantasías y la realidad. La sensación de haber sido humillados, aunque se trate de ciertas dificultades que afectan a mucha gente normal, provoca ciertas reacciones que pueden desencadenar una fobia social o un miedo intenso a mantener relaciones interpersonales. En otros se acentúa la hipocondría, lo cual es comprensible por el excesivo interés en ellos mismos, que se desplaza hacia el plano corporal (aprensión) o hacia el estético (dismorfofobia).

¿Qué tipo de intervención psicológica es entonces la más correcta? La terapia cognitivo-conductual, capaz de reconducirle hacia una moderación de su egolatría. El psiquiatra ha de saber conducirse ante el narcisista, buscando mejorar su calidad de vida familiar y social, y haciéndole atractivo el cambio. No hay que perder de vista que, por lo general, nadie le ha hablado de sus defectos psicológicos; es un terreno virgen y, en consecuencia, no está todo perdido. En estos casos, *la psicoterapia exige talento y habilidad por parte del psiquiatra/psicólogo, sabiendo mostrar al paciente la disparidad que existe entre sus presunciones y su valía real.*

Es bueno trazar unos objetivos y perfilarlos de forma clara. Hay que estar prevenido ante los *mecanismos de resistencia,* que suelen manifestarse tanto firme como intermitentemente. ¿Cuáles son, pues, tales objetivos?

1. *Enseñarle a realizar una autoevaluación más real y objetiva*[5]. Para ello es bueno tener información de él y de algún familiar muy cercano, y así sabremos cómo se ha establecido

5. El complejo de superioridad al margen de los triunfos obtenidos muestra a las claras lo que le ocurre al narcisista. Es bueno hacer con él cierto *balance existencial objetivo,* una especie de cuenta de resultados que le permita ver fríamente las distorsiones que comete de manera sistemática. El psicoanalista Wilhelm Reich (1951) identificó un subtipo, el *narcisista elitista,* que se siente miembro de un grupo aparte de escogidos y seres superiores.

verdaderamente a lo largo de su vida la relación entre los objetivos y los resultados de los grandes argumentos: trabajo, afectividad, familia, amistades, cultura...

2. *Exponerle los síntomas negativos que deben corregirse.* Egocentrismo, arrogancia, fantasías que no se ajustan a la realidad, tendencia a reclamar admiración de forma permanente, a explotar a los demás, etc., son pautas que se conexionan unas con otras, formando un complejo entramado. El psiquiatra es clave para orientar al paciente en la apasionante y difícil tarea de ser más considerado con los demás.

3. *Apoyar la terapia psicológica con la medicación.* Al negar el paciente su trastorno en la mayoría de los casos, el único puente de unión para que no abandone el tratamiento es el control periódico de la medicación.

4. *Imitar modelos sanos de personas destacadas.* Es conveniente reforzar el *modelo de identidad* –que tanta importancia tiene en la formación de una personalidad equilibrada y madura– mostrándole ejemplos alternativos *sanos* que evidencien su conducta desadaptada: la instrumentalización de las amistades, la falta de tacto y autenticidad interpersonal, la frialdad con los demás... Todas estas actitudes se pueden ir sustituyendo por sentimientos más sanos.

5. *Saber valorar cualquier avance psicológico por pequeño que sea.* Gratificaciones verbales moderadas, ecuánimes y directamente relacionadas con la mejoría en cuestión forman parte del proceso de cambio positivo. Hay que ayudar al narcisista a abandonar todo lo que es *desadaptativo,* como la amenaza de abandonar la terapia cada vez que el psiquiatra/psicólogo pretende erradicar algún hábito de su patología. Estar advertido de ello evitará frustraciones en el equipo terapéutico, ya que se trata de un dato que forma parte de la propia sintomatología.

6. *Saber situar bien el* locus of control[6]. La mayoría de los

6. Con este nombre se hace referencia a la atribución que hace una persona de los hechos que le suceden. Fueron J. B. Rotter y cols. (1972) quienes sistematizaron este concepto, que hace referencia a una peculiar interpretación de los acontecimientos, debidos a algo que se encuentra fuera de uno *(lo-*

narcisistas tienen la costumbre de culpar a los demás de sus fracasos y problemas. Hay que hacerles ver que eso no es así. Por ejemplo, alguien que ha suspendido unas oposiciones puede imputar el resultado al tribunal que le ha juzgado o a la mala intención de uno o varios de sus miembros, sin valorar correctamente si la razón obedece a haber estudiado poco, a no haber sabido planificarse o a no ser ordenado y constante.

Es recomendable mantener cierta distancia entre el paciente y el terapeuta, quien debe ganárselo con argumentos dialécticos, pero sin hacer otro tipo de concesiones. Aplicando criterios de objetividad, le ayudará a estudiar cada una de las situaciones vividas, intentando desmontar los aspectos patológicos. Frente a sus creencias ególatras, se le ofrecerán otras más sanas y realistas, en la siguiente dirección: «No quieras ser excepcional ni extraordinario; sé tu mismo, pero dando lo mejor de lo que llevas dentro. No es equilibrado buscar permanentemente el elogio y el ensalzamiento de los demás. Para ser feliz en la vida no es necesario tener un coro de personas que aplaudan lo que uno hace; ésa es una visión errónea. La felicidad consiste en sacar el mayor partido posible a la propia existencia, con amor y paciencia[7]. Los complejos de inferioridad y superioridad son ante todo sentimientos y, como tales, valoraciones absolutamente *subjetivas;* son apreciaciones personales que deben ser contrastadas».

No obstante, el narcisista es un enfermo muy difícil de tratar, de ahí que su pronóstico sea reservado.

---

cus of control externo) o dentro *(locus of control interno):* el primero valora la importancia de todo lo que está en el entorno, lo que no depende de uno mismo; el segundo tiene justamente un sentido inverso, destacando el esfuerzo personal del propio sujeto, causante de lo bueno y lo malo que le pueda ocurrir. La vida diaria de todos nosotros está plagada de ejemplos en ambos sentidos.

7. *Véase* mi libro *Una teoría de la felicidad* (Dossat, Madrid, 2001), en el que desarrollo ampliamente esta y otras ideas.

XIV

La personalidad por evitación

UN POCO DE HISTORIA

La personalidad por evitación es un trastorno que se define fundamentalmente por la *inhibición social,* por un miedo enorme –que puede desembocar en una fobia– a una evaluación negativa y descalificadora por parte de los demás. Se trata de eludir las relaciones de forma general, lo que afecta sobre todo a la conducta.

Algunos antecedentes clínicos deben ser reseñados. Fue Bleuler (1911) uno de los primeros en hablar de *la personalidad que tiende a aislarse* a propósito de la esquizofrenia, dando lugar a una especie de apatía respecto a las relaciones sociales. Más tarde, Kretschmer (1925) describió la *personalidad hiperestésica*[1] con dos características: sensibilidad extrema y comparación constante con los demás que lleva a autoevaluarse como alguien inferior. Karl Menninger (1930) se refirió a las *personas que tienden a la soledad,* mientras que Kurt Schneider (1950) habló de la *personalidad sensitiva autorreferencial,* Karen Horney (1945) del *tipo aislado* y Otto Fenichel (1946) destacó el *carácter fóbico* de los mismos que «evita» situaciones embarazosas.

El acierto de emplear la palabra *evitación* corresponde a T. Millon (1969, 1975), quien halló dos grupos de personas que tienden al aislamiento: los *esquizoides* (aislamiento pasivo) y los *evitadores* (asilamiento activo). Ambos tipos son proclives a desembocar en la esquizofrenia. Desde el punto de vista de

1. Este psiquiatra alemán identificó dos polaridades: la personalidad *anestésica* (fría, gélida, que no siente ni padece) y la contraria, la *hiperestésica* (de una sensibilidad psicológica extrema).

una definición operativa, esta denominación resulta muy acertada: *personas que esquivan el contacto interpersonal por temor a la crítica, a caer mal, a no saber qué decir o a ser humillados y burlados*. El bajo nivel de autoestima está en la base de dicho comportamiento.

APLAZAR Y EVITAR LAS RELACIONES INTERPERSONALES

La clínica es muy reveladora de la vida de estas personas. Dado que sienten auténtico pánico en el contacto con los otros, van desarrollando una *hipersensibilidad en su campo de atención*, de tal manera que cuando van a una reunión o están con gente, captan hasta el más mínimo detalle y hacen interpretaciones deformadas de la realidad a partir de ciertas caras, palabras, frases, silencios... Todo les lleva a detectar una mezcla de desprecio, desconsideración y subestimación, una tupida red de rechazos más o menos claros o imprecisos. Siempre están en guardia, pendientes de todo lo que les rodea, evaluando hechos nimios, inocuos e irrelevantes que, sin embargo, ellos interpretan en su contra[2], lo que va conduciéndoles hacia algunas actividades que no exijan la implicación de los demás, salvo que tengan la certeza de que van a ser aceptados.

En general huyen de la gente y, si finalmente consolidan alguna relación, ésta es superficial. La desconfianza permanente les lleva a examinar cualquier detalle, cualquier matiz, por pequeño que parezca; nunca terminan de fiarse de sus amigos. Si logran una comunicación relativamente buena con alguno de ellos, se cuestionan si ésta puede ir a más, y casi siempre la conclusión es la misma: mejor no implicarse, así evitaremos un fuerte desengaño; mejor ni siquiera intentarlo. Cualquier rela-

2. Se da aquí una doble percepción de la realidad: *propia* (se minusvalora cualquier cosa personal) y *ajena* (lo que recibe de los otros está teñido de miedo a hacer el ridículo, a no dar la talla, a verse criticado o rechazado). Todo ello se conjuga en un estado que se denomina *disforia emocional,* en el que se entrecruzan miedos difusos y concretos, tristeza, ansiedad, malestar psicológico general en forma de incomodidad y tensión...

CRITERIOS PARA EL DIAGNÓSTICO DEL TRASTORNO DE LA PERSONALIDAD POR EVITACIÓN
Un patrón general de inhibición social, unos sentimientos de inferioridad y una hipersensibilidad a la evaluación negativa. Comienzan al principio de la edad adulta y se dan en diversos contextos, como lo indican cuatro (o más) de los siguientes puntos: 1. Evita trabajos o actividades que impliquen un contacto interpersonal importante debido al miedo a las críticas, la desaprobación o el rechazo. 2. Es reacio a implicarse con la gente si no está seguro de que va a agradar. 3. Demuestra represión en las relaciones íntimas debido al miedo a ser avergonzado o ridiculizado. 4. Está preocupado por la posibilidad de ser criticado o rechazado en las situaciones sociales. 5. Está inhibido en las situaciones interpersonales nuevas a causa de sentimientos de inferioridad. 6. Se ve a sí mismo socialmente inepto, personalmente poco interesante o inferior a los demás. 7. Es extremadamente reacio a correr riesgos personales o a implicarse en nuevas actividades por si resultan comprometedoras.

(DSM-IV, 1995.)

ción, pues, se percibe como un riesgo potencial, especialmente si es nueva; y cualquier pequeño fallo, sobre todo si ha sido observado por varias personas, es vivido con un clamoroso abatimiento, una vejación terrible e inolvidable, un bochorno de proporciones enormes que dejan al individuo avergonzado. Por eso a estas personalidades les cuesta tanto pasarlo bien y disfrutar de la vida[3] en compañía.

3. Con el paso del tiempo, y si no reciben un tratamiento adecuado, desarrollan una *anhedonia* que, como ya hemos dicho, es la incapacidad o seria dificultad para sentir placer y recompensas con las cosas sencillas y frecuentes de la vida ordinaria. Y esa necesidad de relación íntima se sublima hacia la vida cultural o artística.

Cuando la gente conoce a las personas evitadoras, suele calificarlas de raras y nerviosas; resultan antinaturales porque permanecen más tiempo calladas que hablando, y se observa en ellas un aire temeroso que no favorece en nada el contacto. Muy vulnerables a cualquier gesto o palabra irrelevante, las fantasías vejatorias y ofensivas producen en ellos un gran sufrimiento, aumentando así su fragilidad psicológica.

EL CASO DE ADOLFO: UNA EVOLUCIÓN POSITIVA

Se trata de un sujeto de 26 años, licenciado en Económicas, que vive en Barcelona y está preparando su tesis doctoral. Tiene dos hermanos. Viene a la consulta acompañado de su padre y nos cuenta: «Llevo bastante tiempo mal, porque soy una persona muy introvertida y retraída, y desde siempre me cuesta mucho relacionarme con la gente. Hace dos años me fui a estudiar a Barcelona por salir de mi casa, pues me sentía muy atrapado por mi familia y casi sin vida propia. Últimamente estoy triste y sin ganas de nada, como más bloqueado y más inseguro, con miedo a salir a la calle, y rindo cada vez menos, me cuesta retener lo que leo y estoy con la tesis doctoral bastante parada».

Resumo a continuación parte de la entrevista:

–¿Cómo es tu personalidad?

–Soy muy tímido, me recuerdo así desde pequeño. En el colegio prefería estar solo o únicamente con mi compañero de pupitre. Cuando tenía que ir a una fiesta o a un sitio con más gente, no hablaba o prefería quedarme en casa. Todo me afecta mucho, soy muy sensible. Le doy muchas vueltas a cualquier cosa que me sucede y lo analizo una y otra vez. Recuerdo hace unos años, estando en la universidad, que un profesor en prácticas me hizo un comentario sobre mi persona y estuve varias semanas pensando qué querría haber dicho con aquello. Me siento acomplejado, me veo más feo que los demás y con menos capacidad intelectual. Sí, he terminado mi carrera, pero ha sido porque tengo mucha voluntad. Soy muy obsesivo y pesimista, temo el fracaso.

–¿Qué otras actividades haces?

–Me gusta el deporte y sobre todo la lectura. Salgo poco, pues mis pocos amigos no están aquí conmigo, sino dispersos.

–¿Cómo te encuentras de ánimo últimamente?

–Estoy triste, decaído, sin ganas de nada, pensando que mi problema no tiene arreglo. Además vivo nervioso, inquieto, con un pellizco en la tripa; me sudan mucho las manos. Duermo regular: hay días que me cuesta coger el sueño y luego me despierto muy pronto y me pongo a pensar cosas negativas. Recuerdo siempre lo que me hace daño y lo paso mal.

–Al margen de tu estado anímico, que es transitorio, ¿te gusta tu forma de ser?

–No, pero soy así y sé que no voy a cambiar. Me bloqueo con la gente y no sé qué decir. Me gustaría ser de otra manera, más abierto y seguro, pero no sé cómo lo puedo conseguir.

Iniciamos un tratamiento farmacológico en dos direcciones: por *vía oral,* un antidepresivo (Paroxetina, 40 mg/día) y un ansiolítico (Alprazolan, 4 mg/día), y en *perfusión endovenosa,* psicorrelajantes primero y antidepresivos asociados después. Además, para mejorar el ritmo sueño-vigilia se le aplicó zopicona (7,5 mg por la noche, unos quince minutos antes de acostarse). A la semana pudimos observar ya una clara mejoría respecto al nivel de ansiedad y a la calidad del sueño.

En cuanto a la psicoterapia, seguimos la línea ya comentada de buscar ciertos *objetivos psicológicos* con determinados *instrumentos.* Con la información recogida fuimos construyendo un *programa de conducta* que se inició una vez que pudo observarse cierta mejoría de los síntomas depresivos y de ansiedad[4]. Muchos datos clínicos referentes al comportamiento fueron suministrados por el padre. Todo ello facilitó la tarea de delinear el siguiente croquis del programa, que se elabora en primera persona de tal modo que el paciente pueda hacerlo:

4. Cualquier forma de psicoterapia específica en plena depresión tiene escasa eficacia, pues la melancolía disminuye enormemente la recepción de los mensajes. Conviene esperar al momento oportuno, cuando la sintomatología ha disminuido, y entonces sí se puede empezar a trabajar el trastorno de personalidad.

– *¿Qué me ocurre, cuál es mi enfermedad psíquica?* Yo tengo por un lado una *depresión ansiosa,* para la cual tomaré una medicación, y por otro un tipo de personalidad que se denomina *personalidad por evitación.* El equipo teapéutico me ha explicado con claridad cuáles son las características de la misma y también que la depresión es reactiva o secundaria a mi forma de ser; para ello voy a recibir dos tipos de tratamiento: psicoterapia y socioterapia.

– *Tengo que saber que no me conviene el aislamiento.* Debo poner de mi parte para estar con gente e iniciar pequeños logros en ese sentido; necesito mentalizarme al respecto y, desde ahora, no evitar ni aplazar cualquier posible contacto social aunque me cueste.

– *Tomaré una medicación psicorrelajante unos 45 minutos antes de salir de casa.* Ello me permitirá relacionarme mejor con la gente, porque estaré más sereno.

– *He de aplicar el lenguaje cognitivo n.º 1.* En las reuniones procuraré utilizar la cascada de sentencias –unas de mi propia cosecha y otras propuestas por el equipo médico– que me permitirán ir modificando en positivo mi estado de ánimo y me ayudarán a encontrarme *in situ* relativamente bien. Todo esfuerzo por superar algo necesita un entrenamiento[5], es decir, la

5. Los lenguajes del pensamiento, si se aprovechan en positivo, tienen una utilidad evidente para el tratamiento. Desde que se sistematizó el paradigma cognitivo en la década de los sesenta mediante la teoría de la comunicación de C. E. Shannon, sabemos que la mente funciona como un sistema extraordinariamente activo que no se limita a recibir información, que la codifica, almacena, transforma y recombina. La mente es como un ordenador: contiene un soporte físico *(hardware)* y uno lógico *(software);* el primero incluye los componentes propios de la máquina, mientras que el segundo abarca las vertientes funcionales (lenguaje interior, programación, elaboración de programas...).

La *psicolingüística* tiene una indudable importancia en el caso clínico que nos ocupa, ya que, mediante una cascada de pensamientos positivos y autorreforzadores, las emociones negativas se transforman primero en otras más neutras y, después, en positivas. La obra de Noam Chomsky (1957, 1965) ha sido decisiva en lo que se refiere a la investigación de las reglas de los lenguajes privados que acompañan a los sentimientos.

repetición de determinados actos hasta lograr incorporar dicha conducta. En mi caso, he de aprender a desdramatizar el miedo intenso que me produce el contacto con los demás.

– *Debo superar el fondo autorreferencial en cualquier relación interpersonal.* Esto significa que he de moderar la impresión subjetiva de sentirme siempre aludido y evitar la mala interpretación que hago de la realidad. No es verdad, no es cierto que cualquier gesto, palabra, frase, comentario o silencio se refieran a mí. La explicación de lo que me sucede, al parecer, es que mi aislamiento tan prolongado, la soledad en la que he vivido, han acentuado mi suspicacia y falta de seguridad hacia los demás.

– *También debo adquirir habilidades sociales.* Tengo muy poco ingenio para relacionarme con la gente y he tomado conciencia de que se trata de un problema importante para mí. Sé que he de aprender habilidades en ese sentido, en primer lugar algunas técnicas sencillas, para desenvolverme mejor: no quedarme callado, bloqueado o sin saber qué decir; no ponerme nervioso si no conozco a nadie; sacar temas de conversación de interés general, como ciertas cuestiones de actualidad, asuntos que hayan tenido resonancia en la prensa o en la televisión; interesarme por la conversación que en ese momento se esté desarrollando y participar; preguntarle a la gente por sus cosas: el trabajo, la familia, sus aficiones; apoyarme si es preciso en los tópicos y lugares comunes: el fútbol, el tráfico, la política, el lugar donde uno pasará un puente o un fin de semana largo...; en conclusión, moverme con más soltura y no dejarme invadir por los pensamientos negativos o la creencia de que estoy estorbando o caigo mal.

– *He de quitarle importancia a cualquier fallo o desacierto que pueda tener con la gente.* Al ser una persona que tiende a evitar a los demás por miedo a hacer el ridículo, a no dar el nivel adecuado o a sentirme humillado, es frecuente que tenga la impresión de que hago las cosas mal. Dos observaciones he de tener en cuenta en esos momentos: que muchas veces soy yo el único que percibe esos aparentes errores, puesto que son menudencias a las que les doy un valor excesivo, desproporcionado; y que desdramatizar tales hechos es fundamental, ya que todos cometemos desaciertos y no pasa nada, son cosas habituales de la vida.

– *Tengo que ir cambiando mi forma de pensar para lograr que mi pensamiento sea más equilibrado y sano.* He de buscar la sencillez porque soy demasiado complicado y ello me ha jugado malas pasadas, ya que muy a menudo deformo las cosas y las vuelvo en mi contra, como si me hubiera acostumbrado a verme siempre desde la peor de las perspectivas. Por ello debo: a) Evitar darle muchas vueltas a la cabeza, traer y llevar pensamientos sin rumbo fijo; tengo que acabar con esta circulación obsesiva[6]. b) Saber distinguir lo que es importante de lo que es anecdótico y llevar esta idea a mi vida habitual, ya que en muchas ocasiones me quedo atrapado en cuestiones irrelevantes, de poca monta. c) Ir consiguiendo un pensamiento más práctico y disciplinado: elaborar un estilo que conduzca a una meta, que evite la flotación mental disipada; d) Tener en cuenta que la imaginación sin control puede ser muy perniciosa, ya que a veces se dirige hacia vivencias negativas del pasado o a dificultades que adelantamos a los hechos del futuro.

– *Debo disminuir mi nivel de hipersensibilidad psicológica, que tanto sufrimiento me suele traer.* Voy a utilizar las estrategias que me han enseñado en la consulta y leeré algunos de los libros que me han recomendado[7]. El objetivo es reducir el po-

6. Hay una gran proximidad entre la *personalidad por evitación* y la *personalidad obsesiva.* A ambas les cuesta disfrutar de la vida, tienen graves problemas de relación social, viven replegadas hacia dentro y deforman con frecuencia la percepción de la realidad. En el primer caso, el miedo al ridículo planea de forma persistente; en el segundo, todo se centra en una serie de zozobras e ideas parásitas que suelen ser absurdas, irracionales, y que el sujeto reconoce como tales, aunque no puede librarse de ellas. Hay una investigación empírica muy sugerente que analiza la relación entre la *fobia social* y la *personalidad por evitación,* realizada por J. Reich (2000).

7. Como ya hemos comentado, la *biblioterapia* bien manejada puede ser muy eficaz. Algunos libros de autoayuda claros y didácticos son buenos consejeros, aunque algunos pecan de ser simplemente una serie de «recetas de cocina psicológicas», con gran pobreza expositiva.

TABLA 1
TAXONOMÍA DE ADJETIVOS BIPOLARES DE NORMAN (1967) CON MODIFICACIONES DE JOHN, ANGLEITNER Y OSTENDORF (1988) Y ROJAS (2001)

EXTRAVERSIÓN	
Hablador	Callado
Abierto	Cerrado
Aventurado	Precavido
Sociable	Retraído
Cordial	Frío
Sintónito	Distónico
Expresivo	Retraído
Agradable	Desagradable
Cálido	Seco
Acoplamiento	Desacoplamiento
Proximidad	Lejanía
AMABILIDAD	
Buen carácter	Imitable
No celoso	Celoso
Dulce	Amargo
Cooperador	Negativista
Simpático	Antipático
Suave	Áspero
Grato	Ingrato
Cortesía	Descortesía
Urbanidad	Rudeza
Efusivo	Distante
RESPONSABILIDAD	
Exigente	Descuidado
Responsable	Informal
Riguroso	Laxo
Constante	Inconstante
Trabajador	Vago
Ordenado	Desordenado
Cumplidor	Incumplidor
Con fundamento	Sin base

TABLA 1 (Continuación)	
ESTABILIDAD EMOCIONAL	
Equilibrado	Desequilibrado
Tranquilo	Nervioso
Sosegado	Excitable
Paciente	Impaciente
Confianza	Desconfianza
Autoestima	Inseguridad
Regularidad	Irregularidad
APERTURA A LA EXPERIENCIA	
Sensibilidad artística	Insensibilidad
Intelectual	Estrecho de mente
Refinado	Rudo
Imaginativo	Falta de imaginación
Verticalidad	Inverticalidad
Grandeza	Pequeñez
Subida	Descenso
Cultura	Incultura
Curiosidad	Indiferencia
Interés	Desinterés

tencial afectivo superficial, aplicando criterios lógicos en el modo inmediato de reaccionar a las vivencias. Tengo que aprender a protegerme para que los hechos que me suceden no me calen tan hondo, y para ello voy a procurar hacer más uso de la razón que de los sentimientos. Las experiencias del día a día me irán sirviendo para modificar esta conducta.

– *He de emplear la técnica de detención de pensamientos.* Voy a entrenarme en ser capaz de frenar y controlar los pensamientos negativos en el mismo momento en que me inundan, empleando, entre otras ayudas, el lenguaje cognitivo n.º 2 que tengo bien explicado en mi libreta de progresos psicológicos.

– *Tengo que saber estar en lo que estoy.* Con frecuencia me quedo absorto en mis pensamientos y ando metido en mis cosas, razón por la cual mi rendimiento en el estudio es bajo. He de centrarme en las tareas, sin pensar ni en lo que acabo de hacer ni en lo que me está esperando. Es un ejercicio mental esforzado, pero necesario para ir avanzando.

– *Es importante que aprenda a hablar de temas intrascendentes.* Uno de mis errores consiste en no saber mantener una conversación sobre cosas comunes, sencillas, propias de la vida ordinaria. Es como si todo me pareciera frívolo, insustancial, poco interesante; pero tengo que saber que, de entrada, la mayoría de las relaciones se establecen a partir de cuestiones sencillas y, sólo más tarde, cuando aumenta la confianza, cabe mantener una charla más profunda.

Cada una de estas pautas va encaminada a conseguir que el paciente se sienta más seguro en su relación con los demás. Los logros que gradualmente va alcanzando, por pequeños que sean, le refuerzan y le animan a progresar.

Otras líneas del programa son las siguientes:

– *No compararme con los demás.* A pesar de que ésta ha sido una constante en mí desde hace mucho tiempo y que siempre me ha afectado mucho, constituye un error psicológico. Yo debo tener mis metas y objetivos claros e ir a por ellos, cumpliendo las etapas necesarias. La comparación con los demás es siempre superficial y suele producir una mezcla de inquietud, envidia, malestar, etc.

– *Lograr cierta estabilidad emocional.* Para controlar mis frecuentes cambios de ánimo, he de centrarme en los estímulos que lo originan y que me han señalado en la psicoterapia; cuatro son los principales responsables: *estímulos externos, internos, por aislamiento* y *por dificultad de relación con la gente.*

– *Tener un proyecto de vida.* No se trata de «ir tirando», sino de elaborar un programa personal que me ayude a reforzar las distintas líneas analizadas en las distintas sesiones de psicoterapia: *mejorar mi personalidad*[8] siguiendo la dirección de las normas psicológicas establecidas; *darle contenido a los tres argumentos del proyecto vital: amor, trabajo y cultura;* y, por último, *aumentar mi nivel de autoestima.* Ésta es la gran palabra, el camino que he de seguir para tener más seguridad en mí mismo. El trabajo a realizar pretende llegar a dos tipos de metas: las *positivas,* es decir, los objetivos que lucho por alcanzar; y las *negativas,* que son las que trato de evitar.

– *Aprender a valorar los avances conseguidos.* Tengo que saber que es habitual no darse uno cuenta de los pequeños o grandes triunfos que va alcanzando; por ello es bueno comentar mi travesía personal con el terapeuta, para que él me diga si voy en una dirección correcta. Una vez motivado y con las pautas de comportamiento diseñadas, debo avanzar, mejorando en cada una de ellas y esquivando los obstáculos que aparezcan.

– *Ir disminuyendo mi nivel de autocrítica.* De ese modo, los pensamientos negativos automáticos en cascada irán desapareciendo. Cogniciones negativas como «soy aburrido, no tengo temas de conversación, la gente no lo pasa bien conmigo, noto que los demás me huyen, veo que con mucha frecuencia hago el ridículo, estoy fuera de mi sitio...» marcan indudablemente los encuentros sociales. Debo cambiar esos esquemas

8. El trabajo de la psicoterapia se encamina a que uno se encuentre a sí mismo, a que dé con las claves de una forma de ser con la que sentirse a gusto. Ésa es la base, tan sencilla y a la vez tan elevada. La personalidad es *la mitad de nuestro destino.* Una personalidad madura y equilibrada es la gran meta a la que se puede aspirar en el terreno psicológico; vale tanto como tener patrimonio, fama y amigos.

No obstante, cada sujeto dispone de tres facetas de su personalidad: la que enseña a los demás, la que los otros creen que tiene y la que realmente reside en su fuero interno. Dice Lao-Tsê –pensador del siglo VI a.C.– en una de sus sentencias célebres:

> *El hombre que conoce lo exterior, es erudito.*
> *El hombre que se conoce a sí mismo, es sabio.*
> *El que conquista a los demás, es poderoso.*
> *El que se conquista a sí mismo, es invencible.*

mentales falsos por otros más certeros. Así no haré una evaluación deformada de las relaciones con los demás, que me lleva a excluir cualquier dato positivo por pequeño que sea.

¿Cómo ir modificando esto? En primer lugar, sabiendo que no es cierta mi creencia de que intereso poco incluso al terapeuta. Además, debo aprender a ir cambiando los pensamientos negativos que emergen involuntaria e inconscientemente por otros menos neuróticos y enfermizos, más ecuánimes y favorables hacia mi persona, como por ejemplo: «Soy callado y eso da paz a quienes están cerca; me cuesta entrar en la conversación, pero una vez que lo consigo todo va un poco mejor; la gente se relaja conmigo, pero debo participar más en el diálogo; no es que los demás se alejen de mí, sino que cada uno va a su aire y lo interesante es que yo sepa ir al mío».

– *Ir haciendo insistentes esfuerzos para no evitar a la gente.* Tengo que conseguirlo poco a poco, a la vez que voy eliminando la ansiedad, el miedo y la inseguridad. Puedo recordar alguna sesión terapéutica y poner en práctica las habilidades sociales aprendidas en el momento oportuno, tanto si se trata de una situación inesperada o de una conocida. He aprendido que en todas las fobias se producen dos mecanismos: la *evitación* y el *aplazamiento,* que se combinan para fijar ese miedo cerval e insuperable; el primero alivia momentáneamente la tensión, pero cada vez se hace más difícil afrontar el problema; el segundo camino lleva a la inseguridad, a no fiarse uno de sí mismo.

Por el contrario, la *exposición*[9] supone un tratamiento de elección y consiste, como me ha explicado el equipo de médicos y psicólogos, en hacer una lista ordenada –de más dificultad a menos– de las situaciones y personas que prefiero evitar;

9. Hace aproximadamente dos décadas que empezó a emplearse esta técnica. Consiste en interrumpir las distintas evitaciones, poniendo especial atención en los síntomas *físicos* (taquicardia, sudoración, pellizco gástrico, temblores y todo el cortejo propio de la ansiedad) y *cognitivos* (anticipaciones negativas envueltas en temores, miedo al síncope, deformaciones en la percepción de los hechos, etc.). Puede tratarse de *exposición sola* o de *exposición con reestructuración cognitiva.*

después, he de repetirla con las estrategias comentadas, no valorando las dificultades o los fracasos (totales o parciales), sino apoyándome en la idea de que todo aprendizaje necesita tiempo y que cualquier avance debe ser considerado como algo positivo, por pequeño que a uno le parezca.

También es conveniente que utilice las técnicas de relajación respiratoria que me han explicado: hacer respiraciones lentas y profundas, repitiendo al mismo tiempo el lenguaje cognitivo asociado y desatendiendo cualquier sensación física molesta o cualquier pensamiento negativo. Tampoco debo perder de vista otras cosas que me dijo el terapeuta: mirar a los ojos, escuchar la conversación que se desarrolle en ese momento, hacer un esfuerzo y tomar la iniciativa para hablar, sonreír aunque me cueste, tolerar la ansiedad de los primeros momentos...

El caso clínico que he expuesto deja claro que este tipo de trastorno de la personalidad puede tener buen pronóstico y que la evolución positiva depende sobre todo de la correcta aplicación de la terapia tridimensional (biológica, psicológica y social).

XV

La personalidad por dependencia

LA SUBORDINACIÓN COMO FORMA DE SER

Como vemos en el esquema referencial del DSM-IV, se trata de un patrón de conducta presidido por una *ligazón patológica* o, en palabras de T. Millon (1998), cuyo «centro de gravedad es la sumisión». El antecedente más claro en la historia de la psicología es Karl Abraham (1927), quien habló del carácter oral de los individuos dependientes, dando a entender que se han quedado detenidos en esa fase del desarrollo psicosexual. Antes, Kraepelin habló de la *personalidad abúlica* y, poco después, Kurt Schneider se refirió a la *personalidad insegura*. Unos y otros subrayan un retraso en la maduración psicológica.

Una psicoanalista como Karen Horney (1945) afirmaba que estos sujetos necesitan para vivir alguien que cumpla todas sus expectativas, porque se sienten débiles e indefensos ante las diversas circunstancias[1]. Aaron Beck (1990, 1998), uno de los autores que más ha trabajado sobre la depresión y cuyas tesis sobre la interpretación cognitiva de esta enfermedad ha enriquecido el panorama clínico, también se ocupó de desentrañar este tipo de personalidad llamando la atención sobre el *sentimiento de indefensión* y la necesidad de encontrar a una persona capaz de disolver sus temores, incertidumbres o impresiones de estar abandonado y solo. Al no sentirse con fuerza como para tomar decisiones, al verse incapaces de pilotar su propia

1. En el DSM-I (1952) sólo se habla de este tipo de personalidad, de pasada, y en el DSM-II (1968) brilla por su ausencia.

trayectoria[2], necesitan contar con una especie de consejero y ejecutor permanente de sus actos. Es básica, pues, la falta de confianza en sí mismos, la inseguridad, lo que les lleva a la necesidad enfermiza de que los demás aprueben su conducta. Theodor Millon (1977, 1990) la denominó inicialmente *personalidad sumisa,* por su falta de iniciativa, su ingenuidad social y su evitación de todo lo que pueda ser autonomía.

Hoy sabemos que este estilo de ser se va fraguando desde la infancia. Empiezan siendo individuos demasiado pacíficos, que les cuesta enormemente cualquier desacuerdo o tensión con los demás, de una docilidad alarmante que les hace huir de cualquier enfrentamiento. Vuelvo a insistir, una vez más, en que un dato positivo de la personalidad, cuando se exagera hasta el extremo, puede convertirse a la larga en algo patológico[3]. La propia imagen está presidida por la vulnerabilidad, y por ello se evitan las situaciones conflictivas. De esta manera, se van asentando conductas escasamente hábiles socialmente: no saben decir no a las personas de su entorno, no tienen opiniones contrarias a las de los demás, no defienden sus propios criterios y su deseo de agradar es tan grande que terminan convirtiéndose en personas pasivas y dependientes.

LA INCAPACIDAD PARA TOMAR DECISIONES

Ésta es la característica clínica más importante de la personalidad por dependencia. En torno a ella se establecen las otras

2. Erich Fromm, en su libro *El miedo a la libertad* (1947), centra la cuestión al decir que para estos sujetos todo lo positivo se encuentra fuera de ellos mismos.

3. Esto vale para muchas realidades de la vida ordinaria. Es muy recomendable ser ordenado, pero el perfeccionismo exagerado puede derivar en una patología; es positivo ser responsable, pero la hiperresponsabilidad resulta neurotizante; también es positivo ser sensible, pero la hipersensibilidad conduce a sufrir en exceso por todo; dejarse aconsejar es una postura sabia, pero querer que sean los demás los que tomen las propias decisiones y buscar el cuidado permanente por miedo a no saber funcionar por uno mismo es enfermizo.

manifestaciones: desde la búsqueda de un consejero permanente que le diga lo que tiene que hacer y que siempre le proteja, hasta un bajo nivel de autoestima y confianza en los propios criterios. Es otro individuo el que asume la responsabilidad por él; y el miedo al abandono ocupa su mente con demasiada frecuencia. La búsqueda permanente de placer y la evitación de cualquier tipo de dolor, sufrimiento o tensión psicológica se acompaña, pues, de la necesidad de encontrar a una persona que proporcione el consiguiente refuerzo[4]. Es una tendencia a que sean las figuras primarias (paternas) las que se encarguen de él, mediante un apego poco sano.

Cuando las cosas no salen como ellos quieren, es fácil que tiendan a deprimirse. Entonces acuden al psiquiatra o al psicólogo, quien debe diferenciar ambos diagnósticos y ensayar una farmacoterapia para el trastorno depresivo y una psicoterapia para el desorden de la personalidad.

Son frecuentes las quejas somáticas, como reacción a situaciones conflictivas no resueltas, que en numerosas ocasiones se convierten en expresiones hipocondriacas: la búsqueda de atención y cuidado escoge ahora esta vía, haciendo que las personas más cercanas vivan pendientes de tales molestias. Se entra así en una dinámica peligrosa, con idas y venidas a distintos médicos que no saben bien a qué atenerse ni por dónde dirigir el tratamiento. En el fondo se trata de un *mecanismo de defensa* que lleva al paciente a cumplir con su deseo de que los demás le protejan y se dediquen a él de forma casi exclusiva[5].

En ciertas ocasiones, se mezclan ingredientes de diversos desórdenes de la personalidad, dando lugar a un cuadro mixto más complejo. La labor clínica consiste en rescatar la verdadera biografía del sujeto, distinguiendo lo que es pura dependen-

4. Una hiperprotección materna desde la infancia puede ser el origen de la dependencia patológica. Tan mala es la privación afectiva de un niño indefenso, como el mimarle, salvaguardarle y ampararle de manera desproporcionada. Aquí, más que en otros casos, tiene validez la expresión que afirma que en el justo medio está la virtud.

5. Hay un trabajo de L. E. Hinkle (1961) que destaca la mayor predisposición de las personas dependientes a padecer enfermedades en general.

CRITERIOS PARA EL DIAGNÓSTICO DEL TRASTORNO DE LA PERSONALIDAD POR DEPENDENCIA

Una necesidad general y excesiva de que se ocupen de uno, que ocasiona un comportamiento de sumisión y adhesión y temores de separación, que empieza al inicio de la edad adulta y se da en varios contextos, como lo indican cinco (o más) de los siguientes puntos:

1. Tiene dificultades para tomar las decisiones cotidianas si no cuenta con la reafirmación de los demás.
2. Necesita que otros asuman la responsabilidad en las principales parcelas de su vida.
3. Tiene dificultades para expresar el desacuerdo con los demás debido al temor a la pérdida de apoyo o aprobación.*
4. Tiene dificultades para iniciar proyectos o para hacer las cosas a su manera (debido a la falta de confianza en su propio juicio o en sus capacidades, más que a una falta de motivación o de energía).
5. Va demasiado lejos llevado por su deseo de lograr protección y apoyo de los demás, hasta el punto de presentarse voluntario para realizar tareas desagradables.
6. Se siente incómodo o desamparado cuando está solo debido a sus temores exagerados de ser incapaz de cuidar de sí mismo.
7. Cuando termina una relación importante, busca urgentemente otra que le proporcione el cuidado y el apoyo que necesita.
8. Está preocupado de forma no realista por el miedo a que le abandonen y tenga que cuidar de sí mismo.

* No se incluyen los temores o la retribución realistas.

(DSM-IV, 1995.)

cia de otros componentes añadidos. En mi experiencia clínica he encontrado un alto porcentaje de asociación de las personalidades por evitación y las depresivas. Pero es en los dependientes puros donde se ve más claro el concepto de *inmadurez*[6],

6. Me resisto en general a utilizar la palabra *inmadurez* en el lenguaje clínico preciso por el uso abusivo que de ella se ha hecho, pero en esta ocasión voy a vencer dicha resistencia. ¿Qué significa la madurez de la persona-

que asoma una y otra vez con fuerza, pidiendo paso. Es el apego excesivo a alguien, una sumisión extrema, que envuelta en una atmósfera infantil recuerda las reacciones propias de los niños. El modelo se suele aprender en los primeros años de vida, cuando la incapacidad para decidir por uno mismo, así como la impresión de sentirse desvalido, forman un conglomerado especial. W. L. Marshall y H. E. Barbaree (1984) hablaron de personas *subasertivas,* incapaces de defender sus derechos y sin ninguna habilidad social (o asertiva); caen una y otra vez en la subordinación, acatando con docilidad cualquier cosa que se les diga o sugiera.

A continuación, analizaremos varias dinámicas para entender lo que les sucede a las personalidades dependientes:

1. *Se perciben a sí mismas como indefensas.* Esta deformación, por lo general muy enraizada, da lugar a una serie de sentimientos de abandono y desamparo en un mundo que consideran hostil.
2. *Necesitan encontrar a una persona que haga de valedor.* Buscan siempre a alguien que les proteja, les cuide y se haga cargo de las decisiones que ellos deben tomar, entregándose de forma acrítica, aceptando sus comentarios, observaciones y directrices; alguien encargado de llevar las riendas de su vida. En definitiva, un vínculo enfermizo.
3. *Renuncian a tener más responsabilidad.* El temor a

---

lidad? No existe una definición científica seria, pero para entendernos podemos decir que la madurez es *aquel estado de conocimiento, buen juicio y saber que permite gestionar de forma positiva los aspectos físico, psicológico y sociocultural.* Es decir, dirigir y gobernar la propia travesía personal con armonía y coherencia; tener plenitud para reflexionar y capacidad para crear un proyecto de vida (de amor, de trabajo y de cultura); y alcanzar cierto equilibrio entre los distintos componentes que integran la personalidad (*véase* capítulo V).

Un aviso para navegantes: la madurez no puede ser entendida nunca como un destino *definitivo,* como un lugar al que uno llega y en el que se instala, sino que debemos verla como un proceso con grados y tonalidades de discernimiento y lucidez.

equivocarse, a fracasar, a no acertar en las elecciones que se le van presentando les lleva a ser cada vez menos autónomos y más dependientes, perdiendo la capacidad de decir no cuando es necesario; en consecuencia, no muestran su desacuerdo, no toman sus propias decisiones y no asumen las consecuencias de las mismas.

En conclusión, podemos decir que la principal *distorsión cognitiva* es que se creen incapaces de administrar su psicología de forma inteligente y positiva, lo que va a tener un coste enorme en su propia vida.

¿QUÉ SE PUEDE HACER PARA TRATAR A LOS DEPENDIENTES?

El objetivo de toda terapia debe ser el conseguir poco a poco *ser más autónomos*. Autonomía para gobernarse a sí mismos, para regir las parcelas personales según su propio criterio, para elegir libremente. Como en cualquier trastorno de la personalidad, lo primero es fijar pequeñas metas, logros concretos: tolerar cierta soledad, quitarle importancia a las pequeñas equivocaciones en la toma de decisiones, ir eliminando las tendencias acomodaticias, el servilismo y la sobreprotección... Es un trabajo minucioso y necesario.

Muchas veces, en el marco de este desajuste de la personalidad puede describirse el llamado *síndrome de Peter Pan*, por el cual uno se niega a ser mayor, a madurar, y prefiere anclarse en esa etapa feliz de la vida que son los primeros años, arropado por las figuras paternas. La evolución de esta situación puede ser buena si el terapeuta sabe ofrecer al paciente una serie de normas psicológicas sanas y atractivas, enseñándole a valorar la independencia y a rechazar la sumisión como una forma poco madura de existir. Se trata de combatir esa actitud pasiva y de aplazamiento *sine die* tan inadecuada.

¿Cuáles son los principales objetivos de la terapia?

1. *Que el paciente evite conductas pasivas y de espera.* De forma sugestiva, se le debe enseñar a resolver por sí solo los problemas, a sentirse cada vez más competente a medida que acierta y se equivoca. En otras palabras, ha de detectar la sumisión y dejarla de lado.

2. *Que entienda la importancia didáctica de los fracasos.* La frustración es necesaria para la maduración de la personalidad. De ahí nacen criterios propios, no gregarios, y se van configurando presencias y ausencias. Elegir es *anunciar y renunciar;* es decir, *seleccionar.*

3. *Que vaya elaborando los ingredientes de su identidad personal.* Hay que hacerle ver que, como consecuencia de su trastorno, él vive en función de la persona que actúa como «director de operaciones», pero que es preciso coger las riendas de la vida e ir conformando la propia identidad.

4. *Que sepa delimitar las áreas negativas de su comportamiento.* Hacer una relación jerárquica de las mismas en las diferentes áreas –afectividad, trabajo, amistades– ayuda a centrar los conflictos que hay que analizar. Igualmente, ha de aprender a soportar la ansiedad de los primeros momentos del tratamiento, manejando adecuadamente las técnicas básicas: relajación muscular, técnicas respiratorias, lenguajes cognitivos correctores...

5. *Que imite modelos y ejemplos cercanos.* Es conveniente aprovechar las experiencias positivas de los demás y aplicarlas a la propia vida.

6. *Que se establezca en términos correctos la relación médico-enfermo.* Hay que tener mucho cuidado en este sentido, pues podría ocurrir que el paciente cambiase la figura de su valedor inicial por la del psiquiatra o psicólogo. Hay que cuidar la transferencia y, en el caso de que se produzca una sumisión total al terapeuta, corregirse enseguida, sustituyéndola por un espíritu de cooperación, de ayuda participativa. Una difícil ecuación entre buena sintonía y pretensión de independencia.

7. *Que descubra sus sentimientos y pensamientos automáticos.* Éstos son los que conducen a la pista de aterrizaje de la dependencia: «No soy capaz de hacer las cosas por mí mis-

mo», «Creo que me voy a equivocar en un tema como éste», «A la gente hay que respetarla en sus opiniones, sean las que sean», «No quiero caer mal y que la gente me rechace», «Qué van a pensar de mí si digo o hago eso», «Más vale permanecer callado que cometer un error», «No quiero conflictos con nadie, la paz a costa de lo que sea»...

Tal arsenal de ideas deformadas debe ser reconducido hacia posturas y actitudes más maduras y realistas[7]. Refutar estas sentencias, una a una, es psicoterapia. Al mismo tiempo, resulta clave el buen manejo de los mensajes cognitivos neutralizadores de la ansiedad, así como la figura del terapeuta, que transmite serenidad y confianza a su paciente. Se trata, pues, de sustituir unos pensamientos por otros: «Si me esfuerzo, iré consiguiendo pequeños progresos de independencia», «No tiene sentido ser así, la sumisión total es infantil», «Debo meterme en la cabeza que los avances graduales son muy importantes», «He de restar importancia a las cosas que se dicen y con las que no estoy de acuerdo»...

Autores como K. A. Phillips y J. G. Gunderson (2001) afirman que en estos trastornos el paciente busca tratamiento a causa de los síntomas depresivos o ansiosos que pueden aparecer, ante la amenaza de pérdida real o imaginaria de la persona que es centro y eje de su vida. En tales casos la farmacoterapia es lo primero, pero a continuación hay que seguir ciertas estrategias psicológicas para hacer frente a todo ello: expresar los sentimientos, desdramatizar la reacción de los otros y sus consecuencias...

Dos son las tareas principales: adquirir habilidades en la comunicación y expresión de los sentimientos negativos y los criterios de desacuerdo y, por otro lado, aprender a imitar los modelos positivos.

7. Puede ser muy práctico que en alguna ocasión el sujeto haga un *registro de pensamientos deformados,* ya que observará cómo las distorsiones trazan un camino vital falso. Es el terapeuta quien debe enseñarle cómo realizarlo.

Igualmente, puede ser muy útil la *terapia de grupo,* en la cual el psicoterapeuta que dirige la sesión canaliza las situaciones para enseñar habilidades en el desarrollo de la autonomía, fomenta la participación y la expresión de opiniones, y explica a los miembros que existen algunas dependencias normales, sanas, propias de cualquier sujeto que vive en una sociedad abierta.

En definitiva, el tratamiento puede resultar bastante exitoso si se van superando los escollos, los retrocesos inevitables y el cansancio de ambas partes. El oficio y el arte del psiquiatra o del psicólogo resultará decisivo para conducir al paciente por la senda de la emancipación, a la que poco a poco le irá perdiendo el miedo y simplemente verá como un reto positivo.

XVI

La personalidad obsesivo-compulsiva

ENTRE EL PERFECCIONISMO Y LA RIGIDEZ

Entramos en uno de los capítulos más importantes de la personalidad dada la frecuencia de esta modalidad. En mi estudio, asciende a un 8,6%.

El término *obsesión* procede del latín *obsidere,* que significa «verse cercado, asediado, bloqueado». La etimología griega, *ananké,* alude a lo que resulta «pegajoso, adherente». En cuanto a la palabra *compulsión,* existe en el latín jurídico una expresión, *compellere,* que significa «verse forzado a hacer algo que uno no quiere» o «verse forzado a declarar en un juicio». En alemán, *Zwang* remite a la idea de «fuerza, compulsión, inclinación imperiosa». Todas estas acepciones nos ayudan a acercarnos a la definición de la personalidad obsesivo-compulsiva: *forma de ser centrada en el perfeccionismo y la rigidez, de la que no se puede escapar; el orden extremo, las dudas y la lentitud en la realización de cualquier tarea son las líneas principales de esta conducta.*

La historia de este concepto es larga. Fue R. Kraft-Ebing, en la segunda mitad del siglo XIX, el primero en utilizar el término para referirse a las personas que hacían ciertas cosas como empujados por una fuerza superior. También lo empleó W. Griesinger, por esa misma época, pero destacando más su tendencia a la duda. A principios del siglo XX, E. Esquirol lo utilizó de igual forma a como lo entendemos hoy, y E. Kretschmer, en la formulación de la llamada *personalidad sensitiva,* se refiere a la tendencia de estos seres a sentirse bloqueados, a su incapacidad para actuar de forma fluida. El psicoanalista Wilhelm Reich

(1936) trabajó en la sistematización de la personalidad compulsiva, entendiendo por tal al individuo con un sentido imperativo del orden, que lo lleva al extremo tanto en las cosas importantes como en las insignificantes. Su forma de pensar introvertida, rumiadora, le hace incapaz de tener paz en su cabeza.

Erich Fromm añadió la inclinación de estas personas a la acumulación y al ahorro, ya que ven el mundo exterior como una enorme amenaza. Uno de los padres de la psiquiatría que ya he citado, el alemán Kurt Schneider (1950), al describir la *personalidad insegura,* afirmaba que muchos de sus síntomas podían agruparse bajo la denominación *anancástico:* gente escrupulosa, ordenada, minuciosa en las cosas externas y materiales, con un exceso de inseguridad que les lleva a comprobar repetidamente lo que hacen porque pretenden tener a su alrededor todo perfectamente controlado.

Tras los estudios psicopatológicos y psicoanalíticos, surgieron los realizados desde el conductismo, primero, y desde la psicología cognitiva, después. Los primeros enfocaban el problema estudiando las relaciones estímulo-respuesta y observando la dificultad extrema de estos sujetos para acabar las tareas, ya que su enorme ansiedad les impedía su finalización. Los segundos destacaron la búsqueda de una perfección extrema así como una distorsión cognitiva muy habitual: el pensamiento *dicotómico,* según el cual las cosas se viven según la ley del todo o nada, del blanco o negro, del amor o el odio, de lo aceptable o lo inaceptable. Esta rigidez obsesiva se va acentuando a lo largo de los años y, además, aumenta la dificultad para asumir cualquier error o fallo. En consecuencia, se magnifican y exageran las equivocaciones, ya que la vida se experimenta como un deber, como una obligación, y nunca se permiten saltar las normas estrictas. La palabra mágica para ellos es *debería.*

A. T. Beck y A. Freeman (1995) señalan que la personalidad obsesiva se caracteriza por pensamientos persistentes, ritualizados y compulsiones cuyos rasgos principales son la obstinación, el orden y la rigidez económica; los tres se viven de forma terrible, patológica. Por su parte, tras muchos años de investigación, Theodor Millon (1995) estableció lo que él denominó *ambivalencia pasiva,* en la que se mezclan el carácter anal (freudiano) y el obsesivo-compulsivo, dando origen a una afectividad restringida, a una mentalidad estrecha, así como a una conducta prudente, moralista y super metódica.

EL CASO CLÍNICO DE MARIANA

Se trata de una mujer de 44 años, licenciada en Filosofía y Letras, soltera, que es profesora de la universidad. Vive con dos primas en la ciudad en la que ejerce su actividad docente. Viene a consulta y nos cuenta que «desde pequeña he tenido escrúpulos de conciencia, obsesiones, como si mi cabeza hubiera estado ocupada siempre con temas, cosas, preocupaciones. He seguido un tratamiento con un psicólogo conductista y he mejorado bastante, pero el problema es que a veces la ansiedad me desborda y me quedo paralizada, sin poder hacer nada».

Transcribo a continuación parte de la entrevista.

–¿Cuáles son tus principales molestias obsesivas? Clasifícalas de más a menos según su frecuencia e intensidad.

–Las tengo de todo tipo y condición. La más antigua es la de lavarme las manos a menudo; después, lavar la ropa pensando que pueda estar contaminada, no tocar algunos objetos por miedo a que estén sucios y creer que he molestado a alguien con mi comportamiento y mis expresiones (aunque éstas nunca son demasiado vehementes). Suelo pensar que mi conducta obsesiva (que lucho por disimular ante los demás) puede influir en la de mis compañeros y amigos y volverlos igual que yo. También reviso las puertas muchas veces para ver si las he cerrado bien, tanto en mi casa como en la universidad o en cualquier sitio adonde voy; yo sé que no tiene sentido, pero no puedo evitarlo, es superior a mis fuerzas, como si necesitara hacerlo para quedarme tranquila. Y lo mismo hago con los enchufes, las estufas y la conexión del ordenador que manejo casi a diario.

–Quiero concretar más el tema y para ello te pido que me digas el número de veces, aproximadamente, que haces cada una de estas cosas que señalas.

–Depende del tiempo con el que cuente en ese momento, pero voy a intentar ser más concreta:

- Lavarme las manos: aproximadamente 10-15 veces al día. En el trabajo me controlo y lo hago unas 5-6 veces por miedo a que la gente me vea y pueda pensar algo raro de mí. Esto es lo peor, porque me tiene atrapada.
- Revisar y comprobar las cosas, por ejemplo enchufes, puertas o el ordenador: en mi casa, 3-4 veces; en mi actividad profesional, menos, 1-2. No obstante, he observado que desde que estuve en tratamiento con ese psicólogo, la duración es bastante menor.
- Lavar la ropa: en la mayoría de los casos, una sola vez, y otras dos; pero siempre con mucho detalle. Compruebo con cuidado cómo ha quedado, incluso utilizo una linterna o acerco la lámpara más cercana para quedarme tranquila de que está realmente limpia.

–¿Cómo es tu pensamiento cuando te asalta una obsesión?

–He observado que empiezo a encadenar los pensamientos relativos al mismo tema. Se me mete una frase en la cabeza y no me la puedo quitar: «¿Y si pasa esto...?, ¿y si por no hacer aquello me sucede algo peor?, ¿y si la ropa no está bien limpia y yo cojo una infección?, ¿y si con mis manos sucias contamino a otra persona?... y así sucesivamente.

–¿Alguna obsesión distinta que comentar?

–Por ejemplo, si salgo una noche a cenar con unas amigas, me pregunto muchas veces: ¿se enfadarán mis primas por no haber venido?; si vienen una amiga y su madre, que es muy mayor, a merendar o a comer a mi casa, pienso que le puede pasar algo por prolongar la sobremesa; si salgo con ella y deja a su madre sola en casa, no puedo quitarme de la cabeza la idea de que si pasa algo seguro que es por mi culpa... Me da miedo que la gente de la universidad se entere de lo que me pasa; podrían decirme que no estoy capacitada para desempeñar mi función profesional, pues la enfermedad obsesiva que yo tengo es grave. Reviso bastantes veces las cosas en mi despacho: notas, bibliografía, apuntes, resúmenes de las clases que he dado... Una vez, con un compañero que me ofreció colaborar con él en una publicación, lo pasé fatal pensando en la posibilidad de no hacerlo bien, de rendir menos de lo debido y decepcionarle. Lo cierto es que, cuando dejo una obsesión de éstas, que van y vienen, la reemplazo enseguida por otra.

–¿Qué le quitarías a tu personalidad y qué le añadirías para alcanzar un mayor equilibrio psicológico?

–Lo primero sería suprimir mi tendencia a las preocupaciones, la mayoría de las cuales son tonterías, aunque a mí no me lo parecen; también disminuiría mi sentido de la responsabilidad, ya que lo vivo todo de una forma extraordinaria. Con estos dos cambios viviría mejor. En segundo lugar, acabaría con parte de la rutina diaria y añadiría paseos, visitas, excursiones, algo más de vida social, exposiciones, cultura...; es decir, todo lo que rompa la monotonía, aunque sé que es difícil, pues la improvisación me cuesta muchísimo. Por ejemplo, si alguien me llama para ir al cine, no puedo porque tengo todo planificado con antelación; de lo contrario, la ansiedad crece dentro de mí. En tercer lugar, preferiría vivir menos encerrada en mí misma. Mi mundo personal es muy pequeñito, se reduce al trabajo, la casa y a algunas actividades solitarias, como leer, coser, lavar; pocas veces salgo con mis amigas los fines de semana. No obstante, creo que soy una persona privilegiada, pues tengo una familia magnífica, que es mi gran apoyo, y un trabajo que me gusta y que en su momento pude elegir. No puedo quejarme: aunque mis padres son mayores están bien de salud y yo soy económicamente independiente. Además, me ayuda ser creyente; Dios es importante en mi vida.

»Si no soy capaz de superar las obsesiones totalmente, sí me gustaría poderlas resolver por mí misma, con algunas técnicas o consejos que me deis; es decir, que me hagáis ver que son tonterías sin que nadie me lo tenga que repetir.

Igualmente, ha sido interesante la información aportada por su padre, con quien Mariana tiene una excelente relación:

–¿Cómo es la personalidad de su hija?

–Mi hija es una persona afectiva, cariñosa, alegre, generosa, humilde, comunicativa, confiada, aunque algo reservada. Muy religiosa y prudente, es bastante ingenua, no ve nunca malicia en la gente. Se pasa en su responsabilidad y sufre ante cualquier compromiso profesional que tenga, por pequeño que parezca. Su fuerza de voluntad y su constancia son reseñables, pero las obsesiones la tienen maniatada.

–¿Qué le quitaría y qué le añadiría a la forma de ser de su hija para mejorar su personalidad y que fuera más sana?

–Para mí lo peor son esas manías que se le meten en la cabeza y de las que al parecer no puede salir. Por otra parte, sería bueno que no fuera tan susceptible, que no pensara tanto y que no se lavara las manos tantas veces al día.

En el caso de Mariana pueden hacerse dos diagnósticos, siguiendo los mencionados ejes del DSM-IV. Eje I: *Trastorno obsesivo-compulsivo;* Eje II: *Personalidad obsesiva.* El programa terapéutico cognitivo-conductual se diseñó, entre otros ingredientes, con los que a continuación se enumeran:

– Sé cual es mi *diagnóstico y cómo se va a tratar* el desajuste[1]. El equipo médico me ha explicado que el tratamiento va a ser tridimensional: farmacológico, psicológico y social. La buena conjunción entre los tres será clave para que mi evolución sea positiva.

– He de emplear el *lenguaje cognitivo n.º 1* con el fin de ir disminuyendo el número de veces que me lavo las manos. Las sentencias concretas que me han enseñado a utilizar rompen este circuito; yo he añadido por mi cuenta algunas que pienso que pueden tener más fuerza y ayudarme mejor.

– En la *libreta de progresos* anotaré cada día el número de veces que me he lavado las manos por la mañana y por la tarde, así como la duración y un breve comentario sobre el avance conseguido.

– Las *técnicas respiratorias de relajación* podré utilizarlas cada vez que *no* me lave las manos. Como al dejar de hacerlo aumenta mi ansiedad, pues no me quedo tranquila, debo poner en marcha correctamente las series de inspiración-espiración que me han enseñado.

1. Este punto corresponde, como ya se ha comentado, al *insight:* tener conciencia clara de la enfermedad o padecimiento, primer paso para tomar las medidas pertinentes.

– También iré *restando problemas* en las cosas del día a día. Tomaré nota de aquellas ideas y pensamientos que emergen de mi cabeza con el fin de ser más sana y normal. Me han explicado que a esto se le llama *distorsión de la percepción de la realidad*[2], y estoy dispuesta a corregirla en la medida en que pueda. En la lista de obsesiones y dudas iré reflejando mis pensamientos y sentimientos para poder corregirlos. Sobre todo he de centrarme en un error que ha regido mi conducta desde hace mucho tiempo y que es el siguiente: pensar que *debo hacer todo perfectamente*. He de cambiar esta máxima por otra más lógica y realista: intentar hacer las cosas bien, pero sabiendo que las personas normales cometen fallos y que éstos han de aceptarse con serenidad.

– Aplicando el *lenguaje cognitivo n.º* 2 podré ir dejando de comprobar puertas, enchufes, conexiones del ordenador... He sido yo quien, con ayuda del equipo médico, he formulado las frases adecuadas; pero conviene que de vez en cuando añada alguna sentencia nueva, con fuerza e incisiva, para mantenerlo vivo.

– No subestimaré *ningún avance por pequeño que parezca*. Es característico de mi trastorno de la personalidad no apreciar las cosas, lo que hace que me desanime fácilmente.

– He de *ser más práctica*. Me he convencido de que soy una persona lenta y poco resolutiva, y que actúo así por miedo a equivocarme o a hacerlo mal. Me invaden las dudas incluso en cuestiones sencillas de la vida ordinaria.

– Con la *técnica del stop de pensamientos* aprenderé a controlar los que son negativos y ocupan mi mente rebajando mi nivel de autoestima. Seleccionaré los más frecuentes con ayuda médica y buscaré frases, pocas y claras, que los contrarresten.

2. Si el nivel sociocultural del paciente lo permite –como es el del caso que nos ocupa– puede ser positivo explicarle conceptos psicológicos más complejos, porque tomará un contacto diferente con la enfermedad y colaborará más directamente en la curación.

– No recurriré a *terceras personas* (padres, hermanos, primas) para preguntarles si lo que pienso es posible o no, normal o no. Me inclino a interrogar a los familiares en quienes más confío si, por ejemplo, debo o no lavarme las manos, puede o no entrar alguien de noche en casa, molesto o no a la persona con la que voy a salir... No tengo que entrar en esa dinámica, no tiene sentido y, además, me lleva a establecer una dependencia que no es buena.

– Debería racionalizar en alguna medida el tema de mis *escrúpulos ético-religiosos.* Sé que esto ha sido una constante en mí desde la adolescencia y que ha tenido un curso zigzagueante en los últimos años. Seguiré las indicaciones recibidas en la psicoterapia para cambiar mi forma de pensar a este respecto por otra más serena y coherente.

– Siempre que tenga la cabeza en blanco y no esté haciendo nada, utilizaré las llamadas *fichas de tiempo libre*[3]. Debo saber cómo introducirlas en mi cabeza cuando me asalta una obsesión tonta e irracional[4]. Es el momento de luchar contra ellas, oponiendo lo negativo enfermizo a lo positivo sano[5].

– También he de aplicar la estrategia de *romper las obsesiones en cadena.* Abriré una espita en este circuito de obsesio-

3. Se trata de pequeñas notas plastificadas que el propio paciente elabora sobre temas de interés personal y que utiliza en momentos en que ve invadida su mente por las obsesiones. Puede llevarlas consigo y utilizarlas en cualquier instante. En este proceso hay dos tiempos distintos: el de *fabricación* de esas hojas y el de *utilización.* Nuestra enferma, Mariana V., seleccionó los siguientes temas: salmos de la *Biblia,* inglés (verbos, expresiones coloquiales, frases notables), esquemas de historia de la literatura española y escritos propios de su trabajo de Filosofía.

4. Resulta muy interesante enseñar a las personalidades obsesivas a registrar la deformación de sus pensamientos y sentimientos, binomio en el que se elaboran las liturgias obsesivas.

5. En los trastornos obsesivo-compulsivos de la personalidad, que requieren una terapia muy laboriosa, es importante conseguir un éxito rápido en alguna parcela concreta, ya que ello espolea al paciente y le da confianza en sí mismo, lo que le lleva a luchar y a esforzarse, aunque le cueste. El psiquiatra debe reforzar su conducta con gratificaciones verbales.

CRITERIOS PARA EL DIAGNÓSTICO DEL TRASTORNO OBSESIVO-COMPULSIVO DE LA PERSONALIDAD
Un patrón general de preocupación por el orden, el perfeccionismo y el control mental e interpersonal, a expensas de la flexibilidad, la espontaneidad y la eficiencia, que empieza al principio de la edad adulta y se da en diversos contextos, como lo indican cuatro (o más) de los siguientes puntos: 1. Preocupación por los detalles, las normas, las listas, el orden, la organización o los horarios, hasta el punto de perder de vista el objeto principal de la actividad. 2. Perfeccionismo que interfiere con la finalización de las tareas (por ejemplo, es incapaz de acabar un proyecto porque no cumple sus propias exigencias, que son demasiado estrictas). 3. Dedicación excesiva al trabajo y a la productividad con exclusión de las actividades de ocio y las amistades (no atribuible a necesidades económicas evidentes). 4. Excesiva terquedad, escrupulosidad e inflexibilidad en temas de moral, ética o valores (no atribuible a la identificación con la cultura o la religión). 5. Incapacidad para tirar los objetos gastados o inútiles, incluso cuando no tienen un valor sentimental. 6. Es reacio a delegar tareas o trabajo en otros, a no ser que éstos se sometan exactamente a su manera de hacer las cosas. 7. Adopta un estilo avaro en los gastos para él y para los demás; el dinero se considera algo que hay que acumular con vistas a catástrofes futuras. 8. Muestra rigidez y obstinación.

(DSM-IV, 1995.)

nes y en lugar de preguntarme «¿Y si pasa esto...?», voy a decirme: «Tranquila, actúa con espontaneidad y todo irá bien». Me repetiré esa frase sana cada vez que sea necesario para desplazar a la enfermiza.

– Debo aceptar las *demostraciones terapéuticas* de que no tiene sentido seguir en la línea de mi trastorno y que debo desandar ese camino; la persistencia en mis hábitos obsesivos es irracional, ya que no me aporta nada nuevo, ni útil ni gratificante, sino todo lo contrario[6]. Si parto de esta premisa y la acepto me será más fácil superarla, y gradualmente podré hacer que cualquier logro tenga su recompensa.

– Debo *ampliar mi círculo de amistades*. Soy consciente de que, aunque me cueste, necesito ampliar mis relaciones sociales; todo lo que sea distraerme es positivo para mí.

En esta paciente, la farmacoterapia consistió en una asociación de antidepresivos (por vía oral y endovenosa), psicorrelajantes, antipsicóticos y correctores extrapiramidales (que frenan los posibles efectos secundarios de los neurolépticos (fármacos llamados «sedantes mayores»). La medicación se ha ido cambiando en función de la evolución clínica. Al principio la mejoría fue bastante clara, pero después, durante algunas semanas, los avances sufrieron cierto retroceso e incluso cierto estancamiento, para más tarde producirse otra mejoría evidente, constatada de forma empírica[7] y reconocida por la propia paciente.

Hay una cuestión que me gustaría plantear en este momento de nuestro recorrido: ¿es necesaria una personalidad obsesiva para que se dé más tarde un trastorno obsesivo-compulsivo? Muchos estudios clínicos hablan de un *continuum* entre ambos; otros desligan la primera de la segunda. Lo que parece evidente es que existe cierta conexión entre los *rasgos* de personalidad y los *síntomas* del trastorno. Así, H. Bech y A. Liddell (1974) y J. Rapoport (1997) consideran que en el

6. El pensamiento obsesivo es *helicoidal:* avanza en espiral, a base de distorsiones en la interpretación de la realidad. Es preciso cortar ese círculo cerrado mediante la farmacoterapia y la psicoterapia.

7. *Empírico* significa en este contexto cuantificar lo cualitativo: se explora a la persona en cuestión mediante varias escalas de evaluación conductual que miden la ansiedad (Beck, Hamilton, Rojas) y las obsesiones (test de Yale-Brown y escala MOCI: Maudsley Obsessive Compulsive Inventory).

70-80% de los casos la personalidad obsesiva precede a la sintomatología obsesivo-compulsiva[8].

¿CÓMO SE CONSTRUYE UNA PERSONALIDAD OBSESIVA?

Como las historias clínicas son biográficas, es decir, en ellas van quedando reflejadas las influencias familiares, escolares, de amistad, etc., podemos extraer conclusiones respecto al tipo de personalidad. Lo primero que hay que señalar es que existe una *fuerte carga hereditaria* que marca un estilo, una forma de ser. Al observar al padre, la madre o a algún abuelo del paciente, se constata una conducta muy parecida. También influye mucho el haber vivido en un *ambiente muy rígido y normativo,* en el que el deber, la obligación y el sometimiento a ciertas reglas resulta de una exigencia tal, que la persona se siente mal si no sigue a rajatabla esas directrices. *Entre lo genético y lo adquirido hay que hilvanar la etiología de la personalidad obsesiva.* Lo primero deja una impronta visible; lo segundo, una rica diversidad de estilos que no quiero dejar de sistematizar, ya que los diversos factores repercuten en la configuración posterior de dicha personalidad:

1. *El ambiente que se ha respirado durante la infancia es demasiado rígido:* normas inflexibles, almidonadas, que suponen un corsé del que no puede salirse. Esto conduce a una meticulosidad que, si no se controla, puede desembocar en una patología.

2. *El temperamento suele ser introvertido:* personas que viven más hacia dentro que hacia fuera, poco habladoras, rumiadoras, inexpresivas, monosilábicas, secas, con poca capaci-

8. Se plantea el mismo dilema respecto a las dudas obsesivas: ¿indican los escrúpulos de conciencia juveniles que éstas aparecerán en la época adulta? Ya L. Rojas Ballesteros (1970) relacionó ambos aspectos, poniendo de manifiesto que un 43% de las personas con escrúpulos morales terminaban padeciendo una enfermedad obsesiva.

dad para hablar de modo fluido y con tendencia a pasar desapercibidas. En la primera aproximación resultan hoscas y antipáticas.

3. *La afectividad es restringida, limitada, enjaulada.* El orden y el cuidado de las formas externas configuran un importante entramado en el que las relaciones se mantienen con solemnidad, con poca naturalidad, y los sentimientos son fríos, medidos, calculados. De entrada, el balance de estos individuos es positivo debido a su grado de educación, pero a medida que se les trata se echa en falta llaneza, afabilidad, efusión, soltura y desenfado para expresar sus sentimientos. Es como si su modo emocional fuera forzado, premeditado. Y el contacto con los demás se establece sobre un esquema jerárquico y artificial de superioridad e inferioridad.

Las tres manifestaciones básicas de la afectividad (sentimientos, emociones, pasiones) están frenadas, paradas, sin resonancia exterior. Sólo funciona la *motivación,* pero a base de normas rígidas que determinan relaciones de subordinación y mansedumbre, nada sanas ni maduras[9].

4. *El pensamiento obsesivo es el centro de operaciones de la conducta obsesiva.* Las ideas son el núcleo esencial de esta patología: absurdas, ilógicas y sin sentido, suelen producir un enorme sufrimiento por su tono repetitivo. El paciente lucha contra ellas al darse cuenta de su carácter irracional, pero no puede impedir que se apoderen de él. Su mundo, construido a base de leyes e imperativos, les impide ser imaginativos, ya que se adhieren a los reglamentos[10].

9. Se puede decir que el obsesivo incorpora las normas y las formas de modo rígido, inflexible y acrítico. La motivación puede dar sus frutos por la dedicación meticulosa y perfeccionista a un tema concreto, siempre y cuando no se produzcan grandes cambios o novedades, ya que éstos se viven con enorme ansiedad porque sacan al sujeto de su orden establecido.

Sigmund Freud (1920) puso de manifiesto que en toda persona obsesiva existían dos ingredientes: una *idea impuesta* y un *estado emotivo* asociado. Este patrón pensamiento-afectividad es el origen de muchos de los síntomas.

10. La personalidad obsesiva es la personalidad «administrativa» por excelencia; muy burocrática, propia del funcionario cuasi perfecto.

De ahí que, cuando observan los comportamientos flexibles de otras personas, los califican de frívolos, poco maduros e irresponsables. El baremo son ellos mismos y, desde esa visión, todo el mundo les resulta superficial, epidérmico. Por esta razón les cuesta tanto divertirse y tener actividades lúdicas y de ocio.

5. *El estilo cognitivo se centra en un* locus *(lugar o sitio) de control externo, inestable, y en una búsqueda incesante de señales anticipatorias que le mantienen en tensión y alerta.* Es como si el obsesivo viviera en un estado de hipervigilancia con el fin de estar preparado para las cosas que pueden sobrevenirle; como si esperara que algo catastrófico y dañino le fuera a suceder. J. B. Rotter (1966), A. T. Beck (1990, 1999) y A. Ellis (1991) han estudiado el tema con detalle.

6. *La ansiedad se encuentra en el fondo de toda personalidad obsesiva.* La alimenta, vive detrás de cada uno de sus pensamientos y conductas, *anticipando lo peor.* Se está en el presente imaginando un futuro incierto, temeroso, con malos presagios, lo que deja incluso huellas físicas importante: taquicardia, hipersudoración, pellizco gástrico, dificultad respiratoria, opresión precordial...

El obsesivo tolera mal las incertidumbres y la sensación de que las cosas están flotando, sin asidero. El riesgo, por pequeño que sea, es vivido con enorme inseguridad; de ahí el gusto por una vida cuadriculada, rígida, meticulosa en extremo, en donde todo está programado. La ilógica de tal planteamiento debe desmontarse en la psicoterapia, enseñando al paciente a vivir las indecisiones y los titubeos propios de cualquier existencia de forma más madura y equilibrada.

7. *La superstición entra a formar parte de la interpretación de ciertas señales.* Este fenómeno habitual consiste en atribuir deducciones ilógicas, lo que lleva al individuo a actuar de determinada manera para tranquilizarse. Un paciente me dijo en cierta ocasión: «Si cada noche al acostarme no cierro la puerta de una forma concreta, dejo los libros de la mesita de noche en un orden fijo, las zapatillas dentro del armario y la ropa del día siguiente en una silla, creo que puede morirse

alguien de mi familia o pasarle alguna desgracia a mis seres queridos. Si no hago las cosas así no puedo dormirme y tengo que levantarme enseguida». Estos ritos, liturgias y ceremoniales deben seguirse paso a paso, pues están presididos por un pensamiento primitivo que se nutre de magia y de fetichismo.

8. *La personalidad obsesiva tiene los pies de barro, como quien está sentado encima de una bomba que puede explosionar.* ¿Qué significa esto? Sencillamente, que hay un torbellino de ideas revoloteando por la cabeza sin rumbo fijo, y que éstas se controlan siguiendo una serie de instrucciones y reglas bien definidas. Los hechos que escapan a este control y que inesperadamente pueden aparecer hacen que el obsesivo se sienta arrollado por una vorágine de novedades.

9. *Cuando la persona obsesiva padece una depresión o un cuadro de ansiedad, su forma de ser matiza los síntomas, que también adquieren un tinte obsesivo.* A un paciente mío con una depresión bipolar estacional tuve que cambiarle el litio que tomaba ya que le producía temblores en las extremidades superiores; lo sustituí por un estabilizador biológico del ánimo (Clonacepan) y un betabloqueante. La mejoría del temblor fue inminente, pero tuvo una recaída depresiva después de varios meses de estabilidad. El primer síntoma fue la aparición de una serie de recuerdos negativos en relación con su familia: humillaciones, desprecios, ofensas y discusiones que estaban olvidadas y que en esos momentos volvieron al primer plano. El diagnóstico podría haber sido de trastorno obsesivo, pero en realidad se trataba de una depresión obsesiva. Lo mismo sucede respecto a las enfermedades somáticas: desde una infección a un proceso inflamatorio, pasando por una gripe mal curada, todo constituye para el obsesivo una inmensa preocupación.

10. *No es lo mismo la personalidad obsesiva que los actos obsesivo-compulsivos.* La primera no es condición *sine qua non* de la segunda; es decir, se puede tener una personalidad anancástica sin ritos obsesivos. El trastorno obsesivo-compulsivo es aquel que se acompaña de pensamientos o imágenes reiteradas

TRASTORNO OBSESIVO-COMPULSIVO		
Muestra estudiada: 22 casos		
Conductas compulsivas (%)		*Test utilizado para el estudio*
Lavarse las manos	46	16 PF
Comprobaciones	24	Escala de Yale-Brown
Aritmomanía (tendencia patológica a la simetría y al orden enfermizo)	12	Maudsley Obsessive Compulsive Inventory
Lentitud de la conducta	7	Escala de Hamilton (de ansiedad)
Tendencia a almacenar las cosas más diversas: bolígrafos, recortes de prensa, libretas...	4	Escala de Hamilton (de depresión)
Necesidad de preguntar	4	
Tics y estereotipias	3	

(E. Rojas, 2000)

e irracionales, así como de actos externos[11] o internos[12] que son automáticos, sin objetivo ni finalidad. El sujeto se da cuenta de ello, pero no puede librarse de su presencia. Lucha, se esfuerza por desterrar tales ideas, pero siente una enorme ansiedad si no piensa en ellas o ejecuta dichos actos. Se trata, pues, de dos entidades distintas: *ideas obsesivas* y *actos compulsivos*.

En una muestra de 22 enfermos a los que les diagnostiqué un trastorno obsesivo-compulsivo (según los criterios del DSM-III-R), se observa el siguiente porcentaje de frecuencia:

11. Conductas que van desde lavarse las manos, ordenar las cosas, comprobar luces, grifos, puertas, etc. Pueden ser vistas por un observador imparcial, es decir, son públicas.

12. Se trata de actos mentales, como rezar, contar, formularse preguntas a uno mismo, repetirse frases o no poderse quitar de la cabeza una escena vivida o imaginada; son privados.

11. *En el espectro de los trastornos obsesivo-compulsivos figuran varias enfermedades,* desde el síndrome de Gilles de la Tourette o enfermedad de los tics, pasando por las obsesiones estéticas[13], la compra compulsiva, la tricotilomanía (obsesión por arrancarse el pelo), la hipocondría, la onicofagia (tendencia a morderse las uñas), la cleptomanía (obsesión por robar en tiendas y grandes almacenes), el *skin picking* (arrancarse la piel)... En todas estas conductas late, vibra, resuena la personalidad obsesiva, que se camufla bajo tal apariencia. El río de las obsesiones arrastra y sumerge las historias individuales: unas remontan la corriente y se superan, pero otras hacen naufragar al paciente. Estas máscaras obsesivas tienen hoy mejor pronóstico porque pueden resolverse con técnicas cognitivo-conductuales.

EL CASO DE LUCIANO: LA OBSESIÓN POR EL PASADO

Quiero traer a colación la historia de un paciente mío, muy ilustrativa de lo que hasta aquí he ido exponiendo, que además tiene la particularidad de que su obsesión se centra en su vida personal pasada.

> Se trata de un joven de 26 años, licenciado en Derecho, que es el mayor de cuatro hermanos. Viene a la consulta acompañado de su madre y nos dice: «Me lo he pensado mucho antes de venir, porque a mí eso de los psiquiatras me produce mucho respeto y yo no estoy loco. Mi madre me ha dicho que ustedes pueden curar mi ansiedad y yo llevo dos o tres años muy nervioso, dándole muchas vueltas en mi cabeza a lo que fue mi desarrollo... no sé bien cómo explicarle mi problema. Tuve la pubertad a los 17 años, no a los 12 o 13 como la mayoría de la gente. La primera vez que fui a una discoteca fue con 20 años. Todo en mi vida ha llegado

13. Habría que dedicarles más atención, pues su importancia hoy, en la era de la imagen, resulta extraordinaria. Reciben el nombre de *dismorfofobias* o *fobias estéticas,* y su principal característica es la obsesión y el malestar por percibir antiestética alguna parte del cuerpo: nariz, mejillas, ojos, cejas, papada, pecho, glúteos, piernas, etc. La cirugía estética ha abierto un enorme campo de posibilidades, unas veces con sentido clínico y otras con función reparadora.

tarde. Con la llegada de la pubertad se produjo un corte en mi vida, pues perdí las sensaciones y los recuerdos, como si no tuviera ninguna huella de lo que había vivido hasta ese momento. El mundo perdió su salsa y alegría y se cambió por algo aburrido, lleno de rutina, diferente al del resto de la gente. Me he quedado sin vivir muchas cosas importantes y no estoy preparado para afrontar la vida actual».

Cuando le pedimos que nos concrete cuál es hoy su principal problema, nos cuenta lo siguiente:

«Creo que no me he sabido explicar, a ver cómo se lo digo. Yo sólo me acuerdo de mi desarrollo físico, de mi cuerpo, y fuera de esa experiencia nunca he sentido lo que tenía que sentir. No tengo conciencia de mi desarrollo psicológico, es como si mi vida tuviera dos partes distintas, antes y después de los 17 años. Siempre me he visto muy pequeño en relación con los de mi edad y no he sentido atracción por hacer lo que ellos hacían. Llevo mucho tiempo sin ser yo mismo, a raíz del *crack* de los 17, y esto me tiene atormentado. Pienso que no he tenido adolescencia y por eso estoy tan mal.

»Me paso el día analizando las sensaciones y recuerdos del pasado, cuando estaba solo, sin compañeros. Yo sólo empecé a fijarme en las chicas con 20 años, y eso es terrible, no puedo explicárselo a nadie, porque la gente que me rodea no lo entendería; es un secreto que no puedo compartir con nadie más que con mis padres. Para mí es terrible comprobar que no he vivido los años de la adolescencia y ahora me gustaría recuperar el tiempo perdido; pero eso ya no tiene arreglo.»

La entrevista continuó de la siguiente manera:

–Lo que tú me explicas tiene un nombre: *maduración psicológica tardía*. Pero ¿qué es lo que te atormenta ahora?

–Lo que me hace sufrir es no haber vivido esa etapa como es debido, ya que siento que me falta algo. Tengo miedo a la vida, a todo, y no dejo de recordar el tiempo pasado: la primera fiesta a la que fui, las competiciones deportivas, cómo estaba siempre rezagado de los demás chicos de mi edad, cómo se reían a veces de mí... Tengo que ser mayor y no sé qué hacer para conseguirlo; eso es lo que me preocupa.

–Hablas mucho de tus sensaciones. ¿Qué quieres decir exactamente cuando utilizas ese término?

–Analizo permanentemente las sensaciones que he tenido y me da pena ver que no he podido sentir lo que debía en cada edad, lo que me he perdido, las emociones que he dejado de experimentar... Eso me angustia y me tiene atrapado y triste. No puedo hablar del presente.

–Tú estás instalado en el pasado y lo recorres continuamente, pero hay algo importante que debes saber. Es tu personalidad obsesiva típica la que te ha llevado a refugiarte en tus vivencias retrospectivas; las miras al microscopio y por ese camino aflora la ansiedad.

–Pues sí, eso es cierto, pero yo siempre he estado solo y sin compañeros con los que sincerarme. Soy una persona incompleta, me he quedado atrás en comparación con los demás. Necesito romper este esquema para conseguir objetivos. Quiero encontrar una solución, salir de esto. Mi esquema mental me impide disfrutar de la vida actual y eso es injusto. Me siento perdido, como si fuera esclavo de mi propia persona.

En la exploración clínica observamos que el paciente tiene una ansiedad muy marcada, que medimos por las escalas de Beck, Hamilton y Rojas; también es evidente el índice depresivo, aunque en menor intensidad, y le cuesta conciliar el sueño. La medicación que le dimos (un ansiolítico, Bromazepan, 3 mg tres veces al día; un antidepresivo, Paroxetina, 20 mg en desayuno y comida; y un facilitador del sueño, Fluracepan, 30 mg una hora antes de acostarse) le hizo mejorar claramente. A veces, se pueden encontrar síntomas obsesivos en enfermedades generales y neurológicas; véase a este respecto el cuadro de la página siguiente.

En cuanto a la psicoterapia, en las tres primeras entrevistas fuimos espigando las principales manifestaciones psicopatológicas, pues la farragosidad de sus descripciones y la repetición de las ideas hicieron que fuera difícil precisar el material básico para elaborar su programa de conducta. Además hubo otro problema añadido: la duración de las sesiones, que se prolongaban por la necesidad del paciente de hablar y desahogarse, con una incapacidad muy acusada para escuchar.

Dos fueron los diagnósticos que pudimos establecer: un *trastorno obsesivo* centrado en el análisis meticuloso y repetiti-

SÍNTOMAS OBSESIVOS EN NEUROLOGÍA

	Referencia
Síntomas obsesivoides postencefálicos	Schilder (1938) Cummings (1985) Sánchez-Planell (1987)
Antecedentes neurológicos	Schilder (1938) Grismshaw (1964) Rojas Ballesteros (1971)
Síntomas obsesivos en lesiones cerebrales	Hillbom (1960) Lishman (1968) Rojas Ballesteros (1968) Rojo Sierra (1968) McKeon y cols. (1984) Drummond (1988) Gorman (1998)
Síntomas obsesivos en epilepsia	Kettl y Marks (1986) Brickner y cols. (1990) Levin y Dochowny (1991) Trimble (1996)
Estereotipias por estimulación del cíngulo	Talairach y cols. (1973) Gray-Walter (1977)
Frecuencia de *soft-signs* en TO	Hollander y cols. (1990) Conde y cols. (1990) Hymas y cols. (1991) Sawle y cols. (1991) Nickoloff y cols. (1991) Vallejo Ruiloba (1995) Hymas (1996)
Síntomas obsesivos en corea de Sydenham	Swedo y cols. (1989)
Síntomas obsesivos en corea de Huntington	Cummings y Cunningham (1992)
Síntomas obsesivos en síndrome de Gilles de la Tourette	Pauls y cols. (1986) Green y Pitman (1990) Leonard y cols. (1992) Jenike y Baer (1996) Rapoport (1999) Marks (2000)

vo de su pasado desde los 17 años y una *personalidad obsesiva* que su madre describe así: «Siempre fue bastante niño; muy dócil, tímido y retraído, con pocos amigos, desde hace unos años lo encuentro como ensimismado, inseguro. Se pasa el día recordando el pasado y sacando a la luz el rencor que tiene por las personas que podrían haberle ayudado y no lo han hecho; hay compañeros del colegio que le despiertan verdadera fobia, no se les puede ni nombrar. Lo cierto es que está mal, que hace muchas preguntas que yo no sé responderle».

Este caso es muy significativo, porque la obsesión por el pasado no suele ser frecuente. Dentro del programa de conducta diseñado para él encontramos tres objetivos prioritarios:

1. *Reconciliarme serenamente con mi pasado.* Ello me permitirá irme encontrando a mí mismo. Se trata de dos operaciones psicológicas distintas, pero sucesivas.
2. *Afrontar y disolver dos obsesiones principales:* el repaso permanente de mi pasado y el deseo de sentir más. Para la primera, he de asumir mi maduración tardía y hacerlo precisamente como una persona madura, es decir, no quedándome en las mallas de las dificultades y los fracasos –pues corro el riesgo de convertirme en un ser traumatizado–, sino reconciliándome con mi pasado. Frente a la segunda, saber que iré mejorando en esa vertiente poco a poco, gracias a la medicación y también a que iré captando y saboreando los sucesos de la vida de un modo más fino y penetrante.
3. *Luchar por darle menos vueltas a las cosas en la cabeza.* Ahora me doy cuenta de que tiendo a complicarme con cualquier análisis, pues me introduzco en tales pasadizos que me obligan a cuestionarme todo. Es por mi forma obsesiva de pensar; necesito rumiarlo todo, desmenuzarlo y volver a darle una y otra pasada por mi mente, y así sucesivamente. Sin embargo he de aprender que la sencillez es la aristocracia del pensamiento, que todos tenemos frustraciones, pero que la persona equilibrada salta por encima de ellas y mira hacia delante.

En el curso del tratamiento, la medicación fue retocándose en función de los avances. Se cambió el ansiolítico por el Alprazolan (1 mg 4 veces al día) y se fue bajando la dosis gradualmente. También se modificaron los lenguajes cognitivos.

Para mejorar el contacto con la gente de su edad y sobre todo con las mujeres, utilizamos *técnicas de exposición:* primero de forma *imaginada,* mediante una relajación que permite ir acercándose al ambiente que resulta hostil e ir desdramatizando el contexto; más tarde *en vivo,* con autoinstrucciones verbales y administrando un ansiolítico suave unos 45 minutos antes de llegar al lugar de la reunión. Esta combinación resultó muy eficaz y el miedo social se superó.

Los últimos objetivos psicológicos se encaminaron a valorar los aspectos positivos de su conducta, reducir el nivel de autocrítica, vivir el presente con más intensidad pero sin agobios, ajustarse progresivamente al modelo de identidad construido a lo largo de la terapia y, finalmente, mejorar la autoestima[14], un

14. Tener un buen nivel de autoestima es muy importante para la supervivencia psicológica. Todo parte de la conciencia y el juicio sobre nosotros mismos, de la capacidad para definir quiénes somos y si nos gusta nuestra identidad. En el caso de Luciano en particular, y en muchos otros en general, es conveniente establecer, con la ayuda del terapeuta, la siguiente *autoevaluación:* 1. *El concepto que tengo de mí mismo:* se trata de diseñar un inventario de las distintas parcelas, como el aspecto físico global, los modales, el tipo de personalidad, la relación con uno mismo y con los demás, la inteligencia, la afectividad...; 2. *La lista de mis aspectos negativos:* es bueno elaborar la lista y luego cotejarla con el psicoterapeuta para que éste ayude al paciente a ser más operativo, evitando duplicaciones, superposiciones o elementos ambiguos; 3. *La lista de mis aspectos positivos:* destaca aqui la labor del terapeuta, ya que el paciente con un trastorno de la personalidad, bien sea éste del que nos estamos ocupando, el obsesivo, como de cualquier otro, tiene un deficiente conocimiento de los ingredientes buenos de sí mismo. La tarea de introspección le conducirá a entresacar lo valioso; 4. *La lista de mis distorsiones cognitivas:* debemos repasar las más frecuentes, como la tendencia a generalizar, la *maximización* (convertir en máximas las anécdotas de la vida personal), el *pensamiento dicotómico* (hábito de clasificar las experiencias en dos categorías opuestas: como blanco o negro, amor u odio, bueno o malo, aceptación o rechazo...), las *autoacusaciones* con escaso fundamento o la tendencia a que el universo emocional se vea regido por sentimientos cambiantes con escasos argumentos racionales. Por estos caminos irá aumentando la seguridad en uno mismo, la autoestima, y entonces se vivirá con una sensación cada vez mayor de libertad.

asunto clave como veremos en el próximo capítulo, que constituye el objetivo con el que ha de terminar todo programa de conducta. En definitiva, se trata de aprender a reconocer lo positivo, asumir los pequeños esfuerzos titánicos que se realizan para ir mejorando parcelas, vertientes y pliegues de la conducta obsesiva, valorar cualquier avance y hacer que el índice de vulnerabilidad vaya disminuyendo.

OTRAS ALTERNATIVAS PARA EL TRATAMIENTO DEL MUNDO OBSESIVO

Como en todos los trastornos de la personalidad, el tratamiento de los individuos obsesivos-compulsivos debe ser tridimensional: medicación, psicoterapia y socioterapia. Ahora bien, en los casos más graves, cuando la personalidad se puebla de liturgias que incapacitan a la persona para llevar una vida normal y la respuesta terapéutica resulta mala o nula, podemos recurrir a tres fórmulas especiales y extremas:

1. *Terapia electroconvulsiva* (TEC): su acción es sobradamente conocida en las depresiones y tiene gran eficacia. P. Links, H. S. Akiskal (1997), J. Vallejo (1996), J. Davidson (1972) y R. Fraser (1990), lo demostraron tanto en depresiones como en obsesiones. La disminución de la memoria reciente de forma transitoria significa un beneficio para la mente siempre repleta de estos pacientes; no obstante, hay que valorar el caso clínico con prudencia y haber observado la no respuesta a otras alternativas terapéuticas. J. Yaryura, F. Neziroglu (2001), M. Stenberg (2000), L. Mellman y J. Gorman (1984).

2. *Estimulación magnética transcraneal* (TMS): ésta es una de las últimas aportaciones para el tratamiento de los trastornos obsesivo-compulsivos, que permite la estimulación incruenta de la corteza cerebral. Es una alternativa subconvulsiva al TEC, capaz de modificar los impulsos obsesivos repetidos y crónicos. Consiste en la aplicación de una corriente magnética de frecuencia elevada, entre 10 y 20 herzios (Hz), en la corteza prefrontal

dominante[15]. El primer efecto fisiológico debido a un campo magnético fue descrito por D'Arsonval en 1886, observando que estas personas respondían con percepción de destellos de luz, dolores de cabeza y vértigos cuando la intensidad era de 42 Hz. Más tarde, R. G. Bickford y B. D. Fremming (1965) utilizaron esta técnica en nervios de animales y de humanos. A. J. Baker, R. Jalinous e I. L. Freeston (1985) la emplearon para estimular algunos nervios. En España, Pascual Leone y colaboradores (1994, 1996) describieron una mejoría superior al 50% en una muestra pequeña de depresiones resistentes a otras terapias.

Se trata de un método inocuo, aunque las investigaciones con las que hoy contamos son todavía incipientes (Pascual Leone y cols., 1996, 1998; Priori y cols, 1994; N. Grisaru, 1994, 1998; G. Hoflich y cols., 1993; H. Kolbinger y cols., 1995; M. S. George y cols., 1995, 1997). Algunos han investigado más las depresiones con un fondo obsesivo (Reid, 1998; Loo y Mitchell, 1999), pero otros específicamente los trastornos obsesivo-compulsivos (B. D. Greenberg y cols., 1997; M. García Toro y cols., 1998).

Todavía no hay un consenso internacional respecto a ciertos aspectos de esta nueva terapia, como la frecuencia, la intensidad, el número de sesiones, la duración de los efectos, etc.

15. Las características de esta aplicación son las siguientes: los 10 Hz, que corresponden al 11% del umbral motor se descargan en 30 veces de 5 segundos cada una, separadas por intervalos de 30 segundos. A veces se colocan protectores auriculares.

Los recientes trabajos de investigación nos permiten conocer mejor las bases neurofisiológicas del tratamiento y cómo se modifican los neurotransmisores implicados en la génesis de la depresión y de los trastornos obsesivo-compulsivos. El primer estimulador lo diseñaron A. T. Baker y colaboradores en 1985, pero para estudiar las vías motoras. En 1987, estos estimuladores magnéticos eran ya capaces de producir frecuencias de hasta 60 Hz. Se distinguen dos tipos de aplicaciones: simples (con estímulos únicos) y repetitivas (regularmente reiterados, con rápida o alta frecuencia, o lenta o baja frecuencia).

Toda su acción descansa sobre los principios de las leyes de Faraday: un campo magnético induce una corriente en un conductor cercano al tejido, originando una estimulación de los grupos neuronales sin electrodos. Esa corriente va por el axón y activa redes neuronales.

3. *Psicocirugía:* recurrimos a ella sólo en los casos más graves. La base neuroanatómica de los trastornos obsesivos fue formulada por M. Turke a finales del siglo XIX. Más tarde, en 1921, Mayer-Gross y Steiner pusieron de relieve que enfermos con problemas encefálicos graves habían padecido ideas obsesivas, automatismos motores y una tendencia patológica al orden, y que las lesiones se referían principalmente a los lóbulos frontales y a los núcleos de la base.

Sólo si ha fallado el tratamiento a base de antidepresivos de acción obsesiva (Cloimipramina, Fluoxetina, Fluvoxamina, Paroxetina) y los neurolépticos antiobsesivos (principalmente la Perciacina, la Trifluoperazina, la Risperidona y la Olanzapina, sobre todo los dos primeros), nos planteamos llevar a cabo una operación neuroquirúrgica. Fueron Egas Moniz y Lima, dos médicos portugueses, los primeros en utilizar la cirugía del lóbulo frontal en algunos enfermos psíquicos muy graves, aunque hacia 1880 el psiquiatra suizo G. Burckhardt ya había hecho algunas operaciones de la corteza cerebral. En Estados Unidos los pioneros fueron W. Freeman y J. W. Watts (1942).

Los procedimientos técnicos han sido la *lobotomía prefrontal bilateral* (es decir, la extirpación que se llamó también *leucotomía*) y las *destrucciones parciales del lóbulo frontal,* así como otras de diversa modificación anatómico-quirúrgica. En los trastornos obsesivo-compulsivos, el más indicado en los comienzos fue la *coagulación estereoatáxica del brazo anterior de la cápsula interna y de otras localizaciones,* entre otras las zonas del sistema límbico. Fueron E. A. Spiegel y H. T. Wycis (1952) los primeros en llevarlo a cabo.

La historia de la psicocirugía ha sido larga y variada, con muchos nombres propios en ella: M. Grantham (1951), M. Greeblatt (1953), A. M. Fiamberti (1947), W. Freeman (1949) y, en España, M. Merenciano (1948), Burzaco (1973)... hasta la actualidad, en que los avances se han ido haciendo más incisivos, al tiempo que han crecido los fármacos capaces de disolver las obsesiones. Así, Bridges y colaboradores (1994) han empleado la extirpación del tramo subcaudado mediante cirugía estereoatáxica, con buenos resultados en depresiones y en trastornos obsesivos. Las técnicas de neuroimagen han puesto de relieve la existencia de una captación de la corteza cerebral incrementada en el territorio fronto-orbital y en el llamado cíngulo, lo que ha llevado a utilizar la técnica de la *cingulotomía,* por indicación psiquiátrica: L. Baer y cols. (1995) y Rubin (1994). R. García de Sola (2000) ha realizado en España un trabajo muy interesante con pacientes epilépticos y, en menor medida, con obsesivos.

XVII

La autoestima

El concepto de *autoestima* se ha puesto de moda en los últimos años y, como ocurre con otras palabras de la psicología –histeria, depresión, ansiedad, estrés...–, se emplea habitualmente en el uso coloquial. Como antes hemos señalado, el refuerzo de la autoestima es muy importante en el tratamiento de cualquier desajuste de la personalidad.

¿Qué es la autoestima, en qué consiste, cuáles son sus principales características? *La autoestima es fundamental para la supervivencia psicológica;* es el final de la travesía de una personalidad bien estructurada. Tiene dos fondos: uno *abstracto* y otro *concreto.* El primero se nos escapa de las manos, pues si la autoestima arranca de la valoración de uno mismo en un determinado contexto cultural, tiene un soporte frágil, pues la relación objetiva de todo lo que es valioso depende a su vez de otros contextos. Un abogado, por ejemplo, o un médico debe teóricamente tener más nivel de autoestima que un empleado de un supermercado o un pescador; pero hay médicos y abogados que son inseguros y que, al compararse con otros profesionales de su mismo ramo, no las tienen todas consigo; del mismo modo que hay vendedores, pescadores o taxistas con una marcada seguridad en sí mismos, aunque su nivel sociocultural sea inferior.

La autoestima se vive como un *juicio positivo sobre uno mismo,* al haber conseguido un entramado personal coherente basado en los cuatro elementos básicos del ser humano: físicos, psicológicos, sociales y culturales. En estas condiciones va creciendo la propia satisfacción, así como la seguridad ante uno mismo y ante los demás. Esta definición requiere un análisis explicativo de cada uno de sus segmentos:

1. El juicio personal implica dos operaciones complementarias: el *haber y* el *debe,* lo positivo y lo negativo, lo ya conseguido y lo que queda por alcanzar. Este razonamiento culmina en una *afirmación positiva* que se dibuja como una gráfica ascendente, compensando las ganancias a las pérdidas.

2. Uno se acepta a sí mismo a pesar de las limitaciones, los errores y las expectativas que no se han cumplido, lo cual produce un *estado de paz relativa,* una tranquilidad que se desparrama por la geografía de la personalidad y se cuela por sus pliegues. Para estar bien con alguien es necesario estar primero bien con uno mismo: este principio resulta aquí fundamental. Y uno está de acuerdo con su propia persona cuando asume las *aptitudes* (aquellas cosas para las que uno está dotado) y las *limitaciones* (aquellas vertientes a las que uno no ha podido llegar y que se experimentan como carencias).

3. Para alcanzar un buen nivel de autoestima es preciso integrar la *vertiente física* en el esquema de la personalidad, que comprende desde la morfología corporal (belleza externa, estatura...) a las características fisiológicas (enfermedades físicas o psicológicas, congénitas o adquiridas). He conocido gente con parálisis infantil muy traumatizada y acomplejada por ello, pero también he visto a otros, con el mismo diagnóstico, sin el menor sentimiento de inferioridad.

4. El *patrimonio psicológico* forma una estructura que es percibida como positiva en su totalidad. La sensopercepción, la memoria, el pensamiento, la inteligencia, la conciencia, la voluntad, los instintos, el lenguaje verbal y no verbal, etc. forman un ensamblado con unos ejes de referencia que dibujan un estilo personal en el que uno se siente a gusto y bien instalado.

5. El *plano sociocultural* es igualmente positivo, ya que en él se desarrollan los recursos para la comunicación interpersonal y lo que de ella se deriva. Saber relacionarse es uno de los indicadores más claros de que existe una autoestima buena; incluso se da entre *tímidos compensados,* es decir, aquellos que, a pesar de contar con pocos recursos psicológicos, los compensan con una mezcla de audacia y voluntad. La dimensión cultural es capital en estos casos. Hoy en día es poco frecuente

encontrar gente con una cultura sólida: por un lado está la televisión, que tiende a llenarlo casi todo con su presencia, entre otras cosas debido a que no exige ningún esfuerzo; por otro la falta de tiempo, indispensable para leer. La vida moderna, trepidante y con un ritmo acelerado, no deja hueco más que para el trabajo; la competitividad, además, exige una lucha enorme por no quedarse atrás profesionalmente.

He conocido mucha gente acomplejada por su falta de cultura en lo que a la literatura, el arte o la historia se refiere; también he visto profesionales liberales que sólo saben de su especialidad, que hacen ostentación de su incultura a poco que se rasque y que, sin embargo, no se sienten inferiores a nadie, sobre todo porque en su medio todos están en las mismas condiciones.

6. El *trabajo* es uno de los pilares sobre los que se edifica la autoestima. Lo importante es que uno se identifique con aquello que hace y lo haga con profesionalidad, a fondo, conociendo bien todos y cada uno de los matices de dicha actividad. No consiste en alcanzar una cota altísima, sino en estar contento con lo que uno hace y hacerlo con amor y dedicación. Los triunfadores son los que se divierten trabajando.

Los tres ingredientes de la felicidad, *amor, trabajo y cultura,* forman una sinfonía cuyo hilo conductor debe ser la lucha por ser coherente. Con esas herramientas cualquier ser humano puede aspirar a lo máximo, es decir, a encontrarse a sí mismo y dar lo mejor que tiene a los demás. Por esos derroteros uno se acerca a la patria de la felicidad.

7. Un error frecuente que suele minar la autoestima consiste en *compararse con los demás*. Por lo general, cuando uno lo hace, coteja superficies, no profundidades; es decir, el análisis aborda sobre todo las parcelas del otro que de alguna manera pueden ser exploradas y que son aquellas que se observan desde fuera. Ahí está la clave: *la felicidad consiste en estar contento con uno mismo*. Toda alegría es siempre relativa, pues depende de muchas circunstancias de alrededor. Decía Spinoza que la mejor manera de matar un sentimiento y dejarlo reducido a nada es el hacer un frío y exhaustivo análisis del mismo.

Aquí sucede igual. La alegría que comporta sentirse feliz significa que la trayectoria personal es ascendente, que los distintos componentes del proyecto van saliendo y que, a pesar de las dificultades, hay motivos para que uno se encuentre con una mezcla de satisfacción y confianza por lo conseguido.

La palabra *envidia* procede del latín *invidere,* que significa «mirar de reojo, ver de soslayo». La envidia es tristeza ante el bien ajeno o, viendo la otra cara de la moneda, la alegría que se siente ante el mal del otro[1]. Cuando uno se fija demasiado en lo que otro tiene, viene enseguida la comparación y se ponen de pie las carencias personales y, a la vez, la incapacidad para reparar en lo bueno que uno posee. Entonces nos asalta la inquietud, los nervios, el pesimismo, y entran en nuestra cabeza pensamientos distorsionados que, antes o después, producen un evidente malestar.

8. Para tener seguridad en uno mismo es importante la *mirada comprensiva, indulgente y tolerante hacia la propia persona y hacia los demás.* Ello comporta una cierta forma de amor de ida y vuelta, propia y ajena, personal y colectiva. Comprender es aliviar, disculpar, ser benévolo, ponerse en el lugar del otro y, a la vez, ser clemente con los fallos y errores personales.

Hay dos tipos de *conciencia:* una *ética,* que se refiere a la conducta moral de nuestros actos, y otra *psicológica,* que consiste en darse cuenta de los hechos y acontecimientos, captar la realidad en toda su complejidad. Un signo de madurez es la capacidad para saber perdonarse y hacer lo mismo con quienes nos rodean. Los que tienen una evidente incapacidad para ello desarrollan una hipercrítica cuyos efectos son, a la larga, demoledores, pues uno se torna detractor, acusador. La voz de la conciencia psicológica es un fino estilete que lleva por delante la propia solvencia; una especie de lenguaje interior subliminal que se cuela atacando y juzgando, presentándonos lo peor y trayendo a colación la lista de fracasos, exagerando las propias

1. Lo sabio es convertir la envidia en *emulación,* que no es sino la capacidad de imitar las cosas positivas que contemplamos en los demás; actúan, pues, como modelos de identidad en una parcela concreta.

debilidades; una voz insidiosa, muda, tejida de recuerdos dolorosos que hace trizas la confianza en uno mismo.

Los psiquiatras sabemos mucho de estos lenguajes interiores negativos, venenosos, acusadores, buscadores de faltas y desaciertos cometidos que nos muestran una película distorsionada de nuestro pasado. Un sentimiento de malestar va invadiendo la personalidad de modo errático, capilar y expansivo; tiene lugar un golpe mortal a la valía personal y, a continuación, nace una catarata de miedos: al fracaso, al rechazo de los demás, a no dar la talla en determinadas circunstancias... La psicoterapia debe adentrarse en estos parajes interiores para desenmascarar esa corriente devastadora.

9. Una de las cosas que más elevan la autoestima es *hacer algo positivo por los demás*. Algo que sea tangible, objetivo, que no se quede en las meras palabras y en buenas intenciones, que pasa de la teoría a la práctica. ¿Por qué es necesaria una cierta entrega a los demás, la generosidad mezclada con la sastisfacción de hacerlo? Porque es en esa donación donde se encuentra una buena dosis de paz y de alegría. Si tenemos una personalidad equilibrada, somos más felices al dar que al recibir, y eso nos va conduciendo a una cierta armonía interior. Por esos derroteros uno se hace fuerte: destruye la hipercrítica y empieza a edificarse con los materiales de la mansedumbre y la dulzura, solapándose los sentimientos negativos que están a la espera. Entramos así en la ética, cuyo imperativo es alcanzar una felicidad razonable, realista y con los pies en la tierra. *Caritas, diligere y amare,* es decir, *amor de donación, amor afectivo* y *amor de voluntad.* Un tríptico que se confecciona con piezas antológicas que nunca caducan.

La autoestima puede valorarse desde dos dimensiones: por un lado, pertenece a la geografía de la *personalidad,* en tanto que cristal con el que uno mira y valora su propio recorrido en la vida. El balance depende de muchas variables: el haber tenido una infancia feliz; el haberse sentido querido; las experiencias tempranas de abandono, soledad e incomprensión; las tensiones entre los padres que resultan traumatizantes; el haber recibido de los educadores mensajes que insisten más en lo negativo que en lo positivo... Por otro lado, la autoestima debe considerarse desde su perspectiva *situacional,* es decir, midiendo al yo y su entorno. Todo lo que nos rodea nos marca de alguna manera. Los modelos que seguimos en la vida se presentan ante nosotros tanto en la omnipresente televisión como en el cine o la calle. Los modelos sanos deben ser descubiertos en el seno de la familia, donde van asomando valores, preferencias y estilos que, más tarde, se incorporan a la persona y la van edificando armónicamente. No hay cosa peor que sentirse incómodo con uno mismo.

¿CÓMO TE VES A TI MISMO?

Esta sencilla pregunta nos introduce en la descripción que alguien hace de sí mismo, en el *autoconcepto.* Se trata de una fotografía privada que uno mismo realiza y revela en su laboratorio. Las características que uno emplea para definirse retratan sus preferencias, su propio esquema mental. Quien se ve a sí mismo como «abierto, comunicativo, cordial, expresivo, con curiosidad para conocer a la gente» está exponiendo una supremacía de lo psicológico; quien afirma que es «alto, delgado, enjuto de carnes, con tendencia a la astenia y frecuentes problemas de estómago», se está retratando desde una orientación esencialmente física.

Yo suelo pedir a los pacientes que en los autoinformes me expliquen cómo se ven a sí mismos. Hay en ello dos parcelas entrecruzadas: una se refiere al *criterio* que marca el relato personal del sujeto (presente); otra, dibuja *cómo le gustaría ser* (futuro). Desde esas perspectivas hay que espigar las diversas áreas de la autoestima, aunque debemos hablar de una *autoestima global* en la que se sintetizan los distintos ingredientes que configuran el mapa del mundo personal, según los diversos contextos[2]: familiar, escolar, universitario... Lo *real* y lo *ideal* forman dos horquillas entre las cuales oscila la conducta; lo que soy y lo que puedo llegar a ser: instalación y pretensión, hoy y mañana.

2. El individuo que tiene una autoestima suficiente se siente bien consigo mismo, independientemente del lugar y la situación en la que se encuentre.

Existen cuatro *áreas de análisis* que deben ser exploradas con minuciosidad si queremos disponer de unos datos precisos con los cuales trabajar: la *visión de uno mismo,* la *relación con los demás,* la *visión de la historia personal* y, por último, la *interpretación de la realidad.* Vamos a ocuparnos de cada una.

Todo va a depender de la capacidad psicológica para afinar en el conocimiento de uno mismo. Hay gente, por ejemplo, que minusvalora sus ingredientes positivos y es incapaz de reparar en ellos. Pero para hacer un balance correcto se deben considerar tanto los puntos positivos como los negativos de los distintos aspectos: físicos, psicológicos, de conducta, cognitivos, asertivos y culturales[3].

En el cuadro de la página siguiente se sistematizan cada uno de los componentes.

El terapeuta debe revisar la primera lista que se elabora de aspectos positivos y negativos, ya que ello forma parte del tratamiento. Su misión es hacerla más objetiva y realista, con el fin de trabajar con ella y sentar las bases para unas pautas de comportamiento. A partir de ahí se prepara una segunda lista, más soportable que la primera porque no tiene ni la dureza ni la falta de matices que son consecuencia de la inseguridad.

3. La cultura es un elemento muy valioso en la configuración de la autoestima. Significa conocimiento teórico y práctico para no perecer en la espesa selva de informaciones que hoy nos llegan ni en el infierno de hechos, comentarios, sucesos y cosas. La cultura es un salvavidas para no hundirse en el mar de la confusión que nos rodea. *La cultura es la apologética de los grandes valores eternos, que nos ayuda a saber a qué atenernos.* La cultura es la memoria subliminal de todo lo vivido, el subsuelo de lo que sabemos.

La lengua es uno de los vehículos principales de la cultura. Cada forma de hablar y de escribir constituye un modo de describir el paisaje y situarnos en un contexto. Yo entiendo la cultura como la artesanía del conocimiento; un saber de cinco estrellas que humaniza al hombre y lo mejora mediante dos promesas estelares: la *ética* y la *estética; normas morales y belleza.* Nunca puede ser un añadido meramente decorativo, brillante e insustancial. Si la cultura no hace más humano y más libre al hombre, no me sirve, no puede conservar su nombre.

Cuando alguien posee una buena dosis de cultura en la dirección que acabo de apuntar, tiene muchas posibilidades de experimentar en su interior la autoestima.

VERTIENTES PARA EXPLORAR LA AUTOESTIMA		
ASPECTOS FÍSICOS	ASPECTOS CONCRETOS	PUNTUACIÓN
Aspectos físicos	Cara, talla, aspecto general, estética, piel, forma habitual de vestir, enfermedades físicas...	
Aspectos psicológicos o vivenciales	Cuestiones íntimas, no observables desde fuera, esencialmente privadas.	
Aspectos de conducta	Datos objetivos que pueden ser contrastados por terceras personas.	
Aspectos cognitivos	Forma de pensar y procesar la información, de almacenar, organizar y razonar lo recibido; se trata del campo del conocimiento que no es cultura.	
Aspectos asertivos o sociales	Habilidades para comunicarse con los demás: capacidad de relación interpersonal, amistades, etc.	
Aspectos culturales	Índice de lectura, curiosidad por el arte, la literatura u otras formas de expresión.	

Puntuación (autovaloración):
M = mal; R = regular; B = bien; MB = muy bien.

En algunos casos resulta conveniente plantearse con el paciente no sólo los objetivos a conseguir, sino también el plazo para ello, con el fin de evitar una psicoterapia interminable y con poco sentido clínico. Como se parte de los fallos de la persona, es el propio paciente el que se da cuenta de sus debilidades y limitaciones y, a la vez, el terapeuta, con mucha mano izquierda, le ofrece la otra cara de la moneda. No olvidemos que *la autoestima consiste en valorar y reconocer lo que uno es y lo que puede llegar a ser.*

La relación con los demás

No consiste sólo en cómo los demás nos ven y en la impresión global que tienen de uno, sino también en cómo y con quién establecemos ese contacto. Aquí se mezclan la independencia y una dependencia sana; *ser-uno-mismo, ser-con-los-demás* y, un paso más allá, *ser-para-los-demás.* En la mayoría de los trastornos de la personalidad hay serias dificultades de relación interpersonal, unas veces porque emerge el complejo de inferioridad o la inseguridad; otras, porque se busca quedar siempre bien o se teme el rechazo... Todo ello da como resultado un mal encuentro interpersonal.

Son muy características de estos pacientes las *distorsiones cognitivas,* es decir, la deformación de los hechos debido a unas creencias básicas erróneas o irracionales que van minando nuestra seguridad. Como han puesto de relieve J. J. Zacarés y E. Serra (1997), R. McKay y Fanning (1999) y Bermúdez (2000), se trata de hábitos inadecuados en la forma de pensar que suelen pasar desapercibidos y que son formas muy enraizadas de percibir la realidad, poco sanas, que se alejan de lo que de verdad sucede[4]. Resumiendo el asunto de forma más

4. Esto es fácilmente observable en las crisis conyugales crónicas, en las cuales la dificultad para el diálogo arranca de que uno de los miembros de la pareja, o los dos, tienden a distorsionar los mensajes verbales y no verbales, de modo que se da la vuelta a cualquier palabra, comentario o gesto.

precisa: las distorsiones se basan en la utilización de criterios emocionales y no racionales, lo que conduce a ciertas valoraciones que tienen más que ver con etiquetas y prejuicios que con hechos reales. Son apreciaciones difusas, inexactas, imprecisas, sesgadas, que sólo permiten ver la panorámica de lo que ocurre desde un ángulo, desdeñando los matices; los términos que se utilizan son siempre extremos –nunca, jamás, todo...– y el pensamiento dicotómico: blanco-negro, amor-odio, bueno-malo, útil-inútil, valioso-despreciable.

La visión de la historia personal

Se trata de una raíz importante de la autoestima. Pasado, presente y futuro forman un tejido biográfico en el que se ordena el tropel de vivencias almacenadas y cada segmento rinde cuenta de su travesía. En muchos trastornos de la personalidad, el pasado no se supera y uno queda atrapado en sus mallas negativas, neurotizándose la forma de ser, saliendo una y otra vez las heridas al primer plano de la vida; en otros, se produce una especie de éxtasis del presente: éste se alarga, como sucede en la adolescencia, cuando el hoy y el ahora tiene toda la vigencia. A algunos pacientes les cuesta embarcarse hacia el futuro y éste es visto con miedo, rechazo, inquietud, temor al fracaso o dificultad para creer en las propias posibilidades.

Las preguntas sobre la historia personal deben estar bien formuladas para que el interesado sea capaz de revivir su trayectoria de traumas, ilusiones y metas por cumplir. Y todo ello bañado por el esfuerzo de sacar lo mejor de uno mismo. La tarea del psiquiatra o del psicólogo ha de consistir en hacer al paciente pensar y recapacitar a fondo y sin prisa sobre los sucesos personales, volviendo los ojos a los momentos de aguas agitadas y a veces confusas de la vida misma. Todo este material se desdibuja con el paso de los años, pero permanece ahí y exige una explicación convincente. Cualquier conclusión apresurada puede ser frágil; por ello es bueno el estudio reposado de la biografía, con la ayuda de un experto que canaliza las lecturas del pasado compasivas, que enseña a perdonarse y a pasar las páginas nocivas, así como a mirar hacia delante con amor y concreción.

La interpretación de la realidad

No consiste sino en explicar el sentido de los hechos de la vida personal y su entorno, exponer los sucesos que nos rodean para descifrar su significado, buscando su auténtico valor. Interpretar es declarar acertadamente lo que nos envuelve para poder comprender el verdadero fondo de lo que está a nuestro alrededor. La persona paranoide, por ejemplo, centrada en la desconfianza, ve malas intenciones en su mundo cercano; encuentra todo bajo sospecha y, por ello, la interpretación que hace de la realidad es defectuosa, alejándose de la certeza de los acontecimientos.

Las personas con baja autoestima emplean una serie de interpretaciones patológicas a las que llegan mediante los siguientes mecanismos psicológicos:

1. *Tendencia a la generalización:* lo particular se hace general, se extraen reglas de las anécdotas, se emplean términos definitivos a la hora de valorar. Dice un individuo depresivo: «A mí todo me sale mal; nunca tengo suerte con la gente nueva que conozco; siempre me ocurren todas las desgracias; nadie me comprende; ninguno sabe lo que yo he sufrido en la vida»[5]. A partir de uno o varios hechos aislados se extrae una norma general que, obviamente, queda fuera de su contexto.
2. *Pensamiento dicotómico o absolutista:* binomio extremo de ideas absolutamente irreconciliables.

5. A. T. Beck (1983, 1990) destacó la denominada *tríada cognitiva de la depresión:* visión negativa de uno mismo, tendencia a la interpretación negativa de la realidad personal y del entorno, y visión negativa acerca del futuro.

Estas personas sólo atienden selectivamente a estímulos nocivos para sí mismos, lo que les lleva a edificar patrones cognitivos (moldes de pensamiento), erróneos pero estables, que desbaratan el procesamiento de la información.

3. *Filtrado negativo:* uno se centra en un detalle negativo y es incapaz de prestar atención al resto de cosas favorables. Sobre la base de ese fragmento se monta una visión muy poco equilibrada de la realidad.

4. *Autoacusaciones:* es muy habitual acusarse e inculparse de fallos en los que no se tiene una responsabilidad clara y evidente. El lema de este mecanismo sería: «En la duda, me culpabilizo». Esta forma de reaccionar se va tornando en un hábito capaz de arraigar profundamente.

5. *Personalización:* consiste en interpretar cualquier queja o comentario como una alusión personal. Si alguien dice: «Estoy aburrido», enseguida el sujeto piensa: «Yo soy la causa de ese aburrimiento, ya que no me encuentran divertido». Suele latir en el fondo un narcisismo escurridizo.

6. *Reacción emocional y poco racional:* la interpretación de la realidad es sentimental, no argumental. Por ejemplo: «Me siento triste, es decir, soy una persona triste; resulto poco atractivo para las chicas, la verdad es que no lo soy; me siento mal cuando voy a una fiesta y no conozco a nadie, es decir, no debo intentar abrir mi círculo de amistades...». Y así sucesivamente.

LA MADUREZ COMO CAMINO HACIA LA PLENITUD

Aunque la vida es compleja, su conocimiento debe ser sencillo. Compleja quiere decir que tiene muchas vertientes, que es un mar caudaloso cuyas aguas se ven recorridas por la más diversa variedad de peces que pueda pensarse; pero la inteligencia nos la muestra sencilla. *La sencillez es una virtud de la inteligencia que consiste en el arte de saber reducir lo complicado a lo escueto y sustancial.* El término *virtud* cuenta con dos etimologías: el latín *vir,* que significa «firme, fuerte, recio, sólido» y el griego *areté,* que significa «excelente». Es, pues, una palabra cumbre entre dos picos extremos.

La claridad acerca de uno mismo y de la vida nunca puede ser total; siempre hay alguna sombra que enturbia la nitidez absoluta. Cada uno debe introducir la llave en la cerradura para abrir los secretos de su existencia. *Cada persona es lo que ha vivido.* Por eso, los esquemas demasiado cerrados y preconcebidos son malos, porque la vida no puede quedar tan limitada. A la vez, necesitamos un marco de referencia dentro del cual explicarnos las claves de la vida. *La madurez es el conocimiento teórico y práctico de la existencia, que se completa con la consecución de los principales objetivos propuestos; es la autorrealización dentro de las limitaciones naturales de cada uno.* Nunca cumplimos totalmente con nuestro proyecto personal; siempre *hay lagunas,* cabos sueltos, *asuntos que no se resuelven, aspiraciones que se quedan a la mitad del camino, frustraciones y derrotas.*

A. Maslow (1991) definió la madurez como el «llegar a ser persona» mediante el desarrollo de ciertas *necesidades básicas.* Estas tendencias elementales van desde tener cubierta la alimentación, la casa, el sueño o la vida sexual, a la necesidad de amor y pertenencia o el logro de la estima propia y ajena. La ordenación jerárquica parte de lo físico y asciende a lo espiritual, pero siempre se centra en la motivación, ya *que* todo empuja a luchar y a alcanzar metas y objetivos[6]. Percibir correctamente la realidad, aceptarse a uno mismo, vivir con naturalidad, concentrarse en los problemas y las dificultades, tener un espacio privado que nos dé autonomía y mantener unas relaciones interpersonales profundas previamente seleccionadas van dando forma, a la larga, a la plenitud personal.

6. Lo que hace rica a la persona no es el dinero, sino alcanzar dentro de sus posibilidades la cima de sus aspiraciones y, además, ser sensible al mundo que nos rodea, llenando nuestro corazón de solidaridad y de amor. Eso es algo que se aleja de los protagonistas de la famosa novela de Tom Wolfe, *La hoguera de las vanidades,* de los ejecutivos de hoy que sólo tienen tiempo para trabajar. Lógicamente, son básicas unas mínimas condiciones económicas, pero la madurez va mucho más allá. *La felicidad reducida a bienestar y a nivel de vida es una pobre interpretación de lo máximo a lo que se puede llegar.*

Como antes he dicho, la felicidad no es un fin directo, sino algo que se va alcanzando de forma indirecta, cuando se tiene una personalidad madura y un proyecto de vida por el que luchar. Es la prueba fidedigna de que todas las reglas de conducta han ido funcionando de forma correcta, pero ésta será siempre relativa, no absoluta.

Otros especialistas entienden la madurez como un destino al que se llega si se va cumpliendo el curso de la vida (C. Bühler, 1962). A esto se le llama *psicología del desarrollo* y son cinco las fases que hay que atravesar en la estructura de las metas personales:

1. *Desde el nacimiento hasta los 15 años:* es la etapa de la niñez y la pubertad, hasta que aparece la primera determinación, que es la elección de los estudios.
2. *De los 15 a los 25 años:* la materia prima para la exploración es muy rica, pues en los dos grandes *temas de la vida* –formación y afectividad– se producen varios hechos que pueden ser explorados y cuantificados.
3. *De los 25 a los 45 años:* es el período más decisivo, en el que resulta fundamental la siembra, pero también la recogida. Los tres grandes temas de la vida –amor, trabajo y cultura– han dado ya cuenta de sí mismos.
4. *De los 45 a los 65 años:* es el momento de la plenitud de lo vivido, con sus alegrías y sus tristezas. Aquí se ve claramente aquello que he comentado en más de una ocasión: *la vida es un resultado;* es lo que uno ha ido haciendo con ella, bregando contra viento y marea por salir a flote.
5. *Desde los 65 años en adelante:* si el envejecimiento es satisfactorio, las vivencias positivas y negativas se integran de forma armónica.

Victor Frankl (1991), otro de los grandes teóricos, subraya la importancia de la trascendencia, de encontrar un significado de la vida que va más allá de uno mismo. Brota así el mundo de los *valores*[7], que nos permite huir del vacío existencial

7. En la actualidad, el debate sobre este tema se centra en la distinción entre la concepción *subjetivista* (que interpreta que los valores dependen de las costumbres o de la cultura del momento) y la *objetivista* (valores inmutables, contundentes, universalmente aceptados). *El valor es un bien objetivo, real, intangible, que perfecciona al ser humano y lo hace mejor.* En otras palabras, el valor es *un aspecto del bien;* el bien que todos buscan porque es capaz de saciar la más profunda sed del hombre.

–núcleo de la neurosis– de la sensación de vivir absurdamente. Para el psicoanálisis, la dialéctica se establece entre el *deseo de placer* y el *deseo de poder;* para Frankl, ambos son efectos pero nunca fines en sí mismos.

El sentido de la propia vida es algo que se va encontrando, que se descubre y es subjetivo, pues responde a las propias preferencias. Determinados significados personales –los valores– tienen la función de aliviar esa búsqueda. Frankl distingue tres: los *valores de actitud,* que son posiciones ante el sufrimiento o situaciones difíciles; los *valores vivenciales,* que el ser humano recibe del mundo, del heroísmo en su lucha personal, del goce y el disfrute estético; y los *valores de creación,* que proceden de lo que el individuo es capaz de producir e inventar, expandiendo su psicología y abriendo una ventana hacia nuevas formas de vida.

Por último C. R. Rogers habla del *proceso de convertirse en persona,* que culmina en un «funcionar integralmente». La autorrealización nos lleva a sacar el máximo provecho a nuestras posibilidades, sabiendo estar abiertos a la experiencia. Este *being process* («llegar a ser») nos conduce a la aceptación de los demás y a ganar confianza en nosotros mismos. La persona que funciona integralmente es feliz, sufre pocas tensiones emocionales en su interior, piensa de manera flexible y tiene capacidad para aceptar las críticas.

AUTOESTIMA Y FELICIDAD

A lo largo de las páginas del presente libro hemos podido observar cómo los trastornos de la personalidad significan una quiebra en la armonía del ser humano, un impedimento serio para alcanzar esa vieja aspiración natural, tan cercana y tan lejana, tan próxima y tan remota, que es la felicidad.

La felicidad es la vocación universal del ser humano, una tendencia metida en sus entrañas, un deseo profundo que le arrastra en esa dirección; pero ante todo es un estado de ánimo, un paisaje interior en el que se refleja el contento conmigo mismo.

Parece casi una utopía hablar de felicidad dadas las dificultades de nuestro alrededor. Muchas veces las personas no se plantean el tema, sino que se ocupan simplemente de ir tirando de su vida como pueden; otras veces los grandes temas quedan en las orillas del análisis de la realidad. La felicidad es como una manta pequeña, de esas que nos tapan pero dejando alguna parte de nuestro cuerpo al descubierto. Es como un *puzzle* al que le falta alguna pieza. La felicidad absoluta no existe; es una entelequia sin consistencia. Por ello debemos buscar una *felicidad razonable*, en la que exista una buena proporción entre objetivos e instrumentos, fines y medios.

Es preciso, igualmente, no olvidar una premisa básica: *quien no sabe lo que quiere no puede ser feliz*. Y dado que la dimensión más importante de la vida radica en el futuro, ya que en él se encuentran las grandes aspiraciones, hemos de entender la felicidad como una *ilusión*.

La felicidad consiste en ese conjunto de cosas buenas que cualquier persona es capaz de desear. Por ello se trata de un asunto más privado que público. Mi experiencia como psiquiatra y mi punto de vista sobre el tema descansan en dos premisas: hay que tener una *personalidad equilibrada* y haber sido capaz de configurar un *proyecto de vida* con tres ingredientes fundamentales: amor, trabajo y cultura. Éste es el tejido conjuntivo de la felicidad; y, la felicidad, suma y compendio de esa tetralogía: equilibrio de la personalidad, vida afectiva, trabajo y cultura. Resulta obvio que es más fácil hablar de la felicidad que conseguirla.

La vida de cada uno tiene una tonalidad, una impresión subjetiva global que afecta al conjunto de la persona y que en el caso de la felicidad consiste en sentirse bien con uno mismo. Toda realización personal es siempre deficitaria, insuficiente, porque *el hombre es un animal descontento*. Habría, pues, que explorar la felicidad desde dos ángulos: los instantes positivos y la vida como totalidad; es decir, cada uno de los momentos y el conjunto de los mismos.

La vida enseña más que muchos libros; es la gran maestra. De ahí que ésta sea como un cuaderno en blanco en el que vamos escribiendo con nuestra conducta, registrando alegrías y tristezas, aciertos y errores, éxitos y fracasos. A la larga, la felicidad es un *resultado,* el resumen de lo que hemos ido haciendo con nuestra existencia personal.

La felicidad descansa sobre una actitud mental positiva, un esforzado intento de vivir en armonía con uno mismo. Para alcanzarla hay que dar con las piezas claves del propio rompecabezas aceptándose en la parte rocosa e inmutable y luchando contra viento y marea para modificar lo modificable y mejorar en aquellas parcelas que lo requieran. A última hora de la vida, cuando hacemos un balance existencial, sale a relucir la verdad de lo que hemos sido. Es el momento del haber y el debe. Respecto a los grandes ingredientes mencionados, el más importante es el *amor.* Lo que uno necesita en la vida es amor. Ésa es la gran sed que todos padecemos. El vacío afectivo marca negativamente la conducta. Nuestra sociedad sabe bastante poco lo que es el amor, tanto a nivel general como a nivel particular. *No hay felicidad sin amor y no hay amor sin renuncias.* Un segmento esencial de la afectividad está tejido y vertebrado de sacrificio, algo que no está de moda, que no tiene buena prensa, pero que resulta ser fundamental.

En el momento hedonista de nuestros días cuesta entender lo que acabo de afirmar. Pero poner el bienestar y el placer como metas absolutas de la conducta supone un grave error, ya que la mejor de las travesías personales está surcada de problemas, luchas, fracasos de distinto signo y, por supuesto, retroceso en el propio camino. Para mucha gente la felicidad queda reducida al nivel de vida, una economía saneada y una buena salud.

El camino de la felicidad pasa por haber ido resolviendo el fondo conflictivo que se hospeda en todos nosotros. A medida que vamos descubriendo la complejidad de la existencia nos damos cuenta de que la felicidad no depende de la realidad, sino de la *interpretación de la realidad* que uno hace. Nuestra travesía personal no puede ser como un barco sin rumbo, por eso es importante saber lo que uno quiere y persigue. Si los sentimientos son los intermediarios entre los instintos y la razón, la felicidad es resultante de la vida auténtica.

Sigue hoy abierto un viejo debate en torno a la idea de la felicidad ideal y la real, la deseable y la posible. Ser coherente es estar caminando hacia la felicidad, pero sabiendo que el amor es su principal componente. Un amor que al principio está hecho de interés y sugestión, después de pasión y, más tarde, de inteligencia, y que constituye el mejor modo de no haber vivido en vano.

UN SONDEO ESTADÍSTICO

Hemos explorado en una amplia muestra de personas qué entendían por *felicidad* y qué por *autoestima*. Se les pidió que escribieran en una ficha como mínimo cinco sustantivos relacionados con ambos conceptos, señalando sólo la edad, el sexo y el nivel sociocultural (bajo, medio-bajo, medio, medio-alto y alto).

La muestra está compuesta por 119 sujetos distribuidos en cinco categorías según las edades y el nivel sociocultural (NSC). Los sujetos han sido seleccionados al azar.

Los resultados se exponen a continuación:

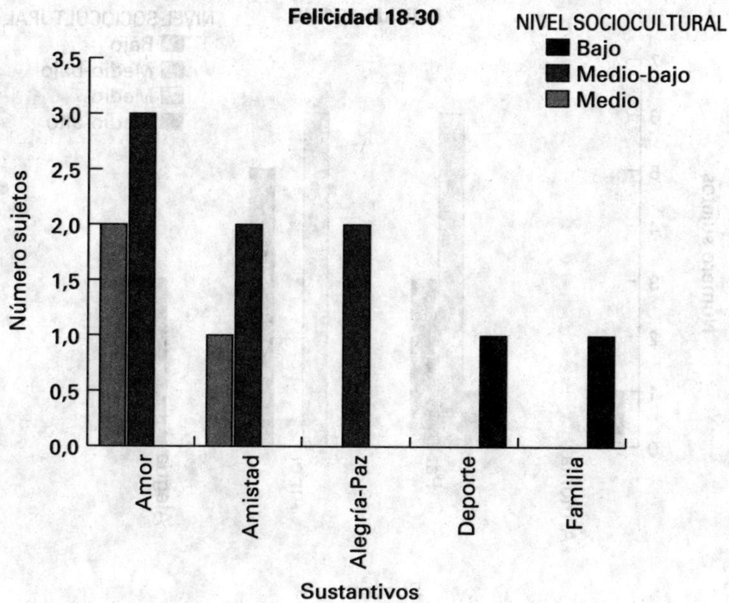
Felicidad 18-30
NIVEL SOCIOCULTURAL
Bajo
Medio-bajo
Medio
3,5
3,0
2,5
2,0
1,5
1,0
0,5
0,0
Número sujetos
Amor
Amistad
Alegría-Paz
Deporte
Familia
Sustantivos

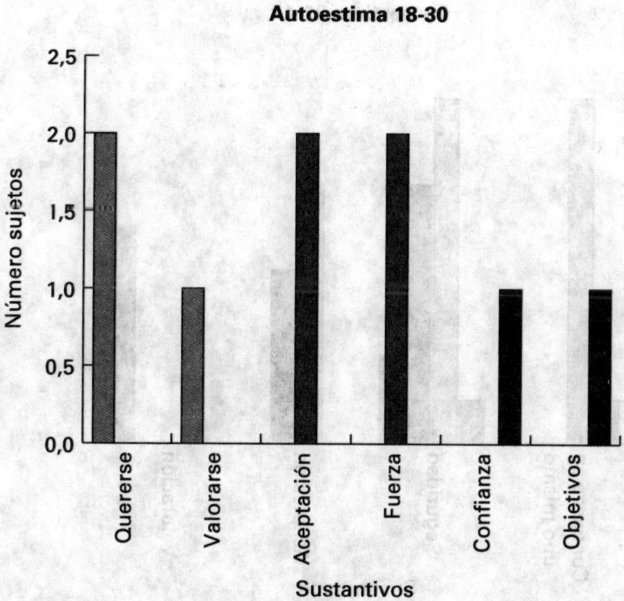
Autoestima 18-30
2,5
2,0
1,5
1,0
0,5
0,0
Número sujetos
Quererse
Valorarse
Aceptación
Fuerza
Confianza
Objetivos
Sustantivos

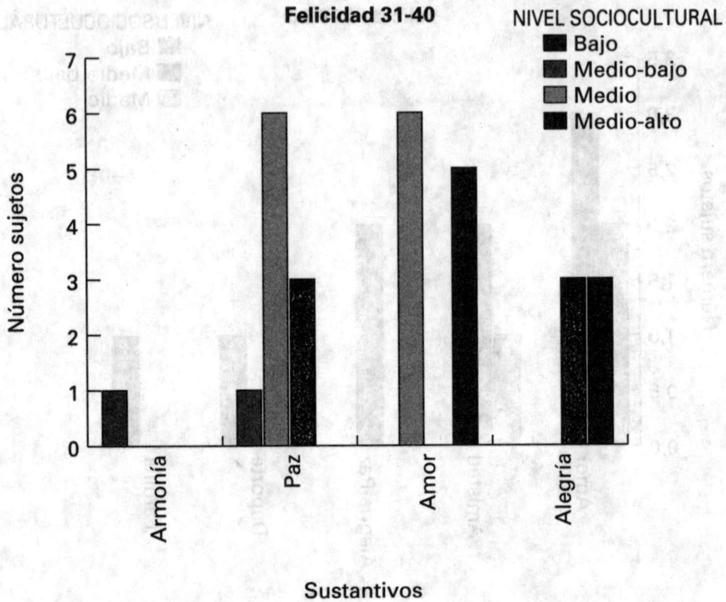
Felicidad 31-40
NIVEL SOCIOCULTURAL
Bajo
Medio-bajo
Medio
Medio-alto
Número sujetos
0
1
2
3
4
5
6
7
Armonía
Paz
Amor
Alegría
Sustantivos

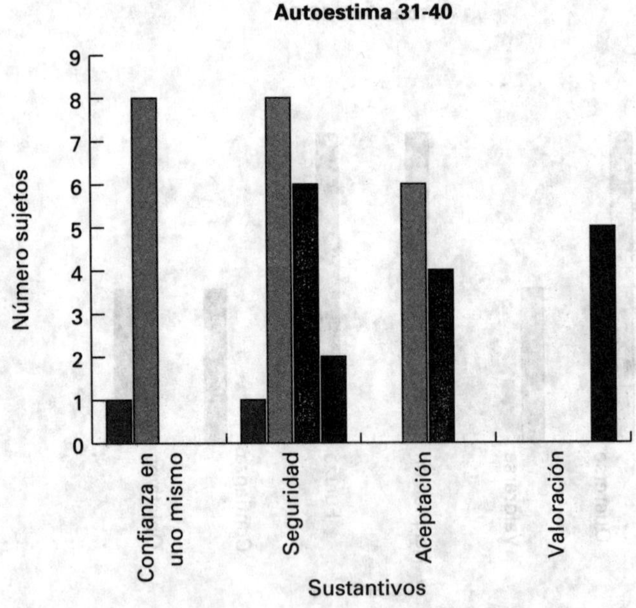
Autoestima 31-40
Número sujetos
0
1
2
3
4
5
6
7
8
9
Confianza en uno mismo
Seguridad
Aceptación
Valoración
Sustantivos

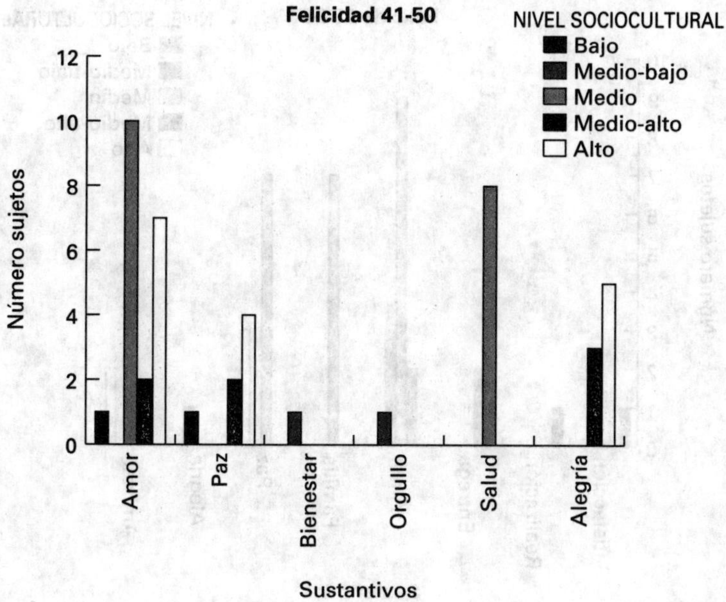
Felicidad 41-50
NIVEL SOCIOCULTURAL
Bajo
Medio-bajo
Medio
Medio-alto
Alto
Número sujetos
12
10
8
6
4
2
0
Amor
Paz
Bienestar
Orgullo
Salud
Alegría
Sustantivos

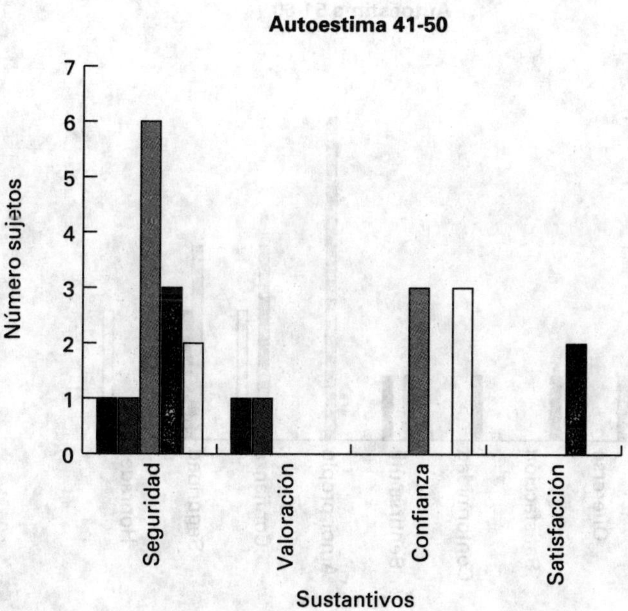
Autoestima 41-50
Número sujetos
7
6
5
4
3
2
1
0
Seguridad
Valoración
Confianza
Satisfacción
Sustantivos

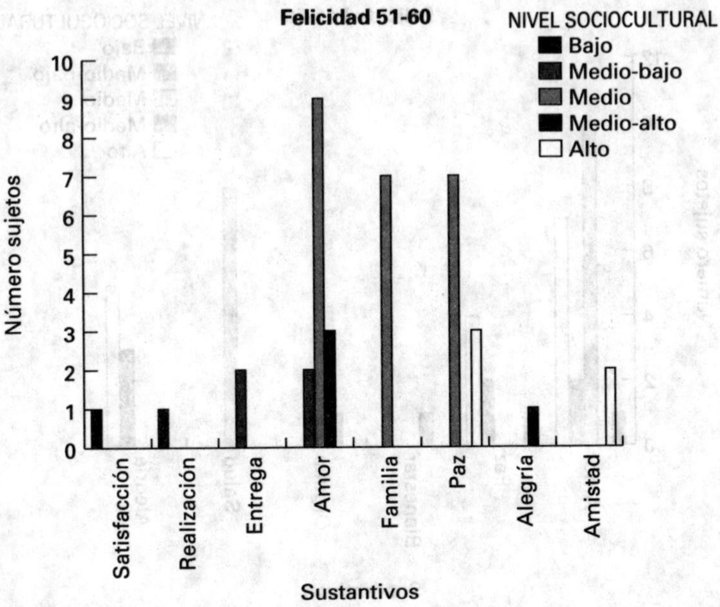
Felicidad 51-60
NIVEL SOCIOCULTURAL
Bajo
Medio-bajo
Medio
Medio-alto
Alto
Número sujetos
0
1
2
3
4
5
6
7
8
9
10
Satisfacción
Realización
Entrega
Amor
Familia
Paz
Alegría
Amistad
Sustantivos

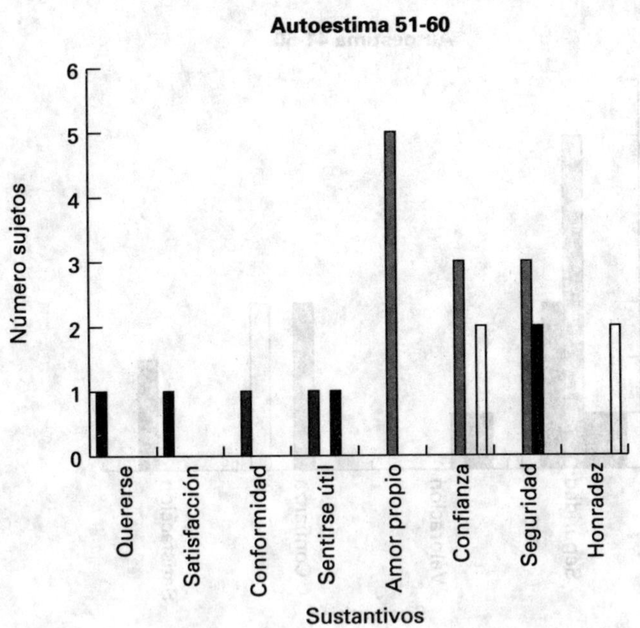
Autoestima 51-60
Número sujetos
0
1
2
3
4
5
6
Quererse
Satisfacción
Conformidad
Sentirse útil
Amor propio
Confianza
Seguridad
Honradez
Sustantivos

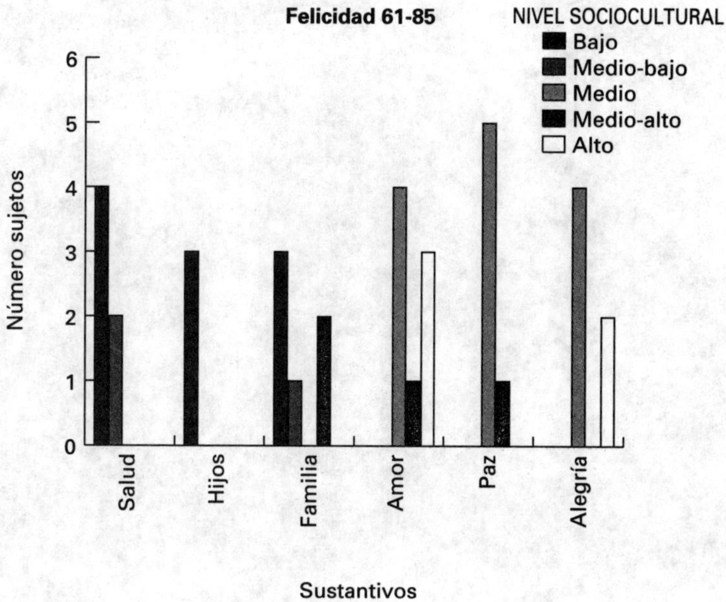

Felicidad 61-85
NIVEL SOCIOCULTURAL
Bajo
Medio-bajo
Medio
Medio-alto
Alto
Número sujetos
6
5
4
3
2
1
0
Salud
Hijos
Familia
Amor
Paz
Alegría
Sustantivos

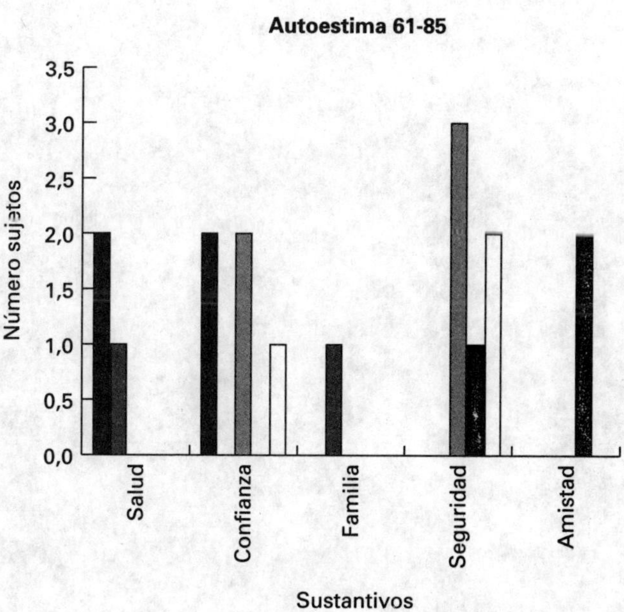

Autoestima 61-85
Número sujetos
3,5
3,0
2,5
2,0
1,5
1,0
0,5
0,0
Salud
Confianza
Familia
Seguridad
Amistad
Sustantivos

XVIII

Teorías y modelos de la personalidad (un capítulo para iniciados)

¿QUÉ ES UNA TEORÍA?

En la actualidad, las definiciones que existen del término *personalidad* son muy numerosas. Muchas son las teorías y los modelos explicativos que tratan de captar qué es y en qué consiste la personalidad. Se trata de esquemas conceptuales para organizar los datos; después vienen las hipótesis de trabajo, que necesitan ser demostradas mediante una investigación rigurosa. Así pues, de las teorías y los modelos se pasa a las hipótesis, que una vez verificadas se convierten en tesis.

Una teoría es una descripción de la realidad, una construcción basada en proposiciones que nacen de la observación de la conducta individual y social. Como iremos viendo, los diferentes autores ofrecen un prisma y una interpretación de los elementos que ellos destacan. Su sistema deductivo arranca de observaciones que pueden medirse, valorarse, comprobarse.

El amplio campo de la personalidad y el conjunto de hallazgos en torno a ella nos obligan a hacer una revisión, aunque sea somera, de las distintas investigaciones. Si una teoría es una red de proposiciones que busca relaciones y leyes entre los distintos hechos encontrados, el objetivo es que este proceso, abierto e inconcluso, se vaya clarificando con el descubrimiento, precisamente, de relaciones causa-efecto y relaciones de sentido.

Como hemos dicho con anterioridad, la Psicología y la Psiquiatría son ciencias *humanísticas* porque intentan comprender relaciones y *naturales* porque aspiran a buscar relaciones causa-efecto; ciencias, pues, histórico-culturales y ciencias naturales.

PRINCIPALES TEORÍAS DE LA PERSONALIDAD

Al igual que ocurre en otras ciencias, para estudiar las principales teorías de la personalidad hemos de utilizar herramientas de aproximación a la cuestión y su contexto. Ya los clásicos se acercaron a este tema. Teofrasto, por ejemplo, en su libro *Caracteres,* se formula la siguiente pregunta: «¿Por qué será que mientras toda Grecia descansa bajo el mismo cielo y todos los griegos se educan igual, sin embargo, todos somos diferentes en personalidad?» Éste es el *método literario o ideográfico* que aparece en libros de muy distinto signo y que describe asuntos relacionados con la personalidad. Frente a él, ya existía antaño otro más científico, el *método nomotético,* que Hipócrates (siglo IV a.C.) puso en circulación y fue seguido por Galeno (siglo II d.C.). A ellos debemos la *teoría de los cuatro humores,* que veremos más adelante.

A continuación, vamos a clasificar las teorías de la personalidad en tres grupos:

1. *Teorías biológicas.* Son aquellas que ponen el acento en lo físico y fisiológico.
2. *Teorías psicológicas.* Incluyen tres versiones: la *psicoanalítica,* elaborada por Sigmund Freud; la *conductista,* que se basa en las relaciones estímulo-respuesta; y la *cognitiva,* que entiende nuestra mente como un ordenador, con sus propias leyes de almacenamiento y procesamiento de la información.
3. *Teorías socioculturales.* Aquellas cuyo prisma de estudio se relaciona directamente con la situación y el ámbito cultural en el que el sujeto se desarrolla.

TEORÍAS BIOLÓGICAS DE LA PERSONALIDAD

Se remontan a la ya mencionada *teoría de los cuatro humores,* según la cual la sangre, la flema, la bilis amarilla y la bilis negra dan origen a cuatro temperamentos: sanguíneo, flemático, colérico y melancólico. Con ella, Hipócrates intentó diseñar una de las primeras explicaciones de la enfermedad psíquica. Más tarde, Galeno asumió esta hipótesis y describió nueve formas de ser: la *atemperada* o equilibrada; cuatro relacionadas con los principales componentes simples de la naturaleza: húmedo, seco, frío y cálido; y otras cuatro relacionadas con los complejos: húmedo-cálido, húmedo-frío, seco-cálido y seco-frío. Esta descripción humoral se ha perpetuado durante siglos. Galeno consideraba que la salud, la normalidad, era consecuencia de una buena proporción entre esos componentes y que el predominio de alguno de ellos daba lugar a un temperamento específico que, en casos extremos, conducía a una enfermedad de la personalidad. Así, el exceso de sangre conducía al *sanguíneo:* optimista, abierto, extravertido; la linfa al *flemático:* apático, siempre con tendencia al cansancio y la abulia; la bilis amarilla al *colérico:* irascible, fuerte, combativo, impulsivo; y, por último, la excesiva bilis negra conducía al *melancólico:* triste, decaído, con una personalidad sombría.

Igualmente, es interesante recordar a los tres padres del pensamiento griego: Sócrates, Platón y Aristóteles. El primero defendía el principio básico y fundamental de *conocerse a uno mismo,* que se llevaba a cabo mediante una esmerada educación; de esta manera se alcanzaba la *enkrateia,* el señorío del alma sobre el cuerpo: si la razón domina los instintos podemos lograr ser autónomos y aspirar a la felicidad, porque el alma es el centro de la personalidad.

Por su parte Platón, discípulo de Sócrates, diseñó una estructura jerárquica de la personalidad en tres estratos: aquellos en los que predominaba el *vientre* y que correspondía a las personas más elementales, de conducta simple, como artesanos, comerciantes y menestrales, que necesitaban especialmente la virtud de la *templanza;* otros en los que estaba muy presente el *pecho,* como los guerreros, que debían conseguir sobre todo la *fortaleza;* y, en tercer lugar, aquellos en los que era especialmente relevante la *cabeza:* sacerdotes, filósofos y sofistas, cuya clave residía en la *prudencia.*

Y, por último, Aristóteles destacó el alma como el principio de la vida, su fundamento. Equivalente a lo que hoy entendemos por personalidad, distinguió tres niveles: el alma *animal* o *vegetativa* (reproducción, nutrición y crecimiento), el alma *sensitiva* (sensaciones, pasiones y movimiento) y el alma *intelectiva* (el grado superior, el de la razón, que tiene la capacidad de captar las formas inteligibles de la realidad y de los objetos). Tenemos de este modo otra visión de la personalidad que en su tiempo tuvo una enorme importancia y que aún conserva atisbos muy sugerentes[1].

T. Ribot formuló una clasificación de la personalidad inspirada en la botánica que distinguía dos rasgos importantes: *sensibilidad* y *actividad*. De ellos se derivaba la siguiente tipología de caracteres: hipersensible, contemplativo, emocional y apático.

En el siglo XVI, Miguel de Cervantes, representante máximo de las letras españolas, describe en su célebre *El Quijote* dos personalidades bien delimitadas: el propio Don Quijote, alto y delgado, sin panículo adiposo abdominal, con predominio de los diámetros longitudinales, cuya forma de ser es idea-

1. De aquí nacen las doctrinas de la personalidad basadas en estratos o niveles; son teorías jerarquizadas según las localizaciones anatómicas: las pasiones se encuentran en el *vientre,* la voluntad en el *pecho* y la razón en la *cabeza.* En el siglo XIX, J. H. Jackson siguió esta misma directriz pero de naturaleza neurofisiológica, y más tarde T. Ribot diseñó la estructura jerárquica de las funciones de la personalidad basándose en sus investigaciones sobre la memoria.

Ya en pleno siglo XX, Freud habló de la «geometría» de la personalidad a través de su *teoría de las tres instancias:* el *yo* (centro rector de la personalidad), el *ello* (rebelión de los esclavos, es decir, parcela más instintiva y primaria de la personalidad) y el *superyó* (zona que se encarga de poner de relieve la importancia de las normas morales, éticas y sociales). Se trata, pues, de una representación antropológica de la personalidad, con un vigilante (el *yo*), un dueño (el *superyó*) y un esclavo (el *ello*).

Hay en esta visión una nota platónica: la comparación entre el jinete y el caballo. El estrato elevado (jinete) controla al inferior (caballo). Algunos tratadistas tomaron estas ideas y desarrollaron esquemas similares, como es el caso de L. Klages (*alma* y *espíritu*), E. Stransky (*timopsique* y *noopsique, afectividad* frente a *intelectualidad*), N. Hartmann (quien distinguió cuatro estratos: *anorgánico, orgánico,* el del *alma* y el *espiritual*) y E. Rothaker (su tesis distingue dos capas: la profunda inconsciente y la cortical).

lista, utópica y soñadora, es decir, un hombre que no vive con los pies en la tierra. Por el contrario, Sancho Panza, bajo y rechoncho, con predominio de los diámetros transversales, cuya personalidad es abierta, comunicativa y cordial, es decir, un hombre realista y práctico que sí vive con los pies en la tierra aunque sueña con alcanzar algun día la gloria siendo gobernador de la ínsula Barataria. De aquí saldrán más tarde el tipo *leptosómico* (quijotesco) y el *pícnico* (sanchopancesco).

Hacia 1922, N. Pende nos legó una tipología mixta, morfológica y psicológica, en la que destacan los siguientes tipos:

- *Longilíneo:* alto y delgado, con predominio de la verticalidad corporal, de ritmo vital rápido (taquipsíquico), asténico (con tendencia al cansancio anterior al esfuerzo) y con cierta tendencia a padecer trastornos tiroideos (tanto hiper como hipotiroidismo), así como algunas otras alteraciones endocrinológicas.
- *Brevilíneo:* talla baja, de ritmo vital más lento (bradipsíquico) y esténico (más inclinado hacia la actividad).

Pero la clasificación que tuvo mayor fortuna fue la de E. Kretschmer (1926), quien asociaba las ideas de Hipócrates y Cervantes intentando aunar el aspecto físico (morfología), la forma de ser (personalidad) y la tendencia a padecer algún tipo de enfermedad psíquica. Sus cuatro tipos, ya célebres, son el leptosómico, el pícnico, el atlético y el displásico:

– *Leptosómico:* alto, delgado, frágil, con una musculatura delgada y una estructura esquelética delicada. Es quijotesco en su forma –cuello largo y estrecho– y en él predominan los diámetros verticales. Su personalidad se caracteriza por la hipersensibilidad, la introversión, el idealismo y la dificultad para el contacto interpersonal, con facilidad para el pensamiento abstracto y una inteligencia menos extensa y más profunda. Existe una cierta ligazón entre este tipo y la esquizofrenia.

– *Pícnico:* sanchopancesco, con predominio de los diámetros transversales, talla baja, panículo adiposo abdominal, tendencia a cierta obesidad, tórax y abdomen anchos y miembros flacos. Su forma de ser es ciclotímica, es decir, su estado de ánimo tiende a oscilar entre la alegría y la tristeza, con evidentes altibajos. Son sujetos sintónicos, comunicativos, abiertos. Su inteligencia es más extensa y menos profunda, y su pensamiento concreto y práctico. Tienden a las llamadas depresiones bipolares (modalidad con dos polos contrapuestos: la euforia y la depresión).

– *Atlético:* complexión hercúlea, con un desarrollo muscular generalizado y una dotación esquelética fuerte; anchos de espaldas, estrechos de caderas, con la cara ancha. Su forma de ser es perseverante, con cierta tendencia a las explosiones de carácter. Su pensamiento es de escaso relieve, tanto en extensión como en profundidad, y su principal inclinación es a padecer enfermedades ligadas al círculo de la epilepsia.

– *Displásico:* es una mezcla de las tres variantes anteriores, de ahí que su configuración sea tan variada. También tienden a la epilepsia.

Otra clasificación similar es la de W. H. Sheldon (1939), discípulo de Kretschmer, quien identificó tres dimensiones básicas: *endomórfico, mesomórfico* y *ectomórfico,* que corresponden a los grados de desarrollo de las tres hojas embrionarias responsables de las tres variables morfológicas. El endomórfico es «redondeado» en su forma corporal y de personalidad *viscerotónica,* es decir, expresivo, de fácil comunicación en el terreno de los sentimientos, tendente al bienestar y al placer; huye del dolor y del esfuerzo excesivo y busca la aprobación social. Este grupo se relaciona con las enfermedades psicológicas afectivas, especialmente las llamadas antaño psicosis maniaco-depresivas, hoy conocidas como depresiones bipolares.

Por su parte, el *mesomórfico* muestra un predominio del tejido muscular y conectivo. Su forma de ser es *somatotónica:* personas enérgicas, fuertes, que tienden a luchar y esforzarse por conseguir metas, poco ansiosas y con cierta indiferencia hacia el dolor y el sufrimiento. Su patología más frecuente se inclina hacia lo paranoide: desconfianza, recelo, fondo delirante y tendencia al resentimiento por dificultad para olvidar los agravios.

Por último, los *ectomórficos* tienen una estructura corporal frágil y lineal. W. H. Sheldon describió su psicología como *cerebrotónica:* autocontrol y dominio de sí mismo, tendencia a la introversión y dificultad para la comunicación interpersonal; prefieren la soledad y saben enfrentarse a los problemas. Su patología psíquica más frecuente se corresponde con lo *heboide:* la esquizofrenia es una vertiente caracterizada por el aislamiento, la nula afectividad e incluso el autismo.

Desgajada de la anterior, nos encontramos con la tipología de Conrad (1941), que es una interpretación biodinámica de la descripción de Kretschmer: los *leptosómicos* tienden a desarrollarse morfológicamente de modo más rápido y su mentalidad va a tener pocos rasgos infantiles; los *pícnicos* tienen un crecimiento más lento y, por ello, se añaden a su personalidad algunos rasgos infantiles. Entre ambos tipos se encuentra el *atlético*.

Siguiendo este recorrido nos encontramos con la clasificación de F. Alexander (1952), encaminada a poner en conexión un tipo humano y la tendencia a cierto tipo de enfermedades psicosomáticas. El primero desarrolló la *teoría de la especificidad de la personalidad* y llegó a la conclusón de que existe la personalidad del ulceroso de estómago, del asmático, del que va a tener tendencia a padecer un cuadro coronario... Estos valiosos hallazgos se formularon como *perfiles de personalidad psicosomáticos,* aunque las modernas investigaciones en medicina psicosomática califican estas hipótesis de poco satisfactorias.

Otros autores, como V. von Weizsäcker (1942), elaboraron una medicina antropológica partiendo de un tipo de personalidad que da origen a una forma de vida y a una inclinación a padecer un tipo concreto de enfermedad psicosomática. Destacan la llamada Escuela de Heidelberg, con representantes como Krehl y Siebeck, y el Círculo de Viena. Para ellos existen *enfermedades biográficas,* ligadas a la historia personal, y *enferme-*

dades extrabiográficas, al margen de la propia vida, como en el caso de un tumor o un proceso degenerativo. Lo psíquico y lo somático, pues, son medios de expresión, pero forman una unidad. De ahí arranca la concepción de lo que es de origen psicológico *(psicogénesis)* y lo que es de origen somático *(somatogénesis)*.

Más recientemente, Donald Klein (1972) ha subrayado que no existe una metodología neurobiológica que permita correlacionar un tipo de personalidad y un posible padecimiento psiquiátrico. Él estudia la patología en función de la respuesta al tratamiento farmacológico, viendo qué síntomas tienen mejor o peor pronóstico. Así, distingue las siguientes modalidades: el *histeroide* (que tiende a buscar el afecto excesivo en los demás; es lábil de ánimo, superficial y demandante), el *inestable* (con oscilaciones muy acusadas en el estado anímico, irritable, impulsivo y con un cierto tono imprevisto en su conducta) y el *ansioso* (temeroso, con tendencia a la ansiedad, piensa siempre lo peor).

TEORÍAS PSICOLÓGICAS DE LA PERSONALIDAD

Dada la gran riqueza de estas teorías, intentaré sistematizar las que destacan por su fuerza, su coherencia o su valor en la historia del pensamiento psicológico-psiquiátrico.

1. Teorías descriptivas o fenomenológicas

En primer lugar quiero referirme a E. Kraepelin, una de las figuras más importantes de la historia de la Psiquiatría. Su *nosografía* (clasificación de las enfermedades psíquicas) ha tenido vigencia hasta hace tan sólo unas décadas. Su intento era delimitar auténticas *unidades naturales* del enfermar psíquico. Hacia 1913, aisló dos entidades: la *disposición ciclotímica,* que albergaba cuatro variedades –hipomaníaca, depresiva, irascible e inestable– con tendencia a lo que él llamó *demencia maniaco-*

depresiva, y la *disposición autista,* manifiesta en personas muy cerradas, que viven aisladas y prácticamente incomunicadas, con predisposición a la *demencia precoz.* Dentro de este apartado describió una serie de *personalidades mórbidas:* seres agresivos, incapaces de lograr un autocontrol, con cierta inclinación a la criminalidad.

En su libro *Patopsicología clínica,* Kurt Schneider dibujó diez tipos de personalidades basándose en sus observaciones clínicas. Se pueden considerar formas normales de ser, aunque acentuadas constituirían marcados estilos patológicos:

- *Hipertímicos:* aquellos cuyo estado de ánimo habitual se encuentra alrededor de la euforia, la hiperactividad, la verborrea y una conducta expansiva. Se trata de un estado permanente, de una manera de funcionar, que no debe confundirse con la fase eufórica de las depresiones bipolares.
- *Depresivos:* caracterizados por un humor triste y melancólico, son sujetos que sufren constantemente.
- *Inseguros:* incluye tanto al *sensitivo,* caracterizado por una hipersensibilidad que le lleva a sufrir en exceso cuando se relaciona con los demás, como al *obsesivo,* con tendencia a la duda, a cuestionárselo todo y a analizar de modo repetitivo las cosas que le suceden.
- *Fanáticos:* se definen por la rigidez, un razonamiento hiperlógico que, sin embargo, parte de premisas falsas o deformadas por su percepción de la realidad, y un orgullo patológico *(hipertrofia del yo).* Son muy desconfiados y valoran en exceso sus propias ideas, lo que les puede llevar con frecuencia a ciertas reacciones paranoides.
- *Necesitados de valoración ajena o de estimación, histriónicos, histéricos* o *egocéntricos:* sus sentimientos son superficiales y buscan siempre ser el centro de atención de los demás; fabulan historias, unas veces con unos mínimos soportes de realidad y otras sin ella.
- *Lábiles de ánimo:* son inestables, tanto respecto al estado de ánimo como a su criterio. La bibliografía psiquiátrica francesa los define como *desequilibrados mentales.*

• *Explosivos:* sus reacciones son emotivas agresivas, violentas, desproporcionadas en el patrón estímulo-respuesta.

• *Fríos de ánimo, atímicos* o *apáticos:* carecen de afectividad o son insensibles en el campo sentimental. En algún sentido corresponden al tipo *esquizoide* de Kretschmer.

• *Abúlicos:* no deben confundirse con los anteriores. Aquí el dato fundamental es la falta de voluntad, una seria dificultad para ponerse manos a la obra y llevar a cabo las actividades previstas[2].

• *Asténico:* sujeto caracterizado por un cansancio anterior al esfuerzo, una especie de agotamiento *a priori.*

Por último, destacar el *sistema fenomenológico* de C. R. Rogers y la *psicología humanista* de A. Maslow, que pueden enmarcarse dentro del mismo esquema. Manejan ricos conceptos filosóficos, tales como subjetividad, autenticidad, valores, creatividad, relaciones humanas significativas... Estos autores entienden cualquier exageración de lo normal como una deformación que lleva a la anormalidad, es decir, a la patología.

2. Teorías psicoanalíticas

La teoría de Sigmund Freud ha tenido una importancia excepcional en la historia del pensamiento psicológico. Su gran descubrimiento fue el *subconsciente,* ese océano que se esconde en el subsuelo de la personalidad y en donde se fragua buena parte de la conducta. Por otra parte, Freud llamó la atención sobre cómo las experiencias tempranas de la vida establecen sistemas defensivos y marcan criterios que arraigan con firmeza en la persona, configurando un estilo, una forma de ser. *El paradigma freudiano consiste en explorar el subconsciente a través de los sueños, los actos fallidos y las asociaciones libres.*

2. Cfr. mi libro *La conquista de la voluntad* (Madrid, Temas de Hoy, 2001, 20.ª edición), en donde pongo de relieve su importancia y los aditamentos que la envuelven: orden, constancia, motivación y alegría.

CUADRO 1
MECANISMOS DE DEFENSA FREUDIANOS

Mecanismo de defensa	Descripción	Ejemplo
Represión	El yo consigue mantener en el inconsciente aquellos pensamientos que causan ansiedad, impidiendo que lleguen a la consciencia.	Recuerdos de experiencias dolorosas, traumáticas.
Desplazamiento	Sustitución de la satisfacción de una necesidad reprimida por la satisfacción de otra necesidad más segura. Si el desplazamiento da lugar a algo ventajoso y permitido por la moral del superyó se habla de sublimación. Si se desplaza el impulso de agresividad hacia objetos o personas menos amenazantes se habla de agresión desplazada.	Impulsos sexuales desplazados en actividades como la pintura, cuidar niños, la literatura, la entrega a los demás, etc.
Identificación	Tendencia a aumentar los sentimientos personales valorados mediante la afiliación con otra persona, grupo o institución percibidos como positivos, sugerentes, atractivos.	Adhesión a un ídolo, o la producida en el síndrome de Estocolmo.
Proyección	Se reprime algo que es verdadero para el individuo pero que causaría ansiedad si se reconociera como propio, y se proyecta en alguna otra persona como perteneciente a esa tercera persona.	«Soy infiel a mi mujer como la mayoría de mis amigos.»

CUADRO 1 (Continuación)

Mecanismo de defensa	Descripción	Ejemplo
Formación reactiva	Se reprimen los pensamientos desagradables y se expresan los opuestos de forma extravagante.	El novio que repite instintivamente «te quiero, te quiero más que a cualquier cosa en el mundo».
Racionalización	Los pensamientos o conductas que pueden causar ansiedad se explican o justifican de forma racional: se minimiza lo deseado pero no logrado y se maximiza lo logrado.	La zorra que dice «¡Bah! las uvas aún están verdes» tras reiterados intentos fallidos de alcanzarlas de la parra.
Regresión	La ansiedad producida por un conflicto o frustración motiva que se vuelva a un estadio anterior de desarrollo.	El niño que vuelve a orinarse coincidiendo con el nacimiento de un hermano; el adulto que tiene el síndrome de Peter Pan y prefiere no hacerse mayor.

En el plano teórico, Freud abrió un camino nuevo y sus discípulos (Carl G. Jung, Alfred Adler, Wilhelm Reich, Karen Horney, Erich Fromm y otros) se alejaron del cuerpo canónico originario. Una de la aportaciones más originales fue la llevada a cabo por Jean Lacan (1966, 1973), al considerar que el subconsciente se organiza como lenguaje.

¿Cuáles son los tipos de personalidad según Freud? El padre del psicoanálisis distingue los siguientes:

• *Tipo oral:* su principal característica es la dependencia excesiva de los demás. Las respuestas de su actitud pasiva se organizan en torno al binomio *dar-recibir:* generosidad-avaricia, volubilidad-silencio obstinado, etc.

• *Tipo anal:* sujeto que se caracteriza por la parsimonia, la petulancia y la pedantería; es decir, lentitud, orgullo y vanidad.

• *Tipo uretral:* el rasgo principal es la ambición y el sentido competitivo.

• *Tipo fálico:* su comportamiento es temerario, resuelto, firme, seguro.

• *Tipo genital:* corresponde éste al ideal, a la personalidad que ha alcanzado un equilibrio armónico.

A continuación expondremos el pensamiento de sus principales discípulos:

Carl Gustav Jung

Describió dos personalidades contrapuestas: el *extravertido,* que vive hacia fuera, hacia el mundo exterior, y explica los hechos desde el punto de vista del entorno; y el *introvertido,* que vive hacia dentro y cuya energía psicológica fluye hacia el interior. Jung explora ambos tipos a través de cuatro notas principales: el pensamiento, el sentimiento, la sensación y la intuición. Combinando los dos tipos de personalidad y estas variables, diseñó una matriz con las ocho maneras de ser más frecuentes: extravertido pensativo, extravertido sentimental, extravertido sensible y extravertido intuitivo; y, en el otro lado, introvertido pensativo, introvertido sentimental, introvertido sensible e introvertido intuitivo.

La teoría ha tenido bastante predicamento entre los psiquiatras y psicólogos, aunque su aplicación clínica es escasa.

Alfred Adler

Adler ya mostró un serio desacuerdo con las doctrinas de su maestro en su libro *La inferioridad y su compensación,* en el que subrayó que el comportamiento estaba movido por dos

CUADRO 2
NECESIDADES NEURÓTICAS Y CONDUCTAS
PARA DISOLVER LA ANSIEDAD, de K. Horney

Necesidades neuróticas	**Conductas**
Necesidad de afecto: se busca ser amado. *Necesidad de un compañero que organice la propia vida:* necesidad de alguien que proteja la vida personal. *Necesidad de vivir dentro de unos límites marcados por uno mismo:* ambiciones y deseos restringidos a cosas materiales. Se necesita permanecer sin llamar la atención.	*Designación:* se pretende aceptar de buen grado los hechos ocurridos.
Necesidad de poder: se glorifica la fuerza y se desprecia la debilidad. Miedo a las situaciones incontrolables y al desamparo. *Necesidad de explotar a los demás:* los demás son útiles en la medida en que se les pueda explotar. Miedo a ser explotado y considerado como un «estúpido». *Necesidad de reconocimiento social:* la meta más alta es ganar prestigio y todo se valora según la autoestima que descansa sobre el concepto de ser admirado. *Necesidad de ambición y logro personal:* se busca ser importante.	*Hostilidad:* las cosas, personas y situaciones se valoran en la medida en que se puede sacar algo de ellas. Lo importante es ser más eficiente que los demás.
Necesidad de autosuficiencia e independencia: se necesita no estar influido por nada ni por nadie. Se busca la distancia y la separación como fuente de seguridad. Miedo a necesitar a otros, a tener compromisos duraderos. *Necesidad de perfección:* se intenta un cierto perfeccionismo y se tienen sentimientos de superioridad. Se aceptan mal los defectos y errores personales.	*Distanciamiento:* es importante poner distancia emocional entre uno y los demás.

fuerzas: la *biológica* y la *socioambiental,* frente a Freud, quien había insistido en la importancia esencial de la primera. Para Adler, las deficiencias biológicas entendidas como vulnerabilidad son la fuente que impulsa a actuar por *compensación* y *sobrecompensación.* Hacia 1910, propuso que los *sentimientos de inferioridad* –que pueden ser objetivos o subjetivos– son los que motivan un cambio en el sujeto, y que los mecanismos para superar dicho complejo –puerta de entrada para la neurosis y los desajustes de la personalidad– consisten en saltar por encima de las dificultades mediante la *superación* y el *perfeccionamiento.* La búsqueda de la superioridad constituye un hecho fundamental de la vida y es paralela al crecimiento físico; es una tendencia innata a contrarrestar las propias carencias merced a un esfuerzo firme y constante.

Con estos parámetros, Adler construyó una tipología basada en dos polaridades: *activa-pasiva* y *constructiva-destructiva;* la primera se mueve entre el dar y el recibir, mientras que la segunda tiene una repercusión social. De aquí surgen cuatro estirpes básicas: activo-constructivo (la más positiva, ya que conduce a un mejor equilibrio de la personalidad que permite disfrutar de la vida y aprovechar los momentos para desarrollar las propias capacidades), activo-destructivo, pasivo-constructivo y pasivo-destructivo.

Karen Horney

Opuesta a la excesiva importancia que Freud daba a todo lo biológico (instintivo, sexual, etc.) en el desarrollo de la personalidad, criticó seriamente su concepto de *envidia del pene* aduciendo que lo que la mujer quería era tener los privilegios del hombre respecto a la autonomía y la independencia. Para ella, la neurosis surge de las tensiones y dificultades para desenvolverse en un mundo hostil, repleto de dificultades y contradicciones. Identificó tres formas de lucha para evitar caer en los distintos trastornos de la personalidad: *moverse hacia la gente* (sumiso), *moverse contra la gente* (agresivo) y *alejarse de la gente* (independiente).

Esta tríada puede representarse mediante las siguientes soluciones: retirada, expansión y resignación; todas encaminadas a conseguir afecto, poder, prestigio, admiración... La mayor diferencia entre la personalidad sana y la enferma estriba en la forma de manejar estas tres conductas, ya que unas veces hay que ir hacia los demás, otras es menester luchar y pelear, y en ocasiones lo mejor es aislarse. Los trastornos de la personalidad aparecen en sujetos inflexibles que se mueven en una sola dirección y que no saben adaptarse a los cambios del entorno psicosocial.

Eric Erikson

Su mayor contribución radica en haber subrayado el conflicto entre los *instintos innatos* y las *demandas sociales,* poniendo de relieve que es la cultura la que va a determinar cuáles serán los conflictos. Describe la maduración de la personalidad en una serie de etapas que tienen sus propias tareas de emancipación y mejoría; etapas psicosociales que van desde la confianza básica y la identidad, hasta la intimidad y la consecución de una integridad.

Erich Fromm

Su teoría de la personalidad puede ser definida como humanista-dialéctica. Descansa sobre las *necesidades humanas,* pero a diferencia de Freud considera que lo más necesario es liberarse de las ataduras fisiológicas, vivir en soledad y libertad, y entonces ser capaz de adueñarse de uno mismo. Para Fromm, la libido no es el motor central de la conducta, sino que hay otros ingredientes, como las condiciones políticas, económicas, sociales o culturales.

Diferenció dos tipos de personalidad: *individual,* que brota del proceso de individuación, que comienza con la separación a tiempo de los padres y se va configurando en una vida profesional, económica y social sólida; y *social,* que nace del proceso de socialización, a partir de la educación que dan padres y profesores.

Fromm distinguió cinco modalidades de personalidad:

• *Orientación perceptiva:* aquel que busca el apoyo de los demás: padres, hermanos, amigos... porque tiene miedo al rechazo.

CUADRO 3
NECESIDADES EXISTENCIALES, según E. Fromm

Libertad-asociación	Sentido para vivir
Parentesco: Necesidad de unirnos con otras personas con el fin de evitar la soledad. Puede ser una relación de sumisión o de dominación. Las relaciones satisfactorias están basadas en el amor, el cuidado, la responsabilidad, el respeto y la comprensión del otro. *Enraizamiento:* Necesidad por evitar el aislamiento moral. Toma las formas de fraternidad. *Trascendencia:* Necesidad de ser superior a la naturaleza animal. Se pasa de la visión natural a la sobrenatural. *Unidad:* Necesidad de llegar a ser humano uniendo nuestra naturaleza animal con la humana, compartiendo con los demás amor y trabajo. *Identidad:* Necesidad de desarrollar un sentido de individualidad. Aquí entra de lleno el modelo de identidad, copiando la conducta que parece atractiva ante ese sujeto.	*Marco de orientación:* Necesidad de darle sentido a la vida y a la trayectoria personal. *Marco de devoción:* Necesidad de ejercitar el sistema nervioso no sólo con estímulos simples, sino también con otros más complejos. *Efectividad:* Necesidad de realizar la propia existencia, siendo capaces de superar las dificultades.

Fuente: *El miedo a la libertad* (1941), *El arte de amar* (1959) y *El corazón del hombre* (1964).

- *Explotador:* trata de conseguir de los demás lo que le parece de interés. Es desconfiado, irritable y agresivo, e instrumentaliza la amistad buscando beneficios.
- *Acumulador:* las notas más destacadas de esta personalidad son la tendencia a guardar cosas y hechos.
- *Mercantil:* establece con los demás relaciones epidérmicas, siempre buscando objetivos financieros. En ella encontramos al típico hombre de negocios.
- *Productivo:* independiente, creativo, descubridor, pionero capaz de investigar y llevar a cabo progresos técnicos o artísticos.

Harry S. Sullivan

Su *teoría interpersonal* es una mezcla de psicoanálisis, antropología, sociología, conductismo y psicología cognitiva. Entiende la personalidad como un patrón de conducta relativamente firme y difícil de modificar, que tiene tres elementos: unos dinámicos, otros centrados en la personificación y, por último, el sistema del yo. Su tipología de la personalidad es la siguiente: personalidad no integrada, hostil, fantástica, pesimista, dubitativa, ambiciosa y asocial (que no es aquí sinónimo de psicópata), personalidad independiente y solitaria, homosexual, la inmadura crónica (como un adolescente permanente) y el inadecuado.

3. Teorías estratificadas

Estas teorías, que se han desarrollado especialmente en Alemania, defienden que *la personalidad va creciendo gradualmente y que los diferentes estratos se van superponiendo hasta alcanzar la madurez, que no es otra cosa que la integración armónica de todos ellos*. Los desajustes de la personalidad son, en definitiva, alteraciones que tienen lugar en esa combinación.

E. Stransky establece un esquema en dos planos: la *timop-*

CUADRO 4

ETAPAS DE DESARROLLO PSICOSOCIAL, según H. S. Sullivan*

Etapa	Comienzo	Relaciones interpersonales	Sistema del yo
Infancia	Nacimiento.	Lactancia y ansiedad materna.	Comienza a desarrollarse.
Niñez	Aparición del lenguaje.	Censura/elogio y reconocimiento/castigo.	Estructura más coherente.
Época juvenil	Aparición de necesidad de relación con iguales.	Cooperación, competición y sentimiento de grupo que fomentan la socialización.	Desarrollo de un sistema del yo inadecuado.
Preadolescencia	Aparece necesidad de compañía íntima.	Inicio de relaciones íntimas (igualdad real y cuidado mutuo), relaciones de amistad.	Se pueden superar los problemas generados en etapas anteriores, permitiendo la aparición de respeto por los demás sin hostilidad.
Adolescencia temprana	Comienzo de pubertad.	Deben satisfacer seguridad, intimidad con el sexo contrario y satisfacción sexual.	
Última adolescencia	La afectividad está en primer plano.	Respeto de sí mismo y de los demás.	Es importante que no esté hipertrofiado.
Madurez	Inicio de satisfacciones y responsabilidades de la vida social adulta.	Relaciones íntimas, funcionamiento efectivo en sociedad, cooperación y competición.	El yo debe ser árbitro de las tendencias físicas, psicológicas y sociales.

* El término utilizado por Sullivan para inconsciente es *unwitting*, mientras que Freud hablaba de *unconscious*.

sique, en donde se encuentran los componentes de la afectividad y, por encima, la *noopsique* o zona de los procesos intelectuales.

Por su parte, Phillip Lersch habla en su libro de referencia *La estructura de la personalidad* de tres capas que, de abajo arriba, son las siguientes: el *fondo vital,* en donde se percibe la unidad del cuerpo y el alma, de lo somático y lo psíquico; el *fondo endotímico,* donde residen las vivencias pulsionales, la afectividad, los estados de ánimo persistentes y los temples estacionarios; y, en la parte superior, la *superestructura personal,* que corresponde al pensamiento y la voluntad consciente. La tipología de Lersch distingue personalidades sentimentales e intelectuales, impulsivas y reflexivas, auténticos e inauténticos, centradas en el estado de ánimo y aquellas que se mueven guiadas por la voluntad.

N. Hartmann se refiere a los *estratos del ser* y los clasifica así: inorgánico, orgánico, alma y espíritu. Pero el autor con una elaboración más completa de la teoría es E. Rothaker, que distingue seis estratos superpuestos reagrupados en dos niveles: la *personalidad profunda inconsciente* (en la que se encuentran «la vida en mí», «el animal en mí», «el niño en mí» y «el estrato emocional») y la *personalidad cortical* (con dos capas: la personalidad propiamente dicha y el yo).

4. Teorías conductistas

El conductismo, una de las corrientes más importantes de la psicología, subraya que la única materia de estudio es el *comportamiento que puede ser observado de forma objetiva,* de tal manera que los pensamientos, sentimientos e intenciones quedan fuera de ese marco de trabajo. Esta tesis surgió como reacción al subjetivismo y a la introspección que, durante años, estuvieron vigentes y condujeron a una psicología poco rigurosa. Los antecedentes se remontan a Pavlov, aunque fue John Watson su verdadero fundador.

Para el conductismo, la psicología de la personalidad es una rama experimental de las ciencias naturales que estudia la predicción y el control de la conducta. El modelo funcional de la conducta es un tablero en el cual *los diferentes estímulos dan origen a una gran diversidad de respuestas.* Se entiende por *estímulo* cualquier elemento del medio o forma de energía que origina una actividad sensorial del organismo y que es capaz de producir una respuesta en un sujeto; desde un sonido a un olor, pasando por una palabra, una frase, una emoción o una mala noticia. Y se entiende por *respuesta* la reacción siguiente a un tipo concreto de estímulo, excitación, actividad o incentivo.

La conducta se adquiere en el curso de la vida mediante diferentes procesos de aprendizaje, unos sencillos y otros más complejos; todo se fragua en las relaciones que se establecen entre la persona y el ambiente, entendidos ambos en un sentido amplio. Ni el sujeto ni el entorno existen de manera independiente. Las relaciones estímulo-respuesta son leyes funcionales que explican el porqué de una forma concreta de funcionar, aunque dentro de ese esquema intervienen numerosas variables, muchas de ellas sutiles y difíciles de controlar, que hacen que la conducta no sea predecible.

Los principales teóricos de este movimientos son los que se exponen a continuación:

John Watson

Se le conoce como «el padre del conductismo». Ya en sus primeros trabajos científicos defendió la tesis de la *tabula rasa* del filósofo británico del siglo XVII John Locke, según la cual el recién nacido es como una hoja en blanco en la que el ambiente escribirá lo que irá siendo poco a poco su vida y su personalidad. Pensaba que la gran mayoría de los sentimientos son aprendidos y que, entre ellos, es el miedo el que tiene una importancia capital en los niños y también en los adultos. Destaca al respecto el famoso experimento con el pequeño Albert, un niño de once meses, que demostró que, estando solo, respondía con miedo a estímulos diferentes a los habituales: se sabe que los niños sólo sienten miedo ante ruidos fuertes y emociones inesperadas.

Si bien fue un innovador nato, pues trató de hacer de la psicología una ciencia de la conducta, su concepción de la personalidad es excesivamente mecanicista y determinista. Hacia 1916 describió un recurso muy valioso, el del *reflejo condicionado*, basado en los trabajos del ruso Iván Pavlov (1849-1936), que explicaba la génesis y la modificación de la conducta. El experimento realizado fue el siguiente: se introduce polvo de carne en la boca de un perro con mucha hambre y se observa enseguida, como respuesta refleja, la producción de la salivación; después, durante unos segundos, se le somete al sonido de una campana, y así sucesivamente. Dado que tiene lugar una asociación entre el sonido y el polvo de la carne, llega un momento en el que, al presentarse sólo el sonido de la campana, sin la carne, se produce también la salivación. Es decir, la respuesta de segregar saliva es aprendida, ya que el perro empareja el sonido y la comida.

Hay, pues, *estímulos incondicionados* (EI), como la comida, que son aquellos que provocan una respuesta de forma regular, no aprendida y medible; *respuestas incondicionadas* (RI), como la salivación; *estímulos condicionados* (EC), como el sonido, que activan un estímulo inicialmente neutro; y, por último, *respuestas condicionadas* o aprendidas, como la salivación ante el sonido. Todas estas reacciones se denominan *respuestas de orientación* y constituyen la réplica a un estímulo novedoso y sorprendente. Así se llega a la conclusión de que *la conducta es una cuestión de condicionamiento*[3].

En este contexto pueden describirse tres tipos de respuestas emocionales: *reacciones de miedo* (inquietud, sobresalto, llanto, huida, dificultades de naturaleza somática: despeños dia-

3. Surge aquí de nuevo el problema de la herencia-ambiente, de la educación que recibimos desde niños. Hay una célebre frase de Watson que dice: «Dadnos una docena de niños sanos, bien formados, y un mundo apropiado para criarlos, y garantizo convertir a cualquiera de ellos, tomado al azar, en un especialista: médico, abogado, artista, jefe de comercio, pordiosero o ladrón, no importando los talentos, inclinaciones, tendencias, habilidades, vocaciones y raza de sus progenitores».

rreicos, descontrol de esfínteres...), *reacciones de ira* (pataleo, agresividad, gritos, rigidez del cuerpo...) y *reacciones amorosas* (sonrisa, placidez, arrullo, gorjeo...). También se pueden clasificar los hábitos, que son reflejos condicionados, respuestas aprendidas: *hábitos emocionales* (que se originan gracias al «principio de propagación»), *hábitos manuales* (por ejemplo, escribir en el ordenador, lanzar una pértiga, tocar el piano o jugar al fútbol), *hábitos laríngeos* (adquisición del lenguaje, sucesión y relación de palabras, lenguaje del pensamiento...).

Para Watson, la personalidad funciona como una máquina. Es la suma de una serie de actitudes que deben descubrirse mediante la observación real de la conducta; es el proceso final de nuestros sistemas de hábitos y se reduce únicamente a lo que es observable y medible. Para investigar la personalidad propone las siguientes normas:

1. Estudiar el proceso educativo completo.
2. Analizar lo que un individuo ha ido realizando a lo largo de su vida.
3. Utilizar distintos tests psicológicos para conocerlo mejor. Hoy existen gran variedad de pruebas e instrumentos para ello.
4. Ver cómo emplea su tiempo libre y su ocio, ya que esto define enormemente muchas de sus características y preferencias.
5. Examinar el tipo de reacciones que ese sujeto tiene en situaciones frecuentes de su vida ordinaria y clasificarlas de forma ordenada.

El tratamiento de los trastornos de la personalidad debe hacerse *desaprendiendo* ciertos comportamientos y adquiriendo otros más sanos y equilibrados.

Burhus F. Skinner

Profesor de Psicología en la Universidad de Harvard, sus experimentos con animales y seres humanos le permitieron llegar a la conclusión de que existe otra forma de aprender: el *condi-*

cionamiento operante. No sólo la conducta es debida a la relación estímulo-respuesta, sino que el propio individuo es capaz de modificar su ambiente. Así pues, sujeto y ambiente están sometidos a una relación recíproca, interactiva. Por ejemplo, si un niño pequeño va dándose cuenta de que aunque llore delante de sus padres no consigue sus caprichos, salvo si están sus abuelos delante, llorará más en presencia de ellos para obtener lo que pretende. En el lenguaje de Skinner diríamos que se produce un *estímulo discriminativo* (los abuelos) que provoca la aparición de una *conducta operante* (el llanto) que se mantiene por un *estímulo reforzador* (el capricho conseguido).

Esta escuela investigó minuciosamente los efectos que sobre la conducta tiene el *reforzamiento*. Muchos de los comportamientos humanos básicos son conductas operantes: desde dar clase para ganar dinero a exagerar algo que nos ha ocurrido para que los demás nos presten atención. *La conducta verbal es operante en la medida en que, si es gratificante, tiende a repetirse y, si es desagradable, produce el efecto contrario*. Si mientras nuestro hijo está estudiando le decimos: «Qué confianza tengo en ti, sé que aprovecharás el tiempo e irás avanzando en los estudios poco a poco», esta estimulación positiva actúa como *reforzador verbal*, llevándole a que se esfuerce más y se crezca ante la dificultad[4].

La personalidad se va construyendo mediante el aprendizaje de unas leyes básicas que descansan sobre el binomio *premio-castigo*. Las recompensas son más poderosas que los castigos para generar una conducta determinada. De este modo, si la conducta tiene algún tipo de beneficio, se mantendrá y se fijará con más firmeza; por ejemplo, si un niño patalea porque no se le da el juguete que quiere y, para evitarlo, se lo damos, este buen resultado le irá llevando a repetir la pataleta cada vez que busca conseguir algo.

4. Los llamados *estímulos reforzadores de la conducta* pueden ser *primarios biológicos* (como la comida, el elogio verbal, el beso...) o *asociados* (que se mantienen por sus consecuencias, como en el caso de una persona que trabaja en tres sitios distintos por el dinero que obtendrá a final de mes).

Trabajó en su laboratorio sobre la conducta de las ratas buscando relaciones lógicas. Su máxima pretensión era hacer una ciencia exacta de la psicología humana y de los animales superiores. Utilizó el método hipotético-deductivo para definir las distintas *variables* de una investigación, es decir, sus características concretas, que pueden ser físicas, psicológicas, sociales o culturales y que deben definirse de forma operativa. Toda hipótesis nace de la observación de unos hechos y de la intuición que se tiene sobre los fenómenos que se captan. Por ejemplo, si tengo la intuición de que las depresiones clínicas son más frecuentes en los países del norte de Europa que en los países mediterráneos, donde la temperatura es mejor y la luz más intensa y duradera, he de analizar estas variables de temperatura y luz de una manera objetiva, en un lenguaje casi matemático. Es preciso distinguir entre variables *dependientes, independientes* e *intervinientes*[5].

Su gran hallazgo radica en la importancia de los *refuerzos primarios* y *secundarios*. El organismo es estimulado por los impulsos *(drives)*, que pueden ser primarios o innatos (generalmente asociados a estados fisiológicos internos, como el hambre o el dolor) o secundarios (que se han ido adquiriendo a base de asociaciones con los primarios, como la ansiedad, las fobias o las obsesiones). Los experimentos con animales fueron muy interesantes en este sentido. Un ejemplo de ello es el siguiente: se mete una rata en una caja con dos compartimientos, uno blanco y con un suelo de parrilla, y otro negro con un suelo más sólido, separados por una puerta; en la parcela blanca se le aplican a la rata unos choques eléctricos, permitiéndosele escapar por la puertecita al compartimiento de al lado. De esta manera, el animal aprende a escapar mediante una respuesta de miedo al estímulo negativo.

5. Las variables *dependientes* son las que el investigador puede manipular a su gusto; las *independientes,* aquellas que tienen una acción propia, libre, sin conexión con otras; y las *intervinientes* forman parte del teorema y de los postulados básicos del trabajo a realizar.

J. Dollard y N. E. Miller

Estos dos psicólogos americanos de Wisconsin integraron el conductismo y el psicoanálisis. Destacaron especialmente cuatro conceptos que resultan muy interesantes:

1. *El hábito:* es la asociación mantenida y estable entre un estímulo y una respuesta. El hábito de ser ordenado o de tener voluntad no se tiene porque sí, sino que implica una relación dual. Un joven, por ejemplo, que estudia sin ganas pero observa que al hacer esquemas y clasificaciones de las cosas las aprende mejor y que ello le lleva a sacar mejores notas, repetirá el mismo esquema una y otra vez. Los hábitos son aprendizajes modificables según las experiencias personales y los objetivos de cada cual; y los positivos son claves para un desarrollo armónico y bien estructurado de la personalidad.
2. *El impulso o* drive: es lo que motiva a actuar. Si el resultado es positivo, nos ayuda a elevar nuestro nivel de autoestima.
3. *El conflicto:* surge cuando una respuesta produce al mismo tiempo placer y dolor. Recordemos un experimento muy sugerente al respecto: una rata de laboratorio que se encuentra en un corredor diseñado para ella en cuyo fondo hay comida, sabe que puede saciar su hambre y que esta recompensa será placentera; pero si de vez en cuando se le aplican choques eléctricos como castigo, en lugar de tener una respuesta de *aproximación* hacia la comida la tendrá de *evitación.* Surge así el conflicto, puesto que el alimento concentra tanto el refuerzo *positivo* como el *negativo.* Dollard y Miller comprobaron que la rata corría hacia el final del pasillo pero paraba ante la respuesta de miedo. Si se reforzaba el impulso de hambre o se debilitaba el del miedo, se podía conseguir que la rata siguiera avanzando o se detuviera.
4. *Los primeros años de la vida:* resultan fundamentales para el desarrollo de la personalidad. Cuatro son las etapas: *lactancia, aprendizaje del control de los esfínteres, primeros pasos en la educación sexual* y *aprendizaje de control de la ira y la agresividad.* De aquí se desprenden las primeras situaciones conflictivas que el niño debe ir resolviendo.

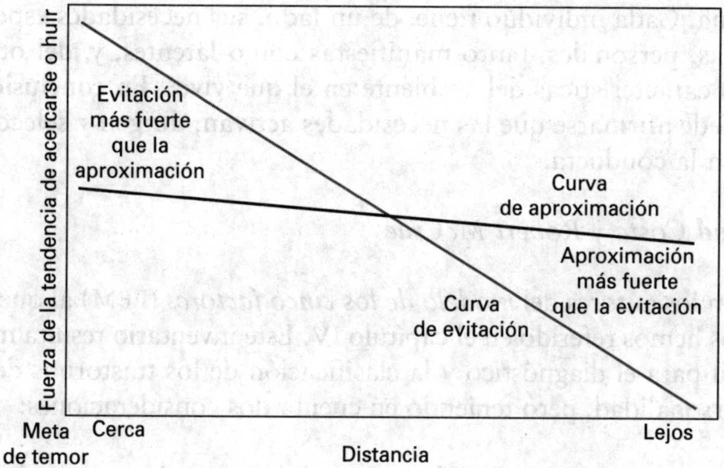

H. A. Murray

Este autor destaca por su famoso *Test de apercepción temática* (TAT), de carácter proyectivo. En su estudio sobre las variables de la personalidad prestó especial atención al binomio *necesidad-presión.*

La *necesidad* es una fuerza que viene del cerebro y que organiza la percepción de la realidad y la puesta en marcha de la acción mediante estímulos externos e internos. Hay que distinguir entre necesidades *primarias* (parecidas a los *drives* primarios antes comentados), *secundarias* (impulsos secundarios), *abiertas* (que pueden ser expresadas de forma clara y precisa) y *secretas* (aquellas que no salen hacia fuera, que están bloqueadas por distintos motivos que siempre es conveniente averiguar). La satisfacción de una necesidad suele acompañarse de la reducción del estado de tensión emocional al que está asociada. Murray estableció una clasificación de veinte necesidades manifiestas y ocho latentes, cada una acompañada de intenciones, sensaciones y acciones.

El otro elemento del binomio, la *presión,* forma parte del ambiente y ejerce una fuerza que afecta al bienestar de la persona. Cada individuo tiene, de un lado, sus necesidades específicas, personales, tanto manifiestas como latentes, y, del otro, las características del ambiente en el que vive[6]. En conclusión, puede afirmarse que las necesidades activan, dirigen y seleccionan la conducta.

Paul Costa y Robert McCrae

Son los autores del *modelo de los cinco factores* (FFM) al que ya nos hemos referido en el capítulo IV. Este inventario resulta muy útil para el diagnóstico y la clasificación de los trastornos de la personalidad, pero teniendo en cuenta dos consideraciones:

– Los desajustes de la personalidad son el extremo de un continuo entre la personalidad normal y la anormal.
– Estos desajustes son el resultado de patrones de rasgos de una personalidad concreta.

5. Diseños estadísticos

La estadística tiene hoy gran relevancia como ciencia auxiliar de la psicología y de la psiquiatría, de tal manera que cualquier trabajo de investigación se acompaña de un tratamiento estadístico de los resultados obtenidos[7].

6. Los psiquiatras sabemos que son muchas las personas que no saben manifestar claramente cuáles son sus necesidades. Parte de su tarea es, precisamente, descubrirlas, ponerlas sobre la mesa y darles salida de forma armónica, de tal manera que ayuden a la mejoría de su personalidad. En mi ya citado libro *La conquista de la voluntad* hablo de esta herramienta como la ejecutiva de las necesidades e impulsos, verdadera llave maestra que hace que nuestros sueños se conviertan en realidad. El que no sabe lo que quiere no puede ser feliz; quien no tiene metas ni planes claros anda como perdido, resolviendo dificultades inmediatas, pero sin un verdadero proyecto propio.

7. Véase el capítulo XIX en el que se abordan detalladamente los resultados de mi trabajo de investigación sobre los trastornos de la personalidad y el test de Millon sobre una muestra de enfermos con un trastorno clínico del Eje I y del Eje II.

CUADRO 5
LOS CINCO GRANDES FACTORES Y ESCALAS ILUSTRATIVAS

Características de puntuación alta	Escalas de rasgos	Características de puntuación baja
	NEUROTICISMO (N)	
Preocupado, nervioso, emotivo, inseguro, deficiente, hipocondriaco.	Evalúan la estabilidad vs. inestabilidad emocional. Identifica a los individuos propensos a sufrimiento psicológico, ideas no realistas, antojos o urgencias excesivas y respuestas de afrontamiento no adaptativas.	Calmado, relajado, no emotivo, fuerte, seguro, presumido.
	EXTRAVERSIÓN (E)	
Sociable, activo, hablador, persona brillante, optimista, amante de la diversión, afectuoso.	Evalúa la cantidad y la intensidad de la interacción entre personas; el nivel de actividad; la necesidad de estímulos y la capacidad de disfrutar.	Reservado, sobrio, no exuberante, retraído, dedicado al trabajo, tímido, tranquilo.
	ABIERTO A LA EXPERIENCIA (O)	
Curioso, con muchos intereses, creativo, original, imaginativo, no tradicional.	Evalúa la búsqueda y la valoración activas de la experiencia por sí mismo; tolerancia y exploración de lo desconocido.	Convencional, realista, con pocos intereses, no artístico, no analítico.
	AFABILIDAD (A)	
Bondadoso, generoso, confiado, servicial, indulgente, crédulo, sincero.	Evalúa la cualidad de la propia orientación interpersonal a lo largo de un continuo desde la compasión a la rivalidad en pensamientos, sentimientos y acciones.	Cínico, grosero, suspicaz, no cooperativo, vengativo, manipulador, irritable.

CUADRO 5 (Continuación)

Características de puntuación alta	**Escalas de rasgos**	**Características de puntuación baja**
	CONSCIENTE (C)	
Organizado, digno de confianza, trabajador, autodisciplinado, puntual, escrupuloso, limpio, ambicioso, perseverante.	Evalúa el grado de organización del individuo, la perseverancia y la motivación en la conducta dirigida a un objetivo. Compara la gente responsable y exigente con aquellos que son distraídos y descuidados.	Sin propósito, no confiable, perezoso, descuidado, relajado, de voluntad débil, hedonista.
Las escalas de los aspectos NEO-PI-R asociados con los cinco grandes factores del rasgo		
Neuroticismo: ansiedad, hostilidad colérica, depresión, falta de naturalidad, impulsividad, vulnerabilidad. *Extraversión:* simpatía, carácter sociable, agresividad, actividad, búsqueda de excitación, emociones positivas. *Abierto a la experiencia:* fantasía, estética, sentimientos, acciones, ideas, valores. *Afabilidad:* confianza, honradez, altruismo, docilidad, modestia, idealismo. *Consciente:* competencia, orden, obediencia, realización, esfuerzo, autodisciplina, reflexión.		

Fuente: *The NEO Personality Inventory Manual,* de P. T. Costa Jr. y R. R. McCrae, 1985, Odessa, FL: Psychological Assessment Resources; *NEO-PI-R, Professional Manual* (p. 3), de P. T. Costa Jr. y R. R. McCrae, 1992, Odessa, FL: Psychological Assessment Resources.

Los estudios de correlaciones estadísticas establecen asociaciones que diferencian y aproximan los distintos tipos de personalidad. La historia de este enfoque sobre el tema tiene su origen en Francis Galton (1822-1911), quien estudió la histeria y otros desórdenes de la personalidad viendo las diferencias

–individuales, de medición y de herencia– entre unos seres humanos y otros. Elaboró su trabajo sobre la herencia de la inteligencia familiar a partir de algunos estudios biográficos meticulosos. Fue el primero en hablar de *coeficiente de correlación,* es decir, de la medición y asociación entre dos series de datos; concepto que fue ampliado por su discípulo Pearson.

R. B. Catell

Inicialmente se interesó por el *método clínico* para investigar sobre la personalidad, es decir, el estudio directo de las enfermedades y los trastornos psíquicos; pero se encontró con muchas dificultades, desde los juicios de valor y las imprecisiones de los especialistas, a la dificultad para ordenar los distintos elementos que confluyen en ella, así como las estrechas relaciones de causa-efecto entre los síntomas y los rasgos. Todo ello

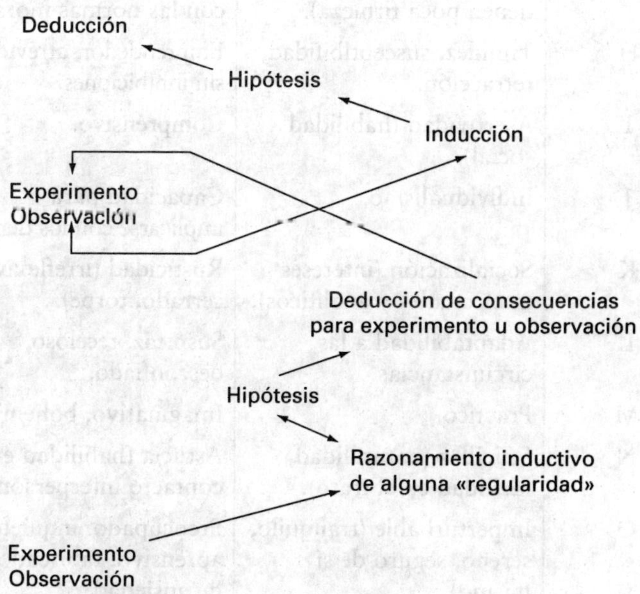

La espiral del método inductivo-hipotético-deductivo (R. B. Catell, 1988).

CUADRO 6
FACTORES PRIMARIOS Y SECUNDARIOS DE R. B. CATELL Y KLINE PARA IDENTIFICAR LA ESTRUCTURA DE LOS ADULTOS

Rasgo fundamental	Puntuaciones bajas	Puntuaciones altas
A	Reservado, alejado, solitario.	Abierto, comunicativo, afectuoso, participativo.
B	Inteligencia baja y torpe.	Inteligencia alta.
C	Poca fuerza del yo (inestabilidad emocional).	Mucha fuerza del yo (estabilidad emocional, madurez).
D	Excitabilidad, inseguridad, impaciencia.	Jactancioso.
E	Sumisión y docilidad.	Agresivo, obstinado.
F	Sobriedad, taciturno.	Entusiasta, alegre.
G	Poca fuerza del superyó (las normas sociales tienen poca firmeza).	Mucha fuerza del superyó (meticuloso con las normas morales).
H	Timidez, susceptibilidad, retracción.	Emprendedor, atrevido, sin inhibiciones.
I	Asertividad (habilidad social).	Comprensivo.
J	Individualismo.	Capacidad para implicarse con los demás.
K	Socialización (intereses intelectuales y analíticos).	Rusticidad (irreflexivo, cerrado, torpe).
L	Adaptabilidad a las circunstancias.	Suspicaz, receloso, desconfiado.
M	Práctico.	Imaginativo, bohemio.
N	Sencillez (naturalidad, facilidad en el trato).	Astucia (habilidad en el contacto interpersonal).
O	Imperturbable (tranquilo, sereno, seguro de sí mismo).	Preocupado, inquieto, aprensivo, fabricador de ansiedad.

le llevó a utilizar un método con muchas variables, no sólo propias del laboratorio, sino del medio natural.

Catell defiende que las variables de la personalidad *pueden y deben* ser medidas, lo mismo que se hace con un análisis de sangre o la toma de la tensión arterial. En pocas palabras, traducir la conducta a un lenguaje matemático, hacer la travesía de lo *cualitativo* a lo *cuantitativo*. Que una persona es extravertida o histérica es un dato cualitativo, pero en qué medida lo es (dato cuantitativo) debe registrarse mediante un cuestionario específico que permita lograr una puntuación.

Catell identificó una serie de factores o rasgos fundamentales *(Test 16 PF)*, con dos vertientes contrapuestas:

– *Factores de primer orden:* tímido/espontáneo; adaptable/suspicaz; inteligencia baja/inteligencia alta; esquizotimia (ac-

PRINCIPALES INGREDIENTES PSICOLÓGICOS
DE LA EXTRAVERSIÓN Y DEL PSICOTICISMO

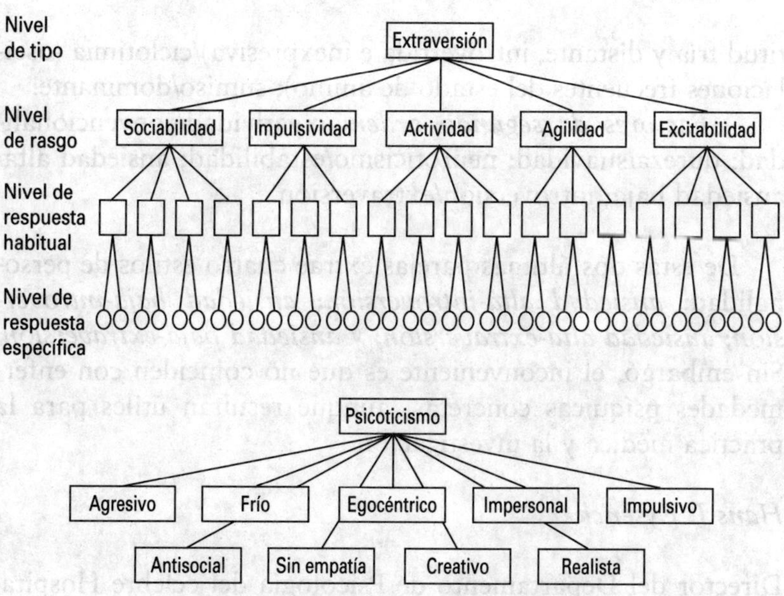

Fuente: H. J. Eysenck, *The Structure of Personality,* Londres, 1990.

ESTRUCTURA JERÁRQUICA DE LA PERSONALIDAD
EXTRAVERTIDA Y NEURÓTICA

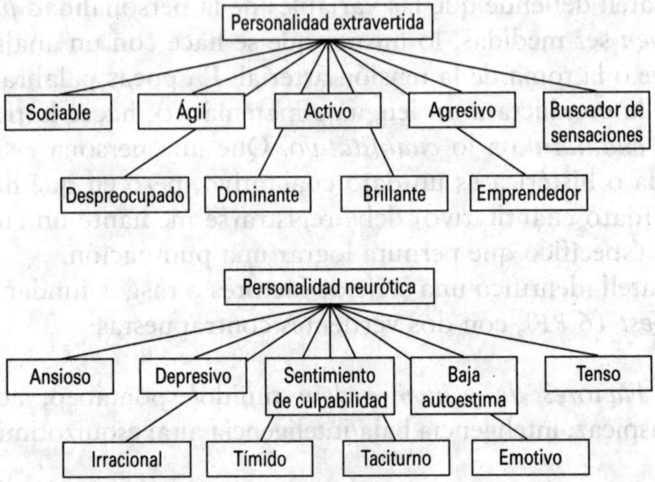

Fuente: H. J. Eysenck, *Biological Dimensions of Personality*, Londres, 1992.

titud fría y distante, introvertida e inexpresiva)/ciclotimia (oscilaciones frecuentes del estado de ánimo); sumiso/dominante.

– *Factores de segundo orden:* creatividad/convencionalidad; dureza/suavidad; neuroticismo/estabilidad; ansiedad alta/ansiedad baja; introversión/extraversión.

De estas dos últimas parejas extrae cuatro estilos de personalidad: *ansiedad alta-introversión; ansiedad baja-introversión; ansiedad alta-extraversión;* y *ansiedad baja-extraversión.* Sin embargo, el inconveniente es que no coinciden con enfermedades psíquicas concretas, aunque resultan útiles para la práctica médica y la investigación.

Hans J. Eysenck

Director del Departamento de Psicología del célebre Hospital Maudsley, de Londres, desde el principio se mostró un acérrimo detractor del psicoanálisis por su dificultad de aplicación en el campo de la investigación rigurosa. Siempre buscó en el estudio de la personalidad una psicometría muy fina: medir y pesar cada conducta mediante un tratamiento estadístico.

Eysenck habla de *tipos* en lugar de rasgos, con dos dimensiones extremas: alta y baja. Tres son los tipos básicos que destaca: *introversión-extraversión, neuroticismo* y *psicoticismo.* Su cuestionario de la personalidad (EPQ) mide las diferencias individuales en estas vertientes.

Así, con respecto al binomio *introversión-extraversión,* sitúa las diferencias en la sociabilidad y la impulsividad. El extravertido es abierto, comunicativo, de fácil contacto social, tiene muchos amigos y actúa más por impulso que por reflexión; el introvertido es cerrado, metido hacia dentro, de difícil relación con los demás, tiene pocos amigos y actúa más por reflexión que por impulso. Los extravertidos se excitan con más dificultad ante los estímulos[8] y están más influenciados por las recompensas, por lo que con mayor frecuencia pierden el control de su conducta; los introvertidos se excitan con más facilidad ante los acontecimientos de su entorno, aprenden rápidamente las prohibiciones sociales y morales, y en su aprendizaje influye más el castigo.

Con respecto al *neuroticismo,* Eysenck afirma que estas personas tienden a la inestabilidad emocional, y en ellas son habituales las tensiones, los sentimientos de culpa, el bajo nivel de autoestima, la timidez y la conducta taciturna.

El *psicoticismo,* por su parte, ofrece la siguiente gama de manifestaciones: frialdad, egocentrismo, tendencia a la poca sociabilidad, falta de empatía... No obstante, creo que el término utilizado es poco afortunado, pues nos lleva a pensar que estamos ante alguien que tiene una psicosis y eso no es cierto.

8. Esto explica por qué la persona extravertida tiende a aburrirse más que la introvertida: porque necesita un nivel más alto de estimulación. Dicho en otros términos, la misma cantidad de estimulación excita más fácilmente a los introvertidos.

6. Modelos humanistas

Han tenido bastante aceptación y, a pesar del menor rigor de sus planteamientos científicos, ponen de relieve la importancia de la psicología y la psiquiatría para ayudar a mucha gente a conocerse mejor, a desarrollar de forma más plena sus posibilidades y actitudes y, también, a saber reaccionar armónicamente ante los avatares y dificultades de la vida. Los métodos de trabajo se inscriben dentro de lo que se denomina el *conocimiento personal.*

Los modelos humanistas no rechazan el estudio objetivo ni la aplicación de las técnicas matemáticas, pero se sublevan cuando la investigación se reduce al laboratorio y se olvida de la importancia de la historia personal. Ensalzan el interés por la biografía, la entrevista directa, la comunicación íntima, los escritos personales y los autoinformes.

Gordon Allport

En su libro *Personalidad: una interpretación psicológica* (1937) llega a dar cincuenta definiciones de la personalidad. Escojo una que me parece muy didáctica: «Es la organización dinámica en el interior del individuo de los sistemas psicofísicos que determinan su conducta y su pensamiento». La interacción entre lo físico y lo psicológico resulta decisiva, de tal manera que el individuo se va adaptando al ambiente gracias a su pensamiento, que es el motor que elabora y dirige la conducta. La conducta se organiza en cinco estratos que, de menos a más, son los siguientes: *reflejos condicionados, hábitos, rasgos personales, yoes* (el yo es el centro rector de la personalidad, como su sombra; podemos tener tantos como circunstancias y grupos de personas con los que nos relacionamos) y *personalidad* (integración progresiva de los pasos precedentes, resultado de aprendizajes que han de culminar en un buen grado de maduración).

Carl Rogers y G. H. Kelly

Estos dos psicólogos se centraron en la clínica de la personalidad; el primero mediante la realización del *self* y, el segundo, a través de la *teoría de los constructos.*

Carl Rogers (1902-1987) hizo una aproximación fenomenológica al estudio de la personalidad, destacando la importancia de la *experiencia.* El *self* no es otra cosa que el *yo* o el *mí* o el *sí mismo,* que conduce a la percepción de uno mismo y de las relaciones con quienes nos rodean. A través de la psicoterapia con sus enfermos Rogers constató que en el *self* residía lo que sería la base de su investigación, ya que el ser humano es arquitecto de sí mismo y «todos necesitamos encontrar nuestro *yo real* para llegar a ser personas, para aceptarnos y elevar nuestra confianza en nosotros».

Para Rogers, además de la experiencia es muy importante la *autorrealización.* El objetivo principal de la psicoterapia es, precisamente, descubrir lo mejor de los propios sentimientos y elaborar una buena *empatía* con los demás.

Por su parte, Kelly entiende que lo fundamental es el *constructo,* una estructura compacta que resume y sintetiza lo que es la personalidad. El objetivo de la psicoterapia es mejorar las predicciones de la conducta.

Abraham Maslow

Recibió una gran influencia de la llamada *psicología gestáltica o de la forma.* Su mayor contribución se centra en el estudio de las personas sanas, en las que analiza los grandes sentimientos –el amor, la alegría, el entusiasmo, la felicidad...– en lugar de los conflictos, la depresión o la ansiedad. Su teoría es que toda motivación humana parte de una *jerarquía de necesidades,* las cuales son de dos tipos: unas que *corrigen deficiencias* (necesidades D) y otras que *promueven la elevación de la persona hacia niveles de excelencia* (necesidades B). Para poder funcionar bien y progresar hay que tener resueltas las necesidades básicas; forman parte de la supervivencia. Después, podemos luchar por satisfacer otras de orden superior, como las necesidades psicológicas, culturales y espirituales. El hombre es un animal necesitado y, por eso, una vez alcanzado un deseo, la satisfacción cumplida origina otro, de distinto nivel, lo cual se lleva a cabo de manera jerárquica. Y así a lo largo de toda la vida.

La *pirámide de Maslow* clasifica, de abajo arriba, las necesidades de la siguiente manera:

1. *Necesidades fisiológicas:* se incluye la comida, la bebida, el vestido, el sueño, la protección, la defensa ante los peligros...
2. *Necesidades de seguridad:* una vez cubiertas las anteriores emergen estas que tienen que ver con la inseguridad ciudadana, el temor a las enfermedades o a perder el trabajo...
3. *Necesidades de estima:* se refieren a las relaciones de vecindad, profesionales, familiares, etc. Entra también el asunto del prestigio personal y profesional, la confianza en uno mismo, el nivel de autoestima...
4. *Necesidades de autorrealización:* la meta es la felicidad, término muchas veces equívoco del que suele hablarse con excesiva superficialidad[9], lo cual llevaría a desarrollar las potencias y capacidades que uno tiene para satisfacer los ideales de su vida. Esta tesis de Maslow nos empuja a buscar lo mejor, cumpliendo aquella máxima de Píndaro: «Atrévete a ser el que eres».

Otra gran contribución de Maslow es el concepto de *autorrealización,* que tanta fortuna ha tenido en el lenguaje de la calle; ella conduce al descubrimiento de la libertad, los valores, la autosuficiencia y la verdad, y nos permite lograr una personalidad coherente y bien integrada. Maslow identificó un buen

9. La felicidad completa y total es una pieza de museo. Los seres humanos debemos aspirar a una *felicidad razonable* que, en mi opinión, se compone de cuatro elementos: una personalidad equilibrada, amor, trabajo y cultura. *La felicidad es suma y compendio de la vida auténtica.*

número de personas que habían alcanzado la plenitud, entre las cuales incluía a personajes históricos como Beethoven, Lincoln, Roosevelt o Einstein.

7. Modelos cognitivos

La psicología cognitiva ha supuesto una revolución en las últimas décadas. La utilización de un paradigma nuevo, con un lenguaje propio, ha abierto enormes perspectivas en el estudio de la mente.

Para esta escuela la mente humana se puede comparar con un ordenador de alta complejidad, que recibe información de entrada *(input)*, la almacena, procesa y clasifica, y posteriormente le da salida *(output)*. El procesamiento de dicha información es un intento científico de analizar muchos de los procesos mentales: percepción, memoria, pensamiento y lenguaje. Los elementos cognitivos de la personalidad se relacionan con la manera de procesar la información: hay personas que ordenan todo de forma meticulosa, mientras que otras lo hacen de forma más general; para unos todo se centra en los sentimientos, mientras otros lo hacen en los razonamientos y sus silogismos.

Tres son los conceptos que hay que considerar:

1. *Esquema:* dado el caudal de información que todos recibimos en el mundo moderno, resulta necesario encontrar sistemas para procesar en nuestra cabeza semejante aluvión de datos. *El esquema es una categoría que resume un concepto, una estructura que organiza la información y la archiva hasta el momento en que se necesita recuperarla.* Tanto el almacenamiento como la recuperación tienen sus propias leyes. En las crisis conyugales, por ejemplo, se observa claramente la dificultad para entenderse porque los miembros de la pareja parten de esquemas muy distintos. También el deprimido tiene una idea desajustada de sí mismo y del entorno. Es decir, muchas veces se fijan esquemas de creencias irracionales, poco lógicas,

que modifican el modo de ser y de percibir la realidad circundante.

2. *Atribuciones:* son las explicaciones que cada uno damos a los hechos que nos suceden. Atribuir es, pues, imputar, señalar el porqué de las cosas. Las atribuciones pueden ser externas, internas, estables, cambiantes, particulares y globales. Por ejemplo, una persona que suspende una oposición puede pensar que ello ha sido debido a que algunos miembros del tribunal tienen algo contra él *(atribución externa)*, mientras que otra persona puede pensar que ha sido porque realmente no ha estudiado lo suficiente *(atribución interna)*. Los sentimientos, las emociones y las motivaciones cobran así matices muy diferentes.

3. *Creencias:* como afirma Ortega y Gasset en su libro *Ideas y creencias*, «las ideas se tienen, en las creencias se está; (...) con las creencias propiamente no hacemos nada, sino que simplemente estamos en ellas (...), operan en nuestro fondo cuando nos ponemos a pensar en algo. Constituyen la base de nuestra vida, el terreno sobre el que acontece. Ellas nos ponen delante lo que para nosotros es la realidad misma. Toda nuestra conducta, incluso la intelectual, depende de cuál sea el sistema de nuestras creencias auténticas»[10]. De aquí deriva la evaluación que hacemos de los riesgos que corremos en nuestras vidas. Por ejemplo, un joven que conduce a gran velocidad por la autopista sólo piensa en el gozo que le produce el placer de correr, mientras que una persona adulta en esa misma situación cree que la aventura es peligrosa e innecesaria y que puede acarrearle unas consecuencias dramáticas. La valoración de los riesgos y de los beneficios es esencial en la conducta. Es preciso distinguir las creencias irracionales de las racionales, la adaptación sana de la mala adaptación, porque unas perjudican y otras favorecen.

10. Madrid, Espasa Calpe, 1964. Véase también sus *Obras completas*, Madrid, Revista de Occidente, 1952.

Es interesante pasar revista a las *unidades cognitivas específicas* o segmentos de la personalidad, porque nos ayudan a comprendernos mejor a nosotros mismos y también a los demás:

– *Procesos cognitivos:* son aquéllos mediante los cuales se organizan y almacenan los datos de la percepción, la memoria y el pensamiento.

– *Constructo:* manera de percibir, analizar e interpretar los hechos que nos suceden.

– *Aprendizaje por observación:* aquí son muy importantes los modelos de identidad de la personalidad. Padres y maestros son esenciales por su ejemplo positivo, ya que los niños aprenden observando e imitando.

– *Aprendizaje por contraste:* también puede aprenderse por medio de la conducta opuesta a la que se ve, fórmula que siempre es menos positiva que la anterior.

– *Objetivos:* son las metas y retos que hacen firme la motivación y que nos ayudan a no retroceder a pesar de los reveses y las dificultades transitorias.

– *Condicionamiento vicario:* consiste en el aprendizaje de respuestas emocionales al ver la actuación de personas cercanas.

– *Atribución causal:* se achacan los hechos a algún factor concreto, externo o interno, particular o global.

– *Esquemas cognitivos:* son bosquejos mentales que dan lugar a una forma personal concreta de interpretar la realidad y responder al mundo.

– *Estrategias cognitivas:* son procesos activos que nos enseñan a tomar la iniciativa para alcanzar los objetivos propuestos.

En conclusión, podemos decir que todo fenómeno psicológico es un proceso cognitivo que arranca de un estímulo concreto o de la asociación de varios.

Aaron T. Beck

Es, en mi opinión, una de las figuras más relevantes de este movimiento psicológico. Su formación psicoanalítica y psiquiátrica le lleva a apoyarse mucho en la clínica. Su trabajo sobre la llamada *tríada cognitiva de la depresión* tuvo una gran repercusión, así como su teoría de los *esquemas cognitivos* y los *errores en el procesamiento de la información.*

La tríada cognitiva de la depresión engloba tres conceptos: *uno mismo, el mundo* y *el futuro*. El yo aparece como gran perdedor y el mundo como algo frustrante y sin salida. Esta visión negativa nos lleva a sentirnos fracasados, culpables y poco valiosos.

Por su parte, los *esquemas cognitivos* son esenciales para explicar la conducta. Se trata de patrones estables de pensamiento que llevan a mantener actitudes positivas o negativas. De la multitud de estímulos simples y complejos se van seleccionando unos y abandonándose otros.

Por último, los *errores en el procesamiento de la información* aluden a los fallos y defectos que se producen en la organización de la información que llega al sujeto deprimido; una constelación negativa que es preciso explicar al paciente para que pueda desmontarla. Los más significativos son:

– *Abstracción selectiva:* se produce cuando uno se analiza pero partiendo de un detalle o conjunto de detalles sesgados, de escaso valor real, y se queda anclado en ellos. A partir de una percepción errónea se extrae un juicio de valor negativo sobre uno mismo que se extiende como una mancha de aceite a otros planos del comportamiento.

– *Generalización excesiva:* se elabora una regla general partiendo de hechos puntuales y anecdóticos. Esto es bastante frecuente no sólo en la depresión, sino en la vida ordinaria.

– *Maximalización* y *minimización:* a partir de un suceso se hace un resumen muy radical, bien agrandando el asunto, bien restándole importancia.

– *Pensamiento dicotómico y absolutista:* se clasifican los

acontecimientos en formas opuestas: blanco-negro, bueno-malo, amor-odio...

Siguiendo este discurso psicológico, Beck explica los tipos de personalidad y los trastornos posibles que de ellos se derivan. *Los esquemas cognitivos que se hospedan en cada uno de nosotros son los que determinan la manera de ser.* Éstos seleccionan, reoganizan y dirigen la trayectoria biográfica, generando reacciones en cadena que, a su vez, dan lugar a patrones de comportamiento que no son sino *rasgos* de la personalidad.

Cuando los esquemas son positivos, coherentes e integradores, configuran una personalidad madura y equilibrada. Por el contrario, si están distorsionados, producen desadaptaciones que, a la larga, derivarán en auténticos trastornos de la personalidad. Así, el esquema mental de la personalidad histérica es la necesidad enfermiza de estar en primer plano y de llamar la atención; por eso, el sujeto recurre a la teatralidad para fascinar a su entorno.

La alianza cognitivo-conductual que tan bien planteó Beck es la más operativa a la hora de buscar mejoría en los trastornos. Supone una verdadera orfebrería psicológica, ya que hay que seleccionar los pensamientos automáticos y los esquemas negativos, y cambiarlos por otros más sanos y realistas.

Albert Ellis

Tras una primera etapa psicoanalítica, se adentró en el campo de lo que él llamó *verbalizaciones internas:* los lenguajes del pensamiento que acompañan a los sentimientos, las emociones y las conductas de la vida ordinaria, y cuyo influjo tiene un papel muy destacado. Estas frases interiorizadas marcan la forma de percibir. Los trastornos depresivos, por ejemplo, son resultado de pensamientos ilógicos e irracionales que se cuelan y que resultan muy autodestructivos.

Ellis diseñó una *terapia racional-emotiva* cuya misión es cambiar las frases desafortunadas y catastrofistas sobre uno mismo por otras más positivas y constructivas; erradicar los pensamientos equivocados basados en defectos propios y convicciones falsas. El psiquiatra es el encargado de *demostrar* que ese funcionamiento es irracional y de dar alternativas al discurso interior y privado[11].

J. S. Bruner

Profesor de Psicología de la Universidad de Harvard, investigó acerca de nuestra *capacidad para categorizar* los objetos que percibimos en grupos, conjuntos y clases: «Categorizar es ver equivalentes cosas que se perciben como diferentes, agrupar objetos, acontecimientos o personas mediante clases». De este modo, clasificamos el mundo, lo definimos y hacemos predicciones sobre el mismo, que en muchas ocasiones se convierten en juicios o prejuicios.

Estas estrategias dependen de muchos ingredientes personales: las vivencias de la infancia o la adolescencia, los impactos en nuestra historia personal, el tipo de familia, las características de la educación recibida... Nos influyen todos los esquemas categoriales que se han ido depositando en nosotros.

8. Modelos biosociales

Son aquellos modelos que interrelacionan dos planos básicos: el físico-biológico y el social.

Al hablar de las teorías biológicas de la personalidad vimos que algunas contemplaban los niveles de *función* y *localización cerebral*. El neurofisiólogo Jackson defendía el papel de la corteza cerebral como integradora de todo, incluida la personalidad. Pero fue Hess quien demostró que no hay centros nerviosos con-

11. Remito al lector interesado al libro de J. S. Bruner, C. C. Goodnow y V. Austin, *Un estudio sobre el pensamiento* (1987), del que pueden extraerse aprendizajes muy provechosos.

cretos que se encarguen de ciertas funciones psíquicas, sino una *organización cerebral* en la que participan diversos territorios y que dan como resultante una actividad; cuanto más complicada, mayor será la cantidad y dificultad de las estructuras cerebrales que han de intervenir. Un ejemplo de ello es la *memoria.*

McLean

Un paso más en la investigación lo dio McLean cuando diseñó el *sistema límbico* como un alto sistema integrador de los tres cerebros:

– *Cerebro antiguo:* corresponde a la parte central del troncoencéfalo (sustancia reticular, ganglios basales y rinencéfalo).

– *Cerebro límbico:* su tamaño varía según la especie. Está ligado al mundo emocional e instintivo y es capaz de integrar muchas y diversas experiencias. Es un gran regulador del psiquismo.

– *Cerebro superior:* corresponde a la corteza cerebral y a la parte más fina, precisa y diferenciada.

G. Heymans y E. D. Wiersma

Ambos describen una *tipología psicofisiológica,* según la cual todo fenómeno psíquico (por ejemplo, una fuerte emoción) desencadena una actividad de las células nerviosas que se mantiene durante cierto periodo de tiempo y que influye en otros hechos posteriores. Ellos describen funciones cerebrales *primarias y secundarias:* las primeras son rápidas, superficiales, se producen como reacción a un estímulo; las segundas son más lentas, prolongadas y profundas.

Utilizando estos conceptos, pusieron de manifiesto tres dimensiones básicas de la personalidad: *primaria-secundaria, emotiva* y *activa.* De ellas se desprenden ocho tipos: amorfo, apático, nervioso, sentimental, sanguíneo, flemático, colérico y apasionado.

CUADRO 7
LOS OCHO TIPOS CARACTEROLÓGICOS DE G. HEYMANS Y E. D. WIERSMA

El signo + indica que los sujetos están situados por encima de la media en la dimensión considerada; el signo –, que lo están por debajo de la media. Las letras P y S indican respectivamente la preponderancia de la función primaria y de la función secundaria.

Emotividad	*Actividad*	*Primaria Secundaria*	*Tipo*
–	–	P	Amorfo
–	–	S	Apático
+	–	P	Nervioso
+	–	S	Sentimental
–	+	P	Sanguíneo
–	+	S	Flemático
+	+	P	Colérico
+	+	S	Apasionado

Ivan Pavlov

Los descubrimientos de este célebre psicólogo ruso (1849-1936) al que ya nos hemos referido con anterioridad han supuesto una gran revolución en la historia de la psicología. Catedrático de Farmacología, obtuvo en 1904 el Premio Nobel.

Su tipología de la personalidad comprende cuatro estilos: el individuo *equilibrado,* que es aquel que reacciona de forma correcta, armónica y proporcionada a los hechos que le suceden y es capaz de actuar e inhibirse, según la situación; el *excitable,* que adquiere fácilmente hábitos activos y le cuesta inhibirse y/o controlarse; el *inhibido,* que se caracteriza por un excesivo bloqueo de la conducta; y, finalmente, el *inerte,* cuya inercia oscila entre la excitación y la inhibición.

Theodore Millon

Catedrático de Psicología de la Universidad de Florida, es uno de los directores del DSM-IV. Su teoría biosocial se apoya en la idea de que la personalidad se desarrolla mediante una interacción entre el ambiente y el organismo. Lo biológico puede limitar o ampliar la conducta, además de configurarla; lo social o ambiental modula y perfila el estilo propio.

Millon partió de las tres dimensiones básicas que tantos estudiosos de la psicología habían puesto de relieve: *actividad-pasividad, sujeto-objeto* y *placer-dolor*. La primera se refiere a un amplio espectro de conductas según se tome o no la iniciativa; la segunda organiza la motivación en dos direcciones universales: buscar lo agradable y huir de lo desagradable; por último, la tercera dimensión nos enseña que, de todos los objetos, los dos más importantes son *uno mismo* y *los otros*. A partir de estas tres dimensiones bipolares surgen ocho tipos básicos y tres trastornos graves. Los tipos básicos son: el patrón *pasivo-dependiente,* el *activo-dependiente,* el *pasivo-independiente,* el *activo-independiente,* el *pasivo-ambivalente,* el *activo-ambivalente,* el *pasivo-desvinculado,* el *activo-desvinculado.* Y las estirpes patológicas: la personalidad *cicloide,* la *paranoide* y la *esquizoide.*

TEORÍAS SOCIOLÓGICAS DE LA PERSONALIDAD

Estas teorías recogen la importancia de lo social en la construcción de la personalidad. Sería más correcto hablar de *teorías psicosociales,* ya que se asocian ambos componentes. La psicología social ha ido ganando posiciones en las últimas décadas frente a la psicología individual. Su objetivo es estudiar y delimitar el alcance y la influencia del *grupo en* la formación de la personalidad. Algunos representantes europeos son: en Francia, E. Durkheim y Tarde; en Inglaterra, Spencer y Taylor; en Alemania, Lazarus; en España, José Luis Pinillos, R. Fernández Ballesteros y V. Pelechano; en Estados Unidos, Ross, McDougall, A. Bandura, G. Lindzey y T. Leary.

La elaboración social de la personalidad tiene una larga andadura. Nace en el mundo grecorromano, continúa en las tradiciones judeocristianas y se prolonga con el Renacimiento y el mundo neoclásico hasta llegar a la Ilustración[12]. Lo social invade el territorio de la personalidad; no podemos comprender a alguien si no es desde su relación social *inmediata* (la familia, el trabajo) y *mediata* (los conocidos, las relaciones de vecindad y el mundo social en sentido amplio).

Albert Bandura

Su *teoría del aprendizaje social* supone un paso hacia delante en la comprensión de la riqueza de la personalidad. Tanto los niños como los adultos aprenden observando a otras personas en diferentes ambientes. Albert Bandura identifica cuatro pasos en el proceso de aprendizaje:

1. Prestar atención y captar aspectos relevantes de la conducta ajena.
2. Retener y recordar ese comportamiento mediante imágenes y palabras.
3. Convertir en acción lo que uno ha almacenado como recuerdo
4. Estar motivado para «copiar» o «imitar» lo singular del otro.

No sólo se aprende con *premios* y *castigos,* sino que otros elementos, como el *autorreforzamiento,* desempeñan un papel clave. Uno mismo es capaz de darse recompensas y castigarse, es decir, de ejercer el autocontrol. Es preciso que tengamos *mo-*

12. El Siglo de las Luces entroniza la razón y da carta de naturaleza a la vida social. Tres textos son decisivos para entender esto: *El espíritu de las leyes* de Montesquieu, el *Tratado sobre la tolerancia* de Voltaire y el *Emilio* de Rousseau. Por otra parte, la creación de la *Enciclopedia* por parte de Diderot, D'Alembert y Holbach fue un hito fundamental. Todo condujo a una nueva concepción del hombre como ser social.

delos de identidad positivos que, basados en personas atractivas y sugerentes, incorporamos a nuestro patrimonio conductual. Los niños imitan a las personas que admiran; incluso llegan a hablar como ellas: éste es el proceso de identidad *incipiente*.

Bandura denomina *modelado* al proceso por el cual se desarrolla la imitación. Por ejemplo, un adolescente poco estudioso que tiene un amigo ordenado, que sabe aprovechar bien el tiempo para divertirse cuando hay que hacerlo y estudiar cuando es preciso; copia esa conducta positiva y, al conseguir buenos resultados, sigue realizándola.

En conclusión, *toda conducta puede aprenderse, mantenerse, modificarse o extinguirse según las circunstancias y las posibles recompensas*.

C. S. Hall, G. Lindzey y J. B. Campbell

El libro de estos tres autores, titulado *Teorías de la personalidad*[13], sigue una dinámica biopsicosocial, esquema ecléctico que tanto se utiliza en el mundo académico de la psicología y la psiquiatría. Hall, Lindzey y Campbell han verificado la relación que existe entre los rasgos físicos y el tipo de personalidad.

Walter Mischel

Para este catedrático de la Columbia University de Nueva York, el hecho de que los rasgos de la personalidad se mantengan a lo largo de la historia personal permite hablar de *disposiciones estables* o *disposiciones consistentes*, con permanencia a lo largo del tiempo y con poder suficiente para actuar en situaciones inestables, provisionales, cambiantes. Las principales

13. Este libro, que es ya un clásico, fue escrito inicialmente en 1957 por C. S. Hall y G. Lindzey. Recomiendo la cuarta edición (Ed. John Wiley, Nueva York, 1997), porque en ella se añade la importante colaboración de J. B. Campbell, profesor de la Universidad de Pensilvania.

unidades de análisis de la personalidad propuestas por Mischel son las siguientes:

– *Expectativas:* mueven la conducta, las esperanzas de alcanzar metas y objetivos concretos. En un lenguaje coloquial podríamos hablar de ilusiones[14].

– *Valores subjetivos:* son las preferencias que uno va descubriendo. Elegir supone siempre *anunciar* y *renunciar.*

– *Sistema de autorregulación psicológica:* es el modo en que uno enfoca sus esfuerzos *(autorrefuerzos)* y la capacidad para no agobiarse ante el excesivo número de cosas que piden paso *(negociación de metas).*

– *Estrategias de codificación:* es el modo en que uno categoriza la información almacenada, a partir de las propias premisas *(constructos personales).* Una misma información es valorada, guardada e interpretada de manera muy distinta según estas construcciones mentales cognitivas, que varían en cada persona y que son elaboraciones *a priori.* La idea de éxito y fracaso, siempre relativa, es un buen ejemplo de ello.

14. Es curiosa la historia de este término tan español que aparece en todas las lenguas románicas y deriva del latín *illusio,* sustantivo del verbo *illudere,* «jugar» y *ludus,* «juego». *Illusio* significa burla, escarnio, ironía. En el *Diccionario de autoridades* del siglo XVIII, se puede leer: «Engaño, falsa imaginación o aprehensión errada de las cosas». La idea de engaño planea a lo largo del tiempo sobre la geografía de esta palabra; de ahí procede la expresión popular «no te hagas ilusiones», que indica algo esencialmente falso.

Lo notable es que la primera noción *positiva* de esta palabra hoy casi mágica aparece en el *Diccionario de uso del español* de María Moliner (1967) como esperanza de alcanzar algo a lo que se aspira. En 1982 lo incorpora el *Diccionario de la lengua española* de la Real Academia Española con la siguiente acepción: «Esperanza cuyo cumplimiento parece especialmente atractivo; viva complacencia en una persona, cosa o tarea».

En mi libro *La ilusión de vivir* (Madrid, Temas de Hoy, 1998) he tratado de poner de relieve que la ilusión constituye la *dimensión esencial del porvenir.* Es la envoltura de la felicidad, el tirón que empuja y arrastra hacia el futuro y en cuyo paisaje de fondo asoman metas concretas por las que merece la pena el esfuerzo continuado. Felicidad e ilusión forman, pues, un binomio inseparable.

Mischel es radicalmente *ambientalista,* ya que opina que la recompensa o el castigo social son más importantes en sí mismos que los rasgos internos de la personalidad. No obstante, sus últimos trabajos modificaron algo esta postura y contemplaron las variaciones entre estabilidad y variabilidad del comportamiento de la personalidad.

Eduard Spranger

La corriente a la que Spranger (1882-1963) se adscribió se denominó «filosofía de la vida», siguiendo las pautas de una psicología científico-espiritual y, por tanto, buscando las relaciones entre lo objetivo y lo subjetivo. La clave está en saber *comprender,* en captar relaciones de sentido y buscar esa especie de unidad indisoluble que se produce en los actos individuales y en su envoltura, o sea el mundo.

Los seis tipos humanos que describimos a continuación son, en realidad, *formas de vida:*

- *El hombre social:* su existencia se centra en el contacto con los demás. La vida social, las relaciones humanas y la amistad constituyen para este tipo la esencia de la vida.
- *El hombre económico:* aquel cuya motivación principal está en el dinero y la economía. Encontramos aquí al típico hombre de negocios. Existen tres submodalidades: el productor, el consumidor y el ahorrador.
- *El hombre religioso:* la espiritualidad salta al primer plano y conduce a un mayor acercamiento a los demás para buscar su bien; a veces desemboca en la mística.
- *El hombre político:* su aspiración es lograr un puesto en la vida política para ayudar a avanzar a la comunidad. Sin embargo, en la actualidad muchos se olvidan de sus promesas electorales, generando en los demás una valoración negativa.
- *El hombre científico:* prevalecen el espíritu de observación y la capacidad para entresacar leyes y explicar los hechos que se registran. *La filosofía busca la verdad, mientras que la*

ciencia se aproxima a la realidad en términos de certeza. Son dos formas de conocimiento que se complementan.

• *El hombre estético:* aquel que se preocupa por las distintas formas de belleza, aspirando a la armonía de formas y estilos. Según Spranger, este tipo humano es romántico, ya que en él predomina más lo sentimental que lo racional[15].

MODELOS SOCIOCULTURALES

En este cuarto apartado de los modelos de personalidad intento referirme al binomio que agrupa lo puramente social y el ámbito cultural. La cultura es la memoria del tiempo, lo que queda después de olvidar todo lo aprendido; depósito de saberes que ayudan a interpretar la vida; almacén gigantesco de creatividad del ser humano. Por ello decimos que *la cultura es libertad;* que es *la aristocracia del espíritu, que tiene en la lectura su buque insignia.*

La vieja polémica entre *naturaleza* y *cultura* conserva matices interesantes[16]. Esta última aparece como un magma de ingredientes ricos y diversos que forman una unidad: mitos y leyendas, formas de vida, creencias religiosas, costumbres, estilos políticos, arte, literatura, música, folclore, hábitos morales... Todo eso, inevitablemente, marca la personalidad.

Este enfoque, que tiende a poner en primer plano la influencia de los elementos culturales en el desarrollo de la personalidad, cuenta con una larga tradición. Los principales gestores del *culturalismo* fueron Harry S. Sullivan, Karen Horney, Erich Fromm, Wilhelm Reich y el mismo G. W. Allport, quienes defendían que las frustraciones culturales producían resentimientos y éstos marcaban la personalidad de forma tajante. *Cada personalidad construye y organiza subjetivamente*

15. Para saber más sobre este hexaedro tipológico, véase el libro de Spranger, *Formas de vida,* Madrid, Ed. Revista de Occidente, 1936.

16. La *naturaleza* es un estado espontáneo, congénito, innato, el conjunto de lo nacido de por sí y entregado a su propio crecimiento; la *cultura* es un producto civilizado, transformado por la mano del hombre en algo valioso, que ha necesitado de un proceso de construcción.

los ingredientes de la cultura, que aportan valores y esquemas decisivos. La cultura no es sólo un sistema de creencias, sino un conjunto *externo* e *interno* que define a un individuo y lo convierte en persona[17].

R. Benedict y Margaret Mead

Fue Benedict quien desarrolló una teoría de la *personalidad configuracionista,* introduciendo las dos modalidades de ser descritas por Nietzsche: *apolínea* (exaltación de la forma y lo externo) y *dionisiaca* (importancia de lo interior y las vivencias). Más tarde habló de personalidad *normal* y *anormal*, distribución que tiene mucho que ver con las concepción vigente en la cultura. La organización de la cultura es la que establece las diferencias entre unas personalidades y otras.

Hacia 1930, la antropóloga Margaret Mead puso de manifiesto la enorme influencia de la cultura en las conductas masculina y femenina, estudiando las tribus de Nueva Guinea, cuyos esquemas de comportamiento no se ajustaban a los habituales. Así, demostró que los *arapesh* son plácidos, serenos, cordiales y confiados, y que tanto los hombres como las mujeres saben cuidar de sus hijos. Por el contrario, los *mundugumor* son caníbales, agresivos, violentos y competitivos, con una sexualidad exaltada y sin ternura; tanto los hombres como las mujeres entienden que la lucha es parte de una ceremonia importante, y si alguno se muestra afectuoso, es rechazado y marginado por los restantes miembros de la etnia. Por último, en el grupo de los *tchambuli* la mujer se muestra dominante y muy trabajadora, mientras que el varón, más irresponsable, busca la apariencia externa y resulta esencialmente emotivo.

17. En 1973, Geertz publicó el libro *La interpretación de las culturas* (Barcelona, Gedisa,) y puso de relieve que, en la isla de Bali, era más importante la personalidad social que la individual. La cultura imponía tal sello que daba solidez a la forma de ser de la gente. En un viaje mío reciente (2001) a esta isla de Indonesia, he podido observar cómo este hecho se ha diluido por la enorme influencia de los medios de comunicación social en los últimos veinticinco años.

XIX

Una investigación sobre la personalidad

Hemos realizado una investigación para poder esclarecer si existe algún tipo de relación entre los distintos trastornos del eje I y los del eje II del DSM-IV. Para ello hemos utilizado el IPDE de T. Millon en una muestra compuesta por 911 sujetos, de los cuales 411 han sido diagnosticados de un *trastorno de la personalidad;* por lo tanto, poseen un cuadro clínico reflejado en el eje I. Los restantes 500 forman parte del grupo de control, formado por individuos de distintos ámbitos: universidades, colectivos de empresarios, amas de casa...

Tanto en el grupo «pacientes» como en el grupo «controles» la dimensión del nivel sociocultural se ha dividido en cinco categorías atendiendo al nivel de estudios completados: bajo, medio-bajo, medio, medio-alto y alto.

Las edades oscilan en ambos grupos entre los 18 y 85 años. Como primera conclusión se puede afirmar que en el grupo «pacientes» hay una tendencia a puntuar en el trastorno principal (TP) mixto (27,6%) con independencia del trastorno clínico. En cambio, en el grupo «controles» se observa que un 24,7% no puntúa en ninguna de las dimensiones en las que se divide el IPDE.

DESCRIPCIÓN DE LA MUESTRA

Se entiende por «muestra» cualquier subconjunto de la población. Los sujetos participantes en la misma fueron un total de n = 911, divididos en dos grupos: *pacientes* (n = 411), o sujetos procedentes de la consulta, y *controles* (n = 500), que son sujetos sin trastornos diagnosticados, que no pertenecen a la consulta y que proceden de diversos contextos: universidades, empresas, clubs privados...

La distribución del total de sujetos en los dos grupos y según el género se presenta en la siguiente figura 1.

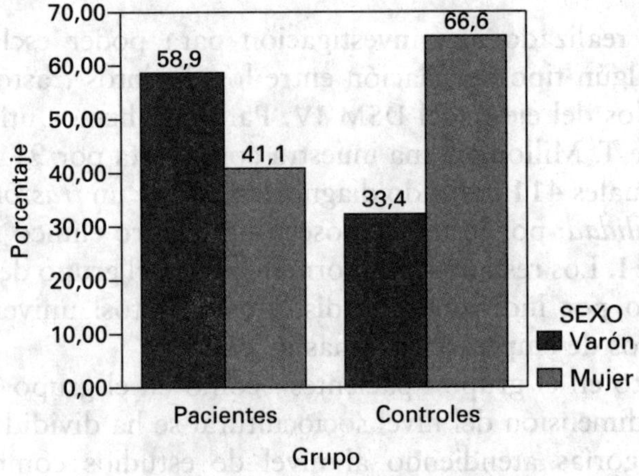

La descripción de los sujetos participantes es la siguiente:

	Frecuencia	Porcentaje
1. Consulta	411	45,1
2. Control 1	287	31,5
3. Universidad	129	14,2
4. Club privado	26	2,8
5. Ejecutivos	22	2,4
6. Cirugía estética	36	4,0
Total	911	100,0

Y ésta su clasificación:

	Frecuencia	Porcentaje
1. Pacientes	411	45,1
2. Controles	500	54,9
Total	911	100,0

Respecto a la clasificación por sexo y grupo, éstos son los resultados:

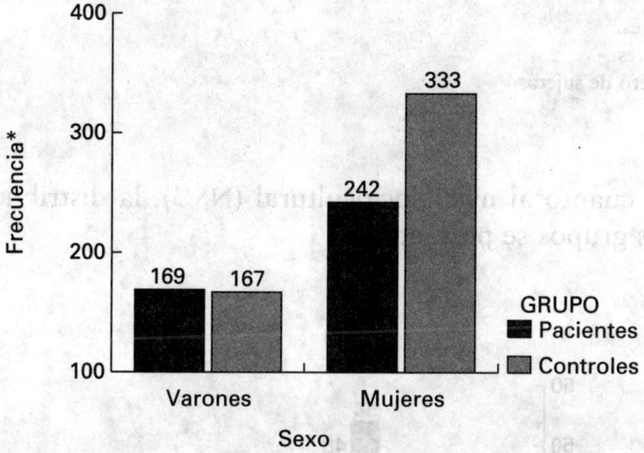

* *Frecuencia* es el número de veces que se repite un valor (en este caso, el número de sujetos).

La edad media del total de sujetos es de 36,49 años, con una desviación típica de 13,18 y un rango de 14 a 79 años. Según los grupos, la edad media de los pacientes es de 37,54 (desviación típica 13,72 y rango de 15 a 79) y la de los sujetos de control de 35,25 (desviación típica 13,56 y rango de 14 a 78 años).

Hay una ligera diferencia entre los dos grupos, que resulta estadísticamente significativa ($t = 2,460$; $p < .05$).

Grupo	Sexo	Media	Desv. típ.	N
1. Pacientes	V	36,83	13,12	169
	M	38,03	14,14	242
	Total	37,54	13,72	411
2. Controles	V	36,14	13,27	167
	M	34,80	13,38	333
	Total	35,25	13,35	500
Total	V	36,49	13,18	336
	M	36,16	13,79	575
	Total	36,28	13,56	911

V: Varones.
M: Mujeres.
N: Número de sujetos.

En cuanto al nivel sociocultural (NSC), la distribución de los dos grupos se presenta así:

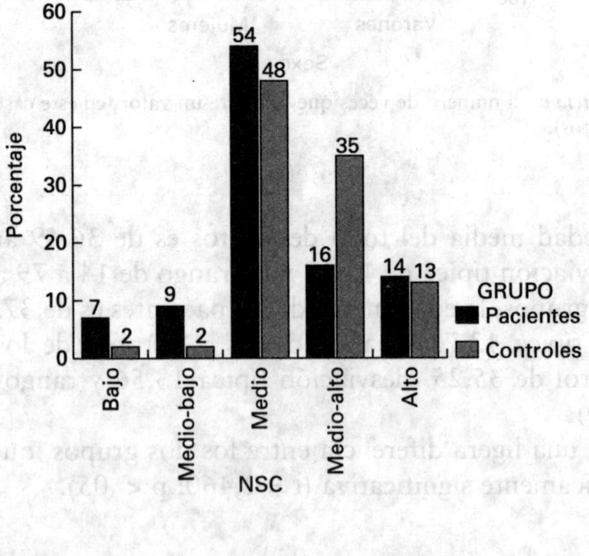

Distribución de los trastornos

Distribución de los sujetos según el trastorno principal

			Grupo		
			Pacientes	Controles	Total
TP	No puntúa	Recuento	13	216	229
		% del total	1,5%	24,7%	26,2%
	Mixto	Recuento	241	143	384
		% del total	27,6%	16,4%	43,9%
	Obsesivo-compulsivo	Recuento	45	30	75
		% del total	5,1%	3,4%	8,6%
	Dependiente	Recuento	13	1	14
		% del total	1,5%	1%	1,6%
	Antisocial	Recuento		1	1
		% del total		0,1%	0,1%
	Esquizoide	Recuento	7	1	8
		% del total	0,8%	0,1%	0,9%
	Esquizotípico	Recuento	2	1	3
		% del total	0,2%	0,1%	0,3%
	Histriónico	Recuento	10	8	18
		% del total	1,1%	0,9%	2,1%
	Narcisista	Recuento	13	23	36
		% del total	1,5%	2,6%	4,1%
	Evitación	Recuento	43	33	76
		% del total	4,9%	3,8%	8,7%
	Límite	Recuento	23	7	30
		% del total	2,6%	0,8%	3,4%
Total		Recuento	410	464	874
		% del total	46,9%	53,1%	100,0%

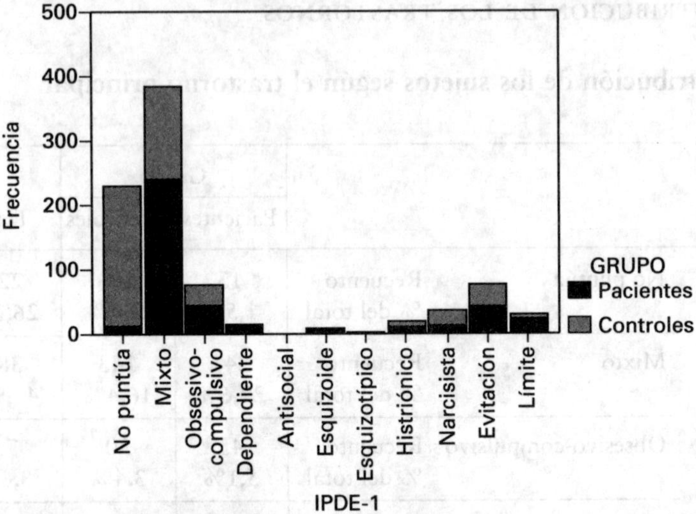

Distribución de los trastornos mixtos

Se limita en general a los sujetos de consulta; los controles raramente tienen diagnosticados trastornos particulares.

Personalidad inmadura

Se han obtenido puntuaciones directas, según los ítems facilitados. No hay elementos para determinar puntos de corte.

Correlaciones entre las dos medidas

CORRELACIONES			
		Personalidad inmadura	Inmadurez afectiva
Personal. inmadura	Correlación de Pearson	1,000	0,502*
	Sig. (bilateral)		
	N	794	765
Inmadurez afectiva	Correlación de Pearson	0,502	1,000
	Sig. (bilateral)		
	N	765	828

* La correlación es significativa a nivel 0,01 (bilateral).

CORRELACIONES[A]			
		Personalidad inmadura	Inmadurez afectiva
Personal. inmadura	Correlación de Pearson Sig. (bilateral) N	1,000 364	0,526* 343
Inmadurez afectiva	Correlación de Pearson Sig. (bilateral) N	0,526 343	1,000 380

* La correlación es significativa a nivel 0,01 (bilateral).
[A] Grupo = Pacientes.

CORRELACIONES[A]			
		Personalidad inmadura	Inmadurez afectiva
Personal. inmadura	Correlación de Pearson Sig. (bilateral) N	1,000 430	0,387* 422
Inmadurez afectiva	Correlación de Pearson Sig. (bilateral) N	0,387 422	1,000 448

* La correlación es significativa a nivel 0,01 (bilateral).
[A] Grupo = Controles.

CORRELACIONES			
		Personalidad inmadura	Inmadurez afectiva
Personal. inmadura	Correlación de Pearson Sig. (bilateral) N	1,000 794	0,502* 765
Inmadurez afectiva	Correlación de Pearson Sig. (bilateral) N	0,502 765	1,000 828

* La correlación es significativa a nivel 0,01 (bilateral).

IPDE2[a]					
		Frecuencia	Porcentaje	Porcentaje válido	Porcentaje acumulado
Válidos	Obsesivo-compulsivo	5	1,1	16,7	16,7
	Dependiente	3	0,6	10,0	26,7
	Paranoide	1	0,2	3,3	30,0
	Esquizotípico	1	0,2	3,3	33,3
	Histriónico	5	1,1	16,7	50,0
	Narcisista	11	2,4	36,7	86,7
	Límite	4	0,9	13,3	100,0
	Total	30	6,5	100,0	
Perdidos	Sistema	434	93,5		
	Total	464	100,0		

[a] Grupo = Controles.

IPDE3[a]					
		Frecuencia	Porcentaje	Porcentaje válido	Porcentaje acumulado
Válidos	Obsesivo-compulsivo	12	2,6	40,0	40,0
	Dependiente	2	0,4	6,7	46,7
	Narcisista	5	1,1	16,7	63,3
	Evitación	9	1,9	30,0	93,3
	Límite	2	0,4	6,7	100,0
	Total	30	6,5	100,0	
Perdidos	Sistema	434	93,5		
	Total	464	100,0		

[a] Grupo = Controles.

TABLA DE CONTINGENCIAS IPDE2[a] IPDE3

			IPDE3								Total
			Obsesivo-compulsivo	Dependiente	Esquizoide	Esquizotípico	Histriónico	Narcisista	Evitación	Límite	
IPDE2	No puntúa	Recuento % del total	2 1,8%		2 1,8%				3 2,7%	1 0,9%	8 8,3%
	Obsesivo-compulsivo	Recuento % del total		9 8,2%					24 21,8%		33 30,0%
	Dependiente	Recuento % del total							15 13,6%		15 13,6%
	Esquizoide	Recuento % del total	6 5,5%			1 0,9%	1 0,9%		4 3,6%	1 0,9%	13 11,8%
	Esquizotípico	Recuento % del total	1 0,9%						1 1,8%	1 0,9%	3 3,6%
	Histriónico	Recuento % del total	7 6,4%	1 0,9%				4 3,6%	2 1,8%	2 1,8%	16 14,5%
	Narcisista	Recuento % del total	3 2,7%						4 3,6%	1 0,9%	8 7,3%
	Límite	Recuento % del total	2 1,8%	2 1,8%			1 0,9%		8 7,3		13 11,8
Total		Recuento % del total	21 19,1%	12 10,9%	2 1,8%	1 1,8%	2 0,9%	4 1,8%	62 3,6%	6 56,4%	110 110,0%

[a] Grupo = Controles.

ESTADÍSTICOS DE GRUPO					
	Grupo	N	Media	Desviación típica	Error típico de la media
Personalidad inmadura	Pacientes	364	3,2225	1,5754	8,258E-02
	Controles	430	1,9279	1,3456	6,489E-02
Inmadurez afectiva	Pacientes	380	1,6237	1,5300	7,849E-02
	Controles	448	1,0223	1,1151	5,268E-02

(Diferencias estadísticamente significativas en los dos casos, p < 0,001).

ESTADÍSTICOS DE GRUPO					
	Sexo	N	Media	Desviación típica	Error típico de la media
Personalidad inmadura	Varón	310	2,7258	1,6485	9,363E-02
	Mujer	484	2,3905	1,5412	7,005E-02
Inmadurez afectiva	Varón	318	1,5660	1,4925	8,369E-02
	Mujer	510	1,1314	1,2333	5,461E-02

El estadístico de contraste t de Student puso de relieve diferencias significativas en las dos variables (p < 0,01), resultando los varones más inmaduros que las mujeres.

En cuanto a la edad, sólo la inmadurez afectiva muestra una pequeña correlación (–0,122) que, aunque baja, es estadísticamente significativa (p < 0,001).

En la siguiente figura se reflejan las comparaciones de los trastornos por grupos (pacientes *vs.* controles):

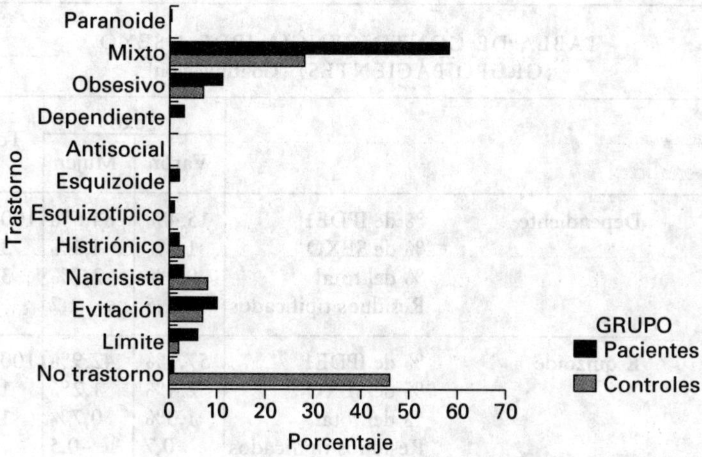

Distribución de los trastornos por sexo (diagnóstico principal)

TABLA DE CONTINGENCIA IPDE 1 SEXO (GRUPO PACIENTES)					
			Sexo		Total
			Varón	Mujer	
IPDE1	No puntúa	% de IPDE1	46,2%	53,8%	100,0%
		% de SEXO	3,6%	2,9%	3,2%
		% del total	1,5%	1,7%	3,2%
		Residuos tipificados	0,3	–0,2	
	Mixto	% de IPDE1	43,6%	56,4%	100,0%
		% de SEXO	62,1%	56,4%	58,8%
		% del total	25,6%	33,2%	58,8%
		Residuos tipificados	0,6	–0,5	
	Obsesivo-compulsivo	% de IPDE1	40,0%	60,0%	100,0%
		% de SEXO	10,7%	11,2%	11,0%
		% del total	4,4%	6,6%	11,0%
		Residuos tipificados	–0,1	0,1	

TABLA DE CONTINGENCIA IPDE 1 SEXO (GRUPO PACIENTES) (Continuación)					
			Sexo		Total
			Varón	Mujer	
	Dependiente	% de IPDE1	15,4%	84,6%	100,0%
		% de SEXO	1,2%	4,6%	3,2%
		% del total	0,5%	2,7%	3,2%
		Residuos tipificados	–1,5	1,2	
	Esquizoide	% de IPDE1	57,1%	42,9%	100,0%
		% de SEXO	2,4%	1,2%	1,7%
		% del total	1,0%	0,7%	1,7%
		Residuos tipificados	0,7	–0,5	
	Esquizotípico	% de IPDE1	0,0%	100,0%	100,0%
		% de SEXO	0,0%	0,8%	0,5%
		% del total	0,0%	0,5%	0,5%
		Residuos tipificados	–0,9	0,8	
	Histriónico	% de IPDE1	20,0%	80,0%	100,0%
		% de SEXO	1,2%	3,3%	2,4%
		% del total	0,5%	2,0%	2,4%
		Residuos tipificados	–1,0	0,9	
	Narcisista	% de IPDE1	46,2%	53,8%	100,0%
		% de SEXO	3,6%	2,9%	3,2%
		% del total	1,5%	1,7%	3,2%
		Residuos tipificados	0,3	–0,2	
	Evitación	% de IPDE1	41,9%	58,1%	100,0%
		% de SEXO	10,7%	10,4%	10,5%
		% del total	4,4%	6,1%	10,5%
		Residuos tipificados	0,3	–0,1	
	Límite	% de IPDE1	34,8%	65,2%	100,0%
		% de SEXO	4,7%	6,2%	5,6%
		% del total	2,0%	3,7%	5,6%
		Residuos tipificados	–0,5	0,4	
Total		% de IPDE1	41,2%	58,8%	100,0%
		% de SEXO	100,0%	100,0%	100,0%
		% del total	41,2%	58,8%	100,0%

TABLA DE CONTINGENCIA IPDE 1 SEXO
(GRUPO CONTROLES)

			Sexo		Total
			Varón	Mujer	
IPDE1	No puntúa	% de IPDE1	30,6%	69,4%	100,0%
		% de SEXO	39,5%	50,5%	46,6%
		% del total	14,2%	32,3%	46,6%
		Residuos tipificados	–1,3	1,0	
	Mixto	% de IPDE1	41,3%	58,7%	100,0%
		% de SEXO	35,3%	28,3%	30,8%
		% del total	12,7%	18,1%	30,8%
		Residuos tipificados	1,0	–0,8	
	Obsesivo-compulsivo	% de IPDE1	36,7%	63,3%	100,0%
		% de SEXO	6,6%	6,4%	6,5%
		% del total	2,4%	4,1%	6,5%
		Residuos tipificados	0,1	0,0	
	Dependiente	% de IPDE1	0,0%	100,0%	100,0%
		% de SEXO	0,0%	0,3%	0,2%
		% del total	0,0%	0,2%	0,2%
		Residuos tipificados	0,6	0,4	
	Antisocial	% de IPDE1	100%	0,0%	100,0%
		% de SEXO	0,6%	0,0%	0,2%
		% del total	0,2%	0,0%	0,2%
		Residuos tipificados	1,1	–0,8	
	Esquizoide	% de IPDE1	100,0%	0,0%	100,0%
		% de SEXO	0,6%	0,0%	0,2%
		% del total	0,2%	0,0%	
		Residuos tipificados	1,1	–0,8	
	Esquizotípico	% de IPDE1	0,0%	100,0%	100,0%
		% de SEXO	0,0%	0,3%	0,2%
		% del total	0,0%	0,2%	0,2%
		Residuos tipificados	–0,6	0,4	

TABLA DE CONTINGENCIA IPDE 1 SEXO (GRUPO CONTROLES) (Continuación)					
			Sexo		Total
			Varón	Mujer	
	Histriónico	% de IPDE1	25,0%	75,0%	100,0%
		% de SEXO	1,2%	2,0%	1,7%
		% del total	0,4%	1,3%	1,7%
		Residuos tipificados	–0,5	0,4	
	Narcisista	% de IPDE1	65,2%	34,8%	100,0%
		% de SEXO	9,0%	2,7%	5,0%
		% del total	3,2%	1,7%	5,0%
		Residuos tipificados	2,3	–1,8	
	Evitación	% de IPDE1	33,3%	66,7%	100,0%
		% de SEXO	6,6%	7,4%	7,1%
		% del total	2,4%	4,7%	7,1%
		Residuos tipificados	–0,3	0,2	
	Límite	% de IPDE1	14,3%	85,7%	100,0%
		% de SEXO	0,6%	2,0%	1,5%
		% del total	0,2%	1,3%	1,5%
		Residuos tipificados	–1,0	0,7	
Total		% de IPDE1	36,0%	64,0%	100,0%
		% de SEXO	100,0%	100,0%	100,0%
		% del total	36,0%	64,0%	100,0%

Distribución de los trastornos por edad

			EDADR					
			1,00	2,00	3,00	4,00	5,00	Total
IPDE1 Trastorno	Mixto	Recuento	63	20	23	26	11	143
		% de IPDE1 Trastorno	44,1	14,0	16,1	18,2	7,7	100,0
		% de EDADR	57,3	40,0	47,9	60,5	57,9	53,0
		Residuos corregidos	1,2	–2,0	–0,8	1,1	0,4	
	Obsesivo	Recuento	7	7	9	4	3	30
		% de IPDE1 Trastorno	23,3	23,3	30,0	13,3	10,0	100,0
		% de EDADR	6,4	14,0	18,8	9,3	15,8	11,1
		Residuos corregidos	–2,1	0,7	1,9	–0,4	0,7	
	Dependiente	Recuento	1	0	0	0	0	1
		% de IPDE1 Trastorno	100,0	0,0	0,0	0,0	0,0	100,0
		% de EDADR	0,9	0,0	0,0	0,0	0,0	0,4
		Residuos corregidos	1,2	–0,5	–0,5	–0,4	–0,3	
	Esquizoide	Recuento	0	0	0	1	0	1
		% de IPDE1 Trastorno	0,0	0,0	0,0	100,0	0,0	100,0
		% de EDADR	0,0	0,0	0,0	2,3	0,0	0,4
		Residuos corregidos	–0,8	–0,5	–0,5	2,3	–0,3	
	Esquizotípico	Recuento	1	0	0	0	0	1
		% de IPDE1 Trastorno	100,0	0,0	0,0	0,0	0,0	100,0
		% de EDADR	0,9	0,0	0,0	0,0	0,0	0,4
		Residuos corregidos	1,2	–0,5	–0,5	–0,4	–0,3	

Distribución de los trastornos por edad (Continuación)

			EDADR					
			1,00	2,00	3,00	4,00	5,00	Total
	Histriónico	Recuento	5	6	3	1	0	15
		% de IPDE1 Trastorno	33,3	40,0	20,0	6,7	0,0	100,0
		% de EDADR	4,5	12,0	6,3	2,3	0,0	5,6
		Residuos corregidos	–0,6	2,2	0,2	–1,0	–1,1	
	Narcisista	Recuento	19	12	4	3	1	39
		% de IPDE1 Trastorno	48,7	30,8	10,3	7,7	2,6	100,0
		% de EDADR	17,3	24,0	8,3	7,0	5,3	14,4
		Residuos corregidos	1,1	2,1	–1,3	–1,5	-1,2	
	Evitación	Recuento	9	4	8	8	4	33
		% de IPDE1 Trastorno	27,3	12,1	24,2	24,2	12,1	100,0
		% de EDADR	8,2	8,0	16,7	18,6	21,1	12,2
		Residuos corregidos	–1,7	–1,0	1,0	1,4	1,2	
	Límite	Recuento	5	1	1	0	0	7
		% de IPDE1 Trastorno	71,4	14,3	14,3	0,0	0,0	100,0
		% de EDADR	4,5	2,0	2,1	0,0	0,0	2,6
		Residuos corregidos	1,7	–0,3	–0,2	–1,2	–0,7	
Total		Recuento	110	50	48	43	19	270
		% de IPDE1 Trastorno	40,7	18,5	17,8	15,9	7,0	100,0
		% de EDADR	100,0	100,0	100,0	100,0	100,0	100,0

El test estadístico denominado *ji-cuadrado* con 32 grados de libertad (intervalo en el cual podemos movernos sin cometer fallos) dio un valor de 39,15 ($p = 0,180$), que no resultó estadísticamente significativo, lo que indica independencia o ausencia de relación entre el tipo de trastorno y la edad de los sujetos. Cuando *ji-cuadrado* es significativo, existen diferencias entre los grupos (hay relación entre trastornos y diagnósticos); estas diferencias se encuentran en las casillas donde el «residuo corregido» es más de 2 en valor absoluto.

Distribución de los trastornos por estado civil

			ECIVIL E/C					
			1. Soltero	2. Casado	3. Separado	4. Viudo	5. Divorciado	Total
IPDE1 Trastorno	Mixto	Recuento	85	54	2	2	0	143
		% de IPDE1 Trastorno	59,4	37,8	1,4	1,4	0,0	100,0
		% de ECIVIL E/C	58,2	46,2	100,0	66,7	0,0	53,0
		Residuos corregidos	1,9	–2,0	1,3	0,5	–1,5	
	Obsesivo	Recuento	11	19	0,0	0,0	0,0	30
		% de IPDE1 Trastorno	36,7	63,3	0,0	0,0	0,0	100,0
		% de ECIVIL E/C	7,5	16,2	0,0	0,0	0,0	11,1
		Residuos corregidos	–2,0	2,3	–0,5	–0,6	–0,5	
	Dependiente	Recuento	1	0	0	0	0	1
		% de IPDE1 Trastorno	100,0	0,0	0,0	0,0	0,0	100,0
		% de ECIVIL E/C	0,7	0,0	0,0	0,0	0,0	0,4
		Residuos corregidos	0,9	–0,9	–0,1	–0,1	–0,1	
	Esquizoide	Recuento	0	1	0	0	0	1
		% de IPDE1 Trastorno	0,0	100,0	0,0	0,0	0,0	100,0
		% de ECIVIL E/C	0,0	0,9	0,0	0,0	0,0	0,4
		Residuos corregidos	–1,1	1,1	–0,1	–0,1	–0,1	
	Esquizotípico	Recuento	1	0	0	0	0	1
		% de IPDE1 Trastorno	100,0	0,0	0,0	0,0	0,0	100,0
		% de ECIVIL E/C	0,7	0,0	0,0	0,0	0,0	0,4
		Residuos corregidos	0,9	–0,9	–0,1	–0,1	–0,1	

Distribución de los trastornos por estado civil (Continuación)

		ECIVIL E/C					
		1. Soltero	2. Casado	3. Separado	4. Viudo	5. Divorciado	Total
Histriónico	Recuento	6	7	0	1	1	15
	% de IPDE1 Trastorno	40,0	46,7	0,0	6,7	6,7	100,0
	% de ECIVIL E/C	4,1	6,0	0,0	33,3	50,0	5,6
	Residuos corregidos	–1,1	0,3	–0,3	2,1	2,8	
Narcisista	Recuento	26	12	0	0	1	39
	% de IPDE1 Trastorno	66,7	30,8	0,0	0,0	2,6	100,0
	% de ECIVIL E/C	17,8	10,3	0,0	0,0	50,0	14,4
	Residuos corregidos	1,7	–1,7	–0,6	–0,7	1,4	
Evitación	Recuento	11	22	0	0	0	33
	% de IPDE1 Trastorno	33,3	66,7	0,0	0,0	0,0	100,0
	% de ECIVIL E/C	7,5	18,8	0,0	0,0	0,0	12,2
	Residuos corregidos	–2,6	2,9	–0,5	–0,6	–0,5	
Límite	Recuento	5	2	0	0	0	7
	% de IPDE1 Trastorno	71,4	28,6	0,0	0,0	0,0	100,0
	% de ECIVIL E/C	3,4	1,7	0,0	0,0	0,0	2,6
	Residuos corregidos	0,9	–0,8	–0,2	–0,3	–0,2	
Total	Recuento	146	117	2	3	2	270
	% de IPDE1 Trastorno	54,1	43,3	0,7	1,1	0,7	100,0
	% de ECIVIL E/C	100,0	100,0	100,0	100,0	100,0	100,0

El test estadístico denominado *ji-cuadrado* con 32 grados de libertad dio un valor de 37,59 ($p = 0,229$), que no resultó estadísticamente significativo, por lo que podemos decir que existe independencia entre el tipo de trastorno manifestado y el estado civil de los sujetos.

Bibliografía

AAROSON, T. A., «A critical review of psychotherapeutic treatments of the borderline personality», *J. Nerv. Ment. Disease,* 9, pp. 117, 511-528, 1989.

ABRAHAM, K., *Contribution to the theory of the anal character,* Londres, Hogarth, 1921.

ACHENBAUM, W. A., y ORWOLL, L., «Becoming wise. A psychogerontological interpretation of the Book of Job», *Intern. J. Aging Human Developm.,* 1, 1991.

ADLER, A., *Conocimiento del hombre,* Madrid, Espasa Calpe, 1950.

—, *El sentido de la vida,* Madrid, Espasa Calpe, 1966.

ADLER, G., «The borderline-narcisistic personality disorders continuum», *Am. J. Psychiatry,* 138, pp. 16-50, 1981.

ALONSO-FERNÁNDEZ, F., *Fundamentos de la psiquiatría actual,* Madrid, Paz Montalvo, 1982.

ALLPORT, G. W., *Personalidad: interpretación psicológica,* Buenos Aires, Paidós, 1959.

—, *Estudio científico de la personalidad,* Buenos Aires, Paidós, 1966.

AMADOR, X. F., y DAVID, A. S., *Insight and psicosis,* Nueva York, Oxford University Press, 2001.

ANDREASEN, N. C., «Thought, lenguaje and communications disorders», *Arch. Gen. Psychiatry,* 36, pp. 1125-1130, 1979.

—, «Negative symptoms in schizophrenia», *Arch. Gen. Psychiatry,* 39, pp. 784-788, 1982.

ANDRULONIS, P. A., «Borderline personality subcategories», *J. Nerv. Mental Disease,* 170, pp. 670-678, 1982.

ARISTÓTELES, *Ética a Nicómaco,* Madrid, Espasa Calpe, 1950.

ASCH, S. S., «Wrist scratching as a symptom of anhedonia: a predepressive state», *Psychoanalytic Quarterly,* 40, p. 603, 1971.

AVIA, M. D., y SÁNCHEZ BERNARDOS, M. L., *Personalidad: aspectos cognitivos y sociales,* Madrid, Pirámide, 1995.

BAER, L., *et al.*, «Cingulotomy for infractable obsessive-compulsive disorder: prospective long-term follow-up of 18 patients», *Arch. Gen. Psychiatry,* 52, pp. 384-392, 1995.

BAKER, A. T., *et al.*, «Non-invasive magnetic stimulation of the human motor cortex», *Lancet,* 1, pp. 1.106-1.107, 1985.

—, JALINOUS, R., y FREESTON, I. L., «Magnetic stimulation of the human brain», *J., Physiol.,* p. 369, 1985.

BANDURA, A., *Pensamiento y acción,* Barcelona, Martínez Roca, 1987.

BECH, A., *et al.*, «Assessment of simptom change from improvement curves of the Hamilton depression scale in trials with antidepressants», *Psychopharmacology,* 84, pp. 276-28l, 1984.

BECK, A. T., *Cognitive therapy of personality disorders,* Nueva York, Guilford, 1999.

—, y FREEMAN, A., *Cognitive therapy of personality disorders,* Nueva York, Guilford, 1990; hay trad. cast.: *Terapia cognitiva de los trastornos de la personalidad,* Barcelona, Paidós, 1995.

—, *et al., Cognitive therapy of depression,* Nueva York, Guilford, 1979; hay trad. cast.: *Terapia cognitiva de la depresión,* Bilbao, Desclée de Brouwer, 1998.

BEECH, H., y LIDDELL, A., «Decision making, mood states and ritualistic behavior among obsessional patients», *Obsessional states,* Londres, Methven, 1974.

BENJAMIN, L. S., *Interpersonal and treatment of personality disorders,* Nueva York, Guilford, 1997.

BERENBAUM, S. A., *et al,* «The nature of emotional blunting: a factor-analytic study», *Psychiat. Res.,* 20, pp. 57-67, 1987.

BERMÚDEZ, J., *Psicología de la personalidad,* Madrid, UNED, 2000.

BICKFORD, R. G., y FREMMING, B. D., «Neural stimulation bypulsed magnetic fields in animals and man», Tokio, International Conference on Medical Electronic and Biological Engineering, 1965.

BLEULER, E., *Dementia praecox oder gruppe der schizophrenien,* Leipzig, Deuticke, 1911.

—, *Textbook of Psychiatry,* Nueva York, Macmillan, 1924.

BLUM, H. P., «The curative and creative aspects of insight», *J. Am. Psychoanalytic Association,* 27, pp. 41-69, 1979.

BOYCE, P. y MASON, C., «An overview of depression - prone personality. Traits and the role of interpersonal sensitivity», *Australian & New Zeland Journal of Psychiatry,* 30(1), pp. 90-103, 1996.

BRIEGER, P., y MARNEROS, A.: «Comodity between personality and

dysthymic disorders: historical and conceptual issues», *American Journal of Psychiatry,* 154(7), pp. 1030-1040, 1997.
BROWN, S. A., *et al.,* «Changes in anxiety among abstinent male alcoholic», *J. Stud. Alcohol,* 52, pp. 55-61, 1991.
BROWN, S. A., y SCHUKIT, M. A., «Changes in depression among abstinent alcoholics», *J. Stud. Alcohol,* 49, pp. 412-417, 1988.
BÜHLER, C., *Psychologie im Leben unserer Seit,* Múnich, Droemer & Knaur, 1962.
BYRNE, C. P., «A comparison of borderline and schizophrenic patients for childhood life events and parentchild relationships», *Can. J. Psychiatry,* 35, pp. 590-595, 1990.
CADORET, R. J., *et al.,* «Genetic environmental interaction in the genesis of aggressivity and conduct disorders», *Arch. Gen. Psychiatry,* 52, pp. 916-924, 1995.
CAMUS, V., *et al.:* «Are personality disorders more frequent in early onset geriatric depression?», *Journal of Affective Disorders,* 46(3), pp. 297-302, 1997.
CATELL, R. B., *The scientific analysis of personality,* Middlesex, Penguin Books, 1995.
CERVERA, S., LAHORTIGA, F., y BLANCO, A., «La personalidad en la enfermedad depresiva», *Rev. Psiquiatría Fac. Med. Barna.,* 21, pp. 119-125, 1994.
CHAPMAN, L. J., *et al.,* «Scales for physicaland social anhedonia», *J. Abnormal Psychol.,* 85, pp. 374-382, 1976.
CHOMSKY, N., *Syntactic structures,* Mouton, Nueva York, The Hague, 1957.
—, *Aspects of the theory of syntax,* Massachussets International Press, Cambridge, 1965; hay trad. cast.: *Aspectos de la teoría de la sintaxis,* Barcelona, Gedisa, 1999.
CIOMPI, L., «Hystérie et vieillesse; étude ctamnéstique», Lausanne, Congrés de Psychiatrie et Neurologie, 1965.
CLARK, L. A., *Schedule for normal and anormal personality,* Dallas, Southern Methodist University, 1999.
CLECKLEY, H., *The mask of sanity,* St. Louis, Mosby, 1964.
CLONINGER, C. R., *Tridimensional personality questionnaire,* Washington, Washington University, 1987.
COLE, J. O., *et al.,* «Drugs therapy in borderline patients», *Compr. Psychiatry,* 25, pp. 249-254, 1984.
CONDE, V., «Consideraciones psicológicas sobre la psicopatía», Madrid, Congreso Nacional de Psiquiatría, 1989.

Cuesta, M. J., Peralta, V., y Zarzuela, A., «Psychopathological dimensions and lack of insight in schizophrenia», *Psychol. Rep.* 83, pp. 895-898, 1998.

Davidoff, S. A., y Forester, B. P., «Effect of video self-observation on development of insight in psychotic disorders», *J. Nerv. Ment. Dis.*, 186, pp. 697-700, 1998.

Davidson, J., *et al.*, «Comparison of electroconvulsive therapy and combined antidepressants in refractory depresion», *Arch. Gen. Psychiatry*, 35, pp. 639-642, 1972.

De la Fuente, J. M., *La personalidad borderline*, Madrid, Monografías de Psiquiatría, 4, 6, 1992.

Delay, J., y Pichot, P., *Manual de Psicología*, Barcelona, Toray & Masson, 1969.

Deutsch, H., «A fotnote to Freud's fragment to an analysis of a case of hysteria», *Psychoanalytic Quarterly*, 26, pp. 159-167, 1957.

—, «Some forms of emotional disturbance and their relationship to schizophrenia», *Psychoanalytic Quarterly*, 11, pp. 301-321, 1942.

D'Haenen, H., «Measurement of anhedonia», *Eur. Psychiatry*, 11, pp. 335-343, 1996.

Dollard, J., y Miller, N. E., *Personality and psychotherapy*, Nueva York, McGraw-Hill, 1996.

Ellis, A., *Reason and emotion in psychotherapy*, Nueva York, Lyle Stuart, 1991.

Erikson, E. H., *Identity. Youth and crisis*, Nueva York, Norton, 1968.

Esquirol, E., *Maladies mentales*, París, Bailliere, 1938.

Ey, H., Bernard, P., y Brisset, Ch., *Tratado de Psiquiatría*, Barcelona, Toray & Masson, 1969.

Fairbairn, W. R. D., «Schizoid factors in the personality», en *Psychoanalytic studies of the personality*, Londres, Tavistok, 1952.

Fiamberti, A. M., «Proposta di una tecnica operatoria modificata e simplificata per gli interventi alla Moniz sui lobi prefrontali in malati di mente», *Rassegna di Studi Psiquiatr.*, 26, p. 797, 1947.

Fierro, A., *Manual de psicología de la personalidad*, Barcelona, Paidós, 1996.

Fraser, R., *et al.*, «Unilateral and bilateral ECT in chronic depresion», Acta Psychiatr. Scand. Suppl., 1990.

Freeman, W., y Watts, J. W., *Psychosurgery*, Springfield, Thomas, 1950.

FREUD, S., *Obras completas,* Madrid, Biblioteca Nueva, 1968.
FRIEDMAN, M. J., *Psychotherapy of borderline patients: the influence of therapie on technique,* Nueva York, Aronson, 1992.
FROMM, E., *El miedo a la libertad,* Buenos Aires, Paidós, 1968; Barcelona, Paidós, 2000.
—, *El arte de amar,* Barcelona, Paidós, 1986 y 2000.
GARCÍA DE SOLA, R., «Últimos avances de la Psicocirugía en enfermos obsesivos», Madrid, Congreso Nacional de Neurología, 2000.
GARCÍA TORO, M., *et al.,* «Estimulación magnética transcraneal repetitiva: una nueva intervención neurobiológica buscando un lugar en la psiquiatría», *Psiquiatría, COM. Rev. Electr.,* 2, p. 2, 1998.
GARCÍA VEGA, L., y MOYA, J., *Historia de la psicología,* Madrid, Siglo XXI de España, 1993.
GEORGE, M. S., *et al.,* «Daily repetitive transcranial magnetic stimulation improves mood in depression», *Neuroreport,* 6, pp. 1853-1856, 1995.
—, «Mood improvement following daily left prefrontal repetitive transcranial magnetic stimulation: a placebo-controlled crossover trial», *Am. J. Psychiatry,* 154, pp. 1752-1756, 1997.
GLAUBER, I. P., «Observations on a primary form of anhedonia», *Psychoanalytic Quarterly,* 18, 1, pp. 67-78, 1949.
GONZÁLEZ INFANTE, J. M., «La personalidad psicopática», *Psiquis,* 1, 6, 1993.
GONZÁLEZ PINTO, A., GUTIÉRREZ, M., y ESCURRA, J., *Trastorno bipolar,* Madrid, Aula Médica, 1999.
GOODWIN, F. K., y JAMISON, K. R., *Manic depressive illness,* Oxford, Oxford University Press, 2001.
GOTTMAN, J. M.: *The seven principles for making marriage work,* Nueva York, University of Washington, 2000.
GRADILLAS, V., *Psicopatología descriptiva: signos, síntomas y rasgos,* Madrid, Ed. Pirámide, 1998.
GRANT, B. F., «The relationship between DSM-IV alcohol use disorders and DSM-IV mayor depression: examination of the primary-secundary distiction in a general population sample», *J. Affect. Disorders,* 38, pp. 113-128, 1996.
GRANTHAM, E. C., «Prefrontal lobotomyfor the relief of pain with a report of a new operative technique», *J. Neurosurg.,* 8, p. 405, 1951.
GREENBERG, B. D., «Effect of prefrontal repetitive transcranial magnetic stimulation in obsessive-compulsive disorders», *Am. J. Psychiatry,* 154, pp. 867-869, 1997.

GREENBLATT, H., *Frontal lobesand schizophrenia,* Nueva York, Springer, 1953.
GRINKER, R. R., *The borderline patient,* Nueva York, Aronson, 1968.
GRISARU, N., *et al.,* «Transcranial magnetic stimulation in depresion and schizophrenia», *Eur. Neurophychopharmacol.,* 4, pp. 287-288, 1994.
GUNDERSON, J. G., y KOLB, J. E., «The diagnostic interview for borderline», Miami, Annual Meeting of the American Psychiatric Association, 1976.
GUNTRIP, H. J., «The schizoid problem», en *Psychoanalytc theory, therapy and the self,* Nueva York, Basic book, 1971.
GUTIÉRREZ ARIZA, J. A., y ROJAS, E., «Valor pronóstico de los síntomas patognomónicos de la esquizofrenia», *Folia Neuropsiq.,* 2, pp. 135-144, 1976.
HARLOW, H., «Affectional responses in the infant monkey», *Science,* 130, pp. 421-432, 1959.
HARTLAGE, S., ARDINO, K., y ALLOY, L. B., «Depressive personality characteristics: state dependent concomitants of depressive disorder and traits independent of current depression», *Journal of Abnormal Psychology,* 107(2), pp. 349-354, 1998.
HENDERSON, D. K., *Psychopatic states,* Nueva York, W. Norton, 1939.
HERAS, J. DE LAS, *Conócete mejor,* Madrid, Espasa-Calpe, 1998.
HERMANN, J. L., «Childhood trauma in borderline personality disorders», *Am. J. Psychiatry,* 146, 1999.
HINKLE, L. E., «Ecological observations on the relation of physical illness, mental illness and social environment», *Psychosomatic Medicine,* 23, pp. 289-296, 1961.
HOCH, A., «Constitucional factors in the dementia praecox group», *Review of Neurology and Psychiatry,* 8, pp. 463-475, 1910.
HOFLICH, G., *et al.,* «Application of transcranial magnetic stimulation in treatment of drug-resistant major depression», *Hum. Psychopharmacol.,* 8, pp. 361-365, 1993.
HULL, C. L., *A behaviour system,* Yale University Press, New Haven, 1952.
HUPRICH, S. K., *et al.,* «The depressive personality disorder inventory: an initial examination of its psychometric properties», *Journal of Clinical Psychology,* 52(2), pp. 153-159, 1966.
JASPERS, K., *Psicología de las concepciones del mundo,* Madrid, Ed. Gredos, 1967.

—, *Psicopatología general,* Buenos Aires, Ed. Beta, 1970.

JUNG, C. G., *Les racines de la conscience,* París, Bucket Chestel, 1991.

KAHLBAUM, K. L., *Die gruppierung der psychischen kranke?,* Danzig, A. Kafemann, 1863.

KARPMAN, B., «The mith of the psychopathic personality», *Am. J. Psychiatry,* 104, pp. 523-534, 1.149.

KENDLER, K. S., *et al.,* «The Roscommon family study III: schizophrenia related personality disorders in relatives», *Arch. Gen. Psychiatry,* 50, pp. 781-788, 1993.

—, y GRUENBERG, A. M., «Genetic relationship between paranoid personality disorder and the schizophrenic spectrum disorders», *Am. J. Psychiatry,* 139, pp. 1185-1186, 1982.

KERNBERG, O. F., *Borderline conditions and pathological narcissism,* Nueva York, Aronson, 1975.

KLEIN, D. F., «Psychopharmachological treatment and delination of borderline disorders», en P. HARTICOLIS, *Borderline personality disorders,* Nueva York, International University Press, 1977.

KNIGHT, R., «Borderline states», *Bull of the Menninger Clinic,* 17, 1953.

KOLBINGER, H., *et al.,* «Transcranial magnetic stimulation», *Hum. Psychopharmacol.,* 10, pp. 305-310, 1995.

KRAEPELIN, E. , *Psychiatrie,* Leipzig, 8a. auf. Barth, 1915.

—, *Dementia praecox and Paraphrenia,* Edimburgo, Livingstone, 1919.

KRETSCHMER, E., *Constitución y carácter,* Barcelona, Ed. Labor. 1947.

KÜBLER-ROSS, E., *The wheel of life,* Nueva York, Harper, 1997; hay trad. cast.: *La rueda de la vida,* Barcelona, Ediciones B, 1997.

KURTZ, J. E., y MOREY, L. C., «Negativism in evaluative judgments of words among depressed outpatiens with borderline personality disorder source», *Journal of Personality Disorders,* 12(4), pp. 351-361, 1998.

LABOUVIE-VIEF, G., «A neo piagetinan perpective on adult cognitive development», en el libro: *Intellectual development,* de Stenberg y Berg, Nueva York, Cambridge University Press, 1992.

—, *Speaking about feelings: conceptions of emotion across the life span,* Nueva York, Academic Press, 1999.

LANGFELDT, G., «The prognosis in schizophrenia and factors influencing the curse of the disease», *Acta Psychiat. Scand.,* 13, p. 4, 1937.

Lazarus, R. S., *Emotion and adaptation,* Nueva York, Oxford University Press, 1991.
Lewis, A., «The psychopatology of insight», *J. Med. Psychology,* 14, 332-348, 1934.
Lewis, C. E., *et al.,* «Diagnostic interactions alcoholism and antisocial personality», *J. Nerv. Ment. Dis.*, 171, pp. 105-113, 1983.
Limosin, F., Gorwood, P., y Adés, J., «Alcoolisme: intérêt de la recherche des antécédents familiaux», *Presse Med.,* 25, pp. 1550-1554, 1996.
Linehan, M. M., «Cognitive behaviour treatment of cronically parasuicidal borderline patients», *Arch. Gen. Psychiatry,* 6, p. 12, 1999.
Links, P., y Akiskal, M., «Chronic and intractable depression», en Zohar, *Treating resistant depression,* Nueva York, Pma. Publ. Corp., 1997.
Llavero, F., «La personalidad», Barcelona, Congreso Nacional de Psiquiatría, 1972.
—, *El modelo de personalidad,* Madrid, Congreso Nacional de Psiquiatría, Actas, 1988.
Loas, G., y Boyer, P., «Scale for assessing hedonic tone», *Br. J. Psychiatry,* 167, p. 551, 1995.
—, y Salinas, E, «Physical anhedonia in mayor depressive disorder», *J. Affective Disord.,* 25, pp. 139-146, 1992.
Loo, C., Mitchell, P., *et al.,* «Transcranial magnetic stimulation», *Am. J. Psychiatry,* 156, pp. 946-948, l999.
Lyoo, K., Gunderson, J. G., y Phillips, K. A.: «Personality dimensions associated with depressive personality disorder», *Journal of Personality Disorders,* 12(1), pp. 46-55, 1998.
March, J. S., *et al.,* «Treatment of obsessive-compulsive disorder», *J. Clin. Psychiatry,* 58, suppl. 4, 1997.
Marco Merenciano, F., *Psiquiatría y cirugía,* Valencia, J. Doménech, 1948.
Marková, I. S., y Berrios, G., «Insight in clinical psychiatry revisited», *Comp. Psychiatry,* 365, pp. 367-376, 1995.
Marshall, W. L., y Barbaree, H. E., «Disorders of personality, impulse and adjustment», en Turner and Hersen, *Adult psychopathology and diagnosis,* Nueva York, Wiley, 1984.
Maslow, A. H., *El hombre autorrealizado,* Barcelona, Kairós, 1991.
Masterson, J. F., *Treatment of the borderline adolescent: a developmental approach,* Nueva York, Wiley, 1972.

MAUDSLEY, H., *Responsibility in mental disease,* Londres, King, 1874.
MAYER-GROSS, W., *Self descriptions from confusional states,* Berlín, Springer, 1924.
MCKAY, M., y FANNING, P., *Autoestima: evaluación y mejora,* Barcelona, Martínez Roca, 1999.
MEARS, R., «Psychotherapeutic treatments of severe personality disorders,» *Current Opinion in Psychiatry,* 7, pp. 245-248, 1994.
MELLMAN, L., y GORMAN, J., «Successful treatment of obsessive-compulsive disorder with ECT», *Am. J. Psychiatry,* 141, pp. 596-597, 1984.
MENNINGER, K., *Man against himself,* Nueva York, Harcourt, Brace and World, 1938; hay trad. cast.: *El hombre contra sí mismo,* Barcelona, Península, 1989.
MERIKANGAS, K. R., *et al.,* «Depressives with secundary alcoholism: psychiatric disorders in offspring», *J. Stud. Alcohol,* 46, pp. 199-204, 1985.
MEYER, A., «Remarks on habit desorganitations in the essential deteriorations», *Nervous Mental Disease Monographs,* 9, pp. 95-109, 1912.
MILLON, T., *Disorders of personality: DSM-III, AxisII,* Nueva York, Wiley.
—, «On the genesis and prevalence of the borderline personality disorder: a sociallearning thesis», *J. Pers. Disorders,* 1, pp. 354-372, 1987.
—, *Toward a new personalogy, an evolutionary model,* Nueva York, Wiley, 1990.
—, *et al., Millon index of personality styles manual (MIPS),* San Antonio, Psychological Corporation, 1994.
—, *et al., Trastornos de la personalidad,* Barcelona, Masson, 1998.
MISCHEL, W., *Personality and the prediction of behaviour,* Nueva York, Academic Press, 1999.
MONIS, E., *Tentatives opératoires dans le traitement de certaines psychoses,* París, Masson, 1936.
MOOREY, S., GREER, S., y WATSON, M., «The factor structure and factor stability of the Hospital Anxiety and Depression Scale in patients with cancer», *Br. J. Psychiat.,* 158, pp. 255-259, 1991.
MOREL, B. A., *Traité théorique et practique des maladies mentales,* París, Bailliere, 1828.
MORRIS, D. P., *et al.,* «Follow-up studies of shy, withdrawn children. Evaluation of later adjustment», *Amer. Jour. Orthopsychiatry,* 24, pp. 743-754, 1954.

MYERSON, A., «The constitucional anhedonic personality», *Am. J. Psychiatry,* 99, pp. 309-312, 1946.
ORTEGA Y GASSET, J., *Obras completas,* Madrid, Revista de Occidente, 1952.
PARIS, J., y FRANK, H., «Perceptions of parental bounding in borderline personality patients», *Am. J. Psychiatry,* 146, pp. 1498-1499, 1989.
PASCUAL-LEONE, A., *et al.*, «Study and modulation of human cortical excitability with transcranial magnetic stimulation», *J. Clin. Neurophysiol.,*15, pp. 333-343, 1998.
—, y WASSERMAN, E. M., «Repetitive transcranial magnetic stimulation: applications and safety considerations» en NILSSON *et al., Advances in Magnetic Stimulation. Mathematical modeling and clinical applications,* Pavia. PI-ME Press, 1996.
PELECHANO, V., *Psicología de la personalidad,* Barcelona, Ariel, 1996.
—, y HERNÁNDEZ, J., *Interpersonal skills, intelligence and personality in the aged,* Maryland, ISSID, 1993.
PERALTA, V., y CUESTA, M. J., «Lack of insight in mood disorders», *J. Affect. Disord.,* 49, pp. 55-58, 1998.
PERLMUTTER, M., *et al., Beliefs about wisdom,* Nueva York, Holt, 1994.
PERRY, C., «Problems and considerations in the valid assessment of personality disorders», *Am. J. Psychiatry,* 149, pp. 1645-1653, 1992.
PFOHL, B., y BLUM, N., «Obsessive-compulsive personality disorder: a review of available data and recommendations for DSM-IV», *J. Personality Disorders,* 5, pp. 363-375, 1991.
—, *Obsessive-compulsive personality disorders: classification,* Iowa, University Iowa Press, 2000.
PHILLIPS, K. A., y GUNDERSON, J. G., *Human adaptation and its failures,* Nueva York, Academic Press, 2001.
PIAGET, J., *The origins of intelligence in children,* Nueva York, International University Press, 1952; hay trad. cast.: *El nacimiento de la inteligencia en el niño,* Crítica, Barcelona, 1990.
—, «Intellectual evolution from adolescence to adulthood», *Human Development,* 15, pp. 1-12, 1972.
—, «La evolución intelectual entre la adolescencia y la edad adulta», en el libro: *Lecturas de psicología del niño,* Madrid, Alianza Editorial, 1996.

Pickens, R. W., *et al.*, «Heterogeneity in the inheritance of alcoholism. A study of male and female twins», *Arch. Gen. Psychiatry,* 48, pp. 19-28, 1991.

Pinel, P., *A treatise on insanity,* Nueva York, Hafner, 1806.

Pinillos, J. L., *Principios de psicología,* Madrid, Alianza Editorial, 1978.

Polatin, P., «Pseudoneurotic form of schizophrenia», *Psychiat.,* 23, pp. 248-276, 1949.

Pritchard, J. C., *A treatise on insanity,* Londres, Sherwood & Piper, 1835.

Putten, T. van, y Crumpton, E., «Drug refusal in schizophrenia and the wish to be crazy», *Arch. Gen. Psychiatry,* 33, pp. 1443-1446, 1976.

Rado, S., *Changing concepts for psychoanalytic medicine,* Nueva York, Grune Stratton, 1956.

Rapoport, J., «The waking nightmare: an overview of obsessive-compulsive disorder», *J. Clin. Psychiatry,* Suppl. 11, 1997.

Rasmussen, S. A., y Eisen, J. L., «Treatment strategies for refractory obsessive-compulsive disorder», *J. Clin. Psychiatry,* 58, suppl. 13, 1997.

Recamier, P. C., *Les hystéries,* París, Entretiens psychiatriques, L'Arché éditeur, 1995.

Reich, J., «The relationship of social phobia to avoidant personality disorder: a proposal to reclassify avoidant personality based on clinical empirical findings», *Eur. Psychiatry,* 15, pp. 151-159, 2000.

Ribot, T., *Les maladies de la personalité,* París, Alcan, 1945.

—, *The psychology of emotions,* Londres, W. Scott, 1897.

Richfield, J., «An analysis of the concept of insight», *Psychoanalytical Quaterly,* 23, pp. 390-408, 1954.

Rindley, D. B., *Borderline and other self disorders,* Nueva York, Aronson, 2001.

Robins, L. R., *Deviant children grown up: a sociological and psychiatric study of sociopathic personality,* Baltimore, William & Wilkins, 1966.

Rojas Ballesteros, L., *Síntomas obsesivos en enfermedades neurológicas,* Granada, Universidad de Granada, 1971.

—, *Lecciones de psicología,* Universidad de Granada, 1972.

Rojas, E., «La psicosis procesal obsesiva», *Folia Clin. Intern.,* 23, 12, 1973.

—, *La ansiedad,* Madrid, Temas de Hoy, 1989.
—, y REIG, M. J., *Una escala de evaluación conductal pentadimensional para la ansiedad,* Madrid, Universidad Complutense de Madrid, 2001.
—, *et al.,* «La terapia cognitivo conductual en los trastornos de la personalidad», México, Congreso Nacional de Psiquiatría de México, Actas del Congreso, 2000.
ROSENZWEIG, M. R., y KRECH, D., «Heredity , environment, brain biochemistry and learning», en *Current trends in psychological theory,* University of Pittsburgh, 1985.
ROSENZWEIG, M. R., *et al.,* «Experience, memory and the brain», *American Psychologist,* 39, p. 79, 1984.
ROTTER, J. B., CHANCE, J. E., y PHARES, E. J., *Applications of a social learning theory of personality,* Nueva York, Holt, Rinehart & Winston, 1972.
ROWE, D. C., «As the twig is bent? The myth of child-rearing influences on personality development», *Journal Counseling and Development,* 68, pp. 606-611, 1990. Nueva York, Kimber & Picharson, 1879.
RUSH, B., *Medical inquiries and observations upon the diseases of the mind,* 1812.
RYDER, A. G., y BAGBY, R. M., «Diagnostic viability of depressive personality disorders: theoretical and conceptual issues», *Journal of Personality Disorders,* 13(2), pp. 99-117, 118-127, 152-156, 1999.
SELIGMAN, M. E., *Helplesness,* San Francisco, Freeman, 1975; hay trad. cast.: *Indefensión,* Madrid, Debate, 1991.
SHANNON, C. E., *The mathematical theory of communication,* University Press Illinois, 1
SHEA, M. T., y HIRSCHFELD, R. M., «Chronic mood disorder and depressive personality», *Psychiatric Clinics of North America,* 19(1), pp. 103-120, 1996.
SIEVER, L. J., «Schizoid and schizotypalpersonality disorders», J. Lion, *Personality disorders,* Baltimore, 1999.
—, «Schizotipical personality disorder: a review of its current status», *J. Personality Disorders,* 5, pp. 178-193, 1991.
—, *et al.,* «A psychobiological perspective on the personality disorders», *Am. J. Psychiatry,* 148, pp. 1647-1658, 1991.
SKINNER, B. F., *Science and human behaviour,* Nueva York, MacMillan, 1998.

SLATER, S. , *Psychotic and neurotic illnessin twins,* Londres, Series of the Medical Research Counsil, 1955.

SNYDER, S., y PITTS, W. M., «Electroencephalography of DSM-III, borderline personality disorders», *Acta Psychiatrica Scand.,* 69, pp. 129-134, 1984.

SPIEGEL, E. A., y WYCIS, H. T., *Stereoencephalotomy,* Nueva York, Grune & Stratton, 1952.

SPITZER, R. L., ENDICOTT, J., y GIBBON, M., «Crossing the border into borderline personality and borderline schizophrenia», *Arch. Gen. Psychiatry,* 36, pp. 17-24, 1979.

STANGHELLINI, G., y MUNDI, C., «Personality and endogenous/major depression: an empirical approach to typus melancholicus», *Psychopathology,* 30(3), pp. 119-129, 1997.

STENBERG, M., *Physical treatment in obsessional disorders,* Londres, London University Press, 2000.

STENBERG, R. J., *La sabiduría: su naturaleza, orígenes y desarrollo,* Bilbao, Desclée de Brouwer, 2000.

—, *Mas allá del cociente intelectual,* Bilbao, Desclée de Brouwer, 1990.

STONE, M. H., *The borderline syndromes: constitution, personality and adaptation,* Nueva York, McGraw-Hill, 1980.

TRESTMAN, R. L., *et al.,* «Cognitive function and biological correlates of cognitive performance in schizotypal personality disorder», *Psychiatry Rev.,* 59, pp. 127-136, 1995.

TURKAT, I., y MAISTO, S., «Application of the experimental method to the formulation and modification of personality disorders», *Clinical handbook of Psychological Disorders,* Nueva York, D. Barlow, Guilford, 1997.

VAILLANT, G. E., *Mechanisms of defense: a guide for clinicians and researchers,* Washington D.C., American Psychiatric Press, 1992.

VALLEJO RUILOBA, J., *Psiquiatría,* Barcelona, Salvat, 1996.

VILLAGRÁN, J. M., y LUQUE, R., «Psicopatología del *insight*», *Psiquiat. Biolog.,* 7, 5, pp. 203-215, 2000.

WESCHLER, D., *Manual: Weschler intelligence scale for children,* Nueva York, Psychological Corp., 1974.

WIDIGER, T. A., «Depressive personality traits and dysthymia: a commentary on ryder and bagby», *Journal of Personality Disorders,* 13(2), pp. 135-141, 1999.

YARYURA-TOBÍAS, J., y NEZIROGLU, F., *Obsessive-compulsive disorder,* Nueva York, Marcel Dekker, 2001.

Índice onomástico

Índice temático

Diseño: Serifa
Ilustración: Albert Rocarols
Foto de solapa: © Digital Press

Círculo de Lectores, S. A. (Sociedad Unipersonal)
Travessera de Gràcia, 47-49, 08021 Barcelona
www.circulo.es
5 7 9 2 0 0 7 8 6

Depósito legal: B. 27250-2002
Fotocomposición: Fotoletra, S. A., Barcelona
Impresión y encuadernación: Printer industria gráfica, s. a.
N. II, Cuatro caminos s/n, 08620 Sant Vicenç dels Horts
Barcelona, 2002. Impreso en España
ISBN 84-226-9552-9
N.º 30999